~1972年の上萬~

# 珍島

韓国農村社会の民族誌

伊藤亜人

弘文堂

# 序

本書は、韓国の地方社会における村落生活の実態を、一九七二年以来継続してきた全羅南道珍島における現地調査に基づいて明らかにしようとするものである。観察と記述の対象を特定の村落に定めた点では、人類学の古典的な集約的調査方法を踏まえたものであり、韓国社会の研究における基礎的な民族誌の試みである。

韓国社会の研究にはさまざまな切り口が考えられ、観察記述の対象にさまざまな水準を想定することができよう。その中で、住民の生活像に直接かつ具体的に迫ろうとするなら、一九七〇年代の韓国において私にとって持続的な参与観察が可能な「地域社会」は農村であり、農村を差しおいては現実的な対象は考えられなかった。土地と直接結びついた農業を基盤とする日常生活には、人々の経験や知識が集積されており、また社会生活においても農村は自治的な村落組織がもっとも安定した地域単位にちがいないと考えた。

一方で、地方の伝統的小都市というべき邑は、地方行政の単位である郡の中心に位置し、王朝時代以来の国家行政の出先機関として、また植民地行政においても引き続き地方行政の拠点としての位置を占めてきた。その後も今日に至るまで、ほとんどあらゆる面で地方社会において中心性を具えてきた。韓国社会の基本的な秩序として、王朝時代以来の中央集権の社会体制を重視するならば、国家政策との関連でさまざまな社会領域の接点となり人々の活動拠点となってきた邑に注目するのも、研究戦略として妥当性があろう。

しかし、中央集権的な社会体制の実態を地方の農民の視点から捉え直すならば、その実像も自ずと違ったものになろう。中央からの国家制度的な枠組みを通して社会を捉える視点は、社会を統治する地位にあった為政者やエリート専門家の視点と重なるものといえる。為政者やエリートが自らの拠って立つ公式の制度的枠組みを前提として社会の全体像を描こうとする制度論的アプローチを、敢えて単純化して「国家的アプローチ」と呼ぶなら、農村の生活は当然ながらこうした公式の制度論では捉えきれない日常性と具体性を具えるものであった。それは行政の文書にほとんど現れることもなく、具体的な生活の場において経験され蓄積されてきたものである。「上からの政策あれば下からは対策あり」と言われるように、国家の行政的・制度的環境による公式の規範の世界を踏まえつつも、人々は常に非公式ともいえる伝統的な生活戦略を採らざるをえないのが現実であった。国家という高度な社会統合における行政および公的制度に伴うこうした二重性を念頭に置き、社会の全体像を構想しながらも、先ずは現地の人々の生活現実の観察と記述を重視してきたのが人類学であり、それに欠かせないのがフィールドワークという方法であった。

筆者が一九七一年から手がけてきた韓国の農村社会研究のうち、最初に訪れた済州島では一カ月ほどの短期間の農村調査を行った。それは期間こそ短い予備調査ともいうべきものであったが、戦後日本における最初の韓国農村調査であり、済州大学の玄容駿教授の指導を得て済州市郊外の吾羅一洞という村で実施した。故泉靖一先生と縁の深い済州島で、生態学的、歴史的、社会文化的などさまざまな点でこの島の特異性に惹かれたが、韓国研究における代表性という点では十分な条件を満たさないことは歴然としていた。その後、本格的な現地調査として取り組んできた全羅南道珍島の農村についても、地域固有の生活伝統に惹かれながらも、韓国社会そして東アジアにおけるその位置づけが常に関心事となってきた。都市と農村の格差はあまりに大きく思われた。農村が総人口の大半を占めていた当時ですら、都会育ちの若者にとって、農村の生活は過去の生活のごとく、あるいは影の世界のように遠い存在となっていた。そうした都市社会との対比においても、農村生活の実態を記述しておくことが急務と思われた。

珍島内の農村でも、郡庁所在地の邑に近い村と遠く離れた村とでは、邑との関係にかなりの差があり、島のはずれに位置する調査地の村は、邑内にも出身者がほとんど無く、邑に出かける人も少なかった。しかし一見僻地とも思えたこの村から、ソウルに出て教職や公職に就く者ばかりか、かつては国会議員まで出しており、村人の関係が邑を跳び超えてソウルと結びついていたことは、村の立地や日常生活からは想像もできなかった。

異国で手探り状態から現地研究を軌道に乗せるには、先ずは自分の居場所を確保することから始めて、地元の人と安定した信頼関係を築きあげてゆくことが欠かせない。一つの農村に腰を据え、その生活全般に亘って、さまざまな側面から観察・記述を積み重ねてゆくという戦略は、人類学の現地調査のなかでも古典的なものである。しかも韓国のような複雑な文明社会の研究においては、村に焦点を置いた集約的な観察の一方で、より広い地域社会や国家や民族なども視野に入れる必要があり、また歴史的な変遷や、植民地期の社会状況、あるいは国家の経済発展やセマウル運動などの地方政策にも関心を払わなければならない。また、どちらかといえば人類学が避けてきた儒教や佛教などの体系的な思想・宗教、あるいは文書に拠る歴史研究に対しても関心を払わずにはいられない。農村に在りながらも人々の社会関係や生活世界が、こうした古典的・体系的な伝統と深く結びついていることは、日本社会との対比において実感するところである。

人類学では、個別の社会を事例として日常生活の微視的で具体的な観察と記述を尊重すると同時に、他方では、それを多様な人間生活の一事例として位置づける姿勢が求められる。確かに、腰を下ろし時間をかけて観察を続けるなら、あらゆるものが視野に入り、その連関が見えて来る。しかし細部の観察と記述に気を取られると、結果的に「木を見て森を見ず」ということにもなりかねない。実際、どんなに辺鄙な村であっても、人々の生活の場や置かれた状況は決して自律性のある安定したものばかりとはいえない。王朝社会における儒教による教化をはじめ、農民までもが常に国家や国際社会の影響に曝されており、大きな変動から逃れることはできない。何より韓国社会は、かつて植民地支配のもとで日本から大きな介入と影響を受けていたし、その後は経済発展のもとで人々の生活圏も関心も拡大し、近年になっても流動性には鎮まる気配がみられない。こうした中で、かつて人類学が理念として掲げてきた人間生活の総体的（holistic）な記述は、言うは易いが実現しようとすると困難が多いことも明らかである。筆者自身もその点は十分覚悟の上、長期的に取り組むことによって総体的研究という人類学の理念に拘り続けてきたつもりである。

大陸半島部に位置する韓国・朝鮮社会と列島部に位置する日本社会は、地理的に隣接する条件のもとで、古代から今日まで社会的にも文化的にも緊密な関係にあった。しかし、朝鮮社会は大陸の中華文明圏の中でも、どの国よりも佛教や儒教の大伝統を公式の社会理念として積極的に受け入れることによって、中央集権体制の基本秩序を維持してきた点に特色がある。その点で大陸から海を隔てた列島の日本社会との間に大きな差がみられる。朝鮮の王朝社会は、中国の歴代王朝との間に本格的な冊封関係を結ぶことによって、中華世界における正統性を確保し、中国王朝との善隣友好により安全保障を達成してきた。しかしその一方では、中華秩序の周辺に位置する海島の倭寇や日本からは度々侵略の脅威に曝されてきた。日本による植民地統治は周辺異民族による支配体制にほかならず、その記憶が反日的な感情となって今なお表面化するのは当然といえよう。また、解放・独立後の半島社会は、世界規模の冷戦体制のもとで南北に分断対立し、同胞にもかかわらず熾烈な戦闘を経験し、今日なお休戦体制が続いている。筆者が韓国社会研究に着手した一九六〇年代末は、軍事的緊張構造がさまざまな面で韓国社会および日韓関係を規定していた時期であった。

こうした歴史的背景のもとで、日本人による研究も、単なる隣国や外部者という立場に留まらず、かつての侵略者・支配者による研究と位置づけられるのもやむをえないことであった。筆者が韓国で現地調査に着手した一九七〇年代初頭は、国交が正常化してまだ間もない時期であったので、日本人による韓国研究についても、日本人の偏見に対する不信感ばかりでなく、現地調査そのものに対してすら、その政治的意図や否定的な先入観を疑う者が少なくなかった。筆者が一九七二年の八月末に珍島の農村に住み込んだその日から、私を受け入れてくれた家庭ですら、当時八〇歳を越えたハルモニは私に向かって「間諜」呼ばわりし、その疑念は八八歳で亡くなるまでついに晴れることはなかった。北朝鮮との軍事的な緊張下にあったため、日本から来た者に対しては無条件に朝鮮総連との関係を疑い、警察情報科による監視対象となった。そうした国家レベルの関係は、当然ながら農村の人々にも影をおとし、大酒を飲んだりするとそれが時には大変不穏な言動に転じることすらあった。そうした状況の中で私に求められたのは、自分の責任において村の人たちといかに信義関係を築いてゆくかという一点であった。それは、研究者である以前に、日本人ないし市民として明確な言語による対応を迫られることでもあり、村の人たちとの対話や議論を回避することはできなかった。幸いに私が選んだ村は、かつて書堂教育が根を下ろしていたことで知られ、文人としての素養と度量にも富んでおり、研究について良き理解者に恵まれたといえる。しかし、他の村を訪ねると様子はだいぶ異なり、些細なことについても、「そんなことを調べたり写真を撮ったりするのは利敵行為に当たる」などと言う人に出会ったし、遠くの方からいつも誰かに見張られているように感じたものである。

筆者の韓国・朝鮮に関する研究は、一九六〇年代末から恵まれた環境のもとで少しずつ軌道にのり、それ以来四〇年にわたってさまざまな分野に関心を広めてきた。現地調査のうち、もっとも長く取り組んできた珍島農村の研究においても、現地調査を繰り返しつつ時間をかけることによって、韓国社会に対する理解と認識を深めることを心掛けてきた。それは、一つの地に拠点を置くことによって、さまざまな側面やテーマに目配りし、相互の関連を追い、また視点を変えたりして、観察と記述を積み重ねながら取り組んできた結果である。

儒教を指導理念としたかつての王朝社会では、中央集権体制の下で地方の住民は、程度の差こそあれ誰もが、知的指導層であった儒者文人のもと、民衆教化の対象とされてきたといってよい。本土の内陸地方には、そうした教化の差が生活気風の差をもたらし、身分的な伝統となって温存されてきた地方もあったが、そうした身分意識が弱いとされる地方でも、村の間にこうした差がまったく見られないとはいえない。儒教による民衆教化の体制は、植民地統治のもとで公式の地位を失ったが、地方では民間の伝統的な教育として温存され、伝統を重んじる村落では解放後も一部守られてきた。韓国人のとりわけ都市のインテリ層の間では、儒教の教えはもはや過去のものと見なされ、あまり自覚されることが無いが、一九七〇年代に農村を訪れた日本の若者にとっては儒教の伝統は新鮮なカルチャーショックであった。研究者もそうした生活者の中に身を置くことになり、否応なくその基本理念とされた大伝統にも関心を向けざるを得なかった。

人類学は全般的に見れば、現地の土着的な文化伝統には十分すぎるほど配慮する半面、外部から受ける文明の影響についてはどちらかといえば冷淡であったかもしれない。しかし韓国研究においては、現地の住民と同様にわれわれ研究者にも、こうした中華の大伝統に対するそれなりの素養と配慮が求められた。日本では、儒教や佛教などについても体系的というよりは断片的な知識や教養程度に留まっていたのに対し、韓国における受容は観念から行動に至るまで、はるかに本格的かつ体系的なものであった。日本人にとって韓国で経験する儒教や佛教の世界は、大伝統にふさわしい知的で新鮮な刺激に満ちたものであった。

他者理解と自己認識はもともと表裏不可分なものであり、韓国における観察も常に日本との比較を避けることができない。それは現地の人々にとっても同様であった。彼らも日本の状況について関心をもつようになり、日本と比較した説明を求められることも多かった。単純な対比では収まらないことも多く、「こういう場合はどうか」と問われ、「日本では」と言いかけてさまざまな場合が思い浮かび、あれこれ整理しながら対応に迫られる。そして互いに多少の知的満足に浸るのだった。日韓両社会は「近くて遠い関係」と表現されてきたように、互いにさまざまな脈絡を掘り下げながら整理することで、緻密な比較が可能となる絶妙の関係にあるといえる[伊藤二〇一〇b]。それも、日本人にとって韓国研究がもつ大きな特徴であり可能性でもあろう。

また日本と韓国の地理的な近接性が、総体的(holistic)な理解を目指すことを理念として掲げる人類学的研究にとって大変有利な条件となっていることも指摘しておこう。日本の研究者が東南アジアの現地調査に出かけるのと比べても、韓国というフィールドの距離的な近さは、研究のスタイルや戦略に大きく反映される。地理的に近いため経費がかからず手続きも少なくて済むことは、制度的・財政的な支援に頼らなくても、自分流の現地調査が可能となる。繰り返し補充しながら持続的にそして柔軟に研究を続けられ、観察や経験そして知識を集積できる効果も大きい。自分なりに全体の見取り図を頭の中で描きつつ、さまざまな側面や水準、細部の背景や関連を探りながら、見えるものから、できることからやってゆけばよいのである。対象と課題と方法そして時間を限定することで毎回完結を求めるプロジェクト方式は、学位制度と結びついた研究指導や研究支援において避けられないことであろう。しかし、そうした研究スタイルとは異なり、制度に縛られることなく、長期的な展望に立ってさまざまな側面や課題の連関を追いながら、臨機応変柔軟な方針によって、自分の感性に忠実な研究を進めることができる点でも、地理的な近接と経費の少なさは有利な条件となる。生涯に一度しかない最初の現地研究をそのように実践できることの意義は大きい。そもそも現地の人々の生活はそうしたプロジェクト方式になじまないものであり、ふり返れば、われわれの生活も本来はプロジェクトと無縁だったはずである。

一方、新たな研究分野に関心を広げ掘り下げていくには、研究室でのセミナーなどの機会を活用して、さまざまな事例をめぐる研究成果や方法論を参照する努力を払えばよいのである。しかし、研究領域や関連を、また対象を村から地域へ国家へと広げれば広げるほど、民族誌としてまとまった形で提示することに困難が生じてくるのも避けられない。実際そうしているうちに、自分の視点ばかりでなく韓国社会自体も大きく変貌をとげてきた。また、研究の進展にともない現地の人たちとの付き合いが深まれば、民族誌的現在と称して、調査時点を固定して民族誌を書くことなど、実際にはできないことなのである。

韓国社会の中にあって農村は、人口減少が急激に進んだこともあってその変貌ぶりが強調される。しかし、実は都市部における住民や組織の流動性と比較するならば、農村には七〇年代以来の住民が今も生活し続けている分だけ、韓国において変化が少ないと見るべきであろう。変化を踏まえながら持続的に記述することが可能なのも農村に限られるといってもよい。それでもなお、七〇年代や八〇年代に記述した内容そのものには問題が無いとしても、その後の大きな変化ぶりと、昔のことを知らない韓国の若い世代を考慮すると、記述には苦慮せざるをえない。

その間私が取り上げてきたものを列挙すると、家庭チプを中心とした消費生活、物質文化と生業、農村経済と家計、相互扶助と契、労働交換、家庭の信仰と儀礼、祖先祭祀と門中組織、歴史認識、儒教と生活、民衆教化と書堂、農村振興、セマウㇽ運動、都市移住と郷友会などであるが、どれを優先するということなく、特に初めのうちは臨機応変に進めてきたと言ってよい。

植民地統治期のことなどは後回しにしようと安易に考えていたところ、村に入るや否や廃屋となった一九三〇年代の振興会の公会堂が目に入り、またいくつもの記念碑や記録を通して、これほど辺鄙な村にも大きな影響が及んでいたことを思い知らされた。振興会や水利契にも関心を払うことになったが、これについては少し機を逸したことが悔やまれる。

親族と門中については少し欲を出して、族譜を手掛かりに島内の主要な氏族すべてに対象を広げてみたが、凡その実態が分かった段階で中断したままである。労働交換のプマシについても、一九七七年の田植えの際に、村のほぼ全世帯について交換関係を把握してみたが、あまりに煩雑であり結局中断したまま、過疎化と機械化が進んでプマシも行われなくなってしまった。民間信仰・儀礼のうち珍島特有の芸術性豊かなシッキム・クッは、国の無形文化財にも指定されており、韓国のみならず国際的にも大きな関心を集めてきた。珍島をフィールドとするからには当然ながら私も関心を払ったが、ついに本腰を入れることは無かった。それは、タンゴル巫女の唱える辞説（サソル）や経文のような呪文があまりに豊富かつ難解で、とうてい手に余ると考えたからである。村でも邑内でもシッキム・クッに出会う機会は幾度もあったが、いつも見物するだけで、知人の家庭で泣き崩れている奥さんを見ると調査どころではなかった。そうしているうちに本格的なクッを主宰できるタンゴル巫もほとんど姿を消し、今ではもっぱら郡主催のイベントなどの際に、簡略化されて上演されるにすぎない。

一方、九〇年代後半から特別な関心を払うようになり、自分自身も巻き込まれてきたテーマに祝祭と地域振興がある。これは、「珍島の海割れ」が官製の祝祭行事と化し観光化してきたのとは別に、住民の視点と主体的な参画によって地域活性化を図ろうとする動きに注目したものであり、長年の友人朴柱彦氏が中心となって住民の歴史認識と民俗的手法を活かした新しい祝祭づくりを目指すものであった。韓国における地域社会の在り方をめぐる新しい動きとして、開発研究の視点から関心をそそられると同時に、私自身も少し特殊な市民として実践的な参画が求められ、日本での経験を生かして関わることになった。

本書の記述においては、できるだけ地元で用いる用語をそのまま反映させることにし、うまく対応しそうな日本語訳を採用した場合にもハングル表記を付した。また、韓国語のカタカナ表記のうち、子音で終わる音節については小文字で表記した。民俗的な習俗の中には、珍島の中でも村によって差が見られ、峠を越えた海岸の集落で盛んな習俗がこちらでは見られないということもある。また地元の知識として村で使う用語があっても、私に対しては別の表現を採る場合もある。あるいは用語にも時代とともに推移が見られ、世代による差や個人差も無視できない。特に初めの頃、方言のきつい年配女性の場合には、こちらの言うことは通じていても先方の言葉を聞き取れないことが少なくなかった。脇から別の表現で説明されることもあり、どのように記述すべきか悩まされることになった。しかし間もなくそれも気にならなくなった。一方、漢学の素養のある人の説明には難解な言葉が混じることもあった。そうした教養層の中でも個人差は大きく、具体的な説明を省いて一般的なコメントで済ませようとする傾向がある一方で、私のために細部についてまで具体的に語ってくれる人もいる。また、男性と女性の差もたいへん大きく、母親の中にはハングルの素養が無い場合には、子供との関係においても言葉がすべてであったように思う。こうした女性の中には、それまで村以外の人に対して説明する機会が無かったためであろうか、言い換えることができず、同じことを声ばかり大きく繰り返すことも少なくなかった。

このように同じ村の中にも、漢文の古典的教養の世界から無文字的な音声中心の生活まで見られ、その知的世界や言語生活にも大きな差が見られた。書堂で古典の教育を受け、自らも二〇年あまり書堂の先生を勤めた人もあれば、ハングルとも縁が無く家事と農作業に追われている女性もいた。家庭内のことはすべて女性まかせだが、門中や祭祀はまったくの男性領域といってよかった。男女の生活領域や関心の差は予測以上のものがあったが、女性の生活領域とされる日常家庭生活における家事や信仰・儀礼については、心がけて観察と記述に力を入れたつもりである。

また村人の中には、終戦前に日本で生活した経験のある人ばかりでなく、解放後も日本や中東に出稼ぎに行った経験のある若者もいた。ソウルの明洞（ミョンドン）のモッチェンギ（伊達男）と呼ばれた者や、毎日のように大阪の夢を見る人までいたが、その一方には、市場以外ほとんど村から出かけない人も少なくなかった。植民地時代や軍隊生活や海外出稼ぎ、ソウルと村の距離、書堂教育と民俗世界など、いずれも村人の生活経験に大きな幅をもたらしてきた。村はこうした多彩な生活世界の接点のようでもあり、また同時に日常の生活の場であり拠点でもあった。こうした個人の多彩な生活経験と個性を尊重しながら、「村の民族誌」として見聞をまとめることが求められた。

掲載する写真についても迷った。日本の研究者が残した植民地時代の写真について批判的な論評があることを私も了解している。みすぼらしい生活や迷信などを好んで取り上げ、当時の前近代的な様相をことさらに強調する意図があったとして、そこに植民地主義あるいはオリエンタリズムの視線を読み取ろうとする論評である。しかし、一九七二年当時もソウルの学生たちの中には、農村の現実を何も知らずに、人類学徒に対してまで講釈したがる者が少なくなかった。私が語る農村の現実を耳にすると、彼らも一様にショックを隠せなかったものである。村の生活実態を韓国の若い世代はもっと知ってほしいという気持ちがしばしばよぎったものである。ましてそれから四〇年も経った今日、多くの韓国人は当時の農村のことを知るよしもない。私がネット上に公開している当時の映像に対しても、藁葺き屋根のみすぼらしい様子ばかり撮っているのではないかという声があると聞く。しかし、部外者でありまた短い期間とはいえ、当然ながら私もそうした藁と木と土と石そして甕器に囲まれた生活を送っていたのである。また、国中がますます流動性を高め、断片化した情報に翻弄されかねない韓国社会において、地域における生活現実とその持続性、社会生活の機微、民俗文化の豊かさについて触れる機会はますます減少している。本書が、日本の読者のみならず韓国の若い世代にとっても多少なりとも知的刺激をもたらし、社会の変化を実感できる手掛かりとなれば幸いである。

現地での滞在期間は、一九七二年の夏―翌年一月を初めとして、一九七三年七月―一一月（安東、珍島）、翌一九七四年正月明け―二月末（珍島、安東）、八月―年末、七五年七月―八月、七六年八月―九月、七七年四月―七月、一九八〇年二月―四月、九月―一〇月、一九八一年三月―四月、六月―七月、八月―九月、一九八二年五月―九月、一九八三年七月―九月、一九八四年七月―九月、八五年以降も九〇年代まで毎年一、二回訪れ、その後もロンドン大学にいた一九九六年を除き毎年短期間であれ滞在し、二〇〇二年には、ソウル大学に一年間招聘教授として滞在中、何度かに分けて訪ねている。このうち一九八〇年代以降は必ずしも正確な記録が無い。私の滞在期間を記録しておこうという提案により、宿の主人が部屋の壁に毎回記すことになっていたが、それとて時間が過ぎると壁も崩れ、昨秋は台風で屋根も飛ばされた。一九九〇年度以後は村ばかりでなく邑内に滞在する機会も増えてきたが、それでも毎年かならず訪ねて村の様子を観察し確認するようにしている。全体として、通常の人類学の現地調査とは異なり、一度に集中的に現地調査を行うのではなく、何度も比較的短期間の調査を繰り返してきた。このほか、私が企画し募集したツアーを村にまで案内したことも三度あり、また、ソウル大学の人類学科の教授・学生一行を村に案内する機会に三度も恵まれたのは幸いであった。

なお人類学による民族誌では、何よりも住民の生活を尊重する上で、個人の名ばかりでなく村や地域の実名まで伏せることが原則とされてきた。しかし韓国と日本の関係や近年の市民としての成熟、また記述内容に照らしてみて、地名やすでに亡くなった方の実名についてはそのまま記す方が自然であり、むしろ礼に適うのではないかと考え、敢えて伏せることはしていない。一九七〇年代の古い影像とともにその点ご理解をいただきたい。

# 目次

## 第2章　調査地社会の位置づけ ……………… 53

## 第5章　家庭儀礼

# 第7章 契 307

# 第1章　人類学による韓国社会研究

## 一　研究対象としての韓国

本研究が対象とする韓国・朝鮮社会は、かつて東アジアの中華文明圏のもとで、千数百年におよぶ王朝国家の体制を維持してきた社会である。大陸の一角に位置しながらも、ほぼ同一の言語集団がこれだけ長期にわたって国家という高度な社会統合を維持してきた例は、実は世界的に見ても例が少ない。漢文の識字層が担い手となって、大伝統である佛教および儒教を率先して受容し、その理念のもとに民衆の救済と教化を主眼として、中央集権的な官僚機構によって安定した社会統治を達成してきた。それは、人類学が当初アフリカやオセアニアの植民地で、あるいはアジアの文明社会の周辺地区において研究対象としてきたいわゆる未開社会や部族社会とは大きく異なる。

かつて人類学は、こうした狩猟採取民や焼畑耕作民など、社会の規模も小さく社会構成も比較的単純な社会を対象とし、小さな集団に観察を絞ることによって、人間生活のさまざまな側面にわたる詳細かつ集約的な調査を行い、相互の関連と脈絡を踏まえた総体的（holistic）で厚みのある民族誌を提示してきた。

そうした人類学の研究手法が、メキシコなどのメソアメリカ、南ヨーロッパ・地中海社会、インド、東南アジア、中国、日本などの農民社会（peasant society）に対して、また西欧やアメリカの農村や町などの地域社会にも適用されるようになった。また、非西洋社会における伝統的・非産業都市（pre-industrial city）についても、それを取り巻く部族社会（tribal society）や農民社会との連続性が指摘されると、人類学的な民族誌が各地で試みられ、観察・記述の参照枠組みとして部族社会や農民社会に関する研究蓄積が、活かされてきた(1)。

日本では戦後しばらく海外における現地調査の道が制約されていたが、民族学や人類学の関心はほとんどがいわゆる未開社会に向けられていたといってよい。現地調査が可能となってからも、少なくとも筆者より上の世代までは、東南アジア研究においてすら研究対象は主として王朝国家の辺境に位置する山地や島嶼部の焼畑耕作民や首長制社会に向けられていた。東アジアにおいて唯一現地調査が可能であった台湾についても、研究関心はほとんどが山地の原住民社会に向けられ、平地の漢族社会に対しては関心が低かったのである。つまり、東南アジア社会を対象とする研究においても、人類学の関心は王朝や文明の周縁部における未開の様相に向いていたといってよい。筆者が現地調査を手がけ始めた一九七〇年代初めの時点でも、日本の人類学ではこうした未開社会を追いもとめるような研究が主流を占め、農民社会などの文明社会を正面から取り上げようとする研究はほとんどなかったと記憶している。

戦後、日本や沖縄の農村に人類学の関心が向けられた時期があったが、それらも海外における現地調査の代替地として取り上げられたとみてよかろう。対象が文明社会の一部を成していたにもかかわらず、研究者の関心は親族とか世界観や儀礼などに向けられ、いわゆる未開社会研究における既成の研究テーマを超えるものはほとんど見られなかった。

沖縄研究にその典型を見ることができよう。多くの人類学者が沖縄のほとんど全域にわたって多くの地で村落調査を行ってきた。その関心は、親族や家（ヤー）、信仰と儀礼、世界観、民俗知識に向けられ、一つの村落に腰を据えて詳細な記述に精力を注いできた。その反面、琉球王朝以来の行政や士族社会、都市と農村の関係、人の移動や物の流通、農業をめぐる社会経済的側面、芸能や工芸などには関心が薄く、幅広い分野にわたって国家や地域の巨視的な脈絡の中に村落や住民の生活を位置づけるという姿勢は欠けていた。村落社会についても人類学による農民研究（Peasant Studies）の論点を踏まえるものではなかった。人類学は、沖縄研究を台湾の蕃社研究の延長上に位置づけ、結果的に、琉球社会をいわば未開化してきたと言ってもよい。

それに加えて日本では、西洋社会に対する肯定的な関心とは対照的に、中国および韓国・朝鮮など近隣東アジアの諸社会に対しては、一般的に見て関心が薄いか、もしくは否定的な姿勢の者が多かったのも事実である。その背景には、明治以来の知識層に深く根を下ろした「脱亜入欧」志向が見られるのに加え、戦前の日本による侵略的な植民地支配や戦争を通して再生産されてきた政治的偏見も重なっていたと思われる。戦後しばらく日本の一部インテリの間には、東アジア忌避の念が尾を引いていたといってもよかろう。それに加えて、冷戦体制のもとで国交回復も遅れていたため、現地研究はおろか研究者との交流も遅れていたことが挙げられる。韓国について見れば、国交が回復した後も軍事的・政治的緊張の下で、一部の日本人研究者の間では、軍事独裁体制に対する否定的な評価と印象が先行したことも影響して、韓国社会の研究を躊躇する姿勢が見られた(2)。その中にあって東京大学では、韓国との国交回復後まもない時期から、泉靖一教授によって研究交流の道が探られ、韓国から客員研究員として金宅圭が、客員教授として李杜鉉、張籌根、玄容駿の三氏が文化人類学教室に籍を置くことになり、韓国の人類学・民俗学との交流が徐々に軌道に乗るに至った(3)。こうして、本格的な研究に着手できる体制が整ったのが一九七〇年前後であり、現地での調査が始まったのが一九七一年であった。これら客員の研究者たちはいずれも現地調査の経験が豊富で、神話・説話や口頭伝承、民俗信仰や儀礼、伝統芸能など民俗学的な関心が大きかったとはいえ、日韓の民俗文化の比較が新鮮なテーマとして提示され、それが韓国社会研究において貴重な基礎となったことは確かである(4)。

## 二　農民社会研究

採集狩猟民社会や部族社会を対象とする際には、外部の文明や国家や植民地行政との関連よりも、個別の小規模な社会単位に照準を置いた集約的な観察が基礎とされてきたのに対して、農民社会の研究ではその複雑な社会・文化状況に対応した戦略が求められた。

広義の農民社会という概念は、集約的農耕を生産基盤としながらも、統合機能を担う非農業分野の職能者や階層間の分業によって、国家という高度な社会統合段階にある社会形態と見ることができる。一方で狭義の農民社会は、文字通り農村地区において農業生産を担う住民社会であり、その意味で「部分社会」とも表現された。非農業生産の職能者や階層とは、具体的に言えば、主として都市部に生活拠点を置く王侯貴族や聖職者や学者、政治・行政官、商人、軍人などを想定すればよい。つまり、一方では広域な地域社会や国家による社会統合までを視野に入れながら、農民についてもこうした複雑社会の中に位置づけることが求められた。また、農村部の住民についても、兼業や季節的な副業なども含め、さまざまな社会分化に留意しながら、外部との関係を視野に入れた記述が求められることになる。

農民社会研究の先駆けともいうべきピット・リヴァースによるスペイン農村の研究［Pitt-Rivers 1967］においても、またエンブリーの須江村の民族誌［Embree 1939］においても、ヨーロッパや東アジアの農村については、近代国家が統治機能を高める状況や、都市住民との関係など、国家との関連が当初から記述の基本的枠組みとなっていたことが明らかである。韓国・朝鮮社会においても、どんな辺境地方ですら王朝社会当時から中央集権の国家体制の中に位置づけられ、また日本による植民地支配にもその中央集権体制は引き継がれた。また解放後の韓国においても、あらゆる面で国家による統治が及んでおり、国家体制を抜きに地方社会を扱うことはできない。

また、初期の農民社会研究の中で、アメリカの人類学者が特に力を注いだメキシコ農村の研究では、農民社会における自律的・共同性の高い農民像と村落社会像が提示される一方で、これとは逆に国家や植民地的体制および都市との関係に留意することで、広域社会における統合の側面に注目した農民社会像も提示されてきた。こうした相反する農民社会像は東アジアにもあてはまる。日本や韓国の農民社会においても、慣習化された日常生活の経験が、もっぱら限定された地域社会の中に集積されているのも事実である。したがって人類学が、その生態・社会・文化を集約的に観察・記述する上で、いわゆる未開社会における現地調査の手法を援用しようとすれば、やはり実質的な対象として先ず農村に照準を置くのが現実的であった。しかし、村落を基本単位として位置づけ、集約的な観察と記述を重視する戦略を採れば採るほど、結果的に村落の自律性と共同性ばかりが強調されることにもなりかねない。農民社会研究における巨視的な視座と微視的な視点をどのように両立させるか、また、両視点のはらむディレンマを克服する上で、地域を超えた仲介的な人や物の動きを視野に入れて、外部の影響のもとで日常的な生活像をどのように記述するか、柔軟な視点と目配りが求められる。

農民社会研究におけるこれらの視点を踏まえながら、農民社会の生態学的側面、社会システムとしての特質、経済システムとしての性格、文化システムとしての特質などについて、ウォルフが試みた論点の整理は、東アジアの諸社会においても有益な手掛かりとなる[Wolf 1966a]。これをもとに、東アジアにおける経験を生かして補足するなら次のように見ることができよう。

生態学的システムは言うまでもなく社会的・文化的な側面と不可分であり、土壌および圃場という概念の成立、その維持・管理のための農民による集約的な関与が先ず挙げられる。土壌の維持のためには、耕作（tilling）とりわけ役牛と犂による深耕、表土の保持、うね、肥料の投入、水の管理、客土などの作業が求められ、林野の利用や家畜の飼育などがこれにともなう。圃場および農作業という範疇の成立、これに関わる活動の時間的・空間的分化は、用益、管理、保有、所有、協力や共同などさまざまな概念と結びついて農村における社会秩序の基礎をなす。また、これらに関わる経験は、民俗知識や技能として定型化され共有・伝承されており、特に重要なのは、こうした知識や技能が具体的な物や場と実践的に結びついているという点である。それは、地域特有の生態学的状況や農作業の様式から切り離して容易に一般化・言語化できるものではなく、圃場において農作物や土壌の状態に則して具体的に喚起される知識である。それはまた、外部の職能者に依存することなく、村落あるいは農家に内部化された自前の知識である。

社会システム・経済システムとしては、世帯（household）を単位とした日常的な生産・消費活動、経営の意思決定、再生産（reproduction）、社会化（socialization）、病いの平癒や健康維持などの医療的側面、経験や民俗知識

(folk knowledge) の伝授・蓄積など、多面に亘る世帯の自律性 (autonomy) と共同性 (corporatedness, corporation)、労働集約的農業に不可欠な農繁期における世帯を超えた労働交換などの相互協力、村落規模の利害共有と協力体制、経済・政治・宗教に関わる資源を有するパトロン (patron) の存在、村落を超えた仲介機能を担う者 (middleman, broker) の存在、市場 (peasant market) を介した生活物資の流通と商人の存在などが注目される。農作業は、世帯を基本単位として年間および季節ごとに日程化されており、仕事 (job) の分化・規定と役割分担がなされている。消費生活面では、食料をはじめとする必需品の備蓄と利用があり、特に穀物の貯蔵の在り方が関心を呼んだ。

小農家世帯 (household) はこうしたさまざまな機能を担う単位となっており、その多機能的性格と自律性を重視する農民経済論は、早くはチャヤノフ [Chayanov 1966] に始まり、その後は農家の生産・消費の具体的記述の蓄積と論点の整理がなされ [Halperin & Dow 1977, Potter, Diaz & Foster 1967, Harrison 1982]、また、近年になって農村社会における総体的な問題解決をめざす開発 (community development) の担い手として、再び小農家の主体性と適応性を再評価する観点から、農家世帯に焦点を置いた研究 (Farming System Research) が注目を集め、学際的な取り組みがなされている [DeWalt 1985, Gatter 1993]。小農経営の持続的な単位として、多機能的な世帯の自律性に注目する点では、本研究も基本的にそうした流れを踏まえるものである。

農繁期や予測される世帯を超えた協力には、手伝い、労働交換、共同作業、物資や資金の融通などがあり、村落規模の協力・共同もさまざまな分野に及ぶ。こうした交換や協力の慣習は、より制度化され組織化されたものまで含めると、共同の施設や作業空間を具えたり、労働面のみならず信仰や儀礼と結びつくことで、親睦や娯楽という面を具えたものまでさまざまなものが視野に入る。

村落における共同性については、意識、行動、組織面に留意して、合意と決定、共同作業・活動、共同施設と共同財産、儀礼などが注目される。また、村落統合における宗教の占める位置や、社会的威信 (prestige) と恩顧関係（patronage）、指導性（leadership）、調整役（cordinator）の存在、共同性の規範（norm）と裁可（sanction）、これらをめぐる文化的表現としての諺や昔話にも関心が払われてきた。

農民社会の性格について、メソアメリカや南ヨーロッパ・地中海社会、インドや東南アジア、中国や日本を事例とした民族誌は、こうした農民社会の様相を浮き彫りにするものであったが、農民社会の一般像として提示するには、状況は余りに多様であった。また国家統合や植民地政策との関連において、より個別・具体的な状況を踏まえた記述が求められてきた。しかし、歴史的な経験や置かれた社会体制の違いにもかかわらず、中米社会から提示された農民像の中には、東アジアのもっとも卑近な日本の経験に照らしてみて、共有できる面が多いのも明らかである。フォスター［Foster 1967］がメキシコの事例で提示した、カトリックのパトロン（聖人）信仰と結びついた儀礼的親族（ritual kinship）コンパドラスゴ（compadrazgo）の在り方、「限られた富（limited good）」という観念と富の平準化機構(leveling mechanism)、宝物をめぐる民話(treasure tale)モチーフに表現された農民心性(peasant personality）などは、農村の共同性との関連で農民社会一般への適用可能性をめぐって提起されたものであり、日本の民俗社会に馴染みある者にとっては、烏帽子親や親分―子分の慣行、「出る釘は打たれる」と表現された「村根性」や「村八分」、長者伝説などを想起させるに十分なものである。日本の農村研究に関わったアメリカの人類学者は、こうした日本の事例についても見逃すことなく紹介している[5]。

農家世帯の社会・経済・文化的な持続性と自律性、世帯間の交換と協力慣行、村落規模の協同と自治の態勢、外部社会との仲介機能を併せ持つ商業や行政などは、日本をはじめ東アジアの農村社会の複雑に重層した社会実体を記述・分析する上でも有効な枠組みと考えられる。こうした地域社会の生活において「経済」はその一側面としてもともと埋め込まれたものであることは、チャヤノフに次いでポラーニに代表される人類学的経済論が一貫して指摘してきたところである。一方、経済という概念を狭くとらえて、論理的体系としての経済像にリアリティーをおくいわゆるフォーマリスト経済論にとって、生活とか地域社会という包括的・連続的な概念はむしろ捉えにくいものにちがいない。経済像は論理化され記号化されることによって、ますます形式化・体系化を進めてゆき、農民社会を基盤とした地域社会に埋め込まれた「経済」は視野から除かれ、フォーマリスト経済論はさらに実体から乖離してゆく可能性をはらんでいるようだ。

農民社会を基礎とした地域の社会統合と蓄積を欠いた農法としては、一方に焼畑などの未開農法が、他方にはいわゆる近代的・機械的な大規模粗放農法（farming）が位置づけられる。後者には、北米中西部などの営農的農園経営をはじめ旧植民地のプランテーションを引き継いだ多くの例が該当する。また、農業近代化による農村開発として各地に導入された「緑の革命（green revolution）」もこの範疇に入る。農民（peasants）とこれら営農的粗放農業者（farmer）とでは、その自律性・蓄積・適応性などの点で社会的性格に大きな差が見られるが、その差は見過ごされる傾向にあった。植民地的状況および新植民地状況においては後者を主体と位置づける政策が是認されてきたが、今日のように両者が農業のみならず経済全般にわたってグローバルな連携という観念のもとで共存を迫られる状況は、歴史上例が無かったように思われる。

人類学におけるこうした農民社会研究の蓄積を背景として、現代の韓国社会においても農村を地域社会と想定することに、筆者自身も何ら疑問を抱くことがなかった。それはまた、日本における一般的な農村社会像と、農村社会学や民俗学の知見を背景としていた点で、日本的な視点と展望に立つものでもあった。

日本的な視点とは、かつて日本の地方社会において重要な地域単位と位置づけられた村落観によるものであり、それは、集約的な農耕による自律性・共同性の高い村落像を踏まえたものである。そうした村落像は、近世以降の日本において地方分権的な地域行政と結びついて成立したとされるもので、集約的農業の技術的・生態学的条件のもとで、多機能を担った家（ie household）による小農経営、近隣や親族関係による労働交換や相互扶助、村落による山野や磯の共同用益や管理・規制の慣行、共同作業と共同設備、寄り合いによる意思決定、村落内の社会評価と制裁、村落の共同儀礼などに拠るものであった。共同性を特質とするこうした村落像は、日本社会においては疑う余地も無く定着しており、それは藩政時代ばかりでなく明治以後の近代日本において末端の地方行政にも反映されてきた。こうした日本的現実を背景として成立した農村社会学も民俗学も、伝統的村落を当然のごとく記述対象としてきた。しかし、振り返ってみれば、韓国において果たして村落がどこまで自律性と共同性を保持する組織であったのか、日本との比較を通して検討する余地があったのである。最近になって指摘され気づいたことは、韓国においては、これまで村落を単位とした民族誌が韓国研究者の手でほとんど試みられていないのである。金宅圭による慶尚北道安東郡河回の民族誌はその唯一の例外といえるが［金宅圭　一九六四］、その動機となったのが日本における村落研究であったと金宅圭自身も述懐していたのである。韓国において人類学や民俗学の現地調査が遅れ、その間に韓国社会における農村社会の状況が急速に変貌を遂げ、地域社会の自律性や実体性を失ったためという説明では十分とはいえない。特定の村落を取り上げた民族誌・村落誌的なものが村の有志によって試みられる場合が稀にあっても、それは実質的に特定の氏族門中に関するものであって、村落というわゆる地縁集団を対象とした関心に拠るものではない。村落誌の欠如は、韓国の知的社会における地域社会の現実性（リアリティー）の低さと村落に対する関心の薄さを反映するものと見るべきである。韓国の研究者は、村落という個別具体的な対象や事例に関心を向けるよりも、普遍的・一般的な理念やモデルにリアリティーを認め、関心を払ってきたようである。地域における生活の経験や知識の集積を重視して、村落に拠点を置いて観察記述するという戦略自体が、韓国の知的社会にはなじみにくいように思われる。

一方、かつて未開社会の研究において、とりわけ親族集団リニージなどを共同的集団（corporate group）と捉えて特別な関心を向けた人類学は、文明社会の中でも農民社会については、地域の共同体的性格に特別な関心を寄せてきたようである。地域社会の中でも村落の性格に大きな関心が向けられ、とりわけ初期のメキシコ農村の研究に拠って提示された村落共同体（local corporate community）のモデルが、村落研究において論議の的となった。[6] 集約的定住的な農耕社会に関心を向けたことは、初期の研究戦略としてはそれなりに妥当な研究展望であり成果であったと見ることもできようが、地域共同体（local corporate group）のモデルが実態以上に農民社会研究において関心を引き、閉鎖的で自律的な農村イメージが再生産されたことも指摘できよう。

中南米社会の研究において、キリスト教（カトリック）を基軸とした社会文化的伝統が信仰と共に地域を超えて広がり土着社会に及ぼした影響は大きい。こうした特定社会を超えた普遍的価値や世界観による「大伝統（great tradition）」と個別地域的な生活文化の「小伝統（little tradition）」との相互関係を視野に入れることで、それぞれの社会の個性と変化を記述する枠組みとなることが指摘されてきた［Redfield 1941］。こうした大伝統と小伝統の枠組みは東アジアにおいても、中華の伝統と周縁の民俗社会の間にも適用可能なものである。より具体的に言えば、漢文による儒教・佛教と民俗文化との間にも認められるところである。儒者や僧侶をはじめ知識エリートたちは、大伝統の文化的仲介者として特異な地位を占め、その正統性と社会的威信もこうした大伝統を拠りどころとしてきたことは明らかである。しかし日本では、儒教が大伝統として果たしてどこまで社会の指導理念として受け入れられ社会全般に定着していたかという点は、よく吟味する必要があろう。例えば儒教について見ても、幕府のひざ元や一部の地方には孔子廟やそれに相応する教化・儀礼の機関が見られたが、中国や朝鮮において社会のほとんど隅々にまで、行政機構と結びついて公的施設として孔子廟が設けられたのとは比較にならない。韓国・朝鮮においては、後に具体的に取り上げるように、地方の郡県や村落に至るまで儒教の教化として郷校や書院や書堂が設けられ、組織・制度面においても儒教社会が実体化していたのである。韓国・朝鮮における社会統合において、儒教の体系が基本的な枠組みとなっていたことは明らかであり、それは、中米社会や地中海の農民社会におけるカトリックとも比すべきものである。地域を超えた普遍的な人間像や世界観による教化が社会統合の基礎となってきたことに留意するなら、大伝統─小伝統の論点は韓国社会とりわけ農村社会研究にとっても有効な枠組みとなる。

## 1　海・漁村の周縁性

漁村社会をあえて選ばなかったのにはいくつかの理由があった。日本における経験から見て、漁業社会はもともと農耕社会と比べると、変動の大きい自然環境である海に生活資源を依存しており、その変動による影響を受けやすいことが挙げられる。それは漁業の展開にともなう住民の流動性となって現れ、また、国家主導による近代化という環境変化のもとでも、技術導入や流通の発展や市場の生成などにともなう社会経済的な変動を見た。韓国・朝鮮における漁業には、こうした社会経済的変化の中でも、植民地状況における日本漁業の影響が大きく作用してきたことも忘れてはならない(7)。こうした、近代化過程における漁業・漁村の状況を踏まえるならば、漁村はその社会経済的変化に注目する研究にとっては魅力ある対象となろうが、韓国社会の研究においては、先ずは農村社会の研究が優先されるべきであるというのが筆者の判断であった。筆者が日本において漁村・漁民に対して関心を持ち、特に九州西北部で調査経験を持っていることを知る韓国人研究者からは、韓国南西部の漁村研究を勧める人が多かったが、筆者は上記の理由から当面は漁村を避けようと考えた。

## 2　通時的な視点

通時的接近や歴史研究との関連にもついても触れておかなければならない。少し長期的に近代国家の発展を視野に入れるなら、いずれの農村社会も程度の差こそあれ、中央政府との関連を深めて国家機構の中に編入され統合される過程にあったことは明らかである。長期に亘る集約的な参与観察を標榜してきた人類学の研究も、長期といってもせいぜい二、三年程度である。その間にあまり自覚のないまま、あるいは自覚しながらも、当該社会の実態を民族誌としてまとめることを優先し、実際に制度的にも研究者にはそれが求められてきた。

植民地的な状況において、現地社会が外部から受ける影響と変化について、文化変容という概念のもと、両者相互の影響と変容が指摘されてきたが、実際には研究者も含めて外部者が果たしてどこまで行為者アクターとして位置づけられていたか疑問である。微視的に見ても、研究者はややもすれば自身がどのような位置を占め、現地社会にどのように関わっているのか、自覚が欠けがちであった。現地の村人の中にも、外部社会と深い関わりをもち移動を経験してきた人が見られる。韓国では、おそらくどの調査地においても、こうした人の存在が視野に入って来るにちがいない。こうした人々が直接もたらす影響もあろうし、彼らが外部で築いた関係が間接的に及ぼす影響も無視できない。韓国の農村においては、外部社会との関係がもたらす影響はもとより歴然としている。少し注意深く探れば、日本の植民地支配下に経験した変化も随所に見てとれる。あるいは、具体的な痕跡は観察されなくとも、当時の農村振興運動の経験は年長世代に刻み込まれているともいえる。また一九七〇年代は、政府の主導で農村生活改善を目指すセマウル運動が強力に推進されていた時期である。こうした行政主導による変革ばかりでなく、外部からの影響への対応においても、韓国社会では個人が主体として能動的であり、判断と選択と行動が個人に委ねられ、社会の変化も個人を基点として展開する点に韓国社会の特色が見られる。

王朝社会以来の中央集権体制において、地方社会は常に中央の国家行政の管轄下に位置づけられてきたと見るなら、王朝の行政との関係を抜きに地方社会を捉えることはできないはずである。また、儒教を指導理念として地方社会の教化を行政の基本としてきた朝鮮王朝において、漢文の素養と公的な歴史に対する関心は高く、その教養の伝統は後述するように農村においても書堂教育によって受け継がれてきた。人類学はどちらかといえば小伝統に対しては高い関心を払ってきた半面、大伝統の公的な歴史からは距離を置いてきたように思われるが、文明社会の高度な社会統合を視野に入れるには、大伝統にも取り組まなければならないのは明らかである。韓国社会の人類学的研究においても、漢籍による公的な歴史資料をどのように活かすかが問われていたが、歴史学との連携については人類学の側からは明確な展望が示されることは無かった(8)。

一方、歴史という概念を社会文化的な脈絡のもとに人類学の観点から再考するなら、歴史を担う主体は王朝の儒者史官や近代国家の歴史学者に限らない。社会分化にともなう多様な主体を視野に入れるなら、それに応じて歴史像も多様なものと見なければならない。社会の複雑な実態に応じて、多様な主体の多様な歴史観を尊重するならば、近代国民国家が正統化してきた「歴史学」ばかりでなく、歴史の記述にも多様かつ柔軟な姿勢が求められる。儒教という大伝統に次いで日本による植民地統治を経験し、また中央集権の国家意識と民族意識そして日常の民俗文化が、重層し併存してきた韓国社会において、歴史の在り方そのものにも関心を払わなければならない［伊藤　二〇〇六a］。

## 三　複雑社会の記述

韓国・朝鮮社会は、集約農耕を基礎として、王朝国家体制のもとで中央集権の官僚機構を維持してきた点で、全体の社会形態としてはいわゆる複雑社会（complex society）に当たる。つまり、部族社会や未開社会とは異なり、社会の規模が大きく人口密度も高く、生業・職業や階層などの社会分化（social differentiation）が進み、さまざまな組織や制度が重層し複雑に関連しあって高度な社会統合を遂げた社会である［Banton 1966］。

こうした複雑社会の研究において、文化人類学が理念として掲げた総体的（holistic）かつ集約的な現地調査を目指そうとすると、その対象と研究課題をどのように設定して長期的な研究展望を探るかが基本的な課題となる。また、その社会生活における規範（norm）、慣習（custom）、規則（rule）、裁可（sanction）、制度（institution）、関係性（relationship）、社会範疇（social category）、組織（organization）などの水準の違いを弁えながら、社会組織についてもパートナーシップ（partnership）、セット（set）、派閥（faction）、結社（association）、社会ネットワーク（social networks）、共同体（corporate group）などの概念を踏まえつつ、複雑な様相を複雑なままに記述する努力を払わなければならない。

全体の社会体制との関わりにおいて、地域社会はその部分として位置づけられる。しかし、部分社会の具体的事例研究の蓄積なくしては全体社会の構想はありえないし、全体社会における位置づけ無しに部分社会の研究も活かされない。全体社会はさらにグローバルな関連の中に位置づけられる。つまり巨視的な展望を描きながらも、微視的な観察・記述の拠点を見定める必要がある。

## 1　地域社会

先ずは、具体的な観察と記述の主たる照準をどの水準に置くのが有効か問われることになるが、多様な関係や組織や制度が人々の現実的な生活空間として集積されている一定の地域社会を取り上げるよりほかない。そして、韓国研究における現実的な戦略として、長期にわたる集約的な現地調査が可能であり、知見を積み重ねて行くことが可能な地域社会とは、また何よりも研究者として受け入れられ生活を共にできるのは、農村以外に選択肢が無かったといえる。

現地調査がまだほとんど行われていない状況では、関心や観察自体が対象となる地域社会の性格によって規定されてしまい、事例としての位置づけがおろそかになる可能性がある。しかしまた、現地社会の状況がまだよく分からない中で、既存の情報をもとに対象を設定しなければならないのも現実である。

東アジアの複雑社会においても、特定の地域社会を観察・記述の対象として据えることで、長期にわたる集積を通して、人類学が掲げる総体的研究の理念もそれなりに実現することができるのではないか、また、微視的かつ具体的な観察・記述と、より広範な地域社会や民族国家社会に対する巨視的な展望とを両立させることも可能となろう、というのが筆者の漠然とした見通しであった。そのためには、事例研究の蓄積と学際的な研究関心の双方について、長期的な展望を持って臨むことが求められる。つまり、さまざまな側面と水準に留意しながら、研究を長期にわたって持続することが不可欠となろう。ふり返ってみれば、長期にわたる研究の持続は、当初予想できない大きな社会変化が視野に入ることにもなったし、伝統とされるものの正統性や、人々が根強く志向する価値や観念についても再考を迫られることもあった。変化の座標軸や評価についても修正が求められる。また逆に、社会のナショナルあるいはグローバルな変容についても、身の周りの微視的な観察や経験が活かされることに気づかされた。

しかし実は、地域社会というものについても、それが具体的な実体としてどこまで重要な意味を持つかという点も、あらためて問わなければならない。韓国において、日本との対比によって直感的に気づきながらも、そのことを確信するまでにはかなりの時間を要した。地域社会を社会の如何を問わず等しく成立する実体とみなして、その前提のもとに行ってきた研究を通して、逆に韓国社会における地域離れともいうべき様相、つまり地域社会というものの形骸化・空洞性が一層顕著に浮かび上がってきたのである。それは、必ずしも地域社会が実体性を失った結果ばかりでなく、そもそも韓国社会が内包する社会的流動性が一層顕在化した結果というべきであろう。韓国社会における人の流動性、組織の可塑性、場所や地域や物的な条件による規定・拘束から逃れ、個人の自由を優先する生活観・社会観など、一言でいえば韓国社会の属人的性格が居住の流動性を加速させている近年の状況は、韓国社会研究において大きな課題となって浮上してきた。例えば、産業化や経済発展のありかた、あるいは市民運動などにおいてもそうした地域離れともいうべき様相が見られる。端的に言えば、地域において蓄積・集積され、地域に投資し、地域において実現するという過程が、日本よりも希薄に思われるのである。そうした行動様式の一端は今日コリアン・ディアスポラとまで表現され、国際的にも大きな関心を呼ぶに至っているのである。(9) しかし、そうした韓国社会において、村落はそれでもまだ持続性を比較的よく留めている点で、ほとんど唯一の地域実体と見てよいのである。

筆者自身の現地調査においても、村落を調査対象に設定した背景には、こうした日本社会における経験と認識、そして欧米の人類学における農村社会研究の双方が要因として働いたといえる。しかし韓国では、地域や村落ばかりでなくあらゆる社会組織について、地域との持続的な関係が想定されていないとすれば、韓国における地域そのものの実体について検討が迫られているといえよう。逆に日本では、あらゆる関係や制度や組織を地域と結び付けて捉えていると言ってよい。人類学が社会研究の基本的な戦略の一つとして重視してきた親族研究においても、日本社会における親族は「村落における村落範囲の親族」であったのに対して、韓国における親族は常に村落や特定の地域に留まらない関係網として捉えなければならない点でも、日韓の差は明らかである。

先に述べたように、韓国の村落社会においても地域共同性を見出すことができるのは明らかである。そもそも漢字による地域社会という造語が行政用語あるいは学術用語として韓国社会に適用されるにともない、用語に込められる意味と対象との関係について、十分に配慮されないまま、地域社会のリアリティーは不問に付されてきたのではなかろうか。

日本による植民地統治においても、農村振興運動に際して強調されたとおり、日本が持ち込んだ近代性モデルの中には、日本的な地域共同性の概念が刷り込まれていたことは明らかである。一方、韓国における地域という概念は、何かを共有する持続的な社会的範疇あるいは組織としての実体性を欠いており、いわば人々の活動の拠点にすぎないか、もしくは中央との関係性を指す地方という語と同義で用いられているのである。

地域をめぐるこうした認識も、実は韓国における現地研究を通して得られたものである。韓国社会の研究においては、地域とか地域社会という用語を用いつつも、その概念と対象との乖離について直視を迫られてきたと言ってもよい。地域という概念ばかりではない。韓国社会では、持続的な非人格的な実体としての組織よりも、人の関係性を重視するのであれば、観察や記述の単位をどのように設定すべきか問われることになる。しかしこの点も、長年の現地研究を通して得られた認識なのである。

筆者も戦略としては観察対象を村落としてきたが、親族をはじめ人々の社会関係は村落を超えて広がっており、明らかに組織よりも関係性を重視しなければならないことを自覚するに至った。

## 2　地方小都市「邑」

また、調査対象を選定するにあたって、地方の伝統的な行政の単位である郡規模の地域の中心に位置する邑と、邑に近接してその影響を強く受けていると思われる農村も避けることにした。筆者自身は、いわゆる伝統的都市社会に対して早くから関心を払ってきた方であるが、あえて優先することは避けた。その点についても触れておこう。

人類学における都市研究は、いわゆる前産業的伝統都市（pre-industrial city）の特質に対する関心に始まり、これを取り巻く農村や部族社会との連続性・類同性が注目を集めた。また農村から都市への移住と、農村出身者が都市において形成する新たな居住空間と社会組織、具体的には都市の周辺部に作り上げる不法居住地区（squatter）をはじめとして、非公式的な生活空間において重要な位置を占めていた任意結社（voluntary association）、社会的ネットワーク（social network）など非集団的組織（non-groups）が関心を呼んだ。

人類学における都市研究についてはガリック〔Gulick 1973〕による概説が大変有用である。発展途上社会における農村や部族社会から大都市への人口流動にともなって成立する不法居住地区の社会については、メキシコシティー〔Lomnits 1977〕の事例をはじめ、リマ〔Mangin 1959,1967〕やラパスなど中南米の事例研究が知られ、その形成過程で同郷農村からの移住者の人脈と同郷結社（regional association）の果たす役割が指摘されてきた。韓国においても同郷の人脈が都市生活への適応過程で重要な役割を担っていたことは、一九七二年の六―七月にソウルの延世大学前滄川洞のタルトンネ（不法居住地区）に住んだ時に身近に観察することができた。

アフリカの港湾都市における結社〔例えばLittle 1957,1973〕とその変容過程は国家の独立と政党政治の受容過程でその基礎を成したものとして関心を呼んだ。社会ネットワーク（social networks）については、ノルウェーのフィヨルド漁村における組織を取り上げたバーンズ〔Barnes 1954〕の試みに始まり、地中海世界におけるボアスヴァン〔Boissevain 1964, 1966〕の一連の微視政治的な駆け引きに関する事例研究、あるいはペイン〔Paine 1970〕によるフィランドのトナカイ飼育民や漁民における生活戦略をめぐる研究などが知られており、そうした視点は韓国社会においても、親族や同郷や同窓の人脈が職務遂行や地位向上に活かされる状況の観察と記述に有効と考えられる。

しかし、韓国社会研究において、農村社会の集約的な研究がまだ十分でない段階で、そうした都市的・流動的な状況にまで気を配る余裕はなかった。因みに、韓国において前産業的な伝統都市に相当する邑は、王朝時代以来の地方行政単位である「郡」の中心を占めてきた。それは、現在も「城内里」などの地名に示されるように、かつては官衙を中心として周囲を城壁で囲まれ、周囲の農村部とは異なる伝統的な地方小都市と呼ぶにふさわしいものであった。この邑城の外周に接するようにいくつかの農村が位置し、東外里、西外里、南洞里などの名でよばれていた。城壁は周囲の農村部と隔てるもので、いくつかの城門が設けられていたが、近代化過程において交通の障害として撤去された。そうした郡よりも上位の地域行政の中心として格付けされていたのが「府」である。こうした地方小都市に拠点をおいた研究として、例えば本田洋［一九九九、二〇〇四］による全羅北道の南原府における郷吏層の結社や活動の記述分析、板垣竜太［二〇〇八］による慶尚北道尚州における植民地期の社会過程を事例とした民族誌的な研究がある。いずれも王朝社会からの行政の中心としての性格を踏まえつつ、特に近代化過程における地方の新旧エリート層とその活動に照準を置いたもので、王朝国家や植民地行政および解放後における仲介機能に注目して、地方社会の発展と変容を記述・分析したものである。これら邑城と呼ばれた伝統都市は、その成立基盤たる中心性についてみれば、日本との差はかなり明瞭である。朝鮮王朝時代の地方都市においては、行政面における中心性が際立っていた。一方、鉄道など交通の要衝や港湾などに成立した地方都市は、開港期から植民地経済体制への移行とともに発展したもので、それは地域社会の中心性というよりは外部との接点ないし結節点に成立したものである。

邑内には日を定めた定期市が立つと同時に、常設の店舗を具えた商人たちが常住していたが、日本の場合のように、商業の中心性を契機として都市が成立した例は限られていた。また、寺社などの宗教的な中心性が、商業や地域産業と結びついて都市性を促したような例も韓国・朝鮮社会では見られない。

植民地期における邑を中心とした近代化の様相については、後に『珍島郡誌』の記述を引用してその一端を紹介するように、植民地行政の拠点としてさまざまな機能の集中が見られた。その中でも、新しい文物の導入、道路や交通手段や郵便や電気などのインフラ面、産業振興政策における事業・技術指導、保護奨励、共同販売促進、融資などを担う各種組合組織の目覚ましい発展が指摘されている。しかしその邑においても、人間関係やこれら組織や機関の運営において、どこまで植民地行政の影響を受けたか疑問である。確かに植民地行政およびその後の韓国政府において、経済・産業政策面で邑が地方行政の拠点として占めた位置は特筆すべきものである。城壁は撤去され農村部の人材が邑内に集まることによって邑は拡大を続け活気を呈してきた。邑は肥大化し、近接する農村を併せて大きな集落を形成するに至った。しかし、そうした新住民のほとんどは農村出身者であり、邑内の中心部に商店や事務所を有する住民も、ほとんどすべて出身の村名によって「・・人（サラム）」と識別されており、またその親族背景が言及される。社会生活においても、親族関係と同郷関係に加えて親睦契などの個人的な結社が基本となっている点で農村部と大差ない。商店やサービス業に生活基盤をおく者の比重が増してきたが、個々の事業所について見ると移転や転業が激しく、商業化が進んでも日本の町内に対応するような自治的な地域組織は成立しない。人の流動性は鎮まる気配が見られず、邑に居を構えて永続的に特定の領域で活動し続ける人は少なく、商店経営にも日本における家業のような持続性は見られない。

地方の邑や府においてもっとも永続性のある組織は、やはり父系親族関係による門中であろう。その門中も、祖先祭祀や族譜編纂などの崇祖事業を主たる活動として、そのための共同財産を設けている点でも、農村部における門中と大差ない。

一方で、現地調査を始めた一九七二年当時、邑から夜一歩でも外に出ると漆黒の世界が広がっていた。邑内では街路にも電灯が灯り、中心部には官公署の建物が白亜のように映えていたのに対して、農村は藁葺き屋根の世界であった。交通の便も悪く、村の人たちは定期市に出かける以外はほとんど村で過ごしていた。邑と村は表と裏のように感じられ、村に住み込むや否や、私自身も邑との関係が断たれ、村に幽閉されたような気分にもなった。邑で生まれ育った友人朴柱彦氏も、私を心配して村までやってきた時、あらためて村の生活現実を実感することになったようだ。邑が地方社会の中心を占めてきたことは明らかであるが、地方においても邑と村との格差、中心と周縁の格差は思いのほか大きかったのである。ともかく先ずは農村で、それも邑から離れた村を集約的に観察することから始め、いずれ研究テーマを広げながら研究拠点を邑に移せば良かろうというのが筆者の考えであった。

邑と村との社会的距離を実感する想い出も多い。村に住み込んで一月余り過ぎたころ、何気なく聞いた日本のラジオがニュースで戒厳令について解説していた。途中から聞いたのだが、どうも韓国のことらしい。確認してから私は村の人に尋ねたところ、誰も知らないし関心も示さない。そこに偶然邑内からやってきた知人に告げると、彼は黙って何人かの親族と打ち合わせたかと思うと、いそいそと再び邑に向かった。その数日後に郡庁からジープがやって来て、村の掲示板に朴大統領の写真入りの宣言文を張りだしていった。しかし、村人は誰も関心を示さず、読む人もいなかった。その数日後、隣の村で映画が上映されるという。私も誘われて行き、寒さに震えながらシーツに映る映画を見たが、ぼやけていて何の映画かもわからなかった。ただ、合間に三つの村の里長が地面に広げた何かを読んでいたのを覚えている。マイクの音は割れ発電機の騒音で聞き取れなかった。村の人は戒厳令などに関心が無いように見えた。あるいは、軍事独裁政権を無視しようと無関心を装っていたのだろうか。目先の農作業に追われていたためであろうか。

## 3　住民の派閥抗争

筆者ならずとも、戦乱の影響が比較的小さな地域を選んで、韓国社会のできるだけ平常な姿を見たいと考えるのは当然であろう。戦争が地域社会に及ぼす影響について、人々の経験や認識には、地方差や世代差・個人差が大きい。地上戦が行われた韓国の状況については、現地研究を通して理解するよりほかなかった。筆者は、直接の戦闘による影響が少ない地を調査地に選んだが、戦闘による直接の被害が無い場合でも、政治イデオロギーをめぐる対立が地域社会に及ぼした影響は、私の認識をはるかに超えるものであった。それは、現地に移って調査地を選定する段階では知るすべもなく、また、当時こうした地域の事情については、地元の人たちも言及を避けなければならなかったため、時間の経過とともに暗黙の中で察するよりほかなかった。

こうした対立とは、政治的なイデオロギーの対立が村内に持ち込まれた結果、住民同士の対立が次第に先鋭化し、それが加害者と被害者の関係に転じた例である。そうした例があることは薄々知っていたが、その背景や実態は想像を超えるものであった。いずれも、親族間の潜在的な利害関係が時々の政治状況のもとで派閥抗争として顕在化したもので、双方の子孫が今なお共存することも地元では知られている。

朝鮮戦争が休戦に入った時、一方の派（仮にA派とする）が他方の派（仮にB派とする）を、人民解放軍が島に上陸した際に協力した「赤（パルケンギ）」と名ざして攻撃し、村で公開裁判が村人の手でおこなわれたのである。しかし溯ると、解放直後には逆にB派がA派を日帝協力者と名ざしで批判して攻撃し、A派に被害者が出たという。そしてさらに時間を溯ると、もともと限られた資源をめぐって潜在的に競合する関係にあった二つの親族集団のうち、B派は郡庁と緊密な関係にあってA派は事あるごとに疎んじられていたという。そこで、総督府が植民地行政を推進する上で新たな体制を担う人材を広く採用した際に、A派は積極的に面行政に人材を送り込み、一時的郡行政との関係を背景に、B派に対して報復する状況が生まれたのだという。日本による植民地支配と、一時的とはいえ人民軍による支配という二度にわたる外部からの介入によって、村内の潜在的な競合関係が先鋭化したことになる。最終的に「赤」と名指されたB派は、反論の余地がないまま被害者や行方不明者を出す結果となり、その後はともに過去の抗争について封印したまま今日に至っているのである。こうした事例について、具体的に知るようになったのは、調査を開始して二五年ほど経ってからのことである。これほど劇的な例は島内でもそれほど多くはないが、被害者や行方不明者を出した村は思いのほか多かったこと、調査地の近くにもそうした抗争が及んでいたことも後で分かってきた。こうした実態を知らない外来の研究者にとって、状況を良く知る現地の協力者の助言が欠かせない。

因みに、外部状況によって村落内部の潜在的な競合関係が表面化した例のほか、そうした対立を村に持ち込もうとする者もあったが、紛糾程度で済んだ村、対立を村に持ち込もうとした若者を氏族の違いを超えて年長層が阻み、村から追放した例など、さまざまであったという。調査地の上萬は後者に該当する。

このように、国際社会における政治的イデオロギーが、国内においても国論を二分する政治対立となり、それが南北分断と戦争にまで発展した朝鮮半島において、たとえ辺境に位置するとはいえ、農村社会もそうした外的な対立と無縁ではいられない。外部の政治イデオロギーの対立が村に持ち込まれると、村落社会における潜在的・構造的な要因と結びついて、深刻な抗争に発展して多くの犠牲者まで出す可能性があり、農村社会も常にそうした潜在的な緊張を秘めていたのである。それは、各所に張り出されている間諜への警戒を促す告知文や政治標語を通して、われわれ研究者を含めて外部からの訪問者にも決して無関係ではなかった。

## 4　班常関係と階層

筆者が韓国社会の人類学的研究を志した一九七〇年当時といえば、村落社会についての断片的な報告は見られたものの、特定村落についての本格的な現地調査がほとんど行われていなかった。最初の民族誌的な著作であるブラントによる西海岸の村落研究は、氏族社会の位階的な生活規範を重視するいわゆる両班的な住民と、平等的(egalitarian)な社会規範を重視する一般住民(commoners)の生活理念とを、いわば対照的に位置づけることで、韓国社会の分析モデルを提供したものであった[Brandt 1971]。しかしそうした視点は、すでに日本では牧野巽が東アジアにおける氏族制度に関して示した展望や、京城帝国大学の秋葉隆が提示した儒教伝統と土着伝統との二重性をめぐる理念モデルからも十分予測できるものであって[牧野 一九四九、伊藤 一九八八]、それをブラントは具体的な村落において検証したものといえる。筆者をはじめとして当時の日本の研究者にとって、秋葉隆のいわゆる「二重組織」モデルは、村落社会の多様性を視野に入れる上で重要な枠組みとなっていた[秋葉 一九五四]。調査地としてどの地方のどのような村落を選ぶか、事例研究の位置づけと見通しを立てる上でも、儒教的な社会規範や祖先観や親族組織といった大伝統を、基本的な枠組みとして念頭に置く必要があるのも韓国研究の特徴といえよう。

これまで韓国の伝統社会といえば、慶尚道や忠清道の内陸地方のように、かつて両班と常民との身分差が村落や地域社会に大きな影響を及ぼしてきた例が好んで報告されていた。金宅圭が報告した慶尚北道安東郡豊山面河回の事例は、こうした旧身分間のいわゆる「班常関係」が六〇年代になってもいかに根強かったかを示している[金宅圭 一九六四]。たしかに、こうした格式のある地方士族(両班氏族)の村落では、氏族の親族構造が村落社会研究にとってもっとも有効な枠組みとなることは間違いない。一方では、こうした有力氏族に従属してきた常民層住民については、親族構造は必ずしも有効な枠組みとはならず、それに代わる人間関係や組織の研究が求められる。しかし筆者の経験では、こうした両班が格式を誇る村では、実際に両班氏族の社会的影響力は圧倒的に大きく、その意向や指導を無視して調査を行うこと自体が難しく思われた。名門両班の村として全国的に知られる慶尚北道安東郡の村では、研究者は真っ先にその地の名門両班宗家を礼訪し、勧められるまま文人墨客としてその家に身を寄せ、その特別な配慮の下で研究を行うのが常道とされていた。その名門両班一族のみならず地元の住民は誰もが、両班こそが研究対象にふさわしいと考え、それ以外の住民の家庭を訪ねて話を聞くことに違和感すら抱くようであった。その点は、現地住民ばかりでなく地元の知識人も同様であり、研究者ですらそのように考える者が少なくなかったように思う。名門両班の地盤では、両班旧家に身を寄せながら常民層の社会調査を並行して行うことなど許されないのが現実であった。

両班氏族が、父祖伝来の地に長期にわたって定住して世代を重ね、親族組織門中を構成することを威信と見なしてきたのに対して、常民は居住の流動性も高く、一定の村落内に一族が集住して勢力を集積することが難しかったといってよい。そうした流動性の高い村落では、親族が門中として組織化されることが少なく、多くの姓の住民が雑居する例も少なくない。両班が主体となった村落を「班村」と呼んだのに対して、こうした村落は「民村」と呼ばれ区別されていた。本土の内陸地方ならば、どの地方においてもその多寡の比率には差こそあれ、こうした班村と民村とが共存してきたと言ってもよく、地元名門の少し年配の人なら村落の名を聞けば、班常の区別ばかりか社会的な格付けまで瞬時についたのである。かつての両班層とこれに従属していた常民層の家庭が、同じ村落内に住んでいた場合にも、後者は前者の屋敷の一部例えば門の棟などに住み込み、あるいは、その所有する建物に住んで農地と農具そして牛まで一括して任されていた者も少なくなかった。こうして村落内にいわば混住していた状態から、旧常民層の家庭が近接する地に新たな集落をつくって分かれ住むようになった例もある。

研究者も含めて、現地の住民もこうした班常間の区分を踏まえて、これまでは親族を重視する社会研究と言えば両班層に関心が偏り、他方で、民俗文化に関心を持つ者は常民層の生活に関心が偏りがちであった。つまり、秋葉隆やブラントが提示した二重性モデルは、研究者の側にも反映して、親族研究と民俗信仰を両極として研究者の関心も二極に分かれていたといえる〔伊藤　一九八八〕。実際には、旧両班層における社会生活の理念と旧常民層の生活文化とを単に対照的に捉えるだけでなく、両者がどのように共存していたのか、相補的・互換的なものとして見るべきである。さらに、前者の生活においても、また後者の生活においても、実際の生活において二つの伝統ないし志向性がどのように二重性を成しつつ生活に幅をもたらしているのか、柔軟な観察と記述に人類学の研究能力が試されるといってもよい〔伊藤　一九八〇〕。

住民の流動性が高く氏族組織が発達していない村落は、一般に雑姓村落などと呼ばれ、親族関係や親族規範とは異なる非親族的な組織や儀礼が研究の重要な手掛りとなろう。

一方、内陸農村部のこうした身分伝統の根強い地方から少し目を転ずれば、半島各地には両班―常民といった社会区分がほとんど意識されない地方が多い。しかしそうした地方においても住民が何世代にもわたって定住しているような地では、父系親族が組織されていることは、文献を通して、また済州島での経験を通して知っていた。また、調査地を選定するに当たって筆者は、単一の氏族門中が住民の大半を占めて、父系の親族集団が圧倒的な比重を占めるような村落は避けることにし、これと対照的に、雑姓的で流動性の余りに高い村落も避けるのが適切と考えた。調査地珍島のような島嶼地方においても、父系の親族集団が集住するいわゆる同族部落が多数存在し、その中には、義新面七田のように、すでに善生永助が同族部落の例として報告した村もある〔善生　一九三三〕。

こうした背景のもと、調査地としては王朝時代から中央の政治と強い関係がみられた内陸地方よりも、中央との政治的関係が強くなく、それに代わって地域の土着的な文化伝統が根強く、自律性も比較的高い地方が望ましいと考えた。また、すでに述べたように都市の影響の大きい地や漁村や離島は避けることにした。その結果、半島南部でも黄海（西海）側の湖南地方、その中でも全羅南道の農村を選ぶことにした。

調査地を選定するにあたっては、研究者が客地で置かれる状況や個人的な縁が大きく左右するのは誰でも同じであろう。そうした過程も現地研究のあり方に関わるので触れておくことにする。筆者の場合、東京大学に客員教授として赴任されたソウル大学校の李杜鉉教授の配慮によって、農村の下見を兼ねて全羅南道の珍島を訪問する機会が与えられたのが幸いした。それは、故内田るり子教授（国立音楽大学）が珍島の田植え唄を現場で調査するため李杜鉉教授を頼って訪韓された際に、地元全南大学校の故池春相教授が合流することになり、私も同行を勧められたのである。その際に、農村に立ち寄る機会にめぐまれ、短期間のごく断片的な見聞ながら、この地方の生業、集落、親族組織、民俗文化、儒教教育の伝統など、いずれも持続性と蓄積において、島嶼地方に位置するとはいえ本土の農村に比べて遜色の無いことを確信することができた。民俗信仰については『全国綜合民俗調査報告書』（全南篇）によってある程度の予測はできたが、現地で民俗文化伝承の豊かさを肌で感じることができた。また朝鮮戦争に際しても、戦闘による直接の被害や社会変動が少なかったこと、また書画や芸能面などの芸術的な潤いも感じられ、本土とは違った落ち着いた雰囲気に惹かれるようになった。

また筆者の場合、この時の訪問がきっかけとなって、地元の協力者朴柱彦氏に出逢うことができ、珍島の歴史や社会、民俗文化をはじめとして、調査地の村を選ぶ際にも極めて適切な指導を得ることができた。本格的な調査を目指して二度目に単身で珍島を訪れた一九七二年の八月、この類希な現地の友人から、私は毎日夜遅くまで珍島の歴史、社会、民俗文化について濃密なガイダンスを受けることができ、また現地においてこれから力になると思われるさまざまな人を紹介された。朴柱彦氏からは、その後も今日に至るまで四〇年にわたってさまざまな協力を仰いできた。朴柱彦氏は、その後本人も珍島の民俗、社会、歴史の調査と民族誌的な記述に取り組むようになり、専門研究者との共同研究に関わって多くの報告を執筆し、今日では現地研究者（Native Anthropologist）としても知られる存在となった。人類学の現地研究において、研究の目的と理念、個人的な関心や研究展望についてほぼ完全に理解する友人を地元住民の中に得ることはきわめて稀なことであると思われる。その点で、韓国研究において誰よりも恵まれたことは明らかである［伊藤　二〇〇六b］。

## 注

（1）都市の中でも近代的産業的都市に注目して、北米の都市を例に部族社会や農民社会との対比を通して、その社会文化的な特質を都市性（urbanism）として強調し、都市と農村の対比モデルを提示したワース（Wirth）に代表される社会学者の都市論に対して、居住の集密度、社会分化、中心性を特徴とする都市の中でも、近代の産業化以前から存在する伝統都市に注目して、都市と農村の社会的文化的連続性を検証する事例研究が各地で展開された。伝統都市としてSjorberg［1955］が提示したPre-industrial City論をはじめ、西アフリカの伝統都市としてオショグボ（Oshogbo）［Schwab 1965］やイバダン（Ibadan）、トンブクツ（Timbuctoo）［Miner 1953］などにおける周囲の部族社会との連続性を手始めに、とりわけ共同体的組織（corporate group）の存否に関心が向けられた［Gulick 1973］。当時、東アジアにおける近代化以前の伝統都市については、そうした視点からの検証は見られなかったようだが、日本の伝統都市が取り上げられていれば、地域共同性の高い「町内」や家業の経営組織としての「家」など、東アジアにおける都市と農村の連続性が指摘されよう。とりわけ、「町内」の地域共同的性格は、東アジアの中でも中国や朝鮮にも例の無いものとして注目されたにちがいない。

（2）日本民族学界においても、また大学の文化人類学研究室においても、韓国社会研究の意義を疑う者は無かった。誰もがその必要性を説き励ましてくれたが、ほとんどは他人事のようで、自ら手掛けようとする人はいなかった。研究者のみならず当時のインテリの間では、韓国における軍事独裁政権の人権抑圧などの非を咎めることで、韓国への関与を巧みに回避するような姿勢が広く見られたものである。自身の思想的な偏向に対しては鈍感なもので、大学の出版会ですら筆者が或る出版企画を持ちかけたところ、表題が「朝鮮・・」なら良いが「韓国・・」はだめだと平然と口にするのだった。そうした状況が実際にあったことを記しておく。

韓国への不関与の姿勢はその後も比較的近年まで続いてきた。異文化に対しもっとも積極的かつリベラルな関心を払うと考えられる人類学において、しかももっとも近い韓国に対しても心理的な距離は遠かったのである。一九九〇年代の末、日本民族学会の理事一〇名が集まった場で、韓国に一度でも訪れたことの有無を確かめたところ、私以外には皆無だったのである。韓国と日本はまさに「近くて遠い関係」にあった［伊藤　二〇一〇b］。

（3）当時泉靖一先生も、アンデス研究に道筋をつけて後輩や指導学生に後を託す段階にさしかかっていた。自らも本格的な韓国研究を始動することを考えていたようで、韓国研究を志す学生の出現をたいそう喜び、当時としては破格ともいえる韓国からの客員を迎えるため奔走したものと思われる。これら客員の先生方も、当時の韓国社会において「親日」というレッテルを貼られることを恐れず、日本の研究者との交流に前向きに臨んだ方々であった。李杜鉉先生は北朝鮮と中国の国境の町会寧の出身、張籌根先生は旧満洲生まれで同じく国境の町新義州育ちで、ともに朝鮮戦争直前に韓国に来られたいわゆる失郷民であった。また玄容駿先生は済州島出身で、三名とも朝鮮半島の周辺の地で人類学・民俗学に志を立てた点で共通する。泉先生も京城から引き揚げてきた失郷民であったといえる。

（4）人類学において民族学・民俗学の位置づけは研究者の間でも個人差が大きい。日本では、これら学問の発展・成熟および教育体制を反映して世代間でも差が見られ、またアメリカ人類学の影響が強い韓国では、人類学と民俗学の距離は日本よりさらに大きい。日本でも東京大学では、戦後間もなくアメリカ人類学の影響を強く受けて、その掲げる一般人類学（General Anthropology）の理念を教育体制の基本と位置づけていた。したがって、民族学（民族誌）、社会組織（社会人類学）、形質人類学や先史人類学、技術史、言語学、心理人類学（文化とパーソナリティー）、日本考古学、日本民俗学など多彩な授業が設けられていた。民族誌にはアフリカ、東南アジア、中国、シベリア、新大陸などの授業が用意されていた。当時は日本民族学会と称した学会も、現在のような凝集力には欠ける半面、他分野にまたがる多様な研究者の緩やかな集合体であった。筆者は、元々日本の民俗文化・民俗社会に対する関心から民族学そして人類学に関心を広げてきた点で、日本に足場を置いた研究の在り方として、自然かつ健全な路を歩んだと思っている。これらの学問をもともと重層的なものと考えてきたし、所属した東京大学の文化人類学教室も当時はその点でたいへん寛容であったし、研究者の個性を尊重していたと記憶する。

(5) イシノ・イワオ［Ishino 1953］による「親分―子分」、スミス［Smith 1967］による「村八分（ostracism）」などが代表的なものである。

(6) corporate group の組織概念については、構成要因について検討したスミス［Smith 1974］の論点が日本や韓国の村落や経営体の記述分析においても有用である。こうした分析枠組を援用して、韓国における組織についても、その持続性、社会的境界の安定性、成員の制度的な補充、所属意識、法人的（共同の）目標、儀礼などに留意して、corporate group の属性について具体的に検討する必要があると考えた。

(7) 漁村では住民の流動性が高いため親族集団による門中の組織化が低い。その背景には、王朝時代以来の農本主義の伝統の強い韓国・朝鮮社会において、漁民および漁業が賤しい生業と見なされ、漁業を忌み嫌う傾向があったことも関連してきたと考えられる。

(8) この点で東京大学の韓国・朝鮮研究では、歴史学と人類学、社会学との連携による地域研究を重複して、教育体制においても歴史学と人類学、社会学の連携による専攻（韓国・朝鮮文化研究専攻）が設けられた。その結果、本田洋や板垣竜太のように、人類学を基礎としながらも歴史的接近を大幅に取り入れた研究が進展することになった。

(9) ディアスポラという概念は、元々はユダヤ人を代表的な例として、政治・宗教などの抑圧によって故郷を追われた悲惨な状況を取り上げ、その広範な拡散にともなう社会問題を視野に入れるために用いられたもので、近年になって朝鮮人・韓国人にも適用されるに至った。しかし、近年国際的に関心を呼ぶようになった韓国人の移動ぶりは、かつての失郷と流浪を強いられた人々とはかなり様相を異にしていることに留意すべきであろう。抑圧とか失郷、差別というかつての状況論では説明できない移動・拡散が見られるのである。今日の韓国において、どう見ても民族的・政治的・宗教的な抑圧あるいは経済的困窮といった状況が認められないにもかかわらず、人々は移動をやめない。それどころか、軍事的緊張が緩和し民主化が進み経済発展を遂げるとともに、人々の流動性はむしろ高まり、国内ばかりでなく国境を超えた韓国人の移住・拡散に拍車がかかっているのである［伊藤　二〇〇八］。

# 第2章　調査地社会の位置づけ

## 一　珍島の地理的条件

調査地は半島西南部の湖南地方の中でも全羅南道、その沿海島嶼部に位置する珍島の農村である。

どの社会でも地方ごとに生活様式や住民の気風には、多かれ少なかれ特色が見られるにちがいない。しかし、薄れたとはいえ地方的な文化伝統が目を引く日本とは異なり、王朝時代以来の中央集権的な体制が根強い韓国では、地方の社会文化的伝統に対する関心の在り方にも韓国的なものがあるように思われる。どの地方にもそれぞれ独自性があるとして、伝統文化に客観的な評価などありえないと考える日本とは異なり、韓国では文化につい

地図 2-1　半島南部と珍島

ても国家規模の評価基準を想定しているようで、例えば「食べ物は湖南地方がもっとも美味い」という評価に対し誰も異論が無いのである。他地方の人はまるで自分たちの食生活が貧弱であると認めているかのようである。ともあれ、湖南地方と言えば食文化が豊かであるといわれ、また農業においても穀倉地帯と言われるように、他地方より豊かなイメージがある。しかし食べ物の素材の点で、湖南地方が他地方よりも特に優れているとは思えない。特に新鮮な海産物に恵まれているとも思えない。湖南の人々は食べることに特に関心を払い、他地方の人は食べることよりほかの事に関心があると考えるべきであろうか。湖南地方は、味覚マッ（맛）とともに伝統的な美意識であるモッ（멋）の故郷のようにも言われる。ここでも何か客観的な基準が存在するかのようである。

生業について見れば、湖南地方は一般に、広々とした水田の稲穂を連想し、朝鮮半島における穀倉地帯として知られる。しかし水田のみならず丘陵地では畑も作られ、また内陸の山間には盆地が広がり、水田と共に畑作も行われている。東海岸の大海原と白波がなす景観とは異なり、西海岸には遠浅の海が広がり、干満の差によって潮流が早く干潟も発達している。沿海島嶼地方では、こうした干潟における漁労や潮流を利用した網漁も見られる。多様な景観と地域性も湖南地方の特色となっていることを忘れてはならない［伊藤　二〇一〇a］。

豊かな農業を基盤としたマッとモッをめぐる文化伝統の一方で、湖南人といえば独特の気質や性格とも結び付けられてきた。それは、王朝時代の党派抗争において政治的な排斥を受けたこととも関連付けられてきたものである。今日なお根強く尾を引いている湖南地方と嶺南地方（慶尚道）の対抗意識は、中央政治の主導権をめぐるものであると同時に、こうした歴史的な記憶と結びついた地域間感情に根差していると言われる。その感情は、相互的というよりは不均衡なもので、後者が前者に対して半ば公然と偏見を口にする場面に出会うのに対して、逆の場面に出会うことは少ない。

調査地に選んだ珍島は、湖南地方の中でも西南部を占める全羅南道の沿海島嶼地方に位置する。沿海島嶼地方

地図 2-2　全羅南道における珍島の位置

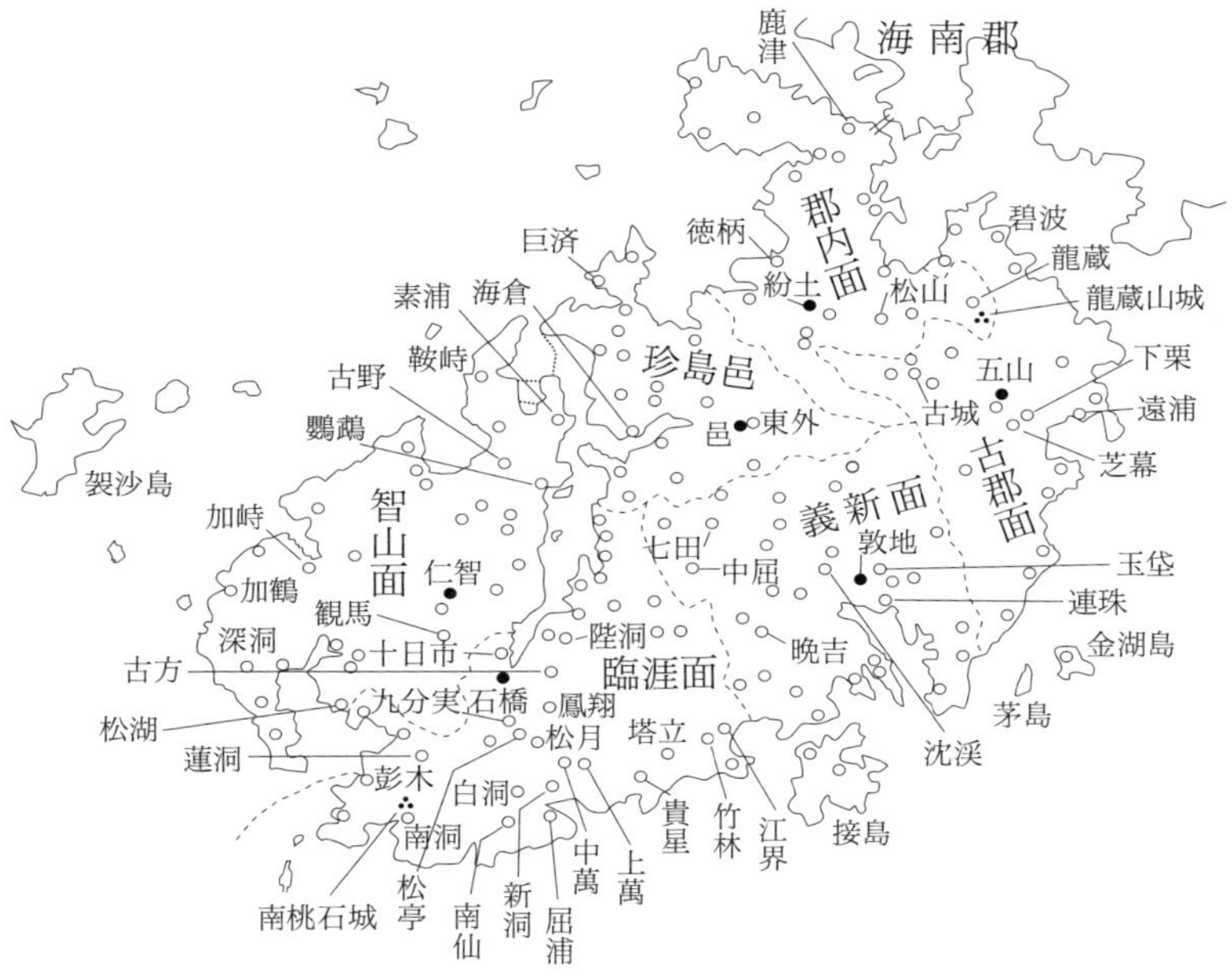


地図 2-3　珍島内の珍道邑および面事務所所在地、上萬とその近隣村

は湖南地方の中でも、地理的な辺境に加えて社会的にも周縁的な位置づけがされてきた。それは、王朝時代に農本主義とも表現された朝鮮社会において、王朝社会の威信の拠点ともいうべき行政の治府がことごとく内陸農業社会の中心部に位置していたこと、そうした中心から交通面で辺境に位置するばかりでなく、農本主義のもと海と結びついた生業が蔑視され、その結果、海浜や島嶼の人々まで蔑視されたことに由来すると思われる。

　珍島は沿海島嶼地方の中でも西海と南海の境に位置し、本土の全羅南道海南郡の花源半島とは狭い海を隔てて南に隣接する。多島海と呼ばれるこの地方でも面積や人口においてもっとも大きな島であり、離島という面影はほとんど感じられない。この珍島が朝鮮・韓国社会の中でどのように位置づけられるか概観しておこう。

先ず地理的に見ると珍島は、島嶼地方に位置することから当然のごとく辺境と見なされてきた。交通の面では、ソウルを中心とした鉄道と高速道路網が急速に整備されたとはいえ、一九七〇年代までの珍島は紛れもなく辺境の地にあった。しかし島嶼地方に位置するとはいえ、珍島は南北に凡そ二七キロ、東西に凡そ二五キロに及び、珍島郡の総面積は四三〇・八四平方キロ、鳥島面を除く本島部分は約三七八・一八平方キロ［珍島郡志編纂委員会編　二〇〇七］もある。面積の点でも、また人口（調査開始時期は約一一万）の点でも多島海最大の島である。行政単位としての珍島郡は、本島を中心に四四の有人島とさらに多数の無人島から成り、これらの属島の大多数は鳥島面を構成している。本島は、もともと干潮時に露出する干潟が広大で、それを塩田に利用したり、干拓したりして農地を広げてきたため、面積を正確に特定することは容易でない。かつて「一済州二巨済三江華四珍島」と巫歌の中でも歌われたように四番目に大きい島とされていたが、二〇世紀に入って大規模な干拓が行われた結果、地形も大きく変わり、現在では済州島、巨済島に次いで三番目に大きな島となった。本土と数百メートルの瀬戸を挟み、船便に代わって架橋も成り、今では決して離島とは言えない。

島の気候は、海洋性のため本土の内陸地方のように年間および昼夜の気温差が大きくなく、真冬でも零下五度以下に冷えることは少ない。調査開始当時は、冬の最低気温が柑橘類栽培には不適とされていたが、それも四〇年を経た今日では温暖化によって栽培が可能になったという。雨量は本土の内陸地方に比べるとはるかに多く、少ない年でも年間九五〇ミリ程度、多い年は一五〇〇ミリに達し、平均すれば一一〇〇—一二〇〇ミリ程度である［珍島郡編　一九七四］。

林野の植物相を見ると、かつては常緑濶葉樹が島の大半を覆っていたと考えられるが、今日ではごく一部山麓に残るにすぎず、常緑濶葉樹の原生林が天然記念物の指定を受けている。島全体は、今では針葉樹とりわけ赤松が大半を占めるに至っている。調査地である上萬《サンマン》の集落背後には、榧の大木が茂っており、昭和一〇年代に総督府によって天然記念物（第一一一号）に指定されている。本土の人々から見れば、椿の花が咲き柚子や無花果が実る珍島は、自然の恵みの豊かな地と見做され沃州の名で呼ばれてきた。

動物相では珍島犬が、森為三によってその原始的特性が指摘され、朝鮮半島における数少ない在来種の犬として知られるようになり、これも天然記念物に指定されている。珍島犬の存在は、この島の孤立性と動植物相の自律性を示す例といえよう。韓国において珍島といえば、何よりも先に犬が話題になるほど、珍島犬の知名度は高い。かつて島に虎が生息した当時の猟犬としての勇猛ぶり、秀吉軍の来襲を察知して島中の犬がいっせいに吠えて知らせたとか、ソウルから珍島の飼い主の所まで歩いて帰って来たとか、忠犬ぶりと賢さが喧伝されてきた。しかし、どれも珍島の周縁性と辺境性を物語るものと言えよう。珍島については、人より犬に対する関心の方が優先される傾向すらあったほどである。(1) この外、白鳥の渡来地として、また雉やノロ鹿が多く生息する地としても知られる。

## 二　農業と漁業

全羅南道でも南部の沿海地方の低い丘陵地帯は、黄土に覆われた畑作地帯が広がり、また島嶼地方でも平坦な島では水田用の水源が確保できないため、大麦、粟、甘藷などの畑作が主体となってきた。しかし海峡を隔てた珍島には、それとは対照的に島内に四〇〇メートルを超える山が四つもある。島の内陸部には盆地状の平地が各所に開けており、豊かな水源と肥沃な土地に恵まれて水田が広がっている。農地に占める水田面積の比率は、全羅南道の平均よりはるかに高い［珍島郡志編纂委員会編　二〇〇七：一六七］。島嶼部に位置しながらも水稲耕作の条件に恵まれており、水田の少ない済州島にとって珍島は米の供給地となってきた。肥沃な地として「沃州」の名で呼ばれていたように、農業に関して周縁性は認められないと言ってよい。

島嶼地方にありながらも、珍島本島の集落はほとんどが農村であり、数少ない海浜の集落でも、沖合の漁業を専業とする住民はきわめて少なかったのである。珍島郡における漁業は、鳥島面に集中していた。本島の海浜集落が現在のように目覚ましい発展を遂げるに至ったのは、韓国社会の経済発展による影響のもと、観光や健康志向にともなって魚食が一般化してからである。それを可能としたのは、交通と流通の発達、観光地開発、養殖漁業技術の導入などによるもので、一九九〇年以後のことといってよい。

季節的な網漁による組織的な漁業は、珍島本島ではほとんど見られず、鳥島面の離島部に見られたにすぎない。この海域で王朝時代から知られる比較的大規模な漁業としては、全羅南道霊光沖を最大の漁場とする季節的な出漁によるイシモチ漁が有名で、特に珍島郡鳥島面の羅拝島漁民による霊光沖七山列島周辺海域への長期出漁によるイシモチは、現地で水揚げされ霊光クルビ（굴비）の名で人気がある。これは早い潮流を利用した網漁によるもので、碇を下ろした大型船の両脇に据え付けた袖状の腕木に網を設置して、潮の流れに応じて船の向きを反転させながら、イシモチを専門に捕獲する漁法である。

こうした離島部を除けば、漁業といっても沖合に出られるような漁船を有する村は、一九七〇年代まではごく限られ、いずれも小規模なものであった。沿岸の村の中には、小型の定置網による小鰯（ミョルチ 멸치）漁と、その釜ゆでで乾燥による簡単な加工が見られたにすぎない。

一方で、干満の差の大きな海浜には、干潮時には広い砂泥の潟が露出し、この潟（ケッポル 갯벌）が海浜の住民にとってさまざまな海産物をもたらす海の畑のようなものだった。手長タコ（ナクチ 낙지）、二枚貝（パンジラ

写真 2-1　1972 年当時のテパルによる海苔養殖

ク 반지락）、牡蠣など、こうしたケッポルで婦人が採取したものが最寄りの市場に出回った。ケッポルにおいて、細い割り竹を用いた海苔の養殖も広く行われていた。七〇年代中ごろには、胞子を種付けした細いロープを太いロープに付けて沖合水面に延べる方式のワカメ養殖も始まっていた。

八〇年代、九〇年代以降の栽培漁業の発展ぶりは目覚ましく、海苔、ワカメに加えて、魚類、車海老、鮑などの養殖が導入されている。海苔は、かつて竹の簾状のテパル（대발　簾浜）をケッポルに敷設する小規模な方法によっていたが、今日では海面に網状のクムルパル（그물발　網浜）を設置しておき、海苔採取専用の船を用いて動力ローラーによって採取する方式が自動式乾燥施設と共に導入され、全島に普及している。また都市部における健康志向と魚食嗜好を背景に、ヒラメなどの魚や鮑の養殖が広がっている。鮑の養殖は、海中に籠を垂下する方式に始まり、その後は陸上に水槽を設置して海水を汲み上げて行う大規模な方式が全島に普及している。そうした栽培漁業によって海浜集落は戸数も増え就学児童数も増

えており、農村で過疎化・老齢化が進んでいるのとは対照的である。調査を開始した一九七〇年代初には、海浜の村はどこも農地に恵まれず戸数も少なく、経済的に困窮した村が多かったのが、今では状況は一変し、健康や美食といった価値と結びついて海浜の村は活気を呈している(2)。

## 三　政治的周縁性

一方、政治社会的な周縁性という点では、珍島は際立った位置を占めている。それは後述するように、この島の歴史的な経験・記憶と深く結びついており、住民の意識において近年に至るまで根強いものとなってきた。王朝時代以来この半島社会において、その地理的制約以上に政治社会的条件が住民の生活に大きな影を落としてきたようで、半島内陸部の農村地帯とは大きく異なり、珍島は常に周縁に位置づけられてきたと言ってよい。その点について私自身も、調査に着手した当時、十分な認識があったとは言えない。調査の進展とともに、政治的周縁性がこの地方社会における精神的・文化的伝統を規定する大きな要因となっていることを知るようになった。しかしそうした周縁性は、珍島に限らず沿海島嶼地方や湖南地方をはじめ、中央集権体制にともない韓国社会に広く見られるもので、いわば韓国特有の構造的な周縁性と見るべきものと考えている。

多島海の外海に面した立地上、王朝社会におけるこうした島嶼地方住民の生活にとって最大の課題は、その地理的な辺境性にともなう安全性の確保であった。高麗王朝の中期から朝鮮王朝の中葉まで、倭寇や日本の侵略に曝されることがしばしばあった。倭寇の脅威に曝された高麗王朝は、忠定王二年（一三五〇年）に珍島郡の行政と郡民を本土の現在の霊巖郡月岳に避難させ、後にはさらに北命山に移住させる政策をとった。その後、珍島に再

写真 2-2　史蹟として修復される前の 1972 年当時の南桃石城の門

び郡治が復活してからも、珍島郡民の分断状況は尾を引き、二〇世紀初頭まで郡の行政は島と本土にまたがる異常な状況が続いていたのである。

外海に面した珍島は、朝鮮王朝時代に軍事面で海防の拠点と位置づけられ、島の南側の金甲と南桃の二カ所に軍事基地として鎮が置かれていた。鎮には、武官の水軍萬戸が駐屯し、対岸の右水営と連携する態勢を敷き、緊急時には周囲の農民が徴用されていた様子が記録によって確認できる［珍島文化院編　一九八七：一〇七―一〇八］。また緊急の連絡網として、島内の主たる山の頂上には烽火台が置かれ、本土の王都漢城にまで通じる通信網が敷かれていた。調査地の上萬の背後の女貴山および五峯山の頂上には今も烽火台が残っている。

また本土との間の瀬戸は、潮流が速い難所として知られると同時に、軍事的な要衝として位置づけられていた。壬辰（一五九二年）、丁酉（一五九七年）の二度にわたる倭乱（文禄慶長の役）において、朝鮮の水軍が日本の船団を殲滅して大勝利を挙げた「鳴浪大捷地」として知られ、対岸との間には鉄の鎖を渡した杭の跡が残っている。珍島側では碧波津と鹿津が重要な役割を果たしたことが知られている。

本土側の全羅南道海南郡と康津郡の沿海地方には、王朝時代には軍事的な「営」(右水営)や「鎮」(於蘭鎮など)以外には見るべき集落や港湾が存在しなかった。珍島と本土との交通において、邑の近くまで入り込んだ海に面した長久浦や素浦に船着き場が設けられ、また米などの物資の輸送のための倉庫が珍島邑の海倉の地に置かれていたが、それ以外の交通・輸送については正確な資料を持ち合わせない。一般の住民がはたしてどれほど本土と往来していたものか、どのような手段を講じていたか、実態を知るのは容易ではない。潮の流れが早くても、古くから対岸の花源郡との間に往来があったことは明らかで、それは言語面でも珍島方言と海南方言の近似にも反映している[崔鶴根　一九六二]。

木浦が開港され港湾都市として発展し始めると、少なくとも二〇世紀初めには、一般住民の中にも本土に渡る者が増えたことは明らかで、古老の伝聞に拠れば、島内いくつかの船着き場から帆船による往来があり、風向きを待ちながら何日もかけて木浦に渡ったと伝えられている。植民地行政において、木浦は湖南地方および多島海圏の殖産事業推進の拠点となり、この島嶼地帯の住民の生活は木浦を中心とした社会経済圏に位置づけられるようになった。木浦の農業試験場の指導管轄のもと、珍島でも綿花栽培が育成奨励され、また干拓事業による水田造成と灌漑の整備が進められ、農業の振興がはかられた。木浦は、日本や中国との交易港であると同時に、多島海の島々との間に巡航船が就航すると、やがて多島海の島々在住の人口以上の島出身者が木浦に住むようになり、互助のため島ごとに郷友会が結成されてきた。

植民地期以前は、島の地形も今とは大きく異なり、大きく入り組んだ海が珍島邑の目の前まで及んでいて、小型の帆船が風と潮流を生かして島内の短距離輸送に当てられていた。それ以外は背負い具(チゲ)や牛に積んで尾根伝いや鞍部を越える細い道を運搬するのが主で、車は発達していなかった。一九一〇年代から干拓事業が本格化すると、こうした小さな入り江の湾口を締め切って、入り江の奥に当たる部分に水源地となる貯水池を残して、水田の造成がすすめられた。それにともなって締め切った堤防の上に新作路が開かれ、島内の交通も目覚ましく短縮された。珍島最大の地主かつ事業家として、済州島との間の米や物資の船運事業や江原道の金鉱山経営にも関わっていた曺秉洙によって、一九三〇年代には島内で乗合自動車も開業した。

珍島―木浦間に就航した巡航船は、筆者が現地調査に着手した一九七〇年代初頭にも、本土との往来および物資輸送の主役であった。巡航船が発着する船着き場で、船から降ろされる荷物を観察していれば、当時本土から島にもたらされる物資のほとんどを把握できるのだった。すでに一九七〇年代には、対岸の海南郡花源郡との間に上陸用船艇を改造したような小型のフェリーが、燈火管制のもとで就航しており、それによって海南邑を経由して光州に至る直行バスの便も開けていた。しかしそれは、主として急用のため海南や光州に向かう人の便となっていた。大多数の島民は、光州やソウルなどの都会に出掛ける場合でも、よほど急ぎの用でもないかぎり悪路の長距離バスよりも、時間がかかっても快適な船と鉄道を用いることが多かった。しかし、しだいに道路の舗装がなり、車両の性能が良くなるにつれて、直行バスの時間も大幅に短縮され便数も増えた。一九八三年に本土との間に架橋が成ってからはバス一辺倒となり、木浦との定期巡航船や海南花源半島とのフェリー便も廃止された。

長い間懸案であった本土との架橋によって、僅か数年の間に珍島の生活にも多くの変化がもたらされた。海南邑や木浦、光州との往来が頻繁になったばかりでなく、首都ソウルとの往来や、物資の流通面でも大きな変化が生じている。自家用車や観光バスで訪れる本土の客を目当てに、地元の海産物を扱う商店が登場し、邑内には観光客を対象とした新しいレストラン、ホテルなども次々と開業した。物流の面でも、かつては少し大きな荷物はほとんどを巡航船に頼っていたのが、島内五カ所で開かれる定期市にも、これまで見られなかった陸地部からの商品、例えばりんごなどの果物をトラックに積んで乗り込む商人まで登場した。また、ソウルに向かう直行バスがまだ無かった時から、島内の洋品類などの小売店が、直接ソウルの市場まで仕入れに出掛けるための夜間直行バス便も運行されるようになった。このバスは、対岸の海南でもこうした商人を乗せて高速道路でソウルに向かい、早朝に東大門市場に着くと、商店主は次々と仕入れてきた荷物をバスに積み込み、再び高速道路を経由して夜には珍島に戻って来るのである。

## 四　歴史

珍島は南海の沿岸島嶼地方の中でも支石墓（コインドル 고인돌）がもっとも多く集中する地域の一つとして知られる。半島南部に広く見られる碁盤型のもので、島内の約三〇カ所以上、合計三〇〇基近くに達した［金元龍・任孝宰　一九六八］。珍島の邑内をはじめとして、調査地の臨淮面に向かう途中でも、数カ所で支石墓が目を引き、バスを降りて村まで歩いて行く途中でも、畑の中にいくつか目に止まった。この外、先史時代の遺跡としてはいくつかの立石（ソンドル 선돌）が知られており、その中にはミロクなどの民間佛教の信仰と結びついているものもある。珍島における支石墓と立石の年代について崔夢龍は、片刃石器を伴うことを根拠として、上限はBC二—三世紀、下限は全羅道本土のBC二—一世紀より更に下るとして、馬韓の上限年代に重なるとみており、珍島が馬韓五四国を構成した一地方社会であった可能性を指摘している［崔夢龍　一九七九］。

現在の珍島に比定される記事が文献に最初に現れるのは『三国史記』の地理誌であり、百済に属する郡県として「因珍島郡」、「徒山縣」、「買仇里縣」の郡県名が記されている。これら三つの郡県の地として『珍島郡志』［二

〇〇七］においてキムドンス（김동수）は、李海濬および金井浩による推定を踏まえて、それぞれ今日の古郡面、郡内面、臨淮面を比定している。次いで統一新羅においては、何度か地方行政の改変を経て、珍島縣（降格して務安郡管轄内へ配属）、牢山郡（徒山縣から昇格）、瞻耽縣（旧買仇里縣、牢山郡管内に成立）となり、高麗時代には、珍島縣は羅州牧に属していたのが後に切り離されて主縣となり、後に珍島郡に昇格し、その管轄下に嘉興縣（旧牢山郡が降格）、臨淮縣（旧瞻耽縣）が位置づけられた［珍島郡志編纂委員会編　二〇〇七：二一一―二一二］。

写真 2-3　支石墓（コインドル）にもいくつかの形式が見られた。その多くは撤去され姿を消している

写真 2-4　石垣が修復された龍蔵山城

一二世紀中葉から珍島は高麗朝の流刑地に指定され、王族・文臣の配流が始まる。しかし一三世紀初めから、倭寇による南海地方一帯の侵犯が激しくなり始めると、高麗朝は倭寇対策に追われ、やがて珍島が重大な関心を呼ぶ画期的な事変としていわゆる「三別抄の乱」が起こる。これは、元の東征による勢力拡張に対して四〇年余に亘って抗戦してきた高麗朝が、元との和議を強いられ屈服した際に、和議に反対して徹底抗戦を主張した三別抄軍が、王族承化侯温を擁立して江華島から海路珍島に逃れ、珍島を拠点とした事変である。三別抄の将軍裴仲孫は、高麗史をはじめとする正史において、王権に背いた逆賊と位置づけられてきた。三別抄の軍は、今日の郡内面龍蔵里を根拠として王国の体制を整え（元宗一一年、一二七〇年）、一時は半島南部で大きな勢力を成したが、そのわずか一年後には、元と高麗正規軍の連合軍によって珍島の本拠は潰滅し、承化侯温および将軍裴仲孫は珍島で討伐された。しかし対外的には、その間に日本に使節を送って援軍を求めてお

写真 2-5　整備された傳承化侯温墓。近くには王の愛馬の墓も保存されている

り、その際にもたらされた「高麗国書」の真偽をめぐって鎌倉幕府および朝廷で論議が巻き起こったことが知られている。珍島が陥落した後も、その勢力の一部はさらに済州島に逃れて、王朝および蒙古に抵抗を続けたと言われる。この戦闘と過酷な戦後処理において珍島郡民の被った被害は甚大であったといわれ、ほとんど廃郡の状態に帰したと考えられている［珍島郡誌編纂委員会編　一九七六、宋正玄　一九七九］。当時の戦闘に関連する伝説は今も島内各地の地名として語り継がれており、承化侯温およびその馬のものと伝えられる墓が保存されている。

三別抄の乱は、それ以後の珍島と中央政権との関係に決定的ともいえる影響を及ぼし、珍島の政治的周縁性を象徴する事件として位置づけられてきた。裴仲孫将軍は、公式には逆賊とされながらも、元の支配に抗して非業の死を遂げた愛国の将軍と見なされ、後に朝廷内の政争によって政治犯として流刑された人々や、士禍（粛清）の難を逃れてこの島に移り住んだ者を祖先とする珍島島民にとっては、英雄

写真 2-6　祠堂の敷地に建つ裵仲孫将軍像

的な存在とされてきた。王朝史観においては逆臣と位置づけられてきたが、民族史観の立場からは裵仲孫将軍は抗蒙の民族的英雄と見なされる。裵仲孫将軍の名誉回復の動きが本格化するとともに、一九九〇年代後半には、裵氏門中の働きかけによって裵仲孫将軍の祠堂と銅像が建てられた。門中によって祭祀も行われるに至った。また、王朝史観とは異なる珍島住民たちの歴史観に基づいて、地域の歴史を見直す動きとも結びついて、承化侯温の墓所（傳承化侯温墓）などの整備が進められた。二〇〇〇年には、珍島住民の有志によって承化侯温および裵仲孫将軍そして無名戦士の霊を慰めるため、この地方の伝統的な巫俗の洗霊賽神儀礼であるシッキム・クッ（씻김굿）が執り行われた(3)。

一方、倭寇の侵犯により、高麗朝忠定王の二年（一三五〇年）には珍島郡庁と郡民を本土に避難させる政策を採ると、行政から放棄された珍島の地は、住民の激減によって、その大半が荒蕪地と化したといわれる［珍島郡誌編纂委員会編　一九七六］。しかし一方では、この時期に珍島へ入島した者もあったと見えて、務安朴氏の伝承と族譜上の記載に拠れば、その入島祖はこの時期に一族を率いて入植し定住したといわれる。また恭愍王の六年（一三五七年）には、右正言の地位にあった曺希直が珍島に配流され、今日珍島内で世帯数の上で二番目に多い昌寧曺氏清簡公派門中の希直公派入島祖となっている［珍島郡志編纂委員会編　二〇〇七］。

朝鮮王朝に入って、南海一帯の島嶼地帯の治安が好転するにしたがい、珍島郡民が避難入植していた本土の海南、霊巌の一部と珍島とを併せた地域に海珍郡が置かれた。また珍島への帰郷者や入植者によって再び珍島の人口も増えはじめたと考えられる。こうして世宗一〇年（一四三七年）には、島民のうちの武官の帰農者や有志の陳情によって、海南郡から分離して珍島郡が再興され、今日の邑内に邑城が建造され、同時に郷校が設置された［珍島郡誌編纂委員会編　一九七六：一一一—一一四］。

当時の珍島郡には、かつての郡縣の境界に応じて六面が置かれたほか、本土の郡民居留地にも二面が置かれ、また高麗時代から牧場が置かれていた島西部の未開墾地には再び牧場面が置かれた。その後、島内で早くから開けた郡内面や邑内方面からしだいに島の南部、西部の未開墾地に入植する者が続いて、島内の開拓が進んだ(4)。しかし一六世紀に入ると明宗八年（一五五三年）から三年間に亘って、再び倭寇による侵犯に遭い、やがて壬辰（一五九二年）、丁酉（一五九七年）の二度に及ぶ日本からの侵略（文禄慶長の役）を受けた。当時の珍島には、多島海海域における戦略上の要地として、多くの武臣が珍島に赴任した。族譜の記載に拠れば、珍島在住の氏族門中の中には、こうした武臣のうち珍島に帰農して入島祖となったものが少なくない(5)。

その後は、朝鮮王朝時代を通じて度重なる中央政界での党派抗争の度に、「士禍」に遇って朝廷により配流された者が後を絶たない。配流者として正史に記録された者ばかりでなく、祖先が配流されたと言い伝えられ、族譜に記している例も少なくない。また配流者のほかにも、士禍のたびごとに難を逃れて珍島に逃れた者も少なくない。族譜の記載には、第六章の「門中組織」で光山李氏に就いて紹介するように、伝承を基に一族の受難史と復権の経緯を記して、入島祖の出自とその正統性を明らかにしようとする熱い思いを読み取ることができる。

以上に見たとおり珍島の住民は、三別抄の乱当時の戦乱および倭寇の侵犯による棄郡避難という王朝国家規模の戦乱や外寇によって、幾度も大きな影響を蒙っており、王朝の地方行政体制にも断絶と空白が見られる。今日の住民の大多数を占める珍島在住の氏族は、朝鮮王朝時代以後に入植・移住したものである。とりわけ一四三七年の設郡に際して主役を演じた四氏族（務安朴氏、昌寧曺氏、密陽朴氏、金海金氏）と、壬辰倭乱の際の武官帰農者を祖とする氏族、その後の配流者および士禍避難者を祖とする氏族が主要な構成員となったと見てよい。調査地上萬における全州李氏の場合にも同様の経緯を読み取ることができよう。

## 五　植民地行政下の珍島

日本の植民地行政下における変革としては、珍島郡誌編纂委員会によって編纂され一九七六年に刊行された『珍島郡誌』の記述を紹介することにしたい。執筆者たちは、現地の住民として植民地期の社会変化を直接経験し見聞した世代である。記述は当時この地方社会にもたらされた変化の中で、主に物や制度に向けられている。その記述の姿勢は両義的であり、当時の植民地行政の積極性と成果を評価する一方で、植民地行政そのものの正統性は認めないというものである。原文は漢字ハングル混りで、つながりが良くない部分もあるが、できるだけ忠実に紹介する。

「併合直後、現物税制に代えて金納制とし、教育機関として学校が邑内に進明学校だけだったのを一面一校制に増設し、歓心を買うため最初から専売制度を強行せずに、煙草や酒類を若干の納税によって自由製造を許容する、いわゆる酒票という特許状を出して、すぐにこれを回収して、完全な専売制を実施し、山林緑化を強調して厳格な山林令という法令を発布して、各郡に山林組合、各里洞に愛林契を組織して、一面法治、一面自治による濫伐防止を計って相当な実効を収め、破綻状態にある金融を救うため金融組合を作って、跋扈する高利貸し業者を抑制し、低利融資と貯蓄心の鼓吹を計る、いわゆる庶民金庫の役割をはたし、檀君紀四二六五年（西暦一九三二年、昭和七年）以来、宇垣一成総督の政策として荒廃一路を歩む朝鮮農村振興策により自力更生を標榜して、勤倹節約、堆肥増産、生産増強などを強調して、徹底を期すために各里洞部落に実行組合、婦人組合、婦人会などを組織させ、共同作業などを強要して能率を上げようと狂奔し、各業種別に畜産組合、綿作組合、枸杞子生産組合、海苔漁業組合等等一々枚挙に難しいが、組合を組織させ事業指導、保護奨励、共同販売、融資などを助けるふりをし、苛酷な小作制度を是正させ、零細小作農を救済するため小作令を公布して横暴な地主たちを抑制することで小作権の頻繁な移動を防いで、過多な小作料を是正するなど、いわゆる小作調整委員会が活発なようだったが、大きな実効を収めることはできなかった。自作農創定制を実施奨励したが、これもやはり形式的であるのを脱することはできなかったが、低利融資と殖産契を通して年賦償還式で土地を買得する例も相当にあった。」［珍島郡誌編纂委員会編　一九七六：二〇九―二一〇］。

「産業行政も相当に活発で、未開な農民に相対して徹底した指導を加え、水稲作の品種改良、正条式の奨励、施肥指導、畑地でも麦作の指導、綿作の指導、養蚕などの副業に及ぶまで近代的方法で指導に当たって多くの成果を生み、水産業においても海苔の奨励指導は大きな成果をみたと言わざるを得ない。この外にも、水利施設の拡充で凶年を退治するなど見るべきものも多かった。これが真にわが韓民族や郡民の福利の為なのかは分からないが、内面はどこまでも郡民を自己民族への同化と搾取を濫行するべく、搾取源泉が枯渇状態にあるのので、源泉を培養しなければならなかったためであり、言い換えれば牛に牛自体のために濃厚飼料を食べさせるのではなく、搾乳のために食べさせる如く、民族と郡民を搾取するためであったと考えると、小憎たらしいと言わざるを得ない。」

「旧陋習打破は、韓末から始まったいわゆる開化政治であったが、大きな実効を収められなかったところ、倭帝は大胆に実施することで、短髪も奨励され壇紀四二六〇年（西紀一九二七年）には郡内に髷（サントゥー 상투）を結った者はほとんど見られなくなり、階級打破もムーダン、白丁、鍛冶屋などのいわゆる賤人も驚くほど地位が改善され、嫡庶の区別、民班村の差別、婦女子の内外法など、漸時跡形も無くなり現代のような開化の気風がみなぎった。」［珍島郡誌編纂委員会編　一九七六：二一〇］

次いで新文物の輸入については、

「貧困と鎖国によって新文物の輸入が遅れ、原始に近い生活を免れられなかった郡民の生活に新文物の輸入は夢に近いことであったが、果敢で開化した倭治が実施されてから我が郡もいわゆる開化がなされ、人手以外に方法が無かった（一）書信連絡が郵便制度の実施によって安価な葉書と封筒で早くて正確に連絡が成され、（二）想像もできなかった電信電話が開通して無線受信機（ラジオ）を聞き、（三）船楫といえば風船しか知らない郡民たちに汽船や発動機船が登場して風水勢を無視しても自由自在に通航できるようになり、（四）狭少な道路しか知らなかった我が郡民に幅広く直線の新作路が四通五達に建設され、各種車両が登場し、（五）人が曳く荷車や牛馬車は止めおいて、神奇に走る自転車、自動自転車（オートバイ）、自動車などの車が入って来て、（六）火打ち石しか知らなかった我々家庭に燐寸が現れ、（七）ペッコ（백호）しか知らない男子たちに理髪機械が入って来て、不便と苦痛が軽減し、（八）稲扱き棒（ホルテー）と唐竿（トリケ 도리깨）しか知らなかった農夫に稲扱機と脱穀機が入って汗だくの苦痛を軽くし、（九）臼と杵で搗いて精穀していたのが、踏み臼や轢き臼は素晴らしく、精米精麦機ができて主婦の悩みを軽減し、（一〇）靴といえば藁靴や木靴を履いていたのが、

クツ（靴）やゴム靴が現れ、（一一）字を書く方法としては筆墨しか知らなかったのが、鉄筆や鉛筆、万年筆まで容易に入手でき、インクは墨より便利であることが分かり、（一二）貴重な白紙や窓戸紙より洋紙が優れ、（一三）医薬の発達で占い師と巫女が廃業状態となり、（一四）各種織物が容易に入手できることで機織りができなくても嫁に行けるようになり、糸車や綿打ちの弓や種取り機など必要なくなり、（一五）縫い針が導入されて主婦の労苦が半減され、（一六）松油や菜種油でようやく鼻の下を照らしていたのが、石油ランプや電気が灯って、昼も夜も混同するぐらい我々の生活環境が変わった。こうした開化を一々挙げると枚挙がないが、（一七）農法だけ見ても、散条式移種法が正条式に、間混作が単耕作に改善され、牛馬鶏豚などの家畜までも弱くて小さい在来種から現代のような改良種に、新聞が配達されて世の中の事を知ることができるようになり、我々の衣食住とその他全般にわたる生活万端の改良こそはまさに括目すべきことで、これはひとえに時代の徳沢とはいえ、倭治三六年間に主に成されたことは間違いない。」［珍島郡誌編纂委員会編　一九七六：二一一―二一二］

干拓事業についても『珍島郡志』（二〇〇七年版）に拠って補足しよう。王朝時代にも一七世紀以来多くの干拓事業が知られているが、近代的な干拓事業としては、一九一三年の村上直助による古郡面皇朝―馬山間の臨城堰をはじめ、一九二三年には東洋拓殖会社によって義新面元頭里で大々的な干拓事業が行われた。次いで東洋拓殖会社の出資により設立された珍島殖産株式会社の福島二郎によって、臨淮面長久浦（一九二三年）および邑内海倉（一九二六年）の大規模な干拓が行われ、一九二七年当時の珍島郡の水田総面積は旧韓末一九〇六年当時の水田総面積の四倍に当たる四六七六町歩に達した。独立後は一九五六年に干拓事業が再開され、彭木、羅里、水流、素浦、宝田などの大規模な干拓によって、かつて海が深く入り組んでいた島の地形が大きく変わるまでになった［珍島郡志編纂委員会編　二〇〇七：二六六―二六九］。

日本統治時代に来島した日本人には、官公署と学校関係の者が多く、その外、商取引に従事する者が多少見られた程度で、珍島では農村地帯に入植した者はほとんど見られなかった。解放後は、朝鮮戦争当時にも軍兵や警察の駐屯が短期間かつ少数に留まったため、直接の戦乱による現地社会への被害は少なかったようであるが、村によっては村民の間で左右の対立が暴力的な報復に発展した所もある。そうした村では、加害者と被害者の子孫がその後も住み続けており、年長世代の間では深い傷跡となって記憶されている。戦争後は北からの移住者のための入植地として村が二カ所新設されたが、今日ではそれらの村に当時の入植者は存在せず、ほとんどを島内の他村出身者が占めている。

島内には百済時代からの城（古城里）、高麗時代の龍蔵山城、南桃鎮の石城、朝鮮王朝以後の邑城などの城跡の外、高麗時代の佛塔や佛寺跡も島内数カ所に見られる。

調査地の上萬の村にも、集落の裏手の女貴山の麓には、高麗時代の五重石塔と磨崖佛があり、その周囲には夥しい高麗時代の瓦片と青磁片が散在していた。島内の五名山とされる尖察山、金骨山、鉄馬山、女貴山、智力山の麓にはとりわけ佛寺跡が多く、「佛堂コル」などの佛寺に因んだ地名が各所に見られる。しかし朝鮮王朝時代の排佛崇儒政策の結果、今日では島内に数カ寺が存在するにすぎない。朝鮮王朝時代には、これら名山のうち尖察山と女貴山などの山頂に狼煙台（烽火台）が設けられ、南海地方の海防の通信網に組み込まれていた［珍島郡誌編纂委員会編　一九七六］。

## 六　郡と面

沿海島嶼地方の倭寇による騒乱が緩和され、朝鮮王朝時代に地方行政の主要単位である郡政が回復してからは、珍島は一貫して王朝の中央集権体制の中に位置付けられてきた。郡は地方行政のもっとも重要な単位であり、王朝時代以来の中央集権体制のもと、その首長として中央から郡守が任命されていた。朝鮮王朝の一四三七年に、本土の海南と珍島にまたがる海珍郡から珍島郡が分離独立し、初代郡守として梁瓊が中央から任命された。それ以来、一九一〇年の日韓併合までの四七四年間に三〇三名の郡守が赴任しており、その平均在任期間は一年半に満たなかった。一九一〇年から一九四五年までの日本統治下では三五年間に一五名、一九四五年の解放以後一九九五年に民選が実施されるまで五〇年間に四〇名の郡守が任命され、その平均任期はやはり一年三カ月にすぎない。

一九九五年に民選郡守制となって二〇一〇年に当選した民選第五代の現李東鎮郡守まで、再任を含め五名が就任し、一四三七年の初代から数えると三六四代の郡守が赴任している。しかし、そのうち地元珍島の郡人が任命されたのは七名で、すべて解放後のことである。郡守が民選になってからはすべて珍島出身者であり、現三六四代郡守は調査地上萬の出身である。民選により任期が四年と定められる以前は、中央から任命された郡守の赴任期間は短く、平均在任は一年七カ月程度となる。その地方行政の実態はさておき、少なくとも郡という行政単位と郡守制度は、一四三七年から植民地期を経て今日まで五七〇余年間も継続しているのである［珍島郡誌編纂委員会編　一九七六］。

表 2-1　珍島郡人口推移

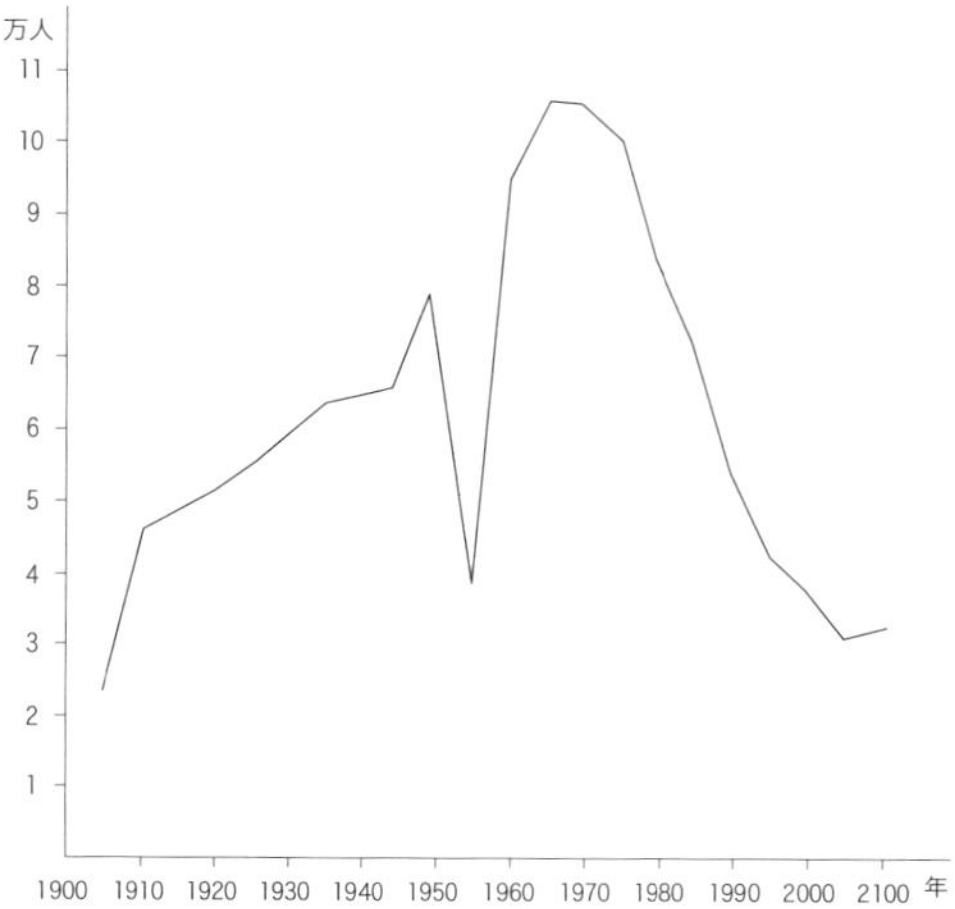


郡守が民選に代わってからも、財政面では中央集権の実態に基本的な変化はない。首長が民選となった一方で、郡守に郡内の人事権が集中することで、郡守に独裁的ともいえる権限が委ねられる結果になりかねない。行政区画についても、周辺離島の所属に他郡との間でいくつか変更が見られたにすぎない。

今日、珍島郡は珍島の本島を中心にその南に位置する鳥島諸島と周囲に散在する小さな島々から成っている。行政上は珍島本島が六つの面（珍島面、古郡面、郡内面、義新面、臨淮面、智山面）に分けられ、これに属島部の鳥島面を加えた合計七つの面から成っている。

珍島全体の人口推移について、『珍島郡誌』（一九七六年版）と『珍島郡志』（二〇〇七年版）とでは数値がかなり食い違う。二〇〇七年版の一四七―一五〇頁の表を基に図に示すことにする。終戦と共に急増したのは外地からの帰還者によるもので、一九五五年まで急減したのは朝鮮戦争によるものである。その後避難先からの帰還者などによって再び急増して、一九六六年にピークに達した。その後は漸減しながらも、調査に着手した一九七二年当時、人口は郡全体で一〇万以上あった（一九七〇年統計　一〇万三三四八人）。その後、一九七〇年代後半から急減したのは、経済発展にともない大都市を中心に雇用の機会が急増し、ソウルなど大都市への人口流出が始まったためである。

一九九〇年代末には四万を割り、減少の趨勢は徐々に緩やかになったとはいえ二〇〇五年の統計では三万二一九一人にまで減少したが［珍島郡志編纂委員会編　二〇〇七、上：一五〇］、『二〇一一年珍島統計年報』［珍島郡編　二〇一二］によれば二〇一〇年には増加に転じている。

郡庁の所在地である邑は、島のほぼ中心に位置しており、干拓が行われる以前の一九一〇年当時までは入り江の奥に位置していた。邑の北側には鉄馬山が位置し、邑城の風水上の鎮山として北山とも呼ばれる。鉄馬山の山頂には鉄の馬が置かれていたと伝えられ、石垣で囲まれた山城のような遺構が見られ、泉も有るという。鉄馬山の南麓は、邑城を囲むようにゆるやかな斜面が続き、かつては邑の南側近くまで海が入り込んでいた。その南側には邑城の風水上の案山として南山が位置する。かつて邑城の区画は城壁で囲まれていたが、近代化の過程で城壁と城門が撤去され、今日ではその一部が残るにすぎない。風水上の主山に当たる鉄馬山（北山）の南麓、邑城の北西には郷校が置かれ、東側の青龍に当たる丘陵部には、一四三七年の珍島郡の再設置と復興に際して功のあった賢人を祀る郷賢祠が置かれ、一方、西側の白虎に当たる丘にはかつて瘟祭壇が置かれていたという。

邑内には郡庁の外、法院、警察、教育庁などの官公署、珍島面事務所（面が邑に昇格した後は珍島邑事務所）、文化院、農協をはじめとする各種産業組合、病院や医院、各種の学校が存在するほか、旅館、タバン（喫茶店）、劇場、撞球場、各種飲食店が存在し、舗装道路の両脇には商店が軒を連ね、島内の商業の中心地であった。本土との間に橋が架かってからは、本土から車でやって来る観光客も増え、ホテルが次々と新装開店しており、また飲食店も増えている。

邑は島内の交通の中心でもあって、島内各方面へのバスの発着ターミナルがあり、また島外の海南、木浦、光州方面へのバスの発着地もある。そして近年になってソウルに直行する市外バスターミナルも登場している。また邑の中央を占める広場状の大通りには客を待つタクシーが並んでいる。一九七二年当時すでに邑内にはタクシーが七台営業していたが、それを除けば官公署の車以外に車は少なかった。しかし今日では自家用車や営業車

写真 2–7　1972 年当時の邑内、郡庁正面の門にはセマウル運動の標語とともに「間諜も自首すれば我が同胞、我が兄弟」とある

写真 2–8　1972 年当時の邑内の街並み

写真 2-9　1972 年当時の十日市の賑わい

が氾濫し、中心街は駐車スペース不足のため渋滞するほどである。

珍島郡は、珍島邑が位置する珍島面のほか、六つの面(古郡面、郡内面、義新面、臨淮面、智山面、鳥島面)に分かれ、各面の中心に当たる大きな集落には行政の面事務所をはじめ農協、警察、郵便局や中学校などが集中し、周囲の農村とは違って常設の商店が軒を連ねている。

定期市は、ほぼ面ごとに交通の便利な面事務所の近辺にだいたい五日毎に立ち、中心の珍島邑にも少し規模の大きい市が立つ。市の場所は普段は何もない無人の広場となっていて、支柱と簡単な屋根が設けられているにすぎないが、市日には屋根の下だけでなくその周辺の空き地で地面に農産物を置いて商いが行われ、農村部から訪れる人でごったがえす。市日は場所ごとに決まっていて、例えば邑内は二と七の日、郡内面の五日市では五の日と一の日、義新面の敦地里では六の日と一の日、臨淮面の十日市では四の日と十の日、新設された智山面仁智では三の日と八の日という具合にほぼ日をずらして開かれている。店を出すのは日常雑貨や衣料を専門とする商人で、その多くは邑内に常設の店舗を有し、市日ごとにこれらの市場に出店する。農産物を商うのは近在の村から来る農家の主婦で、畑や浜で採れた物のほか、村人の手作りによる物を持ち寄って路上に並べる。市場に集まるのはだいたい徒歩で日帰りできる範囲の村人であったが、交通が便利になるに従い最寄りの市場ではなく邑の市場まで出掛ける者も増えており、また商人の側でも、本土との間に橋が懸かってからは本土からトラックで商いに来るものも出ていて、この一五年間にかなりの変化が見られる。

市場は単に物を商う場というだけでなく、村人にとっては定期的にやって来る気晴らしと娯楽と社交の機会ともなっていた。かつては村の主婦たちはほとんど全員が必ずと言ってよいほど市に出掛けたものである。家から出掛ける時には少し小綺麗な服に着替えて、親しい者同士で連れ立って出掛け、市に向かう道は朝には籠を頭に載せた主婦が列をなすように歩いていたものである。籠の中には市場で売るための穀物や胡麻とか小豆などの農産物が入っていた。市場にはこうした農産物を買い取る商人も待ち受けており、農民との間で微妙な駆け引きが見られた。市日に重なるとバスも大変混雑し、子豚や鶏まで乗り込んだりするため寿司詰めとなり、足元で豚の悲鳴が聞こえたり、村人が小脇に抱えた鶏が首をきょときょと動かしていたりしたものである。

## 七　村（トンネー）

珍島における集落は、そのほとんどが島の内陸寄りに位置した農村で、海岸に面した村は少なかった。海岸の集落には、遠浦、金甲鎮、屈浦、江界、素浦などがあるが、このうち一九七〇年代に、沖に出て網漁を行うほどの船を有する村は屈浦ぐらいのもので、しかも数隻にすぎなかった。素浦は塩田、それ以外の村は干潮時の砂泥

写真 2-10　1972 年当時の上萬の全景。藁葺き屋根が 8 割を占めていた

地ケッポル（갯벌）における牡蠣や海苔の養殖、貝や蛸ナクチなどの採取をするにすぎなく、海浜近くに立地していても主たる生業は農業であった。

石垣で囲まれた屋敷は狭い道を挟んで密集している。七〇年代までは藁葺の屋根が圧倒的に多く、藁の色あいと屋根の曲線は自然によく溶け込んで、まるで茸の群れのようだった。しかし七〇年代のセマウル運動とともに藁葺屋根は次々とスレート屋根やトタン屋根に取って代わられ、今ではどこへいっても赤や緑のカラフルな屋根が目を引くようになっている。

集落はほとんどが集村形態をなし、規模は数十戸から百数十戸まで、平均すれば七〇戸程度である。風水の観点からは、村の背後には主山（鎮山）に当たる山が想定されており、集落はその生気の脈を受け止める裾に位置し、村の前方には「案山」と見做される山を持つのが理想とされる。村には風水を担当する地官と呼ばれる人がいて、墓所の選定に当たって村の人たちは地官の指示を仰いできた。このため、村の少し年配の人ならほとんど誰でも村の風水上の立地についておよそのことは分かる。

本研究が事例として集約的に取り上げる村は、珍島本島の南側に位置する農村で、行政上の区分では、全羅南道珍島郡臨准面上萬里（法定里）の上萬（行政里）である。法定里、行政里という用語には多少誤解を招く余地がある。現行の法定里としての上萬には上萬、中萬、貴星の三村落（現行の行政里）がふくまれる。法定里という用語は新たに導入されたもので、以前はこれを行政里と呼び、現行の行政里を以前は運用里と呼んだ。現行の行政里とされる村落は、地元社会において人々の帰属や出身村を指して用いられる単位で、邑や島外に転出した後も「・・人（サラム）」というようにこの村名で帰属が言及される。在来の基本的な地域社会単位と言うべきものであり、行政の末端単位としてもこれを尊重して、王朝時代の「尊位」に代わって総督府行政においては区長が置かれ、その後は里長が置かれている。その要件を端的にいえば、自治的な制度である洞契組織の範域であり、村の守護神を祭る洞祭（珍島では一般にコリジェという）の単位である。法定里が用いられることはほとんどないに等しく、以下上萬といえば伝統的な自治単位であり現行の行政里を指すことにする。

上萬と中萬は、島の一周道路に面してわずか数百メートルしか離れていないが、両村の間には父系の親族関係は見られず、住民の氏族構成もまったく異なる。また隣村でありながら通婚関係もほとんどないし後述する契などの相互扶助や労働交換の慣行プマシもほとんど見られない。一方、上萬と貴星は小さな峠越えに二―三キロメートル離れているが、上萬から貴星への移住により同一氏族が居住しており、また山祭や虫祭なども合同で行っている。また山を超えた海岸には漁業に従事する小さな集落があり、中萬に含められている。

調査地の上萬とその隣村中萬は、本島南部のひときわ高い女貴山の南麓に位置し、三方を山に囲まれて集落から海を見ることができないが、山を超えた海岸の干潟（ケッポル 갯벌）には海苔採集権を保有している。山裾には畑地が、平地部には水田が開けており、二つの貯水池を水源として灌漑が整っている。

この上萬は、かつて現在の地から五〇〇メートル程離れた地に位置していたが、疫病が大流行した時に地官(風水師)の指示に従って現在の地へ移ったと言い伝えられている。このように風水上の理由によって村の位置が移ることは島内でしばしば見られたようで、各地で同様の伝説を耳にする［伊藤　一九九九］。

一般に村(トンネー 동네)と言うときには、その集落部分をさしており、集落の境界は屋敷地(チプト 집터)が石垣で囲まれているため、多くの場合それが集落と農地の境界にもなっていて、遠方から見ても歴然となる。これに対して、農地や山野を含めた村境というものは存在しない。農地の所有も村の興亡に伴って変動が大きく、隣接する村の間で入り組んでいる。また植民地期以後、離島部の鳥島面で漁業により財力を蓄えた者が本島の農地を購入する例も少なくなかった。村は単独の集落を成している場合が多いが、中には母村を中心にまわりの一、二の小さな分村から成っている場合もある。戸数は面の所在地のように大きい村では二〇〇戸を越すものもあるが、大抵は数十戸程度であり、近年の過疎化にともない一般に農村部は戸数の減少が続いている。

村ではこれまで一度も自分たちで村の地図を作ったことが無かったという。おそらく地図を見たことも無かったようだ。地図で村全体を視野に納めて、村のことに関心を共有するということも無かったにちがいない。村人には集落内のすべての家庭(チプ)の場所が頭に入っており、地図の必要が無かったのである。筆者を除けば、村全体を一度に見渡すような必要も関心も無かったと思われる。洞契や振興会のような自治的な組織があるにもかかわらず、また村ぐるみで取り組んだセマウル運動においても、村全体を鳥瞰するような地図が作られなかったのは何故であろうか。日本の農村なら、代々名主を務めたような旧家には村全体の絵図が伝えられていることがある。そこには、屋敷地、道路、農地、水路、山林などが色分けして描かれており、村における人々の自治的で持続的な関心を見て取ることができるが、韓国ではこれまでそうした絵図を見たことがない。村人は、自分の家を基点としてそれぞれ相手の家との関係によって村の空間を捉えているようだ。そうした個的な関係を超えて何かを共有する実体として村という地域社会を捉えているのかどうか検討を要する。

地域という用語は韓国においても頻繁に用いられているが、それを非人格的な実体として、自身が帰属する対象とみているかどうか、つまり韓国人にとって場所や空間との関係がいかなるものなのか、韓国社会の基本的な特質に関わる課題といえる。自己を基点として人間関係によって社会空間を捉え、場所は単なる生活の拠点にすぎないのでなかろうかという点は、当初からの疑問となってきた。韓国人の居住の流動性は驚くほどで、場所と永続的に結びつくことに韓国では積極的な意味や価値を認めないように見受ける。経済活動すらも場所は拠点にすぎないように見受けられ、地場産業のように一定の地において産業が集積することも少ない。

珍島本島の六つの面には伝統的な村落（トンネー 동네）が計二〇三あり、これが七五の法定里（かつての行政里）に分けられている。ここでいう伝統的な村落とは、自治的な組織の「洞契」を有し、守護神をまつる儀礼である村の祭りの単位となり、自治と同時に行政上の役割も担う里長を選出する。島内において住民たちの所属はこのトンネーを単位とし、生涯にわたってその村の名で同定される。トンネーとマウルには明確な使い分けは見られない。

調査地の上萬には、邑内からバスで臨淮面の面所在地の石橋を経て松亭の分岐路で下車し、そこから島の南部一周道路をさらに徒歩で二〇分ほどの道のりである。

上萬の集落は、石垣で囲まれた屋敷地（チプト 집터）が隣接しあう密集した形態をなし、隣の村に通じる広い道路（ハンギル 한길または新作路 신장로ともいう）、村内の細い路（マウルキル 마을길、トンネーキル 동넷길）および、行き止まりの路地（コルモクキル 골목길）が集落内を走る。ハンギル（한길）から村に通じる路傍には、村名の標示を兼ねた道標や案内版のようなものが立ち、上萬里では一九三三年に天然記念物第一一一号に指定された椎の

古木（一九六二年に再指定）に関する表示板が立っている。村の入口と出口に当たる橋や三叉路は、災厄をもたらす雑鬼や使者などを送りやる儀礼メーギ（맥이）においても重要な場所となっている。

村の入り口近くの路傍や石垣で囲まれた碑石公園（碑ト 비터）には、かつて村の書堂教育に功労のあった先生の学徳や功績を讃える学行碑や、孝子、烈女、賢婦人を讃える記念碑が立っている。またこの村出身の国会議員の功績を讃える碑も建てられており、近年は、夕涼みができるように縁台が設けられ植樹もされている。

村の中央部には、一九三三年にこの村の振興会によって建てらた瓦葺の公会堂が、一九七〇年代初めまで廃屋となって残されていた。内部にはかつて集会所、協同作業部屋、共同販売店および理髪館が設けられ、そのうち理髪館だけが脇に小さく新設されていた。公会堂は一九七三年に取り壊され、その跡地にはセマウル倉庫が建てられ、当初は穀物の貯蔵庫に当てられていたが、今日では農機具などの置き場となっている。その近くに、一九七〇年に始まったセマウル運動の事業の一環としてセマウル会館が建てられ、その内部に新たな集会所と洞事務室が設けられていた。セマウル会館の前には国旗を掲揚するポールが立ち、脇には火の見櫓のような鉄塔が立っていた。洞事務室は実質的に当時のセマウル運動の本部となり、アンプとマイクが設置され、鉄塔の上には拡声器が据えつけられていた。この会館は一九九〇年代に二階建てに建て替えられ、一階は老人たちが過ごす敬老堂に、二階が集会場に充てられている。

かつての公会堂の周辺は道幅が広くて広場のようになっており、村の行事、例えば正月上元（テーボルム 대보름）に行われた綱引きや葬列の際には村人であふれていた。その向かい側には、一九三〇年代に当時の振興会が共同沐浴場を設けていた。解放後はしばらく廃止されていたが、一九九〇年代初めに、ソウル在住の村出身者たちが組織する郷友会の資金援助によって復活されている。一九七〇年代には公会堂の周辺に二軒の小さな商店があって、焼酎や清涼飲料水、石鹸やマッチなどの日用雑貨が置いてあり、店の前に出された縁台は村人の休み場とも

地図 2-4　1972 年当時の上萬

なり、酒や花札でにぎわっていた。

　このほかにも村の中央付近には、道路に面してトタン葺きの個人経営による大きな精米工場があり、村で祭祀や婚礼、喪礼などがあれば粉に碾くエンジンの音が絶えなかった。村の前を走る道路ハンギルは島の一周道路として整備され、精米工場も今では拡張され大型の機械が設置されている。

　村の公共的な空間としては、かつては村毎に共同井戸と流れをうまく利用した洗濯場が設けられ、女性たちの姿が目に入ったものであるが、やがてこうして共同井戸で洗濯することは少なくなり、洗濯場は道路拡張・

河川整備と共に埋められてしまった。このほか、村で共同使用した喪輿（サンヨ 상여）を収納するため、村はずれに喪輿チプ（상여집）が設けられていた。

石垣で囲まれた屋敷の入口には、近頃は鉄製のがっしりした扉が多くなっているが、かつては門柱も扉もなくて誰でも気軽に母屋の前まで入ってきたものである。母屋の裏や屋敷の周りには自家用の野菜や唐辛子などの菜園（ティアン 뒤안）もあり、石垣沿いには無花果や柿などの木も見え、セマウル運動でも有実樹を屋敷地に植えることが奨励されていた。村の路地も、かつては両側が石垣であったが、セマウル運動を境にブロック塀の部分

写真 2-11　どの村にも認可を受けた精米工場がみられた

写真 2-12　1972 年当時の上萬の中心付近

写真 2-13　1933 年に建てられた公会堂

写真 2-14　現在の敬老堂（左側 2 階建て）と共同沐浴湯（右側）

写真 2-15　現在の上萬の中心付近。写真 2-12 とほぼ同じアングルである

が増えている。

## 八　村の生業

島の生業としては、以前は農業が圧倒的な比重を占めていた。海に面した村でも漁業をまったく行わない農村が圧倒的多数を占めていて、漁業を行う村はかつて島内で数カ村にすぎなかった。島内は至るところ山に囲まれて水田が広がり、山裾の村近くのゆるやかな傾斜地には畑が広がっている。畑ではかつては大麦、粟、さつま芋のほか、大豆、小豆などの豆類や胡麻などが、村の近くの畑では大根や白菜や唐辛子などの野菜が作られ、そのほとんどが自家消費にあてられていた。一九七〇年代初めの珍島では、多彩な豆類や粟類、高粱などの雑穀をはじめさまざまな作物が作られていたが、そうした多様性は見られなくなってしまった。

上萬里は背後と南側が山で囲まれ、海を望むことはできない。南側の低地には水田がひらけ、山の麓の傾斜地には畑が広がる。世帯を単位としてみると、そのほとんどが農業を専業とし、水田での稲作と畑作がほぼ半々を占めている。稲は一九七〇年代までは、日本統治時代に導入された「あきばれ」と「さとみのり」、これに朝鮮で開発された「密陽二三号」、「ボモチャリ（버머잘이）」などが主流で、「クムナムプン（금남풍）」、「チョンボン（청본）」、「維新稲（유신벼）」、「統一稲（통일벼）」などは稀であった。

一九七〇年代初めの韓国では米の自給ができず輸入に頼っていたため、政府によって粉食奨励策が採られ、それと同時に多収穫品種の統一稲が奨励されていた。統一稲は収穫量が多い半面、穀粒が扁平で脱穀方法を配慮しないと壊れ分が出ること、続けて作ると背丈が高くなって風に弱いなどの欠点が指摘され、郡で奨励に努めてもそれに見合った栽培指導などが伴わなかったこともあって、農民は受け入れに消極的であった。

畑では大麦、さつま芋、粟、黍、大豆、小豆などのほか、自家消費用の野菜類や唐辛子が作られていた。しかし一九七〇年代も中葉になると上萬のような村にまで換金作物の導入が計られ、ビール用の麦や加工食品用のニンニクなどの契約栽培が試みられたことがある。その後、都会の消費地向けに長ネギ（헛파）が作られるようになり、やがて長ネギが他地方に比べて優位に立ち、島内の畑一面がネギ畑と化した時期がしばらく続いた。また日本の種苗会社が野菜の種生産に力を入れた時期もあって、交通の便利な邑近くの農村ではカイワレ大根栽培が広がったこともあったが、交通不便な上萬までは及ばなかった。近年になって白菜の需要沸騰にこたえて島内各地でネギ畑の一部が白菜畑にとってかわられており、上萬にも及んでいる。

米と麦に対しては政府による買い上げ（「共販」）が行われ、かつては澱粉用の甘藷も買い上げられていたという。豆類と胡麻、唐辛子は自家用のほか、余裕があれば市勢を見ながら主婦人たちの判断によって定期市場で売り捌かれた。

一方、農業以外には、上萬から峠を越えた海浜で、干潟を利用した旧来の方式による海苔やワカメの栽培を副業とする世帯が数軒見られ、小型の船を有する農家が三、四軒見られた。

近年になって海岸の村では、新式の養殖技術の導入と先進地からの業者の移住もあって、ワカメや海苔の養殖が大規模に行われるようになっており、それに伴い戸数も増えて活気がみられる。上萬では農業が主体となっていることに変わりがないが、それでもワカメの養殖による現金収入は農村にとって魅力となってきた。

農村部で過疎化が進み老齢化が進んでいるのとは対照的に、海岸の村ではプラスチック製の色鮮やかな漁具や新しい建物が目につき、活きの良い刺身料理を出す料理店も開店して、車で乗りつける客で賑わっている。近年は、ヒラメや車エビなどの養殖に加えて、水槽によるアワビの養殖が島内のほとんど全域に及んでおり、珍島の名産品にまでなっている。また外海に面した港湾の整備が進むとともに近海でとれるワタリガニが大量に水揚げされ、船着場で箱詰めにされそのまま日本向けに出荷されていた。近年は島の南端にさらに新しい漁港が整備され、外地漁業者による根拠地と化して、かつて島では見たこともないような大型の漁船が着岸している。これを珍島の生業とみることはできない。

一九七四年一月の時点で、上萬の九四世帯のうち未調査の七世帯を除いた八七世帯の保有する家畜は、牛が四三頭、豚が一〇八頭（生まれたばかりの子豚は除く）、山羊が五六頭、ウサギが一〇〇羽、ニワトリ一六五羽、アヒルが一二羽であった。当時は牛が約半数の家庭で農耕用に飼われ、豚はほとんどの家庭で食べ物の滓とふすまを餌として飼われ、定期市場での貴重な現金収入源となっていた。山羊やウサギも予想以上の数であり、すべてほとんどが市場向けのものであった。犬は珍島で生まれたものは珍島犬として天然記念物に該当し、島からの持ち出しに一定の規制があったが、家で生まれた子犬を市場に出す農家もあった。九〇年代以降は、山羊、ウサギが姿を消し、牛を飼う家庭も少なくなり、次いで豚を飼う農家もめっきり減少した。

上萬では、一九七〇年代に農業の傍ら村の入り口近くで小さな商店を経営する世帯が二軒あって、その周辺は人だかりが多くにぎわいを見せていた。その一つは、電話の取次ぎ場も兼ね、屋内は花札でにぎわい、縁台は絶好の酒飲み場となっていた。八〇年代には、家の裏にもテーブルを並べ、ビールなども飲めるようになっていたが、次第ににぎわいも消えて、今では村から店らしい店は姿を消しつつある。

農業以外の職業といえるのは、認可を得て精米・製粉を行う工場を経営する者、近くの小学校で教師を勤める者がいたが、教師は定年を迎え学校も閉校となった。精米工場は一九七〇年代から経営者は交代しながら今日まで拡張し続けている。

この外に、一九七〇年代には非農業世帯として、寺の住職、タンゴル巫、理髪師、生活保護世帯が一世帯存在

写真 2-16　村の中央付近の商店と縁台はいつも人であふれていた。背後に理髪店、右奥手に公会堂が見える

した。寺の僧侶は、かつて上萬の有志が中心となって近隣の村人とともに佛徒契を組織して寺院を再興したときに村に招聘した妻帯僧で、慕われてきた。その後、この僧侶の死とともに村人の管理が行き届かない中、この寺は紆余曲折を経て曹渓宗に登録されるに至り、その後は今日に至るまで住職は村人と見なされていない。タンゴル巫は、伝統的な巫業による家庭儀礼を執り行う職能者で、郡内に張り巡らした内婚的な婚姻関係網を基盤としており、独占的に巫俗儀礼を専管するパン（판）と呼ばれる縄張りを得て、かつて面内の他村から移住してきた世帯である［朴柱彦・鄭鍾秀 一九八八：一五一―一六二］。家庭の要請に応えて伝統的儀礼一切を執り行う欠かせない存在であったが、巫業全般が衰退する中で後継ぎも無く、土地を借りて農業も行っていた。理髪師も共同理髪館の設置に伴い他村から招かれた者で、一九七二年当時は、取り壊される寸前の公会堂脇に建てられた村の理髪館を担当していた。

## 九　村の歴史と氏族

村の歴史を正確に辿ることは難しいが、凡その歴史は氏族の移住の歴史によって把握できる。つまり現在の住民の祖先がいつごろ島に移り住んだのか、その村に住み着くようになったのか、氏族が編纂した族譜を手掛かりとしてある程度まで知ることができる。族譜には、居住地に関する記録は無いが、墓所については古い地名で記していることが多いので、地元の人の助けを借りれば、およその居住地と移住の歴史を知ることができるのである。

村の氏族別構成はさまざまである。一つの氏族が住民の大半を占めるような村もあれば、一方では住民のほとんどが村に移住してまだ二、三世代しか経ていないため、親族関係が近親の数世帯に限られる場合もある。単一あるいは二、三の氏族が長い間住みついてきた村では、それぞれの氏族が祖先祭祀や墓所の管理のため門中を組織している。そのような村は、各門中が祖先の位牌を祀るため建てた祭閣が、村を見下ろす小高い所に威容を見せているので、遠くからでも一目ですぐわかる。また、どの村にどの氏族が集中して住んでいるか、年長者ならば面内の村の氏族構成について、ほとんど知り尽くしている。

珍島における有力氏族といえば、一般には「朴朴曺金」といって、密陽朴氏、務安朴氏、昌寧曺氏、金海金氏の四つの氏族が挙げられる。この四つの氏族は、珍島でもっとも古くから住むいわゆるトバギ（토박이）と見なされ、一五世紀の初めの珍島郡再興の際に、住民の代表として朝廷に働らきかけ、その実現に功績のあった者の子孫にあたり、四氏族の六名がその功績によって郷賢祠に祀られている。そのうち、密陽朴氏は全国の朴氏の内

でも最大の氏族であり、珍島の派は清斎公派の一支派を成している。彼らは珍島人口の中で最大勢力を誇り、現在の住民は珍島に最初に移住してきた入島祖から二〇世が主体となっている。珍島の密陽朴氏はさらに長派・仲派・季派の三つに分かれており、ほぼ全島にわたって住んでいる。これに対して務安朴氏（持平公派）は、族譜の記載に拠れば一四世紀に入植定住したというが、今では数の上ではるかに劣勢である。昌寧曺氏は侍中公派の中でも、高麗末の恭愍王六年（一三五七年）に配流された右正言曺希直を入島祖とする子孫たちである。また全国の氏族の中で最大規模を誇る金海金氏は、珍島においても戸数上は密陽朴氏に次いで多いが、一五世紀の入島祖以外にも、京派のうちいくつもの派が異なる時期に珍島に移住したため、それぞれの子孫が別個に門中を組織している。

　このほかの主要な氏族としては、全州李氏（石保君派）、慶州李氏、清州韓氏、玄風郭氏、仁同張氏（参賛公派）、陽川許氏、光山金氏（奉訓郎公派）、慶州金氏（杜渓公派）、済州梁氏（錦城君派）、晋州河氏、晋州姜氏（司評公派）などが各三〇〇戸以上住んでおり、いずれも氏族の集住する村落が知られている。珍島在住の氏族の中には、昌寧曺氏のほかにもこの地に政治犯として流刑されたものの子孫が含まれ、その中でも智山面の鞍峙に住む盧氏は一六世紀に流配された盧守愼の子孫として知られる。

　調査地の上萬では、一九七二年当時の居住者の中から、学校の教師として本土から赴任して村に間借りしていた一世帯を除いた九四世帯を村の世帯数と見なしていた。密陽朴氏と全州李氏の二氏族が村の八割を占めていたが、実は、住民の構成を世帯主の氏族によって分けることには慎重を要する。密陽朴氏の中には理髪師の世帯とタンゴル（단골）巫の世帯が含まれており、この二世帯は他の朴氏とは別個の朴姓と見なされ、姓や氏族よりも職業で同定されていた。さらに朴氏の世帯の中には、他の朴氏とは別個であるだけでなく、当然ながら李氏とも血縁関係が無いにも拘らず、特殊な事情に依って李氏の一世帯と互いに身内（クンチプ—チャグンチプ関係）と認

め合う世帯が含まれており、村では実質的にその李氏のチバン（집안）として扱っていた。父系の血縁を重視する韓国社会の通念では、非血縁者をチャグンチプとして遇することは原則上考えられないことである。このほか、世帯主の男性が李氏を名乗っていないにも拘わらず、村ではその妻方の姓によって李氏の世帯と扱っている例が見られる。このように村における親族範疇の捉え方には、少数ではあるが世帯主の姓以外の要因が重視される例も見られるのである。こうした例外を含めて、世帯を氏族別に、所属門中が明らかなものをみると次のようになる。

全州李氏石保君派　三七世帯（世帯主が姜氏の一世帯を含む）
密陽朴氏清齋公派　三六世帯
慶州金氏杜渓公派　九世帯
新安朱氏　五世帯
光山李氏　一世帯
昌寧曺氏清簡公派　一世帯
晋州姜氏司評公派　一世帯
その他、朴氏（本貫不問）であるがいずれの氏族にも属さず、李氏のチャグンチプと見做されている一世帯、職能者としてタンゴル（朴氏）、理髪師（朴氏）、僧侶（康氏）、各一世帯、
合計九四世帯。

なお、村の役職としては、村人の中から選ばれた里長が行政上の末端に位置づけられ、村内は隣接する二〇戸程度の班に分けられ、班長が里長を補佐する。村によっては里長とは別に村人の道徳的な指導者ともいうべき洞

長の制度が見られた。調査地の上萬で一九七〇年代前半まで洞長を勤めていた朴沚浚氏は、頭に髷（サントゥー 상투）を結い常時トゥルマギ（듣막이）を着用しており、村の有志（ユージ 유지）たちを招集して問題の解決にあたっていた。筆者を村で受け入れるかどうか判断する際にも有志たち五、六名が召集された。一方、一九七〇年代に始まったセマウル運動のもとで、里長や洞長とは別に、運動の推進役として行政と村民の仲介役を演じる「セマウル指導者」が当初は郡から指名され、後には村人が選出した者を郡庁が任命するようになった。

珍島では、本土の内陸地方の、例えば慶尚北道の安東地方に見られるような両班という身分伝統は認められない。しいて言えば、かつて書堂教育に熱心で漢籍・漢学の素養を持つものを多数輩出してきた村とそうでない村とを区別して、前者を「文献バン」と呼ぶことがあるにすぎない。かつてのように公然と賤職と見なされ差別されることは無くなっていたが、タンゴル、理髪師、僧（スニム）、鍛冶屋など農業以外の職能者が存在した。

一九七二年当時の上萬九四世帯の人口は、住民票上は四百数十人に達したが、実際に居住している人口を正確に示すことは難しく、三九五—四〇五人程度と見るのが妥当であった。その後、村の人口は急速な減少を辿ってきた。一九七二年当時は、男子はほとんどが中学校に進学したが、卒業後も村に残って農作業を手伝う者が少なくなかった。女子は、一九七三年に村で初めて中学に進学する子が現れ、翌々年にはほぼ全員が中学に通うようになった。一九七〇年代の中頃、ソウルなど大都市への人口流出の先頭を切ったのは、こうした一〇代後半の若者であった。次いで、農閑期に入ると大きな荷物を手に、ソウルの子供のもとを訪ねる親の姿を見るようになり、やがて村は農閑期になっても、かつてのような賑わいが失せてしまった。八〇年代には、集落の中に空家のみならず空地も目を引くようになった。世帯数の減少は七〇世帯まで一気に進んだ後、多少緩やかになったとはいえ、二〇一一年度には五八世帯にまで、人口も一一五人にまで減少している。

## 注

（1）一九七〇年代の日本でも、珍島を知らなくとも珍島犬を知る人には出会ったものである。韓国では、「馬を育てるなら済州島へ、人を育てるならソウルへ」という諺があるように、馬は自然や未開と結び付けられていたが、犬は馬より人に近い存在である。友人の朴柱彦氏は、江原道で兵役に就いていた時、済州島をはじめ島の出身者はひどい待遇を受けると聞かされ、何とか極寒の山中の壕に配置されるのを避ける道は無いかと考えた。彼は、秋夕の休暇を終えて故郷珍島を立つ時、子犬を抱いた軍服姿の写真を撮り、詩を添えて軍隊の雑誌に送ったという。それが表紙を飾ったのを見た部隊長が、我が部隊の誉れと讃え、彼は珍島犬のお陰で首尾よく配置換えになったという。

（2）王朝時代以来、大多数の陸地の住人にとって、海といえば倭寇などの外敵や疫病をもたらすところと見なされていた。それとは対照的に、霊験ある山神や霊泉、あるいは混乱を治めて新しい王朝を開基する真人や、神秘的な秘訣をもたらす僧が出現するのはすべて聖なる霊山とされてきた［伊藤　一九九七、二〇〇三ａ］。山が肯定的な価値と結びつき、社会秩序の中心を占めてきたのとは対照的に、海は秩序を脅かす否定的なイメージをともなっていたといえる。その海が、健康や経済やレジャーと結びついて肯定的な価値の源泉のように見なされるようになったのは比較的最近のことといえる。

（3）三別抄軍と裵仲孫将軍の歴史の記述をめぐっては、王朝、民族、氏族、現地住民それぞれの主体に応じて、王朝史観、民族史観、門閥史観、民衆史観の間に際立った歴史認識の差が見られる。歴史の多声性を踏まえることが求められよう［伊藤　二〇〇六ａ］。

（4）こうした住民の島内における移住・入植について直接記した記録は存在しないが、島内の有力氏族の族譜に見える墓所の変遷を通して、氏族の拡散状況からおよそを推測することができる。

（5）珍島における有力氏族の旧家には、壬辰丁酉倭乱（文禄慶長の役）当時に挙げた功績に対して、後に王朝から下賜された『功臣録巻』が少なくとも数巻伝えられている。また、当時日本の水軍として従軍した来島氏の戦没者を葬ったと言い伝えられる「倭徳山」と呼ばれる墓地が近年話題を呼んでいる。

# 第3章　農村社会における家（チプ）

## 一　チプという概念

チプという言葉は、韓国社会では日常の生活においてごく普通に用いられ、私的な生活とりわけ家庭生活に関連して頻繁に用いられる言葉である。その意味するところも、生活の文脈に応じてさまざまである。日本語の包括的な「いえ」とか家庭生活に対応するばかりでなく、具体的な生活の場としての建物や屋敷などの生活空間、家族とその関係の広がりや系譜的な連続、さらにはそれと結びついた抽象的な生活気風などに関連してもチプという用語が用いられる。

民族誌の記述においても、韓国におけるチプ（집）は、中国における「家」（チァー）、日本における「いえ」と同様に、日常生活において誰にとっても経験する基本的な社会単位であり、人類学はこれに世帯（household）という概念をあててきた。

漢字を採用してきた東アジアの諸社会では、類似の概念に同一の漢字語をあてることによって、相互の理解に寄与してきたと同時に、一方では同じ漢字をあてることで、同一のものという錯覚を与えて、それぞれの実像と特質を隠蔽することにもなる。近代化の過程で、西欧の概念世界への対応を迫られる中、西欧概念の訳語として漢字による新たな用語が創出され、それが東アジア諸社会に適用されてきた。こうした歴史的な経緯のもと、近代的な法律用語、技術用語、行政用語、学術用語のすべてにおいて、漢字による用語はその効用と共に方法論的な困難を内包することになったといえる。

家族という用語もその一例である。西欧の生活用語を背景として成立したはずの分析概念に、漢字熟語として家族という用語が作られ、それをあらためて東アジアの各社会に適用してきたのである。われわれが成すべきは、経験生活の中で直面する「いえ」、「チプ」、「家」を記述することであり、その実態を記述するため、私は家族という用語をどこまでも分析概念として、その関係性に限定して夫婦関係、親子関係、兄弟関係を指す用語として用いることにする。「いえ」、「チプ」、「家」はいずれもそれぞれの社会的な脈絡のもとで構成され組織された実体として位置づけられ、これをさまざまな側面から記述することが求められているのである。

日本におけるように、チプという土着の音声概念に家という漢字を充てて、これをそのままチプと読ませる、いわゆる訓読みの習慣は韓国にない。チプは常にハングルで表記される。しかし、日本や中国で用いられているような家を含むさまざまな漢字の熟語が、韓国においても近代化の過程で導入され、知識人の間で専門的な用語として用いられてきた。それらもチプという概念の新たな脈絡における社会性の広がりを反映するものである。

以下では、調査地の事例に基づいて、先ず初めにもっとも具体的かつ客観的な記述が容易と思われるチプの物質的な側面、次いで生活共同体としてのチプについて、その構成、経済的性格、そして儀礼の記述分析を通して、チプの社会的性格に迫ることにしたい。

## 二　物質的な空間

農村生活において、さまざまな意味や機能を併せ持つチプこそ日常生活においてもっとも基本的な単位である。日常生活とは、当事者にとっては毎日繰り返されているごく当たり前の生活にすぎず、意識してこれを書き記すことはほとんど有りえないことである。しかし人類学にとっては、この当たり前の生活を他者の目によって記述することが欠かせない。しかし地元の人にとって、取るに足らない日常の生活を研究することなどなかなか理解し難い。いったいこんな農村まで何をしに来たのか、本当にそれが研究なのか疑う者もいる。研究者であっても韓国人研究者なら眼を向けないことも多いようで、ますます奇異に映るようだ。しかし、日本人なら日本国内であっても訪問地の生活ぶりに触れようとすれば、手掛かりとして物に関心を寄せるのはごく自然なことのように思われる。物的なものから具体的に観察するというのは、人類学の手法である以前に日本的な関心の在り方を反映するものでもあろう。一方の韓国では、そもそも身の回りの物に即して生活を見きわめるということをしないし、日常生活ばかりでなく一般に物的なものに対する関心が薄いように思われる。農村においても、女性に比べて特に男性たちは物に対して疎いという印象を受ける(1)。

チプとは何かを論じる前に、もっとも具体的かつ客観的な観察が可能である物的な側面に焦点を置いて、そもそもチプはどのようにできているのか、チプには何があるのか、チプに欠かせない物は何なのかということから、具体的に見ておこう。

### 1　チプト

調査地の集落は、互いに隣接し合うチプト（집터）から構成されている。チプトのト（터）は場所・地面を示す接尾語であり、したがってチプトは、チプが占める場所の区画を指す。文書類にはこれに対応するものとして漢語の「垈地」（テーチ 대지）が一般に用いられている。チプトは、村人の目の高さより少し高い石垣（タム 담、またはウルタリ 울다리）によって四方を囲まれており、外の視界から遮られている。チプトは背を伸ばせば覗き見ることもできるが、外部の者にとってチプトはウルタリで囲まれ半ば閉ざされている。

石垣で囲まれた屋敷の入口には、チプトの出入口としてテームン（大門 대문）が一カ所設けられている。この大門には、屋根付きの門構え（ムンカン、ムンカンチェー　문간、문간채）にしっかりした木製の扉を設けたものもあるが、新しい形態として近頃は、屋根なしの簡単な鉄製の扉だけのものも多い。こうした鉄製の扉も、鍛冶屋がアセチレンガスを用いて溶接して作るようになったもので、比較的最近の流行である。こうした新式の門が普及する以前には、木造のムンカンを構えたチプ以外は、石垣の一部に少しばかりの導入路を設けるだけで門柱も扉も無い入口（サリプ 사립）がほとんどで、当時は大声をかけながらサリプから、誰でも気軽に母屋の前まで入ってきたものである。ムンカンを設けることが文字通り門にふさわしいが、かつて上萬でも経済的な余裕のない家庭ではサリプが一般的であって、チプトはもっと開放的ではなかったかと思われる。村内では盗みを警戒することもあって、特に道路に面したチプでは何らかの門構えを設けるチプが増えており、一九七〇年代後半にはサリプだけのチプは少数派となっていた。サリプだけの場合もムン（門）あるいはテームン（大門）と呼ばれる。

写真 3-1　チプ

写真 3–2　チプのサリプ。しめ縄が張られている

チプトと外部空間との出入り口としてムン（門）が重要であることは、家庭の宗教的儀礼においても読み取ることができる。家庭で出産がある場合には、子供ばかりでなく豚や山羊などの家畜が子を生んだ場合でも同様である。門にはしめ縄（クムジュル 금줄）が張られ出入りが規制される。喪に関わった人に対しては特に厳格であり、それ以外にも、家族以外の者や家族でも車や船に乗ってきた者は、外部で穢れたものに触れた可能性があるとみて、三日間は門に入ることは避けなければならず、そのため別の家に泊まることもある。あるいは、門で藁火を焚いてそれを跨いで入ることになっている。また三日間は米、水、副食類などの食べ物や燐寸や火を持って出入りすることは禁じられ、煙草を吸っている人も火を消さなければならない。このためその家の井戸をふだん使っている近所の人も、別の井戸で汲まなければならなくなる。その期間は最低限三日とされるが、原則としてしめ縄を張っている期間は出入りを慎まなければならず、七日（イレー 일회）、十四日（トゥイレー 두일회）、あるいは二十一日（サミレー 삼일회）までとされる。村々を歩き回る乞食や行商人などの出入りは特に規制される。このほかにも、災いや悪霊を追い払ったりするメーギや巫俗儀礼クッも屋内やチプト内で始まり最後は門の外で終わる。

母屋の裏や屋敷の周りには唐辛子などを植える菜園（トゥイアン 뒤안）もあり、石垣沿いには無花果や柿など

写真 3-3　サリプとしめ縄

の木が植えられていた。セマウル運動においても有実樹（ユシルス）を屋敷地に植えることが奨励されていた。村の路地も、かつては両側が石垣であったが、セマウル運動を境にブロック塀の部分が増えている。

チプトがチプの具体的・可視的な単位であることは、村の生活空間を区分してみても明らかである。石垣で囲まれたチプト以外の空間としては、村の中をめぐる細い道（マウルキル 마을길）、共同井戸、洗濯場、村の中央近くの公会堂と小さな広場、橋、祖先の祭閣、裏山の麓の寺に限られ、その周りは田畑と山である。日常生活はチプにおいて観察されるといってもよく、それは村に住み込んだ研究者にとっても同様である。同居したチプトの生活こそが観察の基点となった。

チプトの境界は、現在知ることができる限りでは、ここ数十年の間ほとんど変動がなく、集落内で住居の改築、増築あるいは住民の転居があっても、チプトの境界には大きな変化がない。石垣の造り替えは、一九七〇年以降のセマウル運動の一環として、村内の道（マウルアンキル 마을 안길）の拡幅が象徴的な事業として行われた際に、

写真 3-4　母屋クンチェ

村を挙げて石垣の積み替えが行われた。このようにチプトは石垣という物的な枠がしっかりしていることもあって、境界の変更が少なく安定しているが、個々のチプトには固有名称が存在しない。日本の農村における物的な屋敷と結びついた屋号のような固有名称は、韓国では名門士族の宗家に見られる堂号の例を除けば存在せず、チプトによってそこに生活する人々を特定するということはない。

村への転入者や、村内で新しく世帯として独立する場合には、集落内の空いているチプトへの居住や新築が行われ、逆に、転出に因って建物を解体したチプトは、いずれ誰かが再び家屋を新築して居住するまでの間、石垣を残したまま集落内に空き地として放置されるか、あるいは別のチプの菜園（トゥィアン 뒤안）として用いられ、唐辛子、茄子、白菜、青菜などが植えられていた。

チプトの内には、母屋（クンチェ 큰체）、離れの棟（下の棟アレッチェ 아랫체またはヘンナンチェ 행랑체）などの家屋と牛小屋（ウェヤンカン 외양간）、石臼を置くパンガ

写真 3-5　ヘンナンチェ

カン（방앗간）、便所（トシシ 동시またはチュクカン 측간）などを組み合わせた附属建物が中庭（マダン 마당）を囲むように配置されている。離れの棟には、オンドルを設けたアレッパン（아랫방）またはヘンナンカン（행랑간）の外に、穀物貯蔵室（コクカン 곡간）を有する例があり、またこれらが牛小屋、納屋、便所と組み合わさっている場合も少なくない。

## 2　マダン

中庭（マダン）は、チプトの内部ではあるが、村の道（マウルキル 마을길）から石垣越しに望むことができ、半ば公開された空間ともいえる。とりわけ秋の収穫後の脱穀と穀物の乾燥の時期には農作業場として重要であり、こうした作業はプマシ（품앗이）の労働交換やチバン内の協力によって作業が行われるため、出入りする人に開かれている。こうした農作業に都合が良いように、毎年農閑期に入ると山から黄土を採ってきて、良く砕いてから水を加えて、壁を塗るように庭一面に平らに塗り込めて、良く乾燥させ固めておく作業が欠かせなかった。しかし、

写真 3-6　マダンでの穀物乾燥

七〇年代も半ばになって、セマウル運動を通して随所にセメントが出回わり、生活環境改善の一環として随所にセメントが用いられるようになると、以前のように庭面を整備する家庭は次第に減少し、それに代わってマダンの一部をセメントで塗り込める例が見られるようになった。脱穀や乾燥などの作業に当てられるため、マダンには障害となる物は置かれず、がらんとした空間となっていた。鑑賞の対象になるような庭木や花などは、石垣沿いの片隅に僅かに見られるにすぎない。しかし八〇年代に入ると、都市部における盆栽の流行が農村部にまで浸透し始めて、庭に盆栽を置く農家も登場している。また脱穀を圃場で済ませることが増え、マダンの作業場としての役割が少なくなっている。

穀物の乾燥などはそのチプだけで行うことができるが、脱穀作業は多くの人手を要するため、他のチプとの労働交換プマシや手伝いが欠かせない。また、婚礼や喪礼などの人生儀礼や、病気平癒のための巫俗儀礼、後述する相互扶助組織「契」の集まりやこれにともなう会食も、ほとんどがマダンで行われ、必要であれば村の備品である

写真 3-7　足踏み式による脱穀作業

3-8　修契日の会食

天幕が張られる。巫俗の儀礼が屋外のマダンで行われる場合には、石垣越しに窺うことができ、村中に公開されていると言ってもよいが、病気平癒の巫俗儀礼が屋内で行われる場合には、ごく身内の者以外は事情を察して遠慮する。

マダンの片隅には、七〇年代はまだほとんどの家庭で豚小屋（テージウリ 돼지우리）、堆肥小屋や灰を貯蔵する小屋（チェーカン 채간）が置かれていた。牛は、田植え前の水田の犂耕と、秋の麦蒔き前の起耕に欠かせないばかりでなく、藁を敷き込んで堆肥を作るためにも欠かせないものであった。また、子牛を買い入れて肥育したり、親牛から子牛を得たりするために投資の対象となることもあった。豚も同様であるが、飼料用のふすまに加えて、食事の残り物や野菜くずなどを活用して、ほとんどの家庭で手軽に飼育が行われていた。豚の世話は主婦の仕事で、子豚からある程度まで育てれば、市場に出して貴重な現金収入源となっていた。しかし、農村では日常の食膳に豚肉や牛肉が上ることはまったく無く、祖先の祭祀、正月や秋夕などの名節の儀礼、婚礼、葬礼などの日

に豚肉が供物（祭需）や儀礼的な食物として用いられるにすぎない。

一九八〇年代になると、都会への人口流出によって家族員が減少するにともない、食事の残り物を利用して豚を飼う家庭も少なくなった。一九七〇年代までは、農作業には牛が欠かせなかった。田植えの前には予め牛に曳かせた犂で圃場を起耕しておき、また田に水を張ってから田植え直前にもカジュ（가주）役にソレ（써레）を用いて田んぼを平らに均す時にも牛が不可欠であった。冬前に起耕しておくことは、地中に産み付けられた害虫の卵を冷気に曝して殺す殺虫効果があり、また土壌の酸性化を防ぐ効果もあるとして、秋の収穫後に犂による起耕がおこなわれる。また水田の裏作のため畑を起耕するにも犂と牛が欠かせない。耕運機が導入されてからは牛を用いる作業は田植えの際のカジュぐらいに限られるようになり、村内で牛を飼う農家はめっきり減って八〇年代半ばには数軒にすぎなくなった。二〇〇〇年以後は今日まで牛を飼う家庭は一世帯にすぎない。それも農作業に必要なためではなく牛に対する愛着によるものである。

### 3　建物

母屋（クンチェ 큰체）は、ほとんどの場合、大小二つのオンドル部屋（クンバン 큰방とモバン 모방またはチャグンバン 작은방）と、厨房（チョンジ 정지あるいはプオク 부엌）、板の間であるマレー（마래またはテチョン 댓정ともいう）、コクカン（곡간）からなっていて、庭に面した側は板張りで縁側状に作られている。母屋の規模には多少の差があっても、外観と間取りにはほとんど差が見られなかった。

厨房の土間に築かれた二つの竈は、それぞれ大部屋（クンバン 큰방）、小部屋（モバン 모방またはチャグンバン 작은방）のオンドルの焚き口になっている。

マレーは母屋のオンドル入りの大部屋（クンバン）と引き戸で接している板の間である。床には厚い板が縦横一

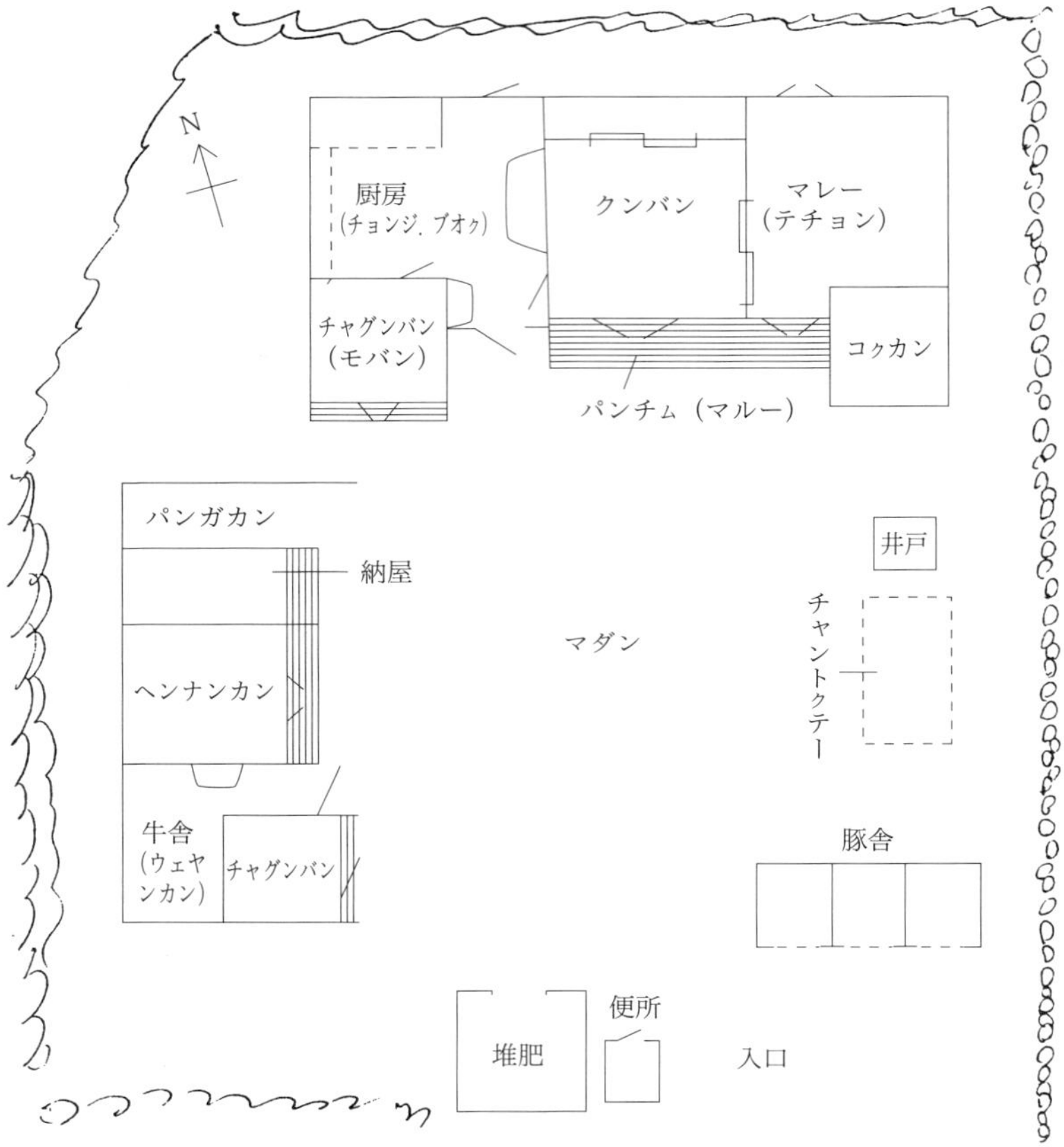
N
厨房
(チョンジ, ブオㇰ)
クンバン
マレー
(テチョン)
チャグンバン
(モバン)
コㇰカン
パンチㇺ(マルー)
パンガカン
納屋
ヘンナンカン
マダン
井戸
チャントクテー
牛舎
(ウェヤンカン)
チャグンバン
豚舎
便所
堆肥
入口

図 3-1　チプの間取り

定の幅にはめ込まれており、オンドル部屋とは違って高床作りとなっている。暖房が入らないので冬は寒いが、夏は涼しい。ここには穀物を収納した大小さまざまな甕や壷が置かれており、また祭祀をはじめチプにおける主要な儀礼はここで行われる。

マレーが穀物の日常の貯蔵場所であるのに対して、コクカンは主として収穫後に大量の穀物を一時期貯蔵するのに当てられ、それ以外の時期には、籾を入れる藁製の容器（メッコリ 맷고리）や穀物乾燥用の茣蓙《ござ》（トクソク 덕석）などが収納されている程度で、余り用いられていない。

世帯員の少し多い家庭では、母屋とL字型に、庭に面して離れの棟ヘンナンチェ（行廊棟 행랑채）が作られており、人が起居するオンドル部屋も設けてあればアレッパン（아랫방）またはヘンナンカン（行廊間 행랑간）と呼ばれる。ヘンナンチェには牛舎（ウェヤンカン 외양간）や納屋や便所なども設けられている。

チプという語は、石垣で囲まれた空間ばかりでなく、こうした居住用の建物を指すのにも用いられ、その点では日本語の「いえ」と同様である。しかし、こうした物的な空間とそこに住む人々との関係は、必ずしも永続を志向するものではなく、チプトや建物に対してさほど愛着が無いようにさえ見える。その点も含めて、チプの実質についてはさらに掘り下げてみる必要がある。

## 三　生活共同体としてのチプ

チプは、そこに居住して日常生活を共にする社会単位としても観察され、世帯（household）という概念がふさわしい。チプの生活者はほとんどが家族関係にあるが、その構成はさまざまであり、かつて多くの農地を所有し、経営規模の大きかったチプでは、家族関係でない者も含めて、現在よりはるかに多くの人員が生活していた。一九七〇年代の半ばには、家族員も減少し始め非家族員の同居もごく少数となり、チプの構成員は減少する過程にあった。以前は、多少とも家計に余裕があれば、後にチャグンチプとして独立するにせよ、客地で生計を営むにせよ、子供は長男に限らずできる限り結婚後二―三年を実家で過ごすのが望ましいとされていた。実際にそうした家庭が少なくなかった。

一九七〇年代初めまで、子供たちは小学校を卒業しても家事の手伝いや農作業、家畜の世話や薪とり、あるいは子守りなどをしながら村に残るものが多く、村は子供たちや若者で溢れていた。まだどのチプも多くの構成員を抱え、日常生活の実質的な単位としてチプは活気を呈していた。しかし、韓国の経済発展と共に一九七〇年代中ごろから、子供たちは教育や就業のため都会へ転出するようになり、またたく間にチプの賑わいも失せた。やがて過疎化と老齢化が進むと、一九九〇年代には老人を主体とするチプが大部分を占めるようになった。昼は、チプに一人で居るよりも村の会館などに集まって過ごす時間が多くなり、もはやチプは生活共同体ではなくなっている。

はじめに居住空間の面から見てみよう。親夫婦と子供たちが同居するもっとも一般的な場合をみると、母家の大部屋（クンバン 큰방）が夫婦の寝室に当てられ、子供の数が多い場合には、少し年長の子供たちが小部屋（モバン、チャグンバン）で寝ることもあるが、子供の数が少なければ、子部屋は勉強部屋などに当てられる。息子が嫁を迎えて同居している二世代夫婦からなる場合には、大部屋に親夫婦が、小部屋に息子夫婦が寝て、孫は幼いうちは子夫婦と一緒に、少し大きくなれば、老夫婦と一緒に寝る例が多い。子供の勉強机は、小部屋が居室に用いられている場合には、大部屋の隅に置かれていることが多い。未婚の兄弟や姉妹がまだ同居している場合には、部屋不足のため、離れの棟に部屋を作って、これを寝室に当てることが多い。あるいは老夫婦のうち老父だけが

写真 3-9　パンチム（マルー）での藁細工作業

離れの棟に移って、大部屋を老母と未婚の兄弟姉妹が用い、息子夫婦が小部屋に起居する例も多い。また、老父がすでに亡くなっている場合でも、老母は孫たちと一緒に大部屋に留まり、息子夫婦は離れの間あるいは小部屋を用いたりする。母親が健在なうちは、嫁いだ娘が里帰りした時には、気兼ねなく大部屋に泊まることができる。いずれにせよ息子夫婦は、両親と同居する場合、初めのうちはしばらく小部屋を用いて、老母が亡くなった後にはじめて大部屋に移る。小部屋は奥の小さな扉が厨房に通じており、嫁が早朝から食事の準備をする上で都合良くできている。嫁の出産もふだんの寝室である小部屋をそのまま当てるのが原則のようになっていた。

主婦は、長男に嫁を迎えて家事をまかせ、やがて実質的な主婦の座を譲り渡した後も、死ぬまで大部屋に留まるのが普通であるのに対して、主人は息子夫婦が同居している場合、老後は母家から退いて離れの間へ移ることが多い。また稀に、母家のコクカンの部分をオンドルに改造して、老父が一人でここを利用することもあり、その場合には離れの棟にコクカンを作る。こうした寝室の利用区分を見ると、珍島では男女の性区分に基づく空間区分がほとんど見られず、これに代わって夫婦を単位とした世代区分が優先されている点で、本土の内陸農村地方に見られるような男女有別の儒教倫理を反映した住居空間構造とは際立った差が見られる。また母家の中心であり、家庭生活の中心でもある大部屋を占めている主婦・老母の地位も注目される。

このほか、農機具の収納場所である納屋、牛小屋、堆肥小屋などは、農家であればどの世帯でも不可欠な付属建物であった。また、マレーの庭に面した縁側の部分（パンチム 반침 またはマルー마루）は、藁などを用いた器具類の製作や修繕などの作業場ともなっていたが、生活道具を自分の手で作ることが無くなるとともに、パンチムの意味も薄れている。

## 1　非家族の同居

一九三〇年代の上萬には、水田三〇マジギ（一マジギは水田約二〇〇坪）以上を耕作する農家も数軒あって、そうしたチプでは、もともと家族員が多かった上、さらに子供が結婚した後も二、三年程度は親と同居することが多かった。そのチプに住み込んで家事を手伝う食母(シンモ 식모)が同居するほか、さらに離れの棟(ヘンナンチェ)にモスム(머슴)まで置いていたチプもあって、今では考えられないほど過密であった。これら食母やモスムなどの同居人は、家族関係がなくてもチプの食口（シックー 식구）の一員と見做されていた。「食母」は日本における女中に近い存在で、主婦を助けて主として食事の賄いをする若い女性である。時にはかなり幼い者を食母同様に住み込ませたり、あるいは子守として置いたりすることもあったが、それも人手不足となって、村では一九七〇年代初めまで一、二例を見るにすぎなかった(2)。

モスムは、日本におけるかつての作男に対応するような住み込み独身の農夫を指すが、一年間の農作業全般を担当する契約により、離れの棟に住み込み、食事を共にしながら農作業のみならず家庭の雑用仕事も行った。かつては上萬ではそれほど一般的に行われていたものではなく、多くは親に財政的余裕が無くて、チャグンチプとして独立させることができない農家で、なおかつ両親が将来のことを考えて息子を村の中に留めておきたい場合や、本人が望んで独立できるまでの暫定的な選択肢として採った方法である。この村でモスムを住み込ませる農家は、経営規模が大きくて人手を要する世帯であり、常時モスムを置いていたのは数軒にすぎない。モスムは、そのほとんどが村内の者であったが、モスム経験者すべてが後に村内に世帯を構えることができたわけではない。かつてモスムを経験したものは、一九七〇年代には一、二世帯しか存在しない。そのうちの一世帯は、家族でも親族でもなく、まだ幼いころからある家庭に住み込んで家族同様に育てられ、成人になって結婚後もこの村で、実の子同様に農地やチプトも与えられて独立した例である。

一九七〇年代の上萬では、すでにモスムを置くような経営規模の農家は姿を消し、かつてモスムを置いていた家庭の中にモスムに類似した一例が見られたにすぎない。この家庭では、広い農地を所有しながらも子供たちが都会に出て、残された両親も老齢化していたため、人手不足を解消するため離れの棟に若い夫婦を住まわせて、農作業をすべて任せていたものである。この若夫婦は一般世帯と同様に食事も別個にしていたため、従来のモスムとは明らかに異なるが、村の中での位置づけは微妙であった。行政上は納税義務のある独立世帯と見なされていたが、村の伝統的な共同組織の洞契では成員と認めていなかった。

「わがチプはシックー（食口）が多い（우리집은 식구가 많다）」という表現は、家族関係の有無に関係なく食事と居住を共にする者はすべて「ハンチプシックー（一つのチプの食口 한집식구）」として同等に数えられていたことを示す。しかし、食事を共同すると言っても、全員が同じときに同じ場所で同じように食事をとることを意味するのではない。成員数が多いチプでは、その居室の有り方に応じて食事を別々にとる場合が少なくない。とりわけ老夫婦もしくは父親が離れの間に起居している場合には、主婦あるいは嫁は、父親一人用の食膳（独床トㇰサン 독상）を別個に用意して、他の家族よりも先に食事を離れに運ぶ。全員が母家で食事をする場合でも、主人すなわち男性世帯主と、そろそろ一人前に近くなった長男とは一つの向かい膳（マッサン 맞상）で向かい合って食べるのが普通である。これに対して、主婦、長男以外の子供たち、そして長男でも幼い場合には、別の大きな丸い膳（トㇽサン 돌상）で一緒に食べるのが普通であり、また女性たちは男性が食べ終わってから食事をしたり、あるいは膳を用いずに床の上で食べたりすることもあった。また夏には涼しい庭に面した板張り部分（パンチム）で食事をとることもある。

このように、食べる場所と時には多少の差はあっても、全員が主婦あるいはその指揮のもと一つの厨房・竈で調理した食事を採ることがチプの成員の重要な条件となっており、食膳や部屋の共同あるいは区別、食事の順序などは、チプ成員の社会分化や地位を反映していると見てよい。上萬でも、かつてはどの家庭でも一般的に世帯員が多かったばかりでなく、長幼の序や男女の社会的区分が食事の場所や食膳のあり方にも反映していたが、世帯員の縮小にともない、食事のあり方も家族団欒を重視するように変わりつつあった。

この他、田植えの日の食事（昼食）や契の会合（修契日）や祭祀の後の飲福などの特別な日や儀礼的な会食には、冬の寒い日を除けば、屋内だけでは狭いため庭に茣蓙を敷き膳を並べて食事する場合が多い。

## 2 チプと場所

本土内陸部地方の旧両班層の、しかも宗家や旧家の場合を除くならば、チプ自体の移転も比較的多い。農村以外では、世帯主の職業も世代ごとに変化が多いし、チプの経済的浮沈も激しい。

場所や土地へのこだわりの無さは韓国社会に一般に見られることであるが、それは農村にも当てはまる。珍島の農村においても、チプとテーチ（垈地）との結びつきは決して固定的なものではなく、このことは物的なチプに、日本における屋号や家印の様な符牒が存在しないこととも符合している。

村内の家屋は、基本的に同じ構造をしており、村内に空き家が生じた時に村人の間で転居が連鎖状に行われるのを見ると、特定の家屋に特に執着することが無いという印象を受ける。

村内で頻繁に行われる転居のきっかけとして、「座向」すなわち垈地内における家屋の位置と方向が、主人の「四柱」にうまく合わないとか、井戸の位置とか、垈地内の樹木の位置が良くないとか、垈地の運数が良くないといった易学的な判定が下された場合がある。また一方で、人々のチプトに対する関心は、その地気すなわち風水による生気と住む人の相性にも向けられている。すなわち、チプトの地気がそこに住む人の生気より強いと、精神的な患いのような問題をきたすと考えられている。あるいは、三叉路に面していて災厄に曝されているという

ような占いの結果が話題となる。それが村内での移転を促す一つの要因ともなる。その判定のために人々が頼りとするのは、地官あるいは陰師と呼ばれる風水師であるが、地官は地気すなわち風水を判じるだけでなく、漢文の手引と暦を用いて運数の判断や日取りを選ぶ択日（テギㇽ 택일）もおこなう。垈地に執着せず引越しを躊躇しない空間的な流動性は、日本の家（イエ）における屋号のように、屋敷地と一体化した家の固有名称が存在しないことにも反映しているといえよう。

村人が村内で引っ越しをしたり、家を新築したりする時に、ただ一つだけ特別に執着するのは厨房に据えつける鉄製の釜である。別の屋敷地に引越しする場合には、何より先に必ず厨房の釜を持ち込むことになっており、釜のサイズが引越し先の竈に合わない場合には、予め竈の付け替えまでして、必ず元の家のものを取り外して、しかも、何よりも真先に新居に持ち込むのがしきたりとなっている。その際に釜の中に磁器製のおまる（ヨガン 요강）を入れて持ってゆくのも興味深い。釜は食べ物の、おまるは排泄物の器であって、生命・生活の基本と見なされているのである。チプにおける竈の占める象徴的な中心性は、家庭の儀礼において釜の墨の呪力や竈王（チョワン 조왕）が占める位置に見ることができる。

上萬においても、短期間の観察では気付きにくいが、少し長期にわたって追って見れば、村の内部でチプが移動する例が多いことに気づく。座向とか地気とか占いの指示によるばかりでなく、村内に空家ができると、日当たりが良いとか、少し間取りにゆとりがあると言った程度の理由でも、ためらうことなく移転する。それで新たに生じた空家にまた別の人が移転するという具合に、まるで玉突きのように移動が次々と連鎖的に起きるのである。

村内にチャグンチプとして出る場合にも、親が村内の空家を買い取って与える場合が多い。しかも日本におけるように一つの家屋敷に留まることなく、家族が増えれば広い家に移ってゆく。また、独立するといっても村に留まる積極的な動機はさほど見られず、また周囲もそれを期待するようでもない。したがって、適当な職が得られれば容易に村を出てゆくので、再び空家が生じる。上萬では、二つのチプが住居を交換する例すらあった。土地や屋敷など不動産を維持することにもこだわりが少なく、売買も頻繁に行われるのは都市だけでない。

特定の垈地に対する評価や関心は、その場所における生活の蓄積を通して、親や祖先たちと何かを共有するとか、物的な生活基盤と結び付けて親子や血縁の持続性を実感するというように、祖先や系譜と固定的に結びつくこともないように見受けられる。親や祖先との関係はあくまでも系譜を根拠とし、祭祀によって確認されるものである。どこまでも人間関係に基づくのであって、物や場所を媒介とすることはない。物的な手がかりを強いて挙げるなら、族譜その物や位牌や墓所、祭閣などである。

調査地の珍島でも少し歴史のある農村では、父系親族集団は組織されていても、チプの間の格付けは見られず、宗家という中心的象徴的な存在もほとんど認められない。中国東南の農村部では、父系親族集団の宗族《そうぞく》（local lineage）が土地の所有・管理面で重要な社会基盤となっていた例が知られるが、珍島のみならず韓国の農村では、一般に父系親族集団門中（ムンジュン）が管理する農地が農地全体に占める比重ははるかに低く、土地の所有・貸借・売買の基本的な主体はチプである。中国江南で宗族が重要な生活基盤となっていた農村では、「家」の家族周期と均分相続の原則が、土地の分散と集中を周期的にもたらしたのに比べると、土地管理の単位としては韓国のチプの方が安定しているともいえる。しかしその一方で、韓国では親族関係が村を超えて広がっており、かつ流動的であって、特に都市部に転出して経済基盤を築いた親族は頼りになる存在である。親族との庇護・依存の関係は、潜在的な可能性をもたらすものであり、家（チプ）の持続的な蓄積や自律性よりも尊重されているといってもよい。経営の単位としては韓国の家チプは日本の「家」に比べて安定性に欠ける。

日本における「いえ」が、安定した生活単位となることが見込まれ、世代を越えて家業を維持することを最優先させていたのに比べるならば、韓国のチプは中・長期的に見た場合、必ずしも安定した社会単位とはいえない。韓国では、農家のみならず商業や手工業においても日本の家業に対応する観念は希薄である。日本における家業のようにチプと生業と場所を一体として認識することはない。チプは、経験や知識あるいは顧客との信用関係を維持し集積する、持続的な社会単位として位置づけられていないのである(3)。

## 四　クンチプとチャグンチプ

チプという語は、生活共同体としての実体のほかに、その成員間の家族関係の広がりあるいは父系血縁関係の広がりを指す概念として用いられることもある。それは、話者が自分自身のあるいは自分の世帯（チプ）の社会的背景や社会的威信に言及する際に観察される。すなわち、チプという言葉を用いながらも、三で取り上げたような生活共同体としては実在しない幾世代にも亘る連続性を指したり、あるいは、世代ばかりでなく、兄弟関係をも介していくつもの世帯にまたがるような広範な関係をさす場合である。ただし、系譜の上でたまたま数世代も直系で続いてきた者が、「私のチプ」と言う時には、その世帯も組織として永続しているため、チプが特定の世帯を指しているのか、あるいは血縁の系統をさして用いられているのかは、文脈で判別するよりほかない。

しかも日本の「いえ」の場合に見られるような世帯の永続性を象徴する物的な根拠が重視されないので、何を以て世帯の永続性を判定できるか定かでない。実質的な組織としての世帯を指す場合には、せいぜい三、四世代の時間枠内で考えているようで、それを越える連続を意識する際には、系譜関係に準拠するよりほかない。殊に男性成員たちの間では、文字を視覚的な手がかりとする族譜の記録が重視されてくる。後で養子（系子）につい

て述べるように、世帯として連続していなくても、族譜上の系譜の連続性を指してチプが用いられることにもなる。また、財産分与によってチャグンチプ（小さな家 작은집）として分出した世帯では、「私のチプ」（ウリチプ 우리집）と言う場合には自身の世帯を指すほかに、両親と一緒に住んだ「大きなチプ（クンチプ 큰집）」すなわち生家について言及することもあり、時には、さらにその数世代前まで遡って言及することもある。この場合には、父系の系譜関係に沿って対象が広がっていることが明瞭である。兄弟関係を介した血縁関係の広がりを指して用いられる場合には、後に述べるように、いくつかの世帯同士の日常的な交際範囲を指して、チプという語幹に内側を意味するアンとい接尾語をつけたチバン（집안）という語が用いられている。

このように、チプという語は、日常生活における具体的な協力を期待できる範囲ないしは単位を指すばかりでなく、文脈に因っては父系血縁関係の連続や広がりを指して用いられることもあり、こうした柔軟性をもつ概念を背景として、家族という用語をはじめ、「家」を含むさまざまな漢字の述語が識字層の間で使用されているのである。このため研究者の間でも、日本における「いえ」の永続性な性格をそのまま韓国にも当てはめて、韓国においても「家」の連続性を主張する例が見られるが、その実は、父系血縁による人脈ないし関係の重要性を示していると見てよい。また、門中が制度的機能による公的性格の組織を指すのに対して、チプやチバンは自分を中心に家族関係ないしは血縁関係を辿りながらも、女性たちや子供たちがもっぱら日常生活における情緒的な紐帯を指すときに用いられる。

一九七〇年代の上萬におけるチプすなわち世帯（household）には。子守を兼ねた食母（シンモ 식모）を置く例が一、二例見られるほかは、すべて家族関係によって構成されている。

一九七二年の時点で九四世帯の構成員の内訳を見ると次のようである。

一組の夫婦とその子供たちからなる例（夫婦のうち一方を欠く八例を含む）……………………五四
親夫婦と子の夫婦一組と孫の三世代からなる例（ただし、親夫婦の一方を欠く例と子のうち未婚の成人同居者を含む例、二世代の夫婦ともに死亡や別居により一人が欠けている例を含む）……………………三六
欠損の見られる三世代の夫婦とその子の四世代からなる例……………………一
その他として、母と息子、娘の子からなる例……………………一
二人の妻が同居する事実上の複婚の例……………………一
一人住まいの世帯（いずれも女性）……………………二
（夫婦の欠損には死亡によるものの他に、他村への別居による例が一例含まれる。）

これらの世帯構成の差について、家族周期のパターンで説明するのは適切ではない。それは、（一）経済的余裕の有無、（二）子供の数、（三）父親と長男との年齢差、（四）長男と末子の年齢差、などの条件に応じて、子に対する財産分与、親の世帯から子の世帯が分出する時期、分出の有り方などに大きな差が生じるからである。つまり、老後の両親を見る奉養のため、子の中でいずれか一人の夫婦が両親と同居するという原則は固く守られているが、兄弟のうちどの夫婦が親と同居するかは、生計の状況によって大きく左右されるのである。

かつて、村内で育った農家の男子は、村外の女性と結婚して、結婚後は自分の両親の世帯で同居するか、あるいは親から財産分与を受けて、村内にチャグンチプとして新しい世帯を構えるのが理想とされた。クンチプの側からは、チャグンチプを独立させることを「成家させる（ソンガシキンダ）」と言うことはあるが、「分家させる」とか「分家に出す」という漢語表現はない。親から分与される財産が乏しい場合でも、村内に世帯を構えるのが望ましいが、それが困難であれば、妻方の両親の援助を得て妻方の村に世帯を構えて転出する例も少なくない。

珍島内における、父系の親族集団の地理的な拡散を促した契機として、こうした妻方居住による転出があったことは族譜の上でも確認できる。調査地の上萬において、今日多数を占めている朴氏と李氏の場合も、その入村の経緯を見ると、村の世帯の大多数を占めていた金氏との婚姻を機に、妻方居住による転入であったことが族譜の記録の上からも明らかである。

男子のいない家庭で、妻方の両親の意向によって、同居して主要な働き手となることを前提として婿（サウィ 사위）をとるのをテリル サウィ（대릴사위）という。文献の上では「率婿」とい用語が宛てられてきたものである［金斗憲一九六九、崔在錫 一九七五］。テリル サウィの場合には、戸籍上は婚姻であるが、一般に結婚式は行われず、身内のものに挨拶として一度酒を振る舞う程度であった。つまり、通常の婚姻によって新しい世帯を持った者が、しばらくしてから妻方を頼って同居する「妻家暮らし（チョガサリ 처가살이）」とは異なり、初めから女性の家庭の事情で、働き手として同居することを前提として採られるのがテリル サウィである。一度嫁いだが離婚して生家に戻っている女性がテリル サウィする場合が多い。村内でテリル サウィと呼んでいる例も、嫁いで離別した女性が実家に戻り、他地方の出身で妻と死別してから珍島に単身赴任していた男性をテリル サウィとした例である。

また、二人の妻が一つの世帯内に同居する例は、それほど異常なこととは考えられていない。戸籍上の正妻（マヌラ 마누라、カクシ 각씨）に対して、もう一人の妻をチャグンマヌラ（작은 마누라）あるいはチャグンカクシ（작은 각씨）と呼んで区別する。一九五〇年ぐらいまでは、戸籍上も庶母（その子は庶子）として認知されていたというが、法の改正によって今日では認められていない。しかし社会通念としては、今日でも二人とも妻として扱われている。七〇年代当時は、どの村でも一例や二例は見られたもので、昔から、財力のあるものが社会的威勢を誇示しようとするいわゆる「好康」が、チャグンカクシをもらう場合が多く、たいていは、近くの村や、同じ

村でも別々の家屋に住む。しかし、この村の事例のように、同じ世帯内で、しかも同じ棟の別の部屋に住んでいる例は当時も少なかった。この場合、正妻との間に男子を一人設けていたが、一人だけでは不安なため次妻を置いてさらに二人の子を得たのだという。

兄弟のうちで、チャグンチプとして村内に世帯を構えた者は、両親の世帯をクンチプと呼ぶ。厳密に言えば、生まれ育った村内でなく、近くの村に農家として分出した場合でも、日常に相互の関係を維持できる場合にはチャグンチプと呼ばれる。しかし、さらに遠方の地に独立して、農作業などの日常的な協力が困難な場合には、一般にチャグンチプと呼ばれることはない。こうした遠方の村に転出する場合は、親が充分な財政的援助をできない場合に限られており、ほとんどの場合、妻方の村に居住してその両親を頼って世帯を構えている。

クンチプ、チャグンチプという呼び方は、後者の分出に際して、前者の援助を受け、その後もしばらくは前者に依存し続ける関係に対応する。分出した時には、親から充分な財政的な援助が得られず、他の世帯の小作や、かつてのモスム暮らし（モスムサリ 머슴살이）に近い請負耕作をしながら自力で生計の基盤を築いてゆくことを、「作手成家（チャクスソンガ）」と呼んでいる。しかしその場合にも、当初は財産分与を受けられなくても、後に親の世帯に余裕さえ生じればこれを頼るのが当然視されており、その場合にも、やがて、財産分与を受けた場合と同様に、チャグンチプと呼ばれるようになる。一般に「作手成家」の場合には、父親は子の独立に充分な財政援助をしてやれず子供に苦労させたことを負い目に感じるため、一般のクンチプ―チャグンチプの関係よりももっと親密な関係になるという。村の人々も一般に「作手成家」をむしろ高く評価しており、長男でありながら親の財産分与をあてにせずに自分でやってみたいとして「作手成家」を目指す例すらあった。

結婚後、両親と同居してその老後の奉養を受け持つのは長男であるという原則は、珍島の農村でも強く意識されているが、必ずしも原則どおり実現されていない。上萬の九四世帯のうち、僧侶、タンゴル巫、理髪師、単身居住の二世帯、他氏族の婿（サウィ）を迎えたテリルサウィ、村内に親族を持たずに他村から移住して来た二世帯の合計八世帯を除いた八六世帯の内訳は次のようになる。

（1）独子として世帯を継いだ例　二三
（2）兄弟のうち長男が両親と同居して世帯を継いでいる例　二六
（3）長男が村内にチャグンチプとして独立した例　四
（4）長男以外の弟が両親と同居してクンチプを継いでいる例　一一
（5）次男以下の弟がチャグンチプとして村内に独立している例　二二

（2）の二六例のうちの二二例が（5）に該当し、また（4）の一一例のうち四例が（3）に該当する。

長男以外の男子が両親と同居して世帯を継いだ一一例のうち、家計に余裕が無いため、長男が他村の女性と結婚して妻方の実家を頼って転出して行き、次男夫婦が両親を奉養している場合、あるいは長男ばかりでなく次男も同様に他村に転出し、三男夫婦が両親と同居する例が計四例見られる。これらの場合、同居している二男、三男が両親を奉養していずれ祭祀も担当することになる。他村に転出した者から見ればクンチプに相当するが、村内ではチャグンチプが存在しないため、クンチプと呼ばれることは無い。一九七〇年代以後、他村ばかりでなく本土の光州や木浦やソウルなどに転出した場合も同様である。それ以外の七例の事例をみてみよう。

【例1】
経済的には余裕が有ったが、男子の兄弟が多くその年齢差も大きいため、まず初めに長男が結婚した際に、すぐ隣の空き地となっていたチプト（垈地）を購入し、農地も与えてチャグンチプとして独立させ、現在ではその子の世代に移っている。次男は商売を志して済州島に転出している。三男も、長男と同様に親から垈地と少しの農地を買い与えられて村内にチャグンチプとして独立し、生計を補うため暫くの間村で小さな店を開いていた。四男は珍島の邑内に転出して飲食店を経営している。両親は老後末子である五男夫婦と同居し、五男夫婦が父の死後もそのままクンチプに残って母親を奉養するとともに、父の祭祀を受け持っており、他の兄弟の世帯員からクンチプと名指されている。

【例1】

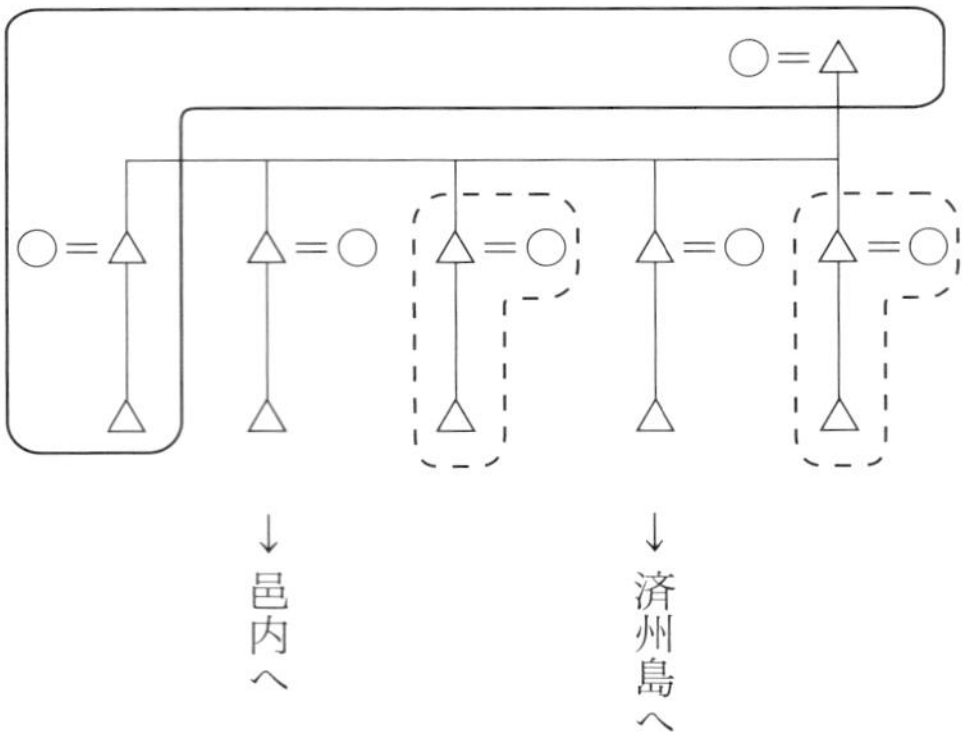


【例2】

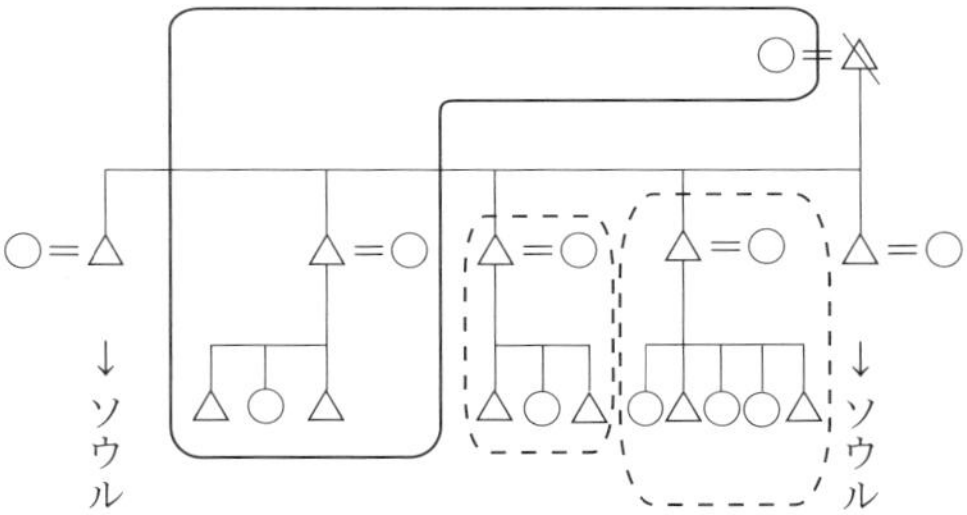


【例3】

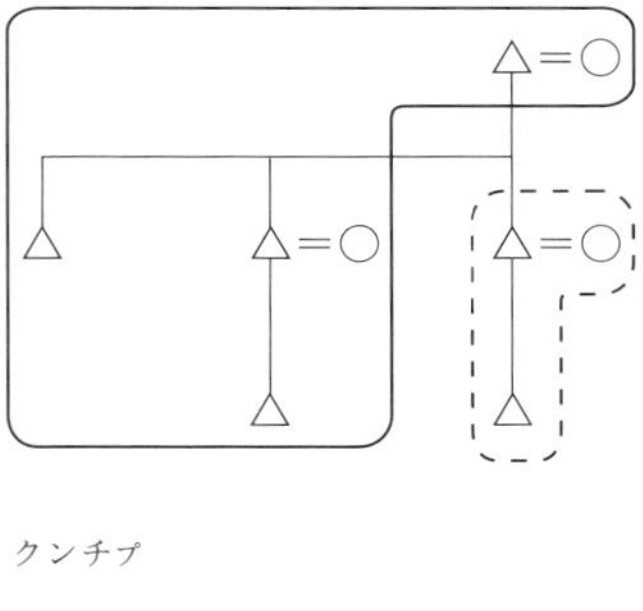

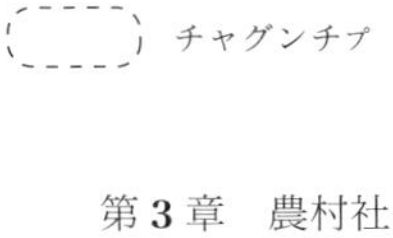

【例2】

この例もやはり経済的余裕があって、子の兄弟も多く、また年齢差もかなり大きい例である。この家庭では、長男に高等教育（師範学校）を受験させ、教師としてソウルに転出させ、次男にも漢医学の専門教育を釜山で受けさせた。長男は結婚して二年間を両親と一緒にすごしてからソウルに転出して教職に就いた。次男も結婚して三年間を生家で過ごした後、邑内に部屋を借りて漢医（鍼師）として収入を得ており、その妻と子供たちは村内でチャグンチプとして、邑内に公務員として転出中の近親者（六寸間）の垈地と屋敷に住まいながら、親から分与された農地を耕作している。三男は、垈地と農地を分与されて本格的なチャグンチプとして村内に独立しており、クンチプには四男が結婚後そのまま住み続けて農業を継ぎ、父親が死んだあとも母親と同居して、そのままクンチプと呼ばれている。父親から引き継いだ忌祭祀を年間六回分と、父親の祭祀を加えた年間七回の祭祀を受け持っている。五男は、長男を頼ってソウルで学校に通い、そのままソウルで公務員生活を送っている。ソウルの長男および五男の世帯は、遠方に住んでいて日常助け合う関係にはないのでチャグンチプとは扱われていない。四男が生家と屋敷に住み続け、親を奉養しているので村の慣習上クンチプと見なされる。しかし仮に、長男が財産を相続していて、法的な権利を主張するとどのように処理すべきか問題を含んでいる。

【例3】

経済的には多少ゆとりのある世帯であるが、長男と次男の年齢差が大きい例である。長男が結婚した当時、両親はまだしばらくの間は充分働ける年齢であったため、長男にひとまず農地と家屋とを買い与えてチャグンチプとして独立させている。次男が結婚後も両親と同居しており、やがてクンチプを継ぐ予定である。三男は都会に転出するため準備中である。

【例4】

長男と次男が結婚を契機に財産分与を受けて順々に村内にチャグンチプとして独立した。次いで三男が結婚し、未婚の四男とともに両親のクンチプにしばらく同居していた。その後、父親が近くの村に次妻（チャグンマヌラ 작은마누라）を置くようになり、その妻子のもとで住むようになったため、クンチプには三男夫婦と四男と母親が残された。やがて四男が結婚するのを機に、三男夫婦は釜山に職を得て転出したため、現在クンチプには四男夫婦が母親と住み込んでいる。

【例5】

長男は、結婚した当時親から充分な財産分与を受けることができなかったため、暫くのあいだ妻の実家がある近くの村（松月）に住んで、妻の両親から援助を受けていた。その後、親が隣村（中萬）に垈地を購入して家屋を建てて長男に与え、チャグンチプとして分家させた。両親は未婚の次男三男と一緒に生活していたが、次男が結婚して妻の実家がある近村の南仙に農地と垈地を買い、家屋を建てて転出してゆき、その五年後に三男が結婚してクンチプに留まり母親と同居している。三男はその後、外航船員生活をしながら送金し、クンチプでは妻と母親が農作業を行っている。南仙に住む二男の世帯はチャグンチプと見なされている。

【例6】

この世帯も親が貧しかったうえに、子の兄弟が多い例である。長男は結婚後村内にチャグンチプとして世帯を持つことができず、ソウルに出て職を得た。次男も同様に充分な農地を確保できないため独立するには到ってないが、両親が村内に留まることを望んでいて、他の世帯の離れの棟で借家住まいをしながら、人手不足の老夫

【例 4】

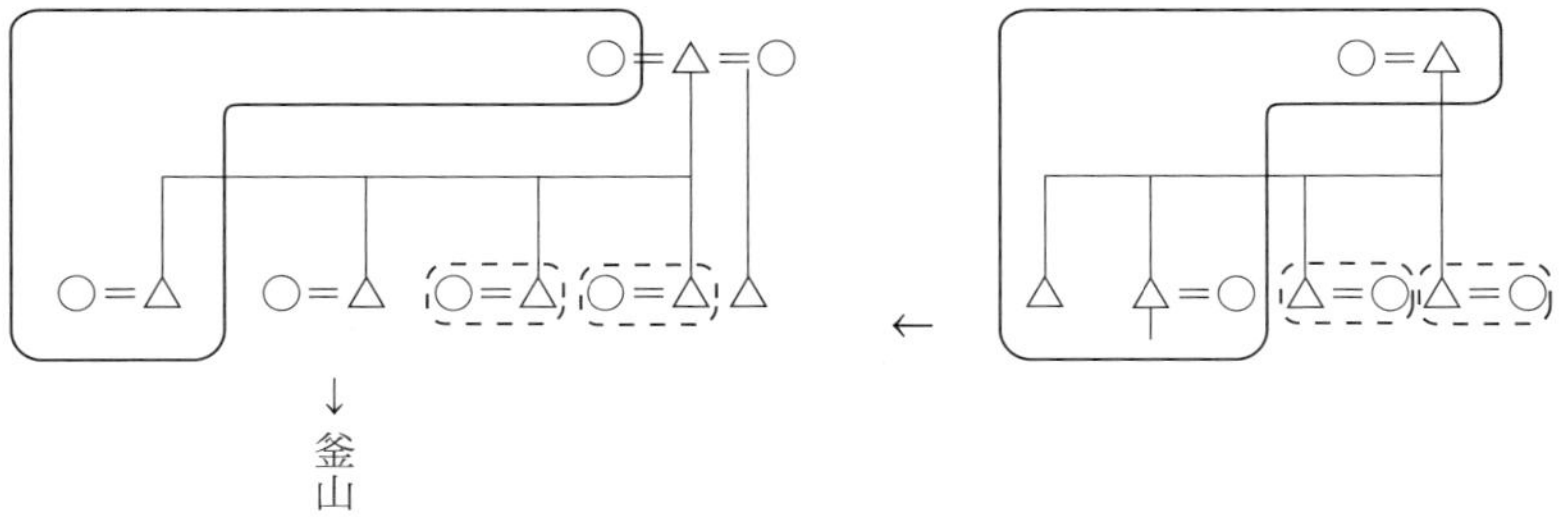


【例 5】

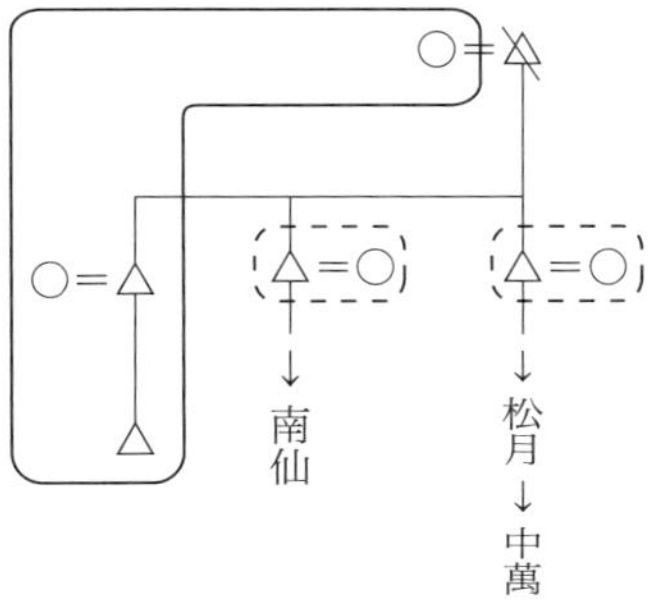


【例 6】

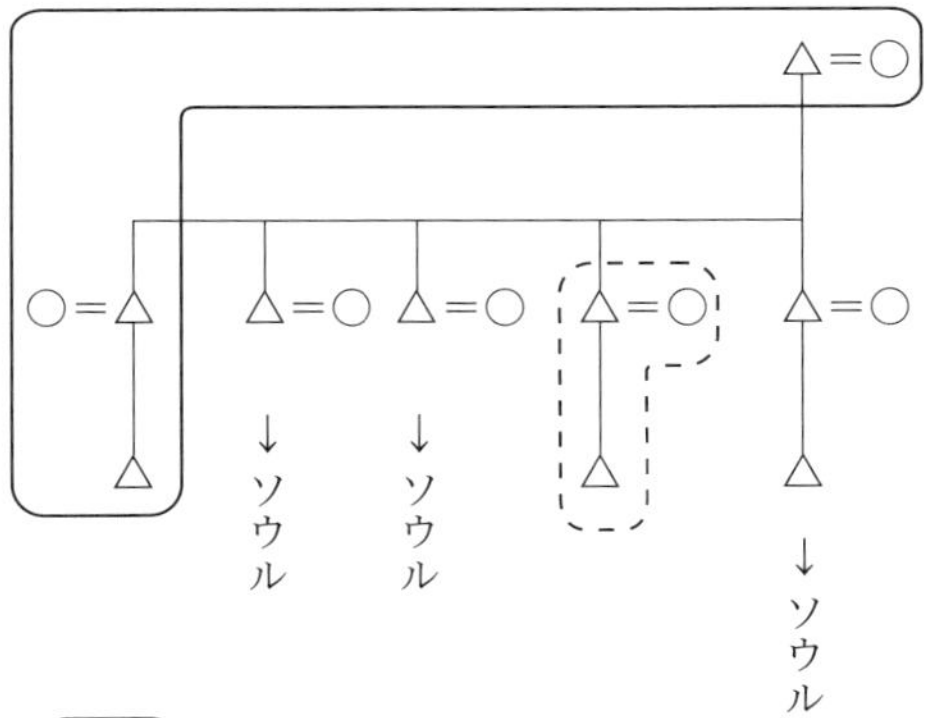


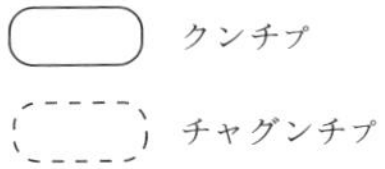

婦のため耕作すべてを請け負っている。農作業ばかりでなく雑役も行う点ではかつてのモスムサリにも近いが、夫婦住み込みで竈を別にしている点でかつてのモスムとは異なる。三男と四男は、ソウルで職を得た長男を頼ってソウルに転出した。いずれも結婚式は村で挙げたが、ソウルで世帯を持つに到っている。現在は末の五男夫婦が両親と同居している。次男夫婦は、今のところ独立した垈地に世帯を構えていないため、村のしきたりに従えば、村の自治組織「洞契」の成員となる条件を満たしていないが、実質的には両親および五男の世帯のチャグンチプに準ずる扱いとなっている。

**【例7】**

Aの長男Dは、自分なりに住みたいと言って農地も家も貰わずに村内に独立し、節用節食して自立するに至った。四男のGは両親から財産分与を得て村内にチャグンチプとして独立し、三男Fと五男Hはソウルに職を得て転出している。次男のEが両親Aと同居して奉養し、クンチプを継いでいる。図では次男EをBの系子の位置に記しているが、実際には両親A（クンチプ）に同居し続けている。

以上の例に見たとおり、貧しい家庭の場合には、年長者から順に邑内や都市に職を求めて転出したり、他村の妻方親族を頼って転出する例が見られ、その結果、長男以外の男子がクンチプを継いだ形となっている。経済的余裕がある家庭でも、子の兄弟が多い場合には、長男といえどチャグンチプとして村内に分出したり、教育を受けて都会に転出して行く例があり、その結果、末子が最後に残ってクンチプを継ぐ傾向さえ見られる。

こうした経済的な理由のほかに、両親が初めのうち長男夫婦と同居していたところ、嫁とうまく行かない場合にも、長男が他の家の離れなどの部屋を借りて別居して、その結果、次男夫婦が父母と同居して老後の面倒を見てクンチプを継ぐ場合があり、父母の死後に財産を分割して長男と次男とが再び入れ替わって、長男がクンチプに戻ることもありうる。この点で、長男が無条件に老後の両親を奉養し、祭祀の義務を負うべきとする韓国社会の一般的な理念と比べると、かなりの隔たりがあることは明らかである。

次男三男でも、クンチプを継いで祭祀を受け持つ可能性が有るということは、長男がクンチプを継いで祭祀を

【例 7】

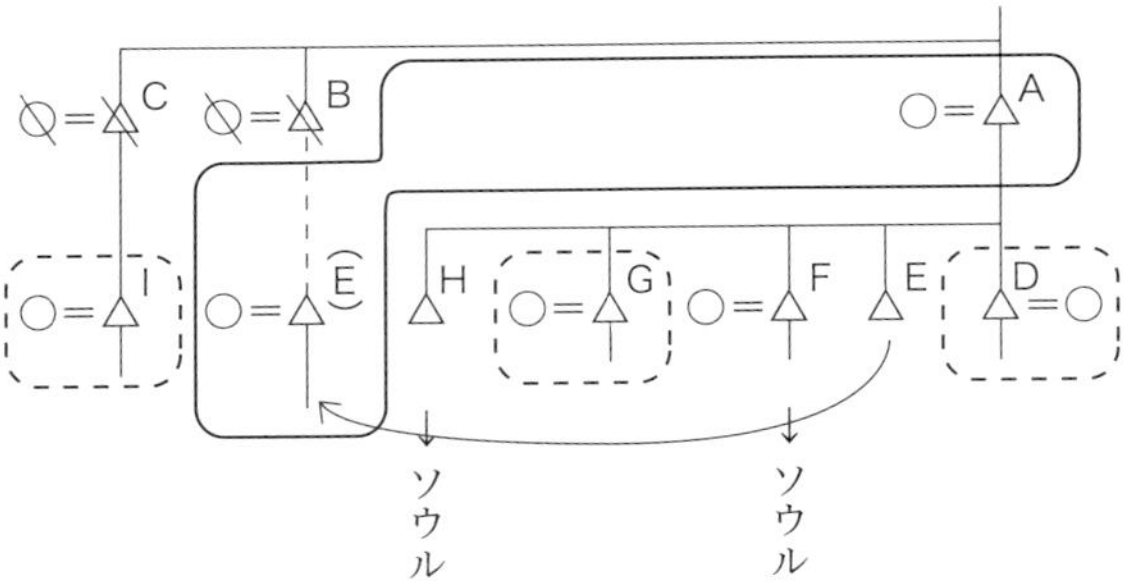


【例 8】

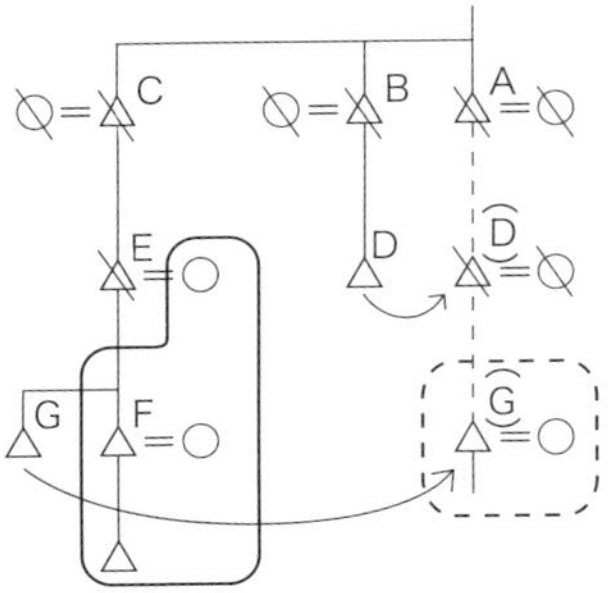


【例 9】

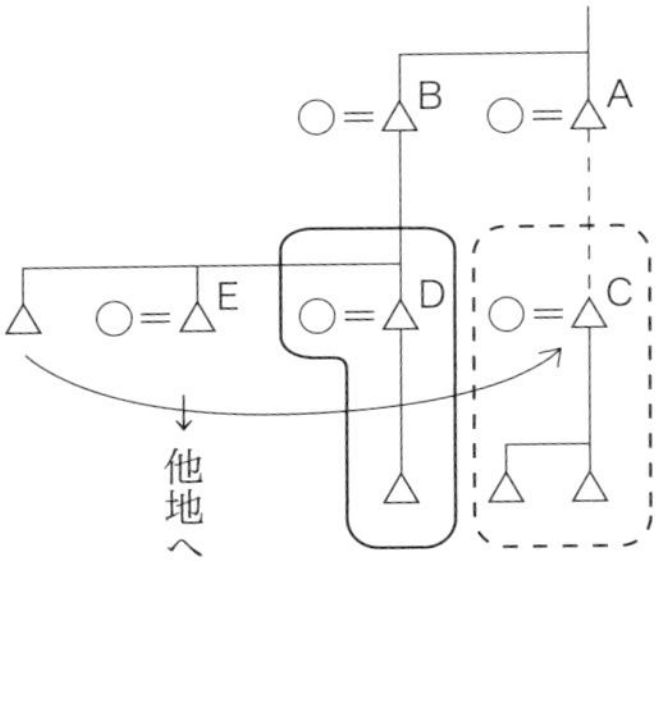


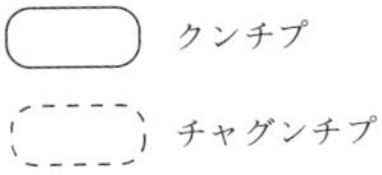

受け持つ場合ですら、次男三男のチャグンチプが祭祀の分担を長男に願い出るというこの地方の慣例とも関連があると考えられる。クンチプという地位は、系譜関係に基づいて継承されるものではなく、親との同居、老後の奉養を条件として、親に代わって祭祀を履行する義務を負うことによって継承されると見るべきである。親の世帯の一員としてこれを継ぐのであるから、チャグンチプとして分出する兄弟に比べると、はるかに多くの財産を親から相続することになる。チャグンチプをひとつ出す場合には、クンチプの継承者との比率は2：1、チャグンチプを二つ出す場合には2：1：1というような差を設けるのが通常とされるが、親に財政的な余裕がなければ、初めのうちは垈地と家屋と僅かな農地の分与で出発し、通常かなりの期間、親が何かと援助を続けるのが当然と考えられている。

一例として、子の三人兄弟のうち長男がクンチプを継ぎ、二人の弟を順にチャグンチプとして出した例を見ると、所有していた水田一五マジキ（마지기）、畑二〇マジキの内、次男のチャグンチプには水田三マジキ、畑四マジキを与え、三男のチャグンチプには水田五マジキ、畑四マジキを与え、このほか両者に垈地と家屋とを用意している。水田の価値は、マジキ数にほぼ対応する面積のほか、水田の肥沃度の善し悪しと、村から水田までの距離が重視され、この場合も両チャグンチプの農地は実質的にはほぼ同等とされる。クンチプは、後に自分で購入した分を合わせて一九七〇年代半ばには水田九マジキ、畑一二マジキを所有していた。ちなみに、一マジギは一斗の種籾を撒く農地の広さを指し、肥沃度の善し悪しによって差があるが、水田は大体二〇〇坪、畑は一〇〇坪を目安とする。

両親との同居と奉養は、両親が住んでいた物的なチプすなわち垈地（チプト）や建物の相続とは必ずしも対応しない。例えば、両親が未だ充分若ければ、子のうちの一人の夫婦に垈地を譲って、自分は他の未婚の子女を連れて、別の垈地に移ることもあるし、あるいは子のうちの一夫婦と同居しながら村内で別の垈地に移ることも稀ではない。どの垈地に住もうと、両親の世帯がクンチプであることに変わりはない。そもそも村人は同じ垈地に住み続けることには余りこだわらないのである。

クンチプとチャグンチプの関係は、どちらかの主人が他の世帯主との間で養子（系子）関係を結んでいる場合には、系譜上の関係とは一層の隔たりを見せる。養子は「異姓不養」という原則に基づき、同じ父系血縁者の同行列（世代）の者の間で行われるが、珍島ではそのうえ系譜の近いものに限られる。

養子（系子）関係の取決めは、本人の意思とはほとんど関係なく、兄弟やチバンの近親者が相談して決めるものである。養子となる年齢も幼い時からかなりの年配までさまざまである。養子は、養父母の老後の奉養と死後の祭祀のために要請されるものであるが、それと同時に、その家の農事を引き継ぐ働き手として期待されることもあり、また何かしら財産の相続をともなうと考えてよい。

もっとも一般的な、兄弟の世帯（クンチプとチャグンチプ）の間で行われる場合には、養子となる者にとって養父母は、クナボジ（大きい父 큰아버지）・クノモニ（大きい母 큰어머니）または、チャグナボジ（小さい父 작은 아버지）・チャグノモニ（小さい母 자근 어머니）と呼ばれる存在で、幼い時から父母に準ずるもっとも近い親族にあたる。したがってこの場合、養子関係を結んでもすぐさま養家へ転居することを意味せず、実の親子や兄弟の関係には何の変化も生じないのが一般的で、互いの親族呼称ばかりでなく親族名称の使用においても変化が生じない。養子関係を結ぶ時期は、養家に相応の農地があって、養父母の体力が衰えてくる時期と、当人が結婚年齢に達する時期が実質的な転機となりうるが、実際にはさまざまであって一様に語ることはできない。結婚して新しい世帯を持つ際に養父母の世帯に移って、その農作業を引き継ぎ、養父母の老後の面倒を見るのが一つの理想的なパターンとされている。しかし、養父母の世帯が貧しい場合には、実父がチャグンチプを出すのと同じように、財政的な援助をしてやって、養父母の面倒と祭祀の相続を行わせる例もある。あるいは、すでに死んだ父系の近

親者のために養子を採ることもある。その配偶者が生存している場合ならともかく、両者ともにすでに死亡している場合、あるいは、独身のままかなりの年齢になって死んだ者に対しては、戸籍のうえでは養子を採ることができない。しかし、当人の祭祀も含めて当人が生前に受け持っていた祖先の祭祀を継承する上でも、具体的には忌祭祀において祝文に祭主の名を明記するため、族譜上の養子措置をとる必要がある。独身で死んだ者の場合には、族譜に架空の配偶者を記載して体裁を整えて養子（系子）を設定する方法まで採られる。こうした養子（系子）に基づく族譜上の系譜関係と、実際の日常生活においてクンチプ、チャグンチプと呼び合う関係との間には、食い違いが生じる。具体的な事例を見てみよう。

【例8】

この場合、祖父の代においてはAがクンチプ、B、Cがチャグンチプであったが、Aに子が無いためBの子Dを養子とし、さらにDにも子が無いためEの子Gを養子としてA—Dの系譜を継いだ。GはA—Dの財産を得て村内に農家として独立している。系譜の上では、養子GはクンチプA—Dの後継であるが、実際にはGとFの間で、Fをクンチプ、Gをチャグンチプと呼びあっている。つまり、上世代におけるクンチプAの財産を相続し祭祀を受け持っていても、自世代のGHの兄弟関係が優先されている。

【例9】

親の代ではAがクンチプ、Bがチャグンチプであった。Bの世帯を長男Dが継ぎ、次男は他地に転出し、三男はAの養子となってその財産を相続して世帯を持った。族譜の上では、CはクンチプAの系譜を継いでいるが、CはDのチプをクンチプと呼び、D側もCのチプをチャグンチプと呼んでいる。つまり養子関係は族譜上に限られ、日常生活には影響を及ぼしていない。

同様に、【例7】の事例においても、Aの次子EはAの弟Bの養子となっており、その財産を分与されている。同時にEは両親Aと同居してクンチプを継いでいる。したがって族譜の上では次男EはAの系統から離れて、AのチャグンチプであるBを継いだ形となっているが、D、Gからはクンチプと呼ばれている。つまりクンチプという地位にとって、系譜および長幼の観念的な関係よりも、両親と同居して老後の奉養と忌祭祀を受け継ぐという実質的な役割が尊重されていることが分かる。


これらの事例からも分かるように、養子（系子）関係は、近い父系の親族どうしで日常から生活面でクンチプ－チャグンチプあるいはその延長上の協力関係が見られる間柄で成立しており、養子関係を採らずとも、その老後に対して近親者として誰よりも関心を寄せ、協力すべき者の中から養子が選ばれている。したがって、養子に選ばれた者は、養父の世帯を相続し、老後の奉養をするのに何の妨げもないが、養子として選定され系譜上の系子として認知されると正式に祭祀の担当者（祭主）となるのである。しかし、それはあくまで族譜上の関係に過ぎず、日常生活におけるクンチプとの親子関係や兄弟関係はそのまま持続されるのである。親等数を示す「寸数」を用いて親族関係を説明する場合にも、養子関係を介した族譜上の系譜的距離よりも、実の親子や兄弟関係に基づく寸数が優先される。養子の設定が主として祭祀継承を目的として近親者間でよって行われるのは、後に述べるように、祭祀がおろそかにされている無后者（子の無い者）の霊が、その近親者であるチバン内に病災などの祟りを及ぼすという信仰とも密接に結び付いているためである。

クンチプ－チャグンチプの相互関係は、一般に三世代以上にわたって継承されることはほとんどなく、常に新しい親子兄弟関係に基づいて成立するクンチプ－チャグンチプ関係が優先される。したがって、数世代を経る頃には、養子関係に基づく族譜上の系譜関係が重要性を帯びて、実の親子・兄弟に基づく関係が薄れてしまうと、族譜上の系譜が唯一の準拠枠となってくる。

クンチプ、チャグンチプと呼び合うチプ間の関係は、当事者のチプだけでなく村中に知られている。主として日常生活で主婦どうし（嫁どうし）で用いられ、世帯主が兄弟関係にあれば、チャグンチプがクンチプから分かれてまだ間もないため、関係もいっそう緊密である。チャグンチプとして独立しても経済的にまだ十分自立できない間は、何かあればクンチプに頼ることが当然のこととされていた。例えば、牛を買おうとすれば費用の半分ぐらい準備すれば、残りはクンチプが出すのが当然のように考えられていたのである。農地の購入や家屋の増築などの場合にも同様にクンチプによる支援が見られた。このようにクンチプとチャグンチプという語に含まれる大小の関係は上下の依存的な関係でもあり、韓国社会における基本的な恩顧関係（patronage）といってもよい[4]。

日常生活におけるこうしたクンチプ―チャグンチプの関係は、クンチプが主宰する忌祭祀に反映されており、費用などは主宰するクンチプが負担するのに対して、チャグンチプはこれを手伝い、飲福では全員が平等に飲食に与かるのである。そして、チャグンチプが自立するようになると、忌祭祀の分担を願い出て、クンチプ―チャグンチプの関係も相互的となり、やがて次世代に移行すれば同格となるのである。

世帯主が兄弟の場合のクンチプ―チャグンチプ関係は特に親密で、主婦どうしで草取りなどの農作業を一緒にしたり、自分の畑が早く済めばクンチプの手伝いをしたりする。そしてそのままクンチプで家族ぐるみ夕食を一緒にしたりする。

クンチプ―チャグンチプの関係はチプごとに一律ではないが、田植えや収穫・脱穀の際にはクンチプとチャグンチプはほぼ全員が一緒に作業をするし、忌祭祀にも全員が集まる。このように、クンチプ、チャグンチプと呼

び合い、何かあれば協力し合う範囲をチバン（집안）という。同じチバン内でも、近所にあって特に親しい場合には、家族どうしほとんど毎日のように行来きし、食事も一緒にする日が多い。子供たちもほとんど兄弟のように過ごし、主婦同士も市場に出かける際には誘いあって出かける。また当然ながら、筆者のような同居人も食口（シックー）として同様に扱われ、留守番や幼児の世話を頼まれたりする。

父系の親族関係は、何代にもわたって系譜をたどることができるのに対して、クンチプ―チャグンチプ関係はあくまで日常的な協力関係に対応するものであり、チバンの範囲を一律に定義できるものではない。兄弟が少ない場合、とりわけ二代三代にわたって独子の場合には、系譜的に少し遠い家庭でもチバンと認識しているが、逆に、兄弟が多い場合にはチバンは実の兄弟を主体に系譜的には比較的狭い範囲に限定されがちである。

クンチプ―チャグンチプの関係は、田植えや脱穀のように集中的に労働力を要する農作業において、もっとも信頼できる協力をもたらすものであった。後に述べるようにどの家庭でも、田植えの人手を確保する際にクンチプあるいはチャグンチプの人手を真っ先にあてにし、その上で労働交換プマシによって補充するのである。かつて足踏み式脱穀機が導入された時にも、クンチプが単独で購入したり、あるいはチャグンチプもその費用の一部を負担したりして購入し、一九七〇年代でもほとんどの脱穀はこうした足踏み式脱穀機を用いてチバンを中心に行われていた。チバンの実質的な範囲は、むしろ主にこうした農作業における協力によって決まるというべきで、チバンを構成する実質的なチプの数は四―六世帯となっていた。

チバンとはこのように日常生活から切り離して語ることはできないものであり、主婦や子供たちの日常生活はチバンが主体となると言ってもよい。これに対して、チプの主人たちが用いる「一家（イㇽガ）」や姓によって「朴家（パクカ）」とかいうのは父系の系譜原理に拠るものである。

## 注

(1) 韓国でもとりわけインテリや指導層の間では、人間の内面的・精神的な面について関心が高い半面、物や技などに対しては、人間の外的なものとして関心を払わず、こだわりもなく淡泊ともいえる。それは人間中心的な世界観・人間像ともいうべきものであるが、韓国人にとってそれを自覚することはあまり無いようだ。「玩物喪志」という儒教の教えにまで由来するものなのであろうか。外面と切り離して内面の精神性を捉え、抽象的な観念や理念を重視する韓国社会とは対照的に、日本では、人格も精神生活も、周囲の物との関係性の中で具体的に捉え表象することを、日本人もあまり自覚していないように思われる［伊藤　二〇〇七、Ito 2008］。

(2) 食母は、一九七〇年代の韓国では都市部で一般家庭にも広く見られたものである。主婦が特別に忙しくて人手が足りないわけでもなく、また経済的な余裕がそれほどなくても、食母をおいて家事を任せることで主婦が家事の負担から遁れようとする家庭がごく一般的に見られた。多くは、知人のつてを頼って農村の貧しい家庭の子を預かったようで、一〇代も前半の子供を住みこませる例が多かった。しかし、一九七〇年代も半ばになると、若い女性の職場が一挙に増えるとともに食母になる者は姿を消した。食母という用語も差別的な身分を指すものとして避けるようになり、それに代わって必要に迫られた家庭で年配女性を家政婦として雇うようになり、住み込むことも無くなった。

(3) 韓国では、チプの自律性や安定性よりも、父系の系譜関係の堅持が優先され、空間を超えて広がる系譜関係は断ちがたく、親族による依存と介入を避けることが容易でないといわれる。経営体としてのチプの自律性はむしろこうした関係によって脅かされることがあった。家業にともなう老舗や暖簾に対応するものも考えられない。物的な装置としての店舗や仕事場も重視されない。組織を重視する日本とは異なり、韓国では関係性にリアリティーが置かれているといってよい。

(4) 例えば、遠方の学校どうしで生徒間の友好親善を図るため姉妹関係を結ぶ場合にも、両者が同格に位置づけるのではなく、一方が主として経済面で優位に立っていることを前提にするようで、一方が他方に対して贈り物を届けたりして支援するのを麗しい姉妹関係と見なしてきた。支援は両者の格差を前提として行われる当然のことと見なされている。

# 第4章　農村経済とチプ

一九七〇年代の韓国農村は、未だ農民社会（peasant society）特有の小農家経営に基づく地域循環的な生産消費の様相を留めていた。小農家チプが、生産・消費をはじめ日常生活の単位となり、田植えや刈り入れなどの農繁期には、チプを単位とした労働交換と相互扶助の慣習が存続していた。したがって農村生活を記述するには、先ず初めにチプに照準をおいて、日常生活におけるチプを自律性と相互依存性の両面から捉える必要があり、これを踏まえて村落における共同性、あるいはそれと対照的に村を超えて広がる人脈と広範な地域社会にも目を向けなければならない。

当時の珍島農村における経済生活を記述しようとすれば、当然ながら誰もが、先ずは農産物の中でもほとんど唯一の商品作物であった米に注目するであろう。当時は、米こそが主たる現金作物であり、計量的に把握できるもっとも重要な指標であった。政府による買い上げ制度「共販」によって農民はまとまった現金収入を得、それ

写真 4-1　共販。検査官が一世帯ごとに叺（カマス）から竹で米を手のひらに抜き取って品種別に等級を査定して叺にスタンプを捺す

が家計において重要な位置を占めていたのは確かである。当時の日本とも違って、韓国では米の総生産に占める共販の占める比率は低く、自家消費用として農家に留保される米の量が大きく、これを運用することによって日常の家庭生活は賄われていたと言ってよい。共販はまさに公的な制度であり、その収入は男主人が管轄して、農業においては肥料や農機具の購入、家庭の支出としては子供の教育費や仕送り、医療費、家普請や何か特別な物の購入に充てられ、それ以外は男たちの交際費に消えていくのであった(1)。それでもこの現金収入分については、収入支出の記録が残されていれば具体的に把握できよう。しかし、一方の主婦が管理する穀物の留保分については収支記録が何も残らない。珍島でも郡庁所在地から離れた調査地の上萬では、一九七〇年代の初めまで主婦たちの多くは、ふだん村では紙幣をほとんど手にしない生活を送っていたのである。日常的な支出として、例えば子供が学校で必要な物を急いで買わなければならず、お金を持たせなければならない時など、妻が夫にお金を求めても、夫が渋

る場面を何度か眼にしたことがある。家庭差もあろうが、主婦が市場で購入するために夫に現金を求める機会としては、子供や自分のために新しい服を購入する場合ぐらいに限られていたようである。それ以外の日常的な支出には留保分の穀物が当てられ、その裁量は主婦に任されていたのである。

つまり、当時の農村経済においては、国家による共販制度と並行して農民市場を介した生活物資の流通と家庭主婦による穀物の備蓄・運用が併存していたのである。

村内での相互扶助や労働交換、祝儀・不祝儀や祖先祭祀などの人生儀礼や年中行事は、家族や親族ばかりでなく村の重要な交際の機会であり、さまざまな物やサービスが交換され消費される機会となっていた。こうした農村の経済生活を支えていたのが、家庭に備蓄されていた穀物であり、その管理・運用に主婦の技量が問われていたのである。これら人生儀礼をはじめとして、予期できない非日常的な支出に備えるため、村人が任意で資金を拠出して組織する「契」の方式は、韓国在来の資金運用方式（credit association）であり、調査地上萬の村では一九八〇年代までさまざまな契が組織され、七〇年代初めまでその多くが穀物によって運用されていたのである。契については、章をあらためて一九七〇年代の実態を紹介する。こうした地域内で循環する社交・協力と交換活動を視野に入れなければ、村の経済を把握したことにはならない。

## 一　消費生活とチプ

チプは農村の消費生活における基本的な単位であり、穀物・発酵食品の備蓄と調理をはじめ、衣食住全般に亘って消費生活は具体的に観察される。また、竈での煮焚きはオンドルの暖房と直結しており、燃料として毎年大量

の焚き木が消費される。炊事と暖房には山で集めた松の枝や枯れ草があてられ、秋の取り入れが済むと冬を迎える準備として、山から大量の焚き木が背負子（チゲ 지게）で運び込まれ、庭にうず高く積まれていた。

消費生活の面で、一九七〇年代初めの農村と都市の生活格差は、物的な生活環境の面に限定してみても明らかであった。藁葺き屋根、道路のぬかるみ、電気の有無、食生活の単調さなどが先ず挙げられよう。村に通じる道路も、一九七〇年代まで自動車はめったに通らないにもかかわらず、大雨が降れば道路はひどくぬかるみ、歩くのにも苦労するほどであった。電気の有無は決定的な差で、珍島内でも邑から一歩出れば、あたり一面は漆黒の闇であった。邑内では商店がならび街灯に照らされ夜遅くまで人影があっても、農村部ではわずかにランプの光が見えるにすぎなかった。殊に新月の頃になると、月明かりも無いため、わずかな星明かりをたよりに歩くよりほかなく、曇ると星光も無くなるので、まさに手さぐり状態となった。ランプのためには灯油を購入しなければならなかった。電気が引かれる前の村の生活は、月の満ち欠けに応じて生活していたと言ってもよい。月が満ち始めると、村の人たちは大人も子供も申し合わせたように外に出て、広場は人で溢れてざわめき、子供たちや娘たちの歌声も聞こえてきた。満月の頃には月光の下、縄跳びで遊ぶ子供たちの姿も見えた。顔を見かけないと、むしろどうしているのか心配されるほどであった。人だけでなく牛や豚も寝つかれないようにがさがさ動き、ネズミまでも走りまわっていた。しかし月が欠け始めると人も動物も意気消沈するかのように鎮まりかえる。新月近くになると、時おり漆黒の中を歩く人のタバコの火がゆらゆら見えるぐらいで、部屋の中でもランプの火を落として、早く寝床に就いたものである。

当時の農村生活における消費面として、はじめに衣食住などの生活物資について見てみよう。

伝統的な住居は、ほとんどが地元の素材である木、石、土、藁、そして紙などで作られていた。木材は村の共有林から切り出され、隣村中萬の大工を兼ねる人が指揮して、必要な時だけ村人が手を貸すのが慣習となっていた。必要な現金支出としては、大工に払う労賃と特殊な部材の購入分、オンドル部屋に敷かれる油紙と壁紙ぐらいで、それ以外に購入する必需品は厨房の鉄釜ぐらいのものだった。素材の中でも毎年収穫され消費される稲藁は重要で、秋の収穫後の村は積み上げた藁で溢れていた。

屋根も一九七二年当時は、毎年葺き替える藁葺き屋根が八割を占めていた。一九七〇年に始まったセマウル運動の中で、藁葺き屋根は農村の貧困を象徴するもののように見なされ、「藁葺き家を無くす運動（초가집없애기우동）」まで提唱されていた。セマウル運動のテーマソングの歌詞にも、「藁葺き屋根も無くして〜（초가집도 없애고〜）」と歌われていた。その藁葺き屋根も一九八〇年ごろには数軒にまで激減し、替わって新たに普及し始めたスレート屋根が白く映えていたが、やがて派手な色調のトタン屋根が増えていった。八〇年代半ばに藁葺き屋根はほとんど姿を消した。

屋根の素材によって財力や社会的威信を推し量ることは、韓国に限らず多くの社会にみられることかもしれない。韓国の場合、瓦屋根と藁葺き屋根の格差は大きく、茅葺き屋根に親しみを抱く日本とは比べものにならない。瓦屋根は、珍島では親族内の系譜的地位とも関係なく、農家の経営状況を反映するものとされていた。珍島の農村では、本土の内陸地方に見られたような「班常」すなわち両班―常民の身分的な地位の差が明瞭ではない。また、系譜に拠る宗孫とか宗家といった地位が必ずしも明確ではなく、そうしたチプの格式が家屋や屋根に反映されることも無い。

韓国では、屋根葺きに茅ではなく稲藁を用い、葺き方も大変簡素である。毎年同じように藁を薄く葺き重ねてゆき、何年かするとすべて取り払って再び葺き替える方式が採られる。外観にも特別な配慮はせず、縁取りをしたり表面を平らに均したりすることもない。したがって、葺き替え作業は二、三人の人手があれば簡単にこなす

写真 4-2　庭でのマラム編み作業

写真 4-3　マラム編みは夜なべで協同作業も行われていた

写真 4-4　屋根葺き

ことができる。特別な経験や技量を要することもなく、屋根葺き職人も存在しない。しかし、屋根をふき替えるための準備には毎年かなりの人手を要する。稲の脱穀が済むと、どの家庭でも屋根葺きに充てる稲藁を庭にうず高く積み上げ、農閑期に入るとさっそくマラム(마람)を編む作業が始まる。はじめに長い一本の縄を綯って巻いておき、これに藁を少しづつ挟んで、一本の長い腰蓑のようなものを準備する。これがマラムである。この作業はかなりの仕事量で、しかもどの家庭でも同じ時期に一斉に準備しなければならないので、共同作業が見られた。一九七〇年代初めまでは、庭でランプの光のもと、婦人たち七、八人でおしゃべりしながらマラムを編む昔ながらの光景が見られた。かつて一九三〇年代の農村振興運動当時には、青年たちがこのマラム編み（マラムムックム 마람묶음、マラムヨッキ 마람엮이）の作業を請け負い、その報酬を活動資金にしたという。

稲藁は葺き替えた当初は色も美しいが、数カ月も経れば色はあせてゆき、雨に当たれれば内部から少しずつ腐りはじめ形も崩れてゆく。やがて軒先から褐色の水が垂れるようになり、虫(やすで、ヨニェギ 요네기)もつく。それも都会の人には不衛生な印象を与えていたようである。

セマウル運動の当初、藁屋根をスレート屋根に葺き替えれば、マラム編みの労働から解放され、屋根に用いずに藁で叺（カマニ 가마니）を編んだり、縄を綯ったりすれば、政府が買い上げるので現金収入にもなると喧伝された。しかし実際には、藁屋根の藁は古くなって取り払われると肥料になったのである。稲藁は、どんな用途であれ家庭内に留まるかぎり、豚小屋に敷き詰めれば堆肥にもなるので、けっして無駄にはならなかった。八〇年代に入ると、藁製の叺もビニール製にとって代わられた。

これに対して、衣類は早くから工業製品にとって代わられ、かつてのように家庭で綿花を栽培し、糸に紡いで機を織るということは一九七〇年代にはまったく見られなかった。珍島をはじめ全羅南道の島嶼地方では、かつて植民地行政のもとで綿花生産地として育成が図られ、木浦を拠点として綿花栽培の指導員が島々を巡回してい

写真 4–5　村を担当する鍛冶屋が秋の収穫後に報酬の籾を受け取りに村に来る。里長が立ち会ってウォンダン方式で作付けに応じて報酬を受け取り記帳する

た。珍島の綿花は特に質が良いという評価を受けていた。一九七〇年代には、上萬のどの家にも機織り機は見られず、わずかにほこりを被った糸車を見かけたにすぎない。すでに衣類はすべて定期市または町の商店で購入するようになっていた。機織りばかりでなく、意外なことに自分で縫い物をする光景もほとんど見なかった。かつての日本では、機織りがはるか昔に絶えた後も、服を縫い上げたり繕うことは広く見られ、どの家庭にも針箱や針台は有ったものである。しかし一九七〇年代の上萬では、私の観察が行き届かなかったためであろうか、まともな針箱を見た覚えが無い。私の記憶では、糸を丸く巻いて針を刺したものが部屋の隅に転がっていたにすぎない。農家の婦人たちは早朝から家事や農作業に追われ、裁縫などの余裕が無かったようにも思われる。ランプの明かりの下で、どれほどの針仕事ができたものであろうか、衣服をまともに繕うことが少なかったのかもしれない。村には、特別余裕のある家庭も無かったし、どの家庭でも婦人たちは仕事に追われていた。市場で安価な衣服がいくらで

も手に入ったからであろうか。(2)

伝統的な農機具である鋤、鍬、鎌などの製造・修理を担当するのは、村ごとにウォンダン（원당）といって専属の鍛冶屋が定められており、伝統的な農具なら一年中何度でも修理してくれることになっていた。その報酬として、修理の回数に関係なく毎年秋の収穫後に、各世帯の作付け面積に応じて穀物を徴収する制度であった。秋の収穫が済んだ頃、予め日取りを決めて鍛冶屋がリヤカーを引いて村にやって来ると、里長の

写真4–6　婦人たちは少量の籾を脱穀する場合には1970年代まで千歯扱き（ソンキゲー）を用いていた

写真4–7　足踏み脱穀機による脱穀作業は、クンチプ、チャグンチプと協同で行うことが多かった

立ち会いのもと、各世帯の割り当て表で確認しながら、籾を計量して受け取る。こうした方式は、タンゴルと呼ばれる巫女の場合と同じである。タンゴルも老齢のため亡くなり、二つ隣りの村に住んでいたウォンダン鍛冶屋も廃業して、こうした伝統的な制度は一九八〇年代に絶えてしまった。鍛冶屋の説明によれば、昔の鉄は質が良かったため、何度でも焼き直して使用できるのだそうだ。鍛冶屋の仕事も、しだいにリヤカーや門の扉のような物まで扱うようになり、鞴と炉を用いる鍛造から溶接に移って行き、仕事場も農村部から交通の便の良い町に移って行った。ウォンダン鍛冶屋は、日本でもかつて見られた農鍛冶や貸鍬を彷彿させるものである。

　耕作用の機具以外には脱穀用の器具が注目される。一九七〇年代の上萬では、まだどの家庭にも、鉄製の歯の付いたソンキゲー（손기게）と呼ばれる千歯扱きがあって、婦人が少量の稲を脱穀する際に、簡単に組み立てて用いていた。千歯扱きが入る前には、ホルテー（홀태）と呼ばれる稲扱き箸（棒）が用いられていたが、一九七〇年代初めには残っていなかった。一方、チョクタップキ（족답기 足踏機）と呼ばれる足踏み式脱穀機も健在であった。これは、昭和一〇年ごろから日本人によってもたらされたもので、珍島では日本製の「村松式大鳳号」とか「佐藤式」と称するものが目を引いた。上萬では、クンチプとチャグンチプの兄弟数軒が共同で購入し、作業も一緒にする例が多く、その当時の足踏み脱穀機が七〇年代まで二〇台余り使用されていた。また一九三〇年代には、村の農村振興会の手で日本製クボタの発動機が導入され、これを譲り受けた契仲間（技能契）が一九七〇年代末まで多目的脱穀機をこの発動機で駆動していた。

　こうした特殊な器具以外の唐箕や足踏み扇風機や筵編みなどほとんどの農機具は、一九七〇年代まで地元の鍛冶屋や大工が器用に製造していた。また、竹や籐や葛などを用いた籠や容器は、すべて村の人たちの手作りであった。運搬具としては背負子（チゲ）が主役をなし、男性の専用であった。農作業でチゲを用いるのは、収穫後の稲藁を家の庭まで運ぶ仕事、堆肥を畑に運ぶ仕事、田植えの際に苗を苗代から田んぼに運ぶ仕事などで、収

穫の終わった後、焚き木を山から運ぶ際にもチゲが唯一の運搬具となっていた。運搬の仕事量も、稲藁を運ぶ際の稲束の量を基準として労賃（プムサク 품삯）を定めていた。リヤカーも、上萬では村道（マウルキル 마을길）の拡張によって実用化し、一九七二年にはすでに一〇台ほど見られた。また一九七〇年代中ごろには、耕運機を購入した家庭が二、三現れ、肥料や稲束の運搬を頼まれれば料金を取って請け負っていた。

電化製品は、村に電気が引けた一九七六年以降のこととなるが、洗濯機はなかなか普及せず、冷蔵庫も都会から送られてきても、中に入れるものが無いため、ほとんど使われずにマレーに置かれていた。

日常の食生活は自給自足的なもので、畑で作ったものを食べるのが基本であった。ご飯と漬物と味噌汁の三拍子の繰り返しで、一日三食ほとんど差がなく、季節に応じて味噌汁の具に変化が生じるにすぎない。こうした食生活の格差に都市の住民はほとんど耐え忍ぶことができず、また一度都市の生活を味わった婦人たちは二度と農村生活に戻ろうとしなかった。

食と住はほとんどが地元の素材で賄われていたといってよい。自家で取れたもの以外には、食物を買って食べるという考えが無きに等しく、市場で購入しなければならない食物といえば、儀礼に必要な供物や接待に充てられる魚や豚肉、そして果物にすぎなかった。日常の食生活と非日常的な儀礼の食事との差は際立っており、儀礼こそが村の食生活に変化をもたらす機会となっていた。祭祀にともなう儀礼的な食事については、第5章六の2で忌祭祀について述べるように、祖先に備える祭需として日常の食膳には上らない肉や魚や果物が準備され、祭祀終了後の飲福で全員に分配される。祭祀は婚礼や喪礼などの儒式儀礼とともに、非日常的な食生活をもたらし、とりわけ豚肉などの動物性蛋白質を摂取する貴重な機会となる。また年寄りや女性や子供にも区別なく分配され、家族以外にもイバジ（이바지）として祭壇に供えたすべての食物を少しずつ紙に包んで届けられる点が注目される。これら儀礼用の大量の非日常的食物は主として定期市で購入し、あるいは家庭で育てた豚や鶏があてられる。ふ

だん農民は家庭で生産した穀物など食糧を市場で売りさばくにすぎず、日常の食生活のため市場で購入する物といえば、時たま小ぶりな太刀魚（一九七〇年代中頃、一尾一〇ウォン程度）を二、三匹買うぐらいのものだった。たまに海辺の村の女性が、塩辛用の小海老を籠に入れて売りに来ることがあったが、これを買う農家は上萬で二、三軒しかなかったのである。

## 二　定期市

市場は日常的な消費として不特定多数の農民による少量の商いの需要に応えると同時に、こうした少数の非日常的で大量の儀礼的受容にも応える制度となっている。

市場とは四―五日間隔で開かれる農民市場（peasant market）で、道路の分岐点に位置し家屋や店が密集した大きな集落の広場が市場にあてられていた。その中心辺りには簡単な柱で骨組みが作ってあり、ふだんは人影もないが、市日になると商人たちがやって来て、布を張って店を開くのである。周りの空き地には近在の農村や漁村から来た婦人たちが農産物や魚を並べる。鶏の入った籠や豚なども紐で繋がれ、天然記念物の珍島犬の子犬も籠に入れられ並べられていた。広場の少しはずれには牛を売買する人も群がっていた。

衣料品や雑貨商などは、郡の中心に位置する町（邑内という）に常設の店を構えており、かつては主人が荷車で、七〇年代初めには小型トラックなどで商品を運んで、早朝に市場にやって来て店を開き、夕方には町に戻ってゆく。一方、野菜や魚産物などの生鮮食品を並べていたのは、ほとんどが近在の村からやってくる婦人たちだった。これとは別に、米、麦、粟、豆類や唐辛子や胡麻などの商品作物は、専門の商人を通して取引きされていた。農家の主婦は、蓄えてある穀物から必要分だけ籠に入れ、頭に載せて市に向かう。そして、市場の入り口近くに陣取っているこうした商人のところで、升で測って買い取ってもらい、手にしたお金でマッチ、石鹸、ゴム靴、ランプのホヤや子供のノートなど、必要最小限の消耗品を買って帰るのである。当時こうした沿海島嶼部など都会から離れた農村では、主婦たちはふだん現金（紙幣）を手にすることが少なかったのである。

　穀物を買い取りに来る商人の側には、早朝に来て少し高い値であっても早く予定量の穀物を確保して、早めに切り上げて町に帰る商人もあれば、逆に少し余裕をもって値動きを見ながら、午後から夕方にかけ値が下がると見込めば、時間を見計らって、少しでも安く仕入れて帰ろうとする商人もある。しかしその思惑どおりになるとはかぎらない。客の側でも、商人それぞれのこうした思惑を推し量りながら、少しでも高く買い取って貰おうとする。また年間で見れば、穀物の値段は秋の収穫後の時期がもっとも安く、年が明けてから徐々に上昇し、やがて麦の収穫後になると一時下落する。その後再び上昇して、秋の収穫前が最高値となる。また、一日のうちでも、たいてい早朝がもっとも高く、それから少しづつ下落してゆく。主婦は、少しでも高く売ろうと早朝に村を発って市場に向かう。村から市までは、急ぎ足で歩いて小一時間はかかった。朝は主婦が一方向に列をなすほどであったが、少しすると早くも市から帰る人たちと行き違い、午後には村に帰る人たちで賑わう。早朝に村を出て八時か九時には早くも村に戻ってくる者もいて、その日の市場の様子が伝えられると、それから大急ぎで甕から穀物を取り出して市場に向かう者もあった。

　穀物を買い取る商人は、商う時間帯や予定量の他にも、何かしらの特徴が見られ、村の人たちもそれを知っていた。先ず、用いる枡とその量り方にも個性があった。枡を統一することは昔から課題となっていたが、たとえ微妙な差であっても、商人も農民もそうした個性を見極めながら、自分なりに駆け引きに頭を回していた。枡で計るには、棒で均して計る方法（カックム 깍음）と山盛りにするコボン（고봉）という方法がある。コボンの場合

には、枡の縁の板の厚みが関連していることを主婦たちは見逃さない。

衣料品などは特に値段をめぐる駆け引きが決め手となる。主婦たちは市場で顔を合わせると何処で幾らで売ったのか買ったのか情報を交換しあい、値段を見計らいながら午後までお喋りしたり、マッコリを飲んだりして時間を潰したりする。こうした微妙な駆け引きがあることを、村の学校に赴任してきた先生の奥さんは知らなかったという。

村の女性たちは、特に急ぐ買い物が無くても市日には必ず出かけていた。買い物を口実として実はお互いに顔を合わせる社交の場でもあり、実家の村や親せきの消息を聞く機会でもあった。そして、男たちばかりでなく女性たちにとっても、誘われればマッコリを飲むのも楽しみであった。市場の近くには常設の店もあり、その中にはマッコリを出す居酒屋のような店もある。居酒屋といっても市日にはごった返し、座ってゆっくり酒を飲むという雰囲気ではない。

このように、市場はお喋りとマッコリで賑わう娯楽と情報交換の場でもあり、変化の少ない村の生活において格好の退屈しのぎともなるのだ。また市場には時折、大道芸のような口上で人を集める薬売り商人（ヤクチャンサ 약장사）も現れ、猿回しも見かけたものである。あるいは、サーカスの一団が大きな天幕を張ることもあった。

村の人は、たいした必要が無くても、親しい者から誘われると市場に出掛け、私にまで「なぜ市に行かないのか」と誘うのだった。特別な理由が無ければ、市場は時折顔を出さなければならない所なのだった。市場は、だいたい徒歩で往来できる範囲の中心に位置しており、この範囲が農村の通婚圏や情報圏ともほぼ一致していたとみてよい。

その当時人口一〇万余り、南北二十数キロの珍島に、中心の町（邑内）を含め五カ所で日取りをずらせて定期市が立っていた。こうした定期市の制度は自然発生的なものと考えられるが、今日のように五カ所で順繰りに市が立つようになったのはそれほど古いことではない。村の古老によれば、私が通った市場の場合も、解放後しばらくは毎月一〇、二〇、三〇日の三回に限られ、商う商品も牛や馬などの家畜が中心で、それ以外の物を扱う商人は少なかったという。

日用雑貨といっても、かつては特に購入する必要のないものも多かったのである。例えばマッチは早くから村でも用いられていたが、ふだんは厨房の焚き口（アグニ）から火を採ったり、外出する時には手製の火縄を持ち歩いたりしたという。石油ランプが入る前は燈油を皿にとって燈芯に灯していた。燈油もかつては地元で菜種から絞ったものである。石鹸が村に入る前は、豆の汁や灰水などを用い、そのため灰を貯蔵する場所がどの家庭にもあった。ゴム靴が普及する前は家庭で草や藁を編んで靴を作っていた。ノートや鉛筆も学校教育普及後のことで、書堂教育が行われていた一九五〇年代までは、筆や墨や紙を商う行商人が村まで来たのである。そうしてみると、確かに農民にとって市場で購入しなければならないものは限られていたようで、早くから工業製品化が進んだ衣料品ぐらいだったらしい。農産物の中でも唐辛子などは、かつて市場の商人は受け取らなかったという。

しかし、こうした農村における循環経済と外部社会とを結び付けてきた定期市場は、その後の韓国社会の大きな発展にともないすっかり変貌を遂げた。

一九八四年に本土との間に橋がかかるとその影響はすぐ現れた。こうした島の定期市にまで本土から新しい物資がもたらされ、リンゴなどの果物が山なりに並べられるようになった。本土からトラックで直接市場に乗り着ける商人で市は活況を増した。一方で、島内の道路も整備され、バスが村の前まで来るようになり、村の人たちも邑内まで出かけるようになった。邑内から木浦や光州までの直行バスも時間が短縮された。ソウルから自家用車で珍島までやってくる観光客も見かけるようになった。邑内からソウルまで仕入れ専用の夜行高速バスが運行され、邑内の洋品店の主人はソウルの東大門市場まで直接仕入れに行くようになった。少ししゃれた服や流行りの物も、頼めば探して来てくれるのだった。

珍島の人口は七二年当時に比べると二〇〇〇年にはほぼ半減し、特に農村の過疎化が著しい。しかし周辺部の定期市がすっかり衰退したのに対して、町（邑）には高層住宅まで現れて人口も増え、邑の市だけが盛況である。本土から来る商人まで加わって、邑内の市場は今までの広場では収まらず、周辺の広い道路にも架設の店が並ぶようになった。地域構造は大きく変わり、農村が国の市場経済に組み込まれるとともに中継点としての邑の中心性は明らかに高まっているが、それ以外の市場はすっかり廃れ、昔の面影はもはや見られない。

韓国の農村には、市場向けの作物に特化して営農化が進んだ地方も多いが、全国的に見れば農村部の過疎化と老齢化は日本以上に急速に進んでいる。ここ珍島でも、かつてのような農村市場の活況は見られないし、市場に向かう颯爽とした主婦たちの姿もない。マレーに並んでいた甕も今では数少なくなっている。かつての農村の活気は失われ、今では国民経済の周辺にかろうじて位置を占めるにすぎない［伊藤　二〇一一a］。

## 三　穀物の備蓄と甕

家庭の必需品となっていたものに、これから紹介する甕器（土器）がある。どの家庭でも、石垣越しに庭を覗けば、大小いくつもの甕がかならず目に入ったものである。

上萬では、どの家庭でも母屋の板の間（マレー마래、標準語ではマルー 마루）には、穀物の貯蔵用に大小さまざまな甕が並んでいた。甕といっても大きさも形も用途もさまざまである。その中でも最大のチサン（지상）と呼ば

写真 4-8　マレーに並んだ甕器

れる甕は、高さが一メートルほどもあり、代々その家庭で受け継がれてきたもので、農家の財力を計るには、マルーを覗いてチサンの数を見ればよいとまで言われた。これより丈が少し低い甕（ハガリ 항아리）や、中型のコネギ（고냉이）やトングー（동우）、丸くて黒光りしたオガリ（오가리）や、掌に乗る程度のタンジ（단지）と呼ばれるものまで多彩である。これら甕器（オンギ 옹기）が置かれている場所は、穀物の貯蔵場となるマレーのほか、厨房の隅、軒下、味噌、醤油やキムチなどの醗酵食品を保存する庭先のチャントクテー（醤トク台 장독대）、離れの納屋などである。穀物はこうした甕に貯蔵しておけば虫がつかないという。婦人たちによる家事も、これら甕器の用途と扱い方を通して具体的に観察することができる。

　私の調査によれば、中規模の植え付けをする農家なら、甕器の数は八〇余りに達した。甕には米、麦、粟や豆類などが、品種別、等級別、籾と米などに分けて貯蔵されていた。これら甕類は、家事の中でも家族の食生活・健康に直結する仕事・役割と結びついており、それは主婦の専管領域といってもよい。農家の主婦は、どの甕に現在何がどのくらい入っているか、すべて頭に入っている。それは、年間の食生活にあてる分ばかりでなく、祭祀や名節などの儀礼に用いる分、相互扶助の契に拠出する分、普段の市場での買い物にあてる分など、年間の支出を頭に入れ上手に切り盛りすることが求められていたのである。

## 四　上萬における甕器

農村社会研究の一環として、私が特に甕器（土器）に注目した理由は次のとおりである。先ず、どこの家庭でも多くの甕が眼を引き、圧倒的な存在感があった。大きな甕器は、とても重くて容易に動かせるものではなく、一定の場所を占めていた。それは、農村生活の基礎である穀物の貯蔵と食生活に不可欠なものであり、家庭生活にある種の秩序と安定をもたらしているのではないかと考えた。男性が主役を果たす公的で規範的な生活現実は、観念的な言語表象や儒教儀礼を通して過剰なぐらい顕在化されているが、実際の家庭生活を取り仕切っている女性の生活現実については、甕器などの物質文化をめぐる具体的な記述を通して把握できるのではないかと考えた。韓国における従来の伝統的な社会像は、男性が主体となっていた文字表象によって規範化されてきたといえるが、ここで取り上げる甕器は、文字表象や観念的な規範とは対照的に、物質の圧倒的な存在感が人々の生活を律し、家庭内の役割と仕事と地位を規定してきたものといえる。もちろん、私自身の物に対する関心もあったが、物に即して生活を捉えようとする姿勢こそは、日本的な視点として活かされるものと思われる。

韓国では、美術品としての高麗青磁や李朝の壺などは尊ばれているのに対して、一般家庭で用いられる甕のような土器に関心を払うものは少なかった。韓国で甕器に対する関心が一般市民の間で芽生えたのは、都市の若い世代の間で、民衆文化運動の機運が高まった九〇年代からのことである。もともと、儒教による精神的・内面的な徳目を重視したかつての文人層の間では、そもそも甕や民具のような物質文化に対する関心が乏しかったたし、今日でも生活文化や民俗技術に対する関心は決して高いとはいえない。青磁や白磁が棚の上に飾ってあっても、遠くからさり気なく眺めるぐらいで、時にはまるで見ても見ぬように無関心を装うことが、文人のたしなみのように見なされていたのである。日本人のように近くに寄って観察したり手に取って見たりすることは、むしろ控えるようたしなめられてきたのである。まして甕などの日常雑器については、まるでいかがわしいもののように無視してきたのが実情であって、これまで生活用具類が人類学や民俗学の研究対象となることは、あまり無かったといってよい。男性が主導してきた儒教的な社会伝統の下で、明らかに女性の生活現実は軽視されてきたと言ってよい。こうしたジェンダーバイアスはかつての文人教養層ばかりでなく、現代の韓国社会においても温存されてきたように思われる。しかし、物に対してさほど関心を払わない知的伝統は、程度の差こそあれインテリ女性の間でも見られるように思われる。調査地上萬でも、男性は厨房に入ることに抵抗感があったし、マレーの甕器に手を触れることも無かった。私が、甕の中を一つ一つ覗いて確認したりするのは、村の男性たちにとっては見苦しいことのようだった。

朝鮮の焼き物一般については、かつて浅川巧が、その多彩な形式と名称に関して『朝鮮陶磁名攷』［一九三一］の中でほぼ網羅的に取り上げており、生活必需品である甕や鉢などの土器についても注意を怠っていない。しかしその浅川も、生活の現場に即した記述、つまり実際の生活の中で甕器がどのように使われ位置づけられていたかという点にまでは及んでいない。

朝鮮の北部と南部とでは、気候の差にともなって生業の面でも差が大きく、また農村でも平地部と山間部とでは、主穀物によってその貯蔵の方法もかなり異なる。珍島は、南部の水稲耕作地帯に位置し、上萬の周辺も稲作に適した平地が拓けている。主な農作物は稲とその裏作としての麦、畑では甘庶、豆類、雑穀、野菜などが作られている。水稲と畑作の複合による多彩で集約的な農業、相対的な地理的孤立性と農民の定着的性格、地域社会の安定性などは、いずれも珍島農村における土器使用の重要な背景となっていると考えられる[3]。

珍島の農村で用いられてきた容器を素材の点からみると、ここで取り上げる土器、陶器、磁器などの焼き物のほか、木器、鍮器、竹製品、藁製品、葛製品、柳行李、瓢箪、ガラス製の瓶、近年普及したものにトタン製品、ステンレス製品、アルミ製品、プラスチック製品などがある。

焼き物が早くから普及していた朝鮮では、木器は一般の家庭ではほとんど用いられていない。木をくり抜いて作った鉢状のものが捏ね鉢や容器として用いられることがあるほかは、祭祀用に供物を盛る祭器として用いられるにすぎない。例外的なものとして、かつて僧院内の食事や托鉢には、轆轤で挽いて朱漆を薄く塗った粗末な椀状の器が用いられていた。

両班など上流社会で食器として日常に使われていた鍮器は、珍島の農村でもかつて裕福だった家庭では稀に保存されており、あるいは、木器と同様に祭器として用いられるのを見かけた。金属器をもっとも尊び、次いで焼き物の中では磁器を尊重したのに対して、陶器や土器そして木器は軽視されてきた。

竹を編んで作った手籠や頭上運搬用の籠（パグニ 바구니）は、蔦を編んだ籠とともに女性の専用物で、男性は手にすることも無かった。丸くて少し深めの大きな籠（ソコリ 소쿠리）には乾燥させたワカメの容器となり、少し浅めのコロンジ（거런지）には大豆や小豆の容器に当てられ、どちらも家庭に二、三個は存在した。竹製品の多くは市場で入手していたが、それ以外の籠類は女性たちの手作りであった。サンテミ（산태미）は、主として普段農作業に出かける時や、市場に出かける時に穀物や豆や胡麻などを入れるのに用いられ、あるいは結婚式な

どの際に「扶助（プジョ 부조）」と称する儀礼的な贈答のため親族を訪問する時にも用いられる。柳行李（トングリ 동굴이）は、柳の細い枝を割いて編んで曲げ物と組み合わせて作られたものが各地で広く用いられており、珍島では主として衣類を入れるのに充てられ、オンドル部屋の棚（シルン 시른）の上に置かれていた。

藁製品の容器として、縄に綯ってから厚手に編み上げるものが、直径一尺程度のものから二尺以上まで大小さまざまの円筒状のメッコリ（멧고리）がどの家庭でも一〇個ぐらい見られ、主として籾の一時的な容器として用いられていた。また、同様に縄に綯ってから厚手に編み上げるものに大きな四角い敷物（トクソク 덕석）がどの家庭にも五枚ぐらいは有り、穀物の乾燥用や庭で会食する際の敷物に当てられていた。

写真 4–9　婦人たちが婚礼のお祝い（プジョ）を持参すると、返礼にイバジを受け取りサンテミや行李（トングリ）に入れて持ち帰る

瓢箪パガジ（바가지）は乾燥させてから二つ割りにしたものが、豆類や胡麻などの一時的な容器に用いられるほか、穀物を掬う器として用いられ、あるいは水や濁酒などを汲む容器としても用いられていた。また、産神婆様（サンシンハルモニ 산신할머니）を祀るとして、瓢箪の中に米を納めて紙で覆ったものを「内房（アンパン 안방）」の棚の上に安置したり、タンゴル巫が産神婆様に経文を唱える儀礼の際に、瓢箪の器を盥の水に伏せて、楽器のように叩いて音を出したりするのに用いられる。

トタン製の容器としては、後述する甕（トングー 동우）や木製の升の代用として、同じ容積に作られた円筒形のものが普及しており、ヤンチョルトングー（양철동우）と呼ばれている。ステンレス製品は食器類に限られており、一九六〇年代

写真 4-10　メッコリ。藁を縄に綯ってから作る丈夫な容器で、穀物の一時的な容器に用いられる。どの家庭にも大小 10 余りのメッコリがある

の末ごろに陶器や磁器の食器に代わって農村部にまで急速に広まったという。アルミ製の容器はこれより少し遅れて、盥状のものが鉢状の土器や甑に代わって普及し始めた。また真鍮製の金盥や洗面器とアルミ製容器を交換して歩く行商人も横行した。七〇年代末には、土器の色に似せた褐色の大型プラスチック製品が急速に普及し始めた。

焼き物の中で磁器は、良く知られている青磁や白磁の壺のように主として美術品の置物となっており、日常の生活用具としては食器用のサバル（沙鉢 사발）や小鉢（チュンバル 중발）に用いられるだけで、貯蔵の容器としては用いられていない。磁器はふつうサギ（沙器 사기）とよばれるが、土器と陶器は用語の上で区分が明瞭でない。土器のうち、日常用いられる茶褐色ないし黒色の容器類を一般に甕器（オンギ 옹기）と総称している。甕器類は、地域によって形や用途に多少の差は有っても、その数量、多様な形態、広い用途のいずれを見ても容器類の中でもっとも重要な地位を占めている。

## 五　甕器（オンギ）の種類

珍島上萬で用いられている甕器（土器）は、形状だけをみても図に示すように多彩である。現地の用語では凡そ次のように分類されている。

（一）チサン（지상）：高さが一メートルを越す最大の土器で、胴の脹らみの少ない大口の甕である。茶褐色ないし灰褐色の胎土のままで、胴の部分には炎による火だすき状の色調がみられる。轆轤模様は見られず、表面は篦状の棒で叩いて滑らかに整形されており、釉薬（チェームル 재물：灰水の意）は用いられていない。もっぱら母

屋のマレーの一番奥に置かれ、板蓋を被せて穀物の貯蔵に充てられる。代数を経た農家だけに代々伝わっているもので、今ではその生産地や年代、購入経路も分からない。チサンの数はその農家の経営規模や財力を示す指標とされ、縁談相手の家庭にチサンがいくつ有るかが話題となったと言う。

(二)ハガリ(항아리):チサンに次いで大型の胴がずんぐりした甕で、高さは一メートル近いものもある。茶褐色ないし黒褐色で轆轤を用いた條紋が見られる。古いものには、釉薬は用いてなくても表面に光沢のある硬い器質のものがあるが、多くは釉薬がかかっている。屋内で穀物の貯蔵に充てるほか、蓋器(ソルギ 설기)と組み合わせて醤トク台(チャントクテー 장독대)に置いて醤類の醸造と貯蔵にも用いられる。

(三)コネギ(고냉이):形はハガリと同様にずんぐりしているがハガリより小さい。同様に轆轤を用いて成形され、釉薬も施してある。屋内で穀物の貯蔵に用いられるほか、ハガリと同様に蓋器と組み合わせて醤トク台で醤類の醸造にも充てられる。少し小型のものはコネギセッキ(고냉이 새끼)と呼ばれる。

(四)トングー(동우):高さ四〇—五〇センチのずん胴状で広口の甕である。轆轤を用いて成形した条紋は見られず、へら棒で叩いて整形した跡が残っている。色は褐色、黒褐色ないし黒灰色で、古いものには釉薬を施さない素焼きに近いものが多い。穀物貯蔵のほかに、水や濁酒などの運搬や容器にも用いられ、女性たちが、胴の中央部両側にある一対の把手を両手で頭上に持ち上げて運搬する。少し小型のものはトングーセッキ(동우 새끼)と呼ばれる。

(五)パンデンギ(반뎅이):黒色で素焼きに近い鉢状の器で、トングーの直径を大きくして縦に縮めたような形状をしていて、半(パン)トングーから訛ったものといわれる。

(六)チョバクチ(조박치):両側に把手の付いた大型の鉢状の器で、表面は黒色で釉薬はかかっていない。婚礼や葬礼など来客の多い機会や田植えの日のように、大量の御飯を炊いたり、あるいは甑(シル 시루)と組み合わ

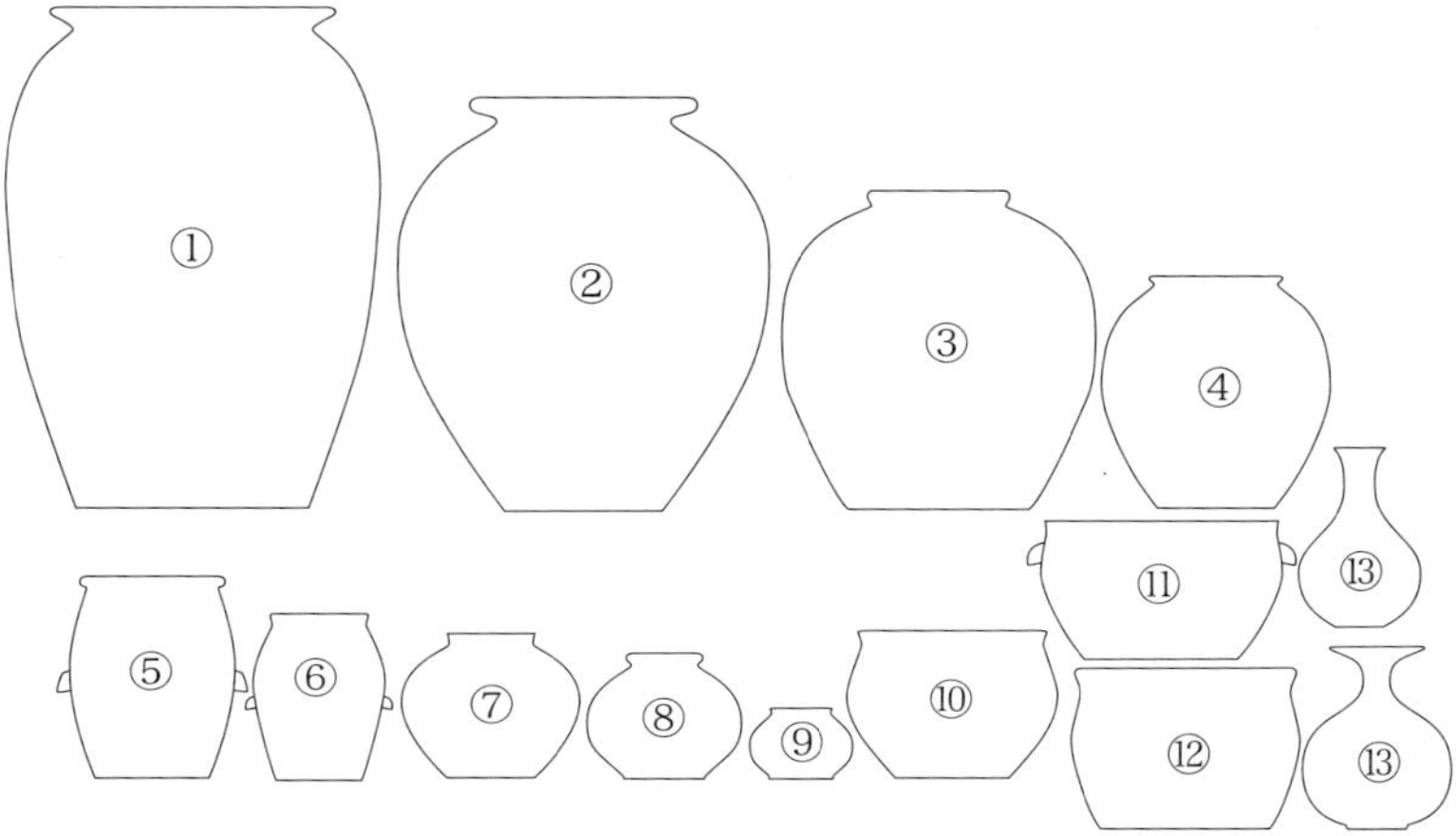


cm

| | | | | | |
|---|---|---|---|---|---|
| ①チサン | (90-100) | ⑤トングー | (40-45) | ⑨タンジ | (10-17) |
| ②ハガリ | (75-95) | ⑥トングーセッキ | (25-35) | ⑩パンデンギ | (20-25) |
| ③コネギ | (55-65) | ⑦オガリ | (25-30) | ⑪チョバクチ | (20-25) |
| ④コネギセッキ | (35-40) | ⑧オガリセッキ | (20前後) | ⑫シルー | (20-25) |
| | | | | ⑬エンベンギ | (30前後) |

図 4-1　珍島上萬における甕器類

せて餅を蒸したりする時に用いられる。そのために、庭の隅に臨時の竈を築くこともある。

（七）オガリ（오가리）：高さ三〇センチ程度の全体に丸みを帯びた黒色の土器で、古いものには釉薬が掛かっていない。主として豆など穀物の貯蔵に充てられ、板または紙で蓋をする。また、ナムルなどの食物の調理にあたって一時的な容器としても用いられる。

（八）タンジ（단지）：オガリより更に小型で丸い壺状の土器。黒色でやはり古いものには釉薬を用いないものが多い。

（九）エンベンギ（엥뱅이）：頸の有る壺状の黒色土器で、首の細長いもの、首の太くて短いもの、口縁部の少し広いものなどさまざまである。エンはオン（甕 옹）の、ベンギは瓶（ビョン 병）の訛ったもののようである。ゴマや豆類の種の保存に充てられるほか、自家製の酢の容器に用いられる場合には、竈の上隅の若干暖かい所に置かれ、藁束や紙を丸めて栓とする。

写真 4-11　甕器製造で知られる全羅南道康津郡七良面鳳凰里の登り窯

写真 4-12　鳳凰里に繋留された甕器行商の船

（一〇）シル（시루）：黒色の鉢状の甑で、主として祖先の祭祀に供える甑餅（シルトック 시루떡）を作る際に、粳の米の粉を層状に重ねて蒸すのに用いられる。また巫俗の儀礼で神霊や祖先の霊が占める場として扱われることもある。このほか、珍島における甕器として欠かせないものにハムバクチ（함박지）というものがあると指摘されたが、上萬では見られなかった(4)。

このように、大きさ、形、整形法、色調、釉薬の有無、把手の有無、蓋器の有無などによって土器の種類は多彩である。これらの土器のうち一部はかつて郡内（島内）でも生産されたようである。そのうち一九六〇年代まで窯があった新生洞では、本土の霊光からやって来た陶工の旅職人たちによって三代にわたって甕器がつくられ、島内を行商して歩いたという。しかし私が訪れた一九七〇年代には、こうした旅職はすでに廃れ、窯跡を残すだけであった。この窯が途絶えた後は、島内の甕器はすべて陸地部からもたらされたものである。とりわけ、珍島からさほど遠くない全羅南道康津郡七良面の鳳凰里は、甕器の大生産地として知られており、ここから帆船で積み出された甕器は、多島海の島々や済州島のほか、少なくとも慶尚南道の東海岸あたりまで搬出されたという。鳳凰里では、一九八〇年代まで二隻の帆船が甕器の輸送に用いられていたが、一九九二年二月に訪れた時には、鳳凰里の浜に係留されたまま廃船同然となっていた。筆者は一九七一年にその一隻が甕を満載して済州島の狭才という浜に着けられているのを目撃している。珍島の農家で用いられている甕器の生産地、生産者、年代、流通などについては、これまで誰も関心を持つこともなかった。

こうした甕器は、本土側の海南や康津の甕器製造を専業とする村から、専用の帆船でもたらされもので、甕と一緒に乗り込んできた女性たちが、村々を行商して歩いた。あるいは、甕器は一九八〇年代まで市場にも並んでいたが、すでにその当時から大型のものはプラスチック製の容器にとって代わられていた。

## 六　用途の広さ

甕器は、穀物の貯蔵、種の保存、醤類の醸造、一時的な容器、運搬用具、調理用、信仰など、広い用途に用いられている。

（一）穀物の貯蔵：米は餅米と粳米、早稲と奥手、品種、等級に分けて貯蔵される。また一部は籾のまま保存される。大麦も籾と押し麦に、小麦は小麦粉として、粟も餅粟と粳粟、さまざまな品種別に、豆類も大豆（コン 콩）、小豆（パッ 팥）、緑豆などがあり、小豆だけでも色の異なる数種類がある。このほかソス（黍 서수、수수）、胡麻、荏胡麻（トゥルケ 들깨）なども含めると実に多くの容器が必要となる。

（二）種の保存：エンベンギに入れて紙で栓をしたりタンジに保存したりする。近年はエンベンギに代わって空き缶や硝子製の空き瓶も利用されており、口を紙で栓をした瓶がマレーの壁にいくつも吊るされていた。

（三）醸造：味噌、醤油、唐辛子味噌（コチュジャン）などの醤類を仕込んで寝かしておくほか、キムチ類を漬けるにもハガリやコネギあるいはトングーを用いる。また濁酒（マッコリ 막걸이）を仕込むのには普通トングーがあてられ、酢には小型の酢壺（チョベンギ 초병이）が当てられた。

（四）容器：厨房で調理に必要な水や塩を入れておくためにコネギやトングーが充てられているほか、離れの棟には家畜の飼料や肥料を入れておくハガリやコネギが置かれている。

（五）運搬容器：井戸で汲んだ水や濁酒あるいは肥料などを運ぶ時にもトングーを頭上に戴く。頭上に上げたり下ろしたりする際に便利なように、一対の把手が胴の中央部分両側に付けられている。

（六）調理：ナムル（나물）を作るときなど、浸したり和えたり混ぜたりして少しおいておく場合にも小型のオガリなどが用いられる。用いた後は藁束で良く洗ってから醬トク台や厨房の隅に伏せておく。大豆のもやし作りにも小型の甑（シル）があてられ、部屋の片隅に置いて上から水を補給する。

（七）信仰と結びついた甕器にもさまざまなものが見られる。家庭の守護神とも言うべきソンジュが宿るものとしてトングーがあてられ、中に清浄な米を納めて、マレーの主柱近くの床に置かれている。コネギを充てる家庭もあり、かつて旧家ではチサンを充てる例もあったという。その家庭で亡くなったお婆さん（祖母や曽祖母）の霊をオガリに祀ったものをチースク・オガリ（지숙오가리）またはチアン・モムオガリ（지앙몸오가리）とよび、特別に選んだ清浄なオガリに米を納めて紙で蓋をし、マレーの主柱近くの棚の上に安置する。チースク・オガリはすべての家庭で祀られているわけではないが、二つ三つ祀っている家庭もある。死者の霊を洗い清めるために行われる巫俗儀礼シッキム・クッ（씻김 굿）においても、招かれる祖先霊の中にはシル（甑）が座となる霊もある。また、出産に際して産婦の傍らに産神婆様（サンシンハルモニ 산신할머니）を祀るため、産母の小部屋（モバン、チャグンバン）の片隅に米を納めた甕（コネギ）を置き、その上にご飯とワカメ汁を供え、産婦がこれを食べた。出産後に胎盤を納めるのにもオガリがあてられ、安胎甕（テーオガリ 태오가리、アンテーオガリ 안태오가리）と呼ばれ、タンゴル巫女が経文のようなものを唱えながら地中に埋める。このほか、子供が死んだ時の葬法としても、トングーが甕棺のように用いられ、上萬では案山裏側の村から視界が遮られた谷合い（チョブンコル 초분골）の積み石の中に葬られた。これをタムウォル（담월）、エーギジャン（애기장）、トクチャン（독장）などと呼んでいた。

## 七　甕の配置

珍島における農家は、石垣で囲まれた敷地内の中央に母屋（クンチェ 큰채）が位置しており、その間取りはどの家も大差がない。少し余裕のある家庭や代数を経た家では、庭に面してL字状に離れの棟（行廊チェ、ヘンナンチェ 행랑채）が配置されている例が多い。

上萬における一つの平均的な家庭を例にとって、甕器について網羅的に調査した結果を紹介しよう。この家庭は、分家（チャグンチプ）として独立してから現在の世帯主で五代目になる農家で、かつて耕作規模の点では村内で平均を少し上回る程度の家庭であった。調査当時の一九七〇年代中葉の世帯員は、三〇代の主人夫婦とその子供たち五人、主人の未婚の妹、老父母からなる計一〇人であった。この家庭の屋敷内における甕器の配置は図に示すとおりである。

甕器が置かれている場所は、基本的にはどの家庭の場合も大きな差はない。

（一）マレー：母家の大部屋（クンバン 큰방）から引き戸で仕切られた板の間で、穀物や種の貯蔵室であるばかりでなく、祖先祭祀をはじめとする家庭での儀礼のほとんどすべてがここで行われる。マレーには、マダンに面した側から見て正面奥と右側（東側）の壁に沿って甕が並んでおり、食物のうち主食となる穀物はすべてこれら甕に貯蔵される。マレーは、裏側の扉を開けると風通しもよく夏でもひんやりしている。韓国でも雨量の比較的多い珍島では、内陸の乾燥地方で用いられているような木製の米櫃（ティジュ 뒤주）に代わって大きな甕が穀物の貯蔵に適しており、甕に入れておけば絶対に虫が付かないという。大小さまざまな穀物貯蔵用の甕器のほか、

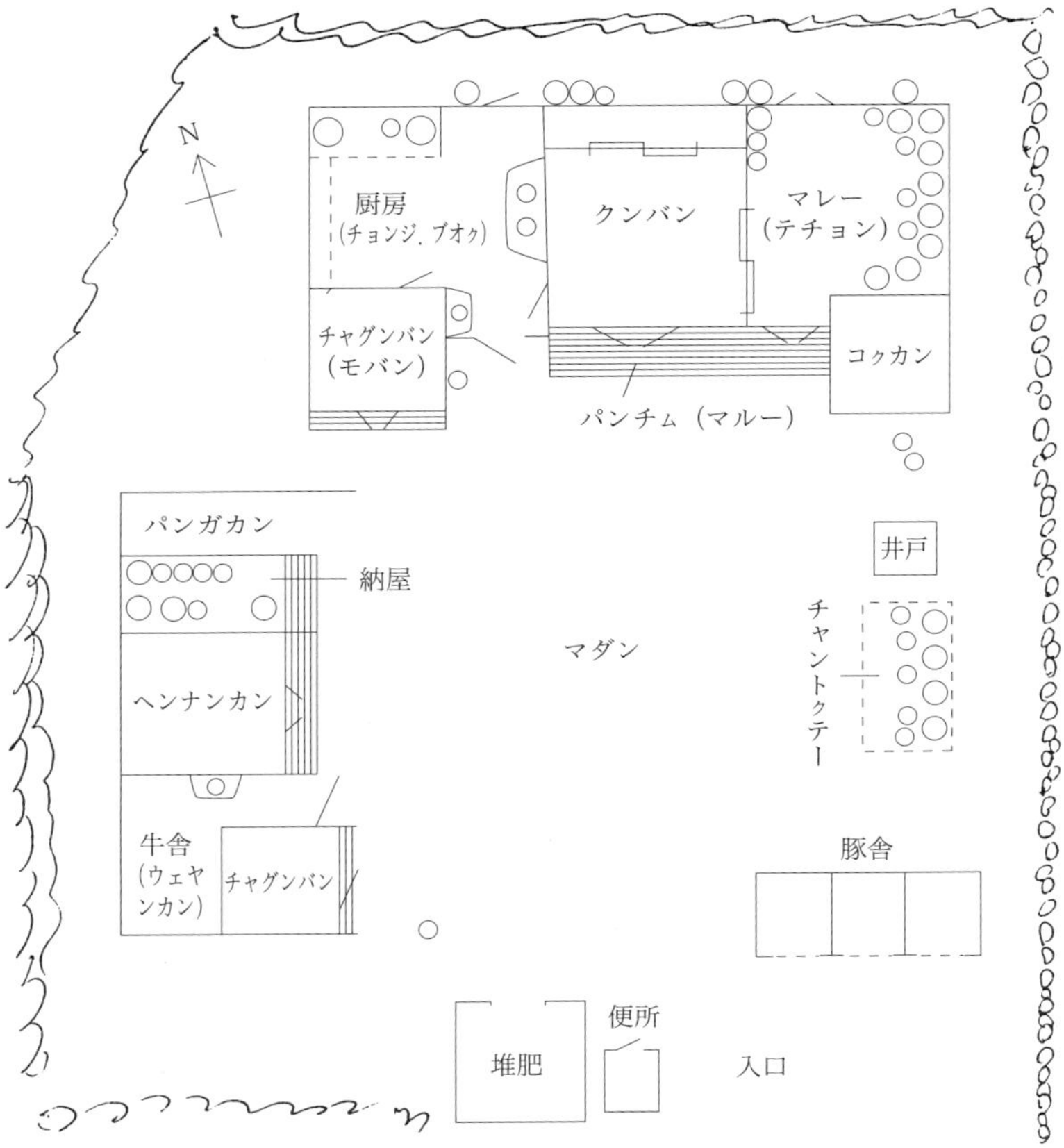


図 4-2　家庭内の甕器（オンギ）の配置

家庭用具の置き場ともなる。大部屋との境に位置する主柱の根元にソンジュ甕(この家庭ではコネギ)が置かれ、また壁の棚上にはチースク・オガリが安置されている。

(二)厨房:普段の食用にあてる米、味噌、醤油、唐辛子味噌、キムチ類のほか、水や塩などの容器が置かれ、また調理用のオガリやトングー、鉄釜を据えた竈の脇の少し温かいところには酢甕(チョベンギ)が置かれている。

(三)軒下:母屋の裏側の日の当たらない涼しい軒下には、濁酒(マッコリ)醸造用の甕や、ふだん食べるキムチ(カッキムチ 갓김치など)の甕などが置かれており、母屋の表側の庭に面した軒下には、米の研ぎ汁や野菜屑など豚の餌となる物を入れておく鉢状のパンデンギやトングーが置かれている。

(四)ヘンナンカン:離れの棟の板の間には、家畜の飼料(ふすま)や肥料の入ったハガリやコネギ、トングーなどが置かれており、近年はドラム罐を代用する家庭もある。

(五)醤甕台(チャントクテー):母屋の横や裏側、あるいは庭の隅の井戸近くなどに石を敷き詰めたり、コンクリート敷きにした台が設けられており、その上に醤類(味噌、醤油、唐辛子味噌、キムチなど)を保管する甕類が多数並べられている。また使用しない甕類も伏せて置かれている。

(六)庭:庭の隅には石を並べて築いた屋外の臨時用の竈が設けられており、田植えや婚礼などの際に大量の煮炊きをする場合に、チョバクチやシル(甑)が用いられる。母家から遠い庭の隅には小便器を兼ねた甕(トングー)も置かれており、毎日肥料として近くの畑に運ばれる。

それぞれの場所に置かれている甕器の数をその種類別に表示すると次のとおりで、合計八四個にも達する。甕器の用途はほとんどが家事に関するもので、いずれも女性とりわけ主婦の日々の活動や役割と結びついている。

(一)食物の保存・管理:穀物はすべて甕に納めて母家のマレーに保管されており、マレーは穀物蔵の役割を果

表 4-1　甕器の種類と場所

| | 母屋のマレー | ヘンナンチェ | 厨房 | 軒下 | 醤甕台チャントクテー | 庭 | 計 |
|---|---|---|---|---|---|---|---|
| チサン | 2 | | | | | | 2 |
| ハガリ | 1 | 2 | | | | | 3 |
| コネギ<br>コネギセッキ | 12<br>1 | 6 | 2 | 2 | 5 | | 28 |
| トングー<br>トングーセッキ | 9<br>3 | 1 | 2<br>1 | 3 | 1 | 1 | 21 |
| オガリ | 5 | | 1 | 4 | 6 | | 16 |
| タンジ | 1 | | | | 2 | | 3 |
| パンデンギ | 1 | | | | | | 1 |
| チョバクチ | | | 1 | 1 | | 1 | 3 |
| シル | | | | 1 | 1 | | 2 |
| エンベンギ | 2 | 2 | 1 | | | | 5 |
| ヤンチョル | 37 | 11 | 8 | 11 | 15 | 2 | 84 |

表 4-2　甕器の代用として用いられたブリキ製容器

| | 母屋のマレー | ヘンナンチェ | 厨房 | 軒下 | 醤甕台チャントクテー | 庭 | 計 |
|---|---|---|---|---|---|---|---|
| ヤンチョルトングー | 3 | 3 | 1 | | | | 7 |
| ヤンチョルトン | 2 | | | | | | 2 |
| ドラムトン | 1 | 3 | | | | | 4 |

表 4–3　マレーの置かれている甕器とその内容物（1976 年 12 月）

| | | |
|---|---|---|
| 1 コネギ　籾 1 叺 | 16 トングー　大豆 1 斗 | 31 コネギ　大麦籾 3—4 升 |
| 2 コネギ　大麦籾 3 斗 | 17 タンジ　小麦粉 8 合—1 升 | 32 コネギ　稲籾 3—4 升 |
| 3 ハガリ　大麦籾 3 叺半 | 18 オガリ　(空 2 升) | 33 トングー　(空 1 斗) |
| 4 トングー　米 1 斗 | 19 コネギ　大麦 1 叺半 | 34 トングー　(空 1 斗) |
| 5 トングー　米 1 斗 | 20 洋鉄トングー　米 1 斗 | 35 コネギ　稲籾 3—4 斗 |
| 6 トングー　米 1 斗 | 21 オガリ　黄色小豆 1 升 | 36 コネギ　大麦籾 3—4 斗 |
| 7 エンベンギ　粟種子 | 22 洋鉄缶　(空) | 37 トングー　空 1 斗 |
| 8 エンベンギ　緑豆種子 | 23 トングーセッキ（空 2 升） | 38 コネギ　大麦籾 1 叺 |
| 9 チサン　米　3 叺 | 24 コネギ　大麦籾 1 叺 | 39 コネギ　大麦籾 4 斗 |
| 10 トングー　餅米 1 斗 | 25 洋鉄缶　荏胡麻 | 40 ドラム缶　(空) |
| 11 トングー　餅米 1 斗 | 26 洋鉄トングー　小麦粉 1 斗 | 41 ソンジュコネギ　米 |
| 12 オガリ　(空 2 斗) | 27 コネギ　粟 1 叺 | 42 チースㇰオガリ |
| 13 チサン　米 2 叺 | 28 パンデンギ　赤い小豆 | 43 チースㇰオガリ |
| 14 トングーセッキ大豆3—4 升 | 29 トングーセッキ　胡麻 4—5 升 | |
| 15 洋鉄トングー　大豆 1 斗 | 30 コネギセッキ　大麦 2 斗 | |

＊番号はマレーの端から大体の配置順につけた。特に意味はない。

たすともいえる。チサンやハガリなどの大型の甕器は、家庭に代々伝わっているもので、マレーの奥の壁際に並べられている。穀物の保存にとって甕が最適と考えられており、甕に入れて時折パガジなどを手にかき混ぜておけば絶対に虫がつかないという。

毎年どの甕に何の穀物をどのくらい保管すべきかは、その家庭の生計のやりくりを任されている主婦の才覚に任されるが、基本的な方針はその家に嫁いでから姑のもとで自然に身についてゆく。収穫後の穀物のうちどれ位を現物のまま備蓄にあてるかは、自家消費の分だけでなく、五日毎に開かれる市で必需品を購入する際の換金に充てる分や、農民融資制度と親睦の性格を兼ね具える「契」の資金拠出に充てる分なども考慮して決められる。調査当時までは、特別な時以外には普段現金を扱うことのほとんど無かった主婦たちにとって、甕は財布のようなものであった。市の日には、主婦はほとんど毎回欠かさずにクンチプやチャグンチプの奥さんや、気の合った者どうしで連れ立って出掛け、そのたびに甕から穀物や豆、胡麻などを少しづつ取り出し、籠（サンテミ）に入れ頭上に載せて市場に向かう。

主婦たちは、季節や市日の時間帯による値動きや商人の枡の扱い方に対しても敏感であり、穀物を買い取りに来る商人との駆け引きにも長けている。早朝に出掛けた者からその日の市況が伝わると、そそくさと甕から穀物を取り出して足早に市に向かう姿も見かけた。穀物の値は収穫直後が最安値となり、この時期に政府による買い上げ（共販）があって農家は纏まった額の収入を手にするが、一方で年間の自家消費と家計に充てるために備蓄した分を、季節の値動きを頭に入れて上手に運用しなければならない。主婦は一つ一つの甕に現在何の穀物がどのくらい残っているかをしっかり把握しており、質問への答えも的確である。

味噌（テンジャン 된장）、醤油（カンジャン 간장）、唐辛子味噌（コチュジャン 고추장）、キムチ類などの醤類は、調味料としてもまた副食としても、主食の穀物に劣らず村人の食生活に欠かすことのできないものであり、その家庭の食生活ひいては健康や平安の源でもある。醤類の出来不出来は家庭生活を左右すると言っても過言ではない。醤類が酸敗したりすれば不吉な予兆のように見做されるほどである。醤類の漬け込みと管理は主婦の役割であって、主婦の技量は醤類の味を見れば分かるとも言われる。漬け込みの日どりは「択日」によって障りの無い日が選ばれ、雑鬼の侵入によって味が酸っぱくなったりしないように、中に唐辛子を浮かべたり、甕の周りに唐辛子を挟んだ注連縄を巻いたりする。醤類を入れた甕器を置く醤トク台は、敷地の中でも井戸近くの清潔で陽当たりの良い場所に、石やコンクリートを敷いて設けられ、主婦は毎朝早く甕の蓋を少し開けて新鮮な空気に入れ換えたり、甕の周囲を藁束で磨いたりして、醤トク台の清掃にも気を配る。町に下宿して自炊しながら学校に通っている子供たちは、週末を村で過ごしたあと、母親が漬けた醤類を持ち帰る。醤トク台は主婦の管轄であり男性は甕に手を触れることもない。

酢壺（チョベンギ）は、厨房の毎日煮炊きする竈の隅の、四季を通じて何時も若干温かい所に置かれている。酢の中にはかろうじて肉眼で見える程度のチョヌン（초눈）と呼ばれる微小な線状の生物が無数に泳いでおり、こ

の虫が酢を作ると考えられている。主婦は、この虫が死滅しないように、壺の温度をほぼ一定に保ちながら濁酒（マッコリ）をすこしずつ足してゆく。酢壺は代々主婦の手で受け継がれていく[5]。

（二）食物の調理：厨房のほか一部は屋外の井戸端や臨時に設けられた竈で行われ、女性の役割となっている。とりわけ厨房は女性の領域であって、男性が出入りするのは見苦しいと言って、「プルアル（きん玉）が落っこちる（불알 떨어져）」とまで表現された。祭祀の供物としては、ナムル類の調理や甑餅、濁酒作りに甕器が用いられる。このうち、ナムルを調理して祭器に盛るのを男性が手伝うのを目撃したことがあるが、甑餅と濁酒作りは主婦の役割となっている。

（三）水汲みと運搬：井戸から水を汲んでトングーで頭上運搬するのも女性の役割と決まっている。男性は頭上に物を載せて運ぶことは無い。家庭に井戸が無い場合には、共同井戸から水を汲んで家まで運ぶのが、女性にとってきつい日課であった。庭の片隅に置かれている小便壺にもトングーが充てられ、屋内で用いたおまる（ヨガン 요강）の小便も毎朝このトングーに移してから、頭上に戴いて裏の畑に運んで撒いてくる。これもやはり主婦の役割とされていた。

（四）家畜の世話：厨房から出る食べ物の滓や残りを集めておき、これを餌として豚を飼うのも主婦の役となっていた。どの家庭でもこうして一、二頭の豚を飼っており、それが主婦の貴重な現金収入源となっていた。

（五）家庭儀礼：家庭の守護神を祀ったソンジュ・トングーに対してさまざまな機会に儀礼が執り行われ、そのすべてが主婦もしくは年配女性の役割となっていた。中でももっとも盛大なものが、珍島では年に六回行われる名節コサ（ミョンジョル・コサ 명절고사）である。特に正月の望日（テーボルム 대보름）と秋夕（チュソク 추석）の二大名節には、ソンジュ・トングーのほか、竈、忌祭祀（キジェーサ 기제사）の対象となる近い祖先たち（ソニョン 선영）、収穫時の穀物収納に充てられる穀間（コクカン 곡간）、マレーの庭に面した扉（大門）の前、井戸などに

も膳が供えられ、主婦が順々にその前で家族の平安および農事の順調と豊作を祈る。このほかにも、家庭で何か特別な儀礼や重要な事がある度に、主婦あるいは老婆が予めソンジュ・トングーの前に供物を供えてコサ（고사）の儀礼を行う。例えば、田植えの際の苗祭祀（モジェーサ 모제사）、僧を家庭の招いたりあるいは寺に赴いて行うコン儀礼や病気平癒の読経儀礼、読経師（トクキョン 독경）による道教的な読経儀礼を行う場合、タンゴル巫女を招いて巫俗儀礼（クッ 굿）を行う機会などである。また、特別な食べ物や貴重な薬を服用する時や、新しい収穫があった時にも何より先にソンジュ・トングーに供える。その外、市場で牛などの高価な取引をする時にもソンジュ・トングーにコサ儀礼を行う。また家族に病人が出た時にも、家庭内で先ず初めに試みる儀礼は、ソンジュ・トングーに対して食べ物を供えて祈るトシン（도신）あるいはピソン（비손）である。

　出産と子供の成育に関する儀礼で対象となるのは、産神の性格を帯びているチースク甕と、出産の前後に産室に祀られる産神甕、出産後に胎盤を納める胎甕（テーオガリ 태오가리）がある。チースク甕はその家で死んだ姑の霊を祀るもので、一人の霊に一つずつオガリがあてられる。分家してまだ間もない家庭には祀られていないが、一つの家庭で多い場合には数個のチースクを祀っており、祀っている場合の平均は二個強となる。産神甕は今日では見られなくなったが、かつてはどの家庭でも出産があれば産室の一隅に浄い米を納め上にはワカメを供えた甕を安置して産神をまつり、産婦は出産後この甕の米とワカメで作ったワカメ汁（ミヨククク 미역국）と御飯を食べるのが習わしであった。産後の七日目毎に二一日までの三回、村の巫儀を担当するタンゴル巫がやって来て産神甕に対する儀礼を執り行い、二一日目の儀礼が済むと門に懸けてあった注連縄（クムジュル 금줄）とともに産神甕も取り除かれた。胎甕（テーオガリ）は、択日（テギル）によって選んだ日取りにタンゴルが来て唱えごとをしながら家の裏などの適切な場所に埋められる。

　子供がまだ幼くて死んだ場合には葬礼は行われず、甕（トングー）に納めて地上に置いてその上に石を積み上

写真4-13　15歳以下で亡くなった子供は遺骸を甕に納めて石積みにするタムウォル という葬法が採られ、村から視界に入らない山合い（チョブンコル）に葬られた

写真4-14　テーオガリを埋める際にもタンゴル巫が儀礼を担当する

げただけの葬法がとられる。

珍島の農村においてこれほどまで多くの甕器が用いられていることは、指摘されるまで現地の人ばかりか民俗学者たちも気づかなかったようである。本土の農村でもキムチや味噌、醤油の醸造には例外なく甕器が用いられており、二〇や三〇の甕器を保有している農家は少なくない。とりわけかつての両班旧家のように、家族員以外にも住み込みの使用人など、多くの世帯員を抱えた家庭では醤トク台の規模も大きい。しかし珍島の場合には、いわゆる両班―常民間の階級区分がほとんど認められないばかりでなく、各世帯間の農業の経営規模にもそれほど大きな差が見られない。水稲と畑作物の複合的な農業も珍島に限ったことではない。稲には餅種と粳種とがあり、粳種にもさまざまな品種があって、風や冷害、病虫害などによるリスクを避けるため、どの農家でも同時に幾種類かの稲を栽培しながら、さらに同一種を繰り返し栽培するのを避けて、種の交換も心掛けていた。その上、市に出すためにも等級別に分けて保存する必要がある。麦や粟も同様であり、また豆にも種類が多い。したがってそれら穀物の容器にあてられる甕器の数も多くなるが、この点も珍島に限ったこととは思われない。また珍島の農村では、穀物の容器には甕器以外の容器が用いられていないが、これも少なくとも本土の南部地方ではむしろ一般的なことといえよう。

甕器の生産も、小さな登り窯による生産は地域的な需要に応えて全国的に行われていた。また定期市場で甕器を扱う商人のほか甕器専門の行商人もいて、甕器は津々浦々に広く行き渡っていたので、条件はどの地も大差がない。珍島農村でこれほどまで多くの甕器が主として穀物の備蓄にあてられている背景としては、各世帯が財政面で自律性が高いこと、主婦の間では定期市での売買に穀物が充てられていたこと、農民の自主的な運営による数多くの「契」がよく機能していたことなどが注目される。いずれの「契」仲間も平等互恵の原理に基づいて独自の活動資金を準備してこれを運用しており、調査開始当時はその多くが米や籾の現物で準備され、必要に応じてこれを定期市で現金や必要物資に交換して充てる方式が採られていた。

家庭内に目を転じると、甕器の用途と結びついた活動は、いずれも女性のそれも主婦の役割となっており、甕器の置かれた空間はもっぱら主婦の管轄領域である。一方、儒教の伝統的な社会規範は、もっぱら男性を対象とした漢文によるテキストに凝縮され、あるいは女性が排除されがちな祖先祭祀は、一般に家庭の生計や家事からは縁の薄い観念的な儀礼である。女性に対しても、かつては中国の古典物を翻案したものや、ハングルによる解説を付した婦道のテキスト『内訓』などが王朝によって編纂されていたことが知られているが、それが実際に普及していたのは主として上流士族社会であり、家事から解放されていた上流家庭の女性に限られていたのではないかと思われる。

これに対して農村の一般家庭では、珍島の例に見るように女性とりわけ主婦は、農作業の労働力としてもまた家事のすべてを担う点でも、家庭（チプ）の中心的な存在である。その役割と地位は観念的な語句によって規範化されることなく、厨房やマレーや醤甕台に配置されている甕器によって具体的に示されているといえよう。

男性が主宰する儒教形式の祭祀では、生前の親に対する孝の延長として死者の位牌に対して敬意を表するにとどまり、死者が霊的な影響を及ぼしたり、子孫が具体的な福を求めて祈願したりする余地もない。これに対して、主婦が主宰する祖霊儀礼では、死者の霊は家庭生活に具体的な福をもたらす守護者とみなされ、常時マレーの甕器に留まって祈願の対象となっており、主婦自身も死後は甕の中に祀られて家事を見守り続けるのである。

**注**

（1）こうしたことは農村開発の現場でジェンダーに関連する問題として各地の農村社会でしばしば指摘されていたとおりである。つまり、農村振興とか保健とか技能習得などの支援のため注がれた資金や物資が、一部の男性の手で独占され、予測どおりの成果に結び付かないという指摘である。農村の生活保障という一面を有していた共販という米の買い上げ制度においても、女性は疎外されていたと言えるかもしれない。

(2) かつて余裕のある家庭には、針母（チンモ）と呼ばれる針仕事に専念する女性を住み込ませる例が有ったという。食母（シンモ）を置いて食事の賄いをさせる家庭はいくらでもあったし、上萬のような村でも稀に見られた。しかし、針母は当時すでに都市においても過去のものとなっていた。上萬ではある日、私のシャツを洗濯した奥さんが、ほころびを繕った跡を見つけて、奥さんたちの間で話題になったのを思い起こす。家庭の差が大きかったようで、ほころんだまま服を着ているのをいくらでも見かけたし、肩のあたりがほころんで肌が見えるのに平然としている婦人も見かけた。

(3) 一九九一年に国立民族学博物館の主催で開催されたシンポジウムで、珍島農村における土器（甕器）の使用について報告したところ幅広い関心が寄せられた[伊藤　一九九五]。隣国韓国のしかも海を隔てた珍島の農村でこれだけ多彩な土器が用いられていることについて、専門家によってアジア、アフリカ、オセアニアとの比較検討がなされた。しかし、納得行く説明が見当たらず、故中尾佐助によれば、「奇異としか言いようがない」という結論に至った。その報告が契機となって、珍島農村の家庭における土器（甕器）一式が国立民族学博物館に収納されることになった。

(4) ハムバクチについては、二〇〇三年に珍島で開かれた珍島学会主催の国際シンポジウムで、出席した現地住民から異口同音に指摘されたが、上萬からの出席者は否定した。島の中にも地域差があるようだ。

(5) 酢の中を泳ぐ微小な動物の存在について、発酵を促す微生物が肉眼で見えるはずがないと言って私は譲らなかったが、実際に酢を小皿に採って見せられ愕然とした。村人は大きな『玉編』まで持ち出して「醯雞」なる項目を示し、論争に止めをさした。ちなみに醯雞は手元の簡野道明著『増補　字源』[一九五五]にも「酒壺などにわく小虫、かつおむし」とある。

# 第5章　家庭儀礼

一九七〇年代初めの珍島の農村では、稲作農耕と結び付いた年中行事の他にも、家庭生活の平安を求めて行うもの、病気などに対処して行うもの、災を避ける予防として行うもの、村の神木や祭壇で行うもの、そして、祖先祭祀を初めとする儒教儀礼などさまざまな儀礼が見られた。それらは、儀礼の目的と趣旨、社会的要請、対象とする神霊や場所そして儀礼の形式、儀礼を行う主体と専門職能者などの点で多様であり、農村の生活空間・社会関係における非日常的な演出をともなって、単調な農村生活に潤いをもたらすものとなっている。

儀礼に注目することで、村の生活におけるこうした非日常性をどのように位置づけるか、儀礼を通して人々の生活を規定する世界観をいかに視野に入れるか、そして生活の日常性と守るべき形式つまり生活像を捉え直すことが課題となる。

村で行われる儀礼のうち、村の共同儀礼として洞契が主宰するコリジェや山祭・虫祭、そして親族組織門中が主宰する儒教儀礼である上代祖先に対する時享祭祀を除けば、すべてが家庭チプの主宰で行われている。寺や山や水辺で行われる民俗佛教的な儀礼も主宰するのはすべて家庭チプである。家庭チプによる儀礼が、村における儀礼の圧倒的多数を占めていることからも、またその儀礼の機会や対象そして形式と趣旨が多彩であることは、家庭チプの日常生活の豊かな実態をあらためて浮彫にすることができよう。

そのためには、（1）人々の神霊や災厄に対する態度と行動、（2）信仰（belief）としての認識の側面、（3）生業や消費生活の生態学的・物的な側面、（4）村人の家庭生活における役割・地位といった社会的脈絡、（5）佛教や儒教や道教あるいは巫俗などの宗教的職能者の専門性、などに留意した厚みのある記述を心がけなければならない。（1）の神霊や災厄に対する態度と行動は、儀礼の場において具体的に観察できる。（2）信仰（belief）については人々の説明を手掛かりに（3）や（4）の脈絡を踏まえて読みとるよりほかない。（3）と（4）についてはすでに第3章、第4章で取り上げてきたところである。（5）のうち儒教儀礼については専門職能者は存在しないが、四礼便覧のような教本も存在し、もっぱら成人男性が儒礼の形式を身につけているので容易に観察できる。民俗佛教の世界では僧が儀礼を執り行い、道教的な信仰を伝える読経儀礼では読経師という専門家がおり、その経文が手掛かりとなる。これに対して巫俗の世界は、職能者であるタンゴルが村に住んでおり儀礼を見る機会が多かったが、経文のような教本が存在せず、クッ儀礼ではその唱誦する内容はたいへん難解である。

## 一　多様な儀礼

上萬では儀礼という語に相当する包括的な用語は存在しない。チェサ（祭祀、チェサ チネンダ　제사 지낸다、

チェチネンダ 제 지낸다）、コサ（コハダ 고하다）、トシン（도신）、ピソン（ソンビビンダ 손비빈다）、パプチュギ（パプチュンダ 밥준다）またはホンシク（献食 헌식）、コン（コンドゥリンダ 공드린다）、メーギ（맥이）、トッキョン（독경）、クッ（クッハダ 굿하다）、チョム（チョムチダ 점치다）など、対象や趣旨や形式に応じてさまざまな用語が用いられている。実際には信仰も儀礼の形式や、実施過程や社会関係との関連抜きに把握することは難しい。

これらのうち、チェサ（祭祀）は儒教的な祖先祭祀を指し、その基本形式が明らかである。祖先以外の神霊を対象とする儀礼にもチェサやチェという用語が用いられる場合もある。その一つは、村が主体となって村の安全を祈願して行われる洞祭で、上萬ではコリジェ（거리제）とよばれ、稀に対象となる祭神の名に拠ってカングジェ（疆衢祭 강구제）と呼ぶこともある。また、上萬と隣の貴星とで合同で祭るものに山祭があり、稲の病虫害を駆除するため夏行われるものに虫祭（チュンジェ 충제）がある。どちらも二つの村の中間に位置する山の中腹に、樹木の根元に祭場（チェート 제터）が設けられており、両村から選ばれた祭官によって儒礼形式で行われる。どちらも、祭壇の形式、男性の祭官、礼服の着用、祝文、献酒、拝礼など、祖先祭祀と同様の要素と形式を具えている。儒礼以外の民俗的儀礼と異なるのは、形式を踏まえた祝文を読んで拝礼するだけで、神霊に対して積極的に働きかけるという主体的・能動的な姿勢が見られないという点である。

コサは動詞形ではコハダと表現され、漢字を宛てるなら告祀となる。文字どおり告げる意味であるが、コサの中でももっとも規模が大きい名節コサは、ソンジュ（성주）およびソニョン（선형）の祭壇に向かって、主婦や年長女性が家庭のために願い事を長々と述べるもので、拝礼は行わない。ピソン（비손）は手を擦り合わせて祈ることを指すもので、ソンジュの甕の前で特に祭壇を設けずに主婦や年長女性が手軽に行うものである。

コンは民間仏教的な儀礼であって、総称して佛コン（プルコン 불공）ともいう。民間佛教的な神霊のうち、山神に対するものを山神コン（山コン 산공）、七星ニムや七星壇や五重石塔あるいは鳩岩（ピドゥルギパウイ 비둘기

写真 5-1　寺の法堂内でミロクに対してプルコンを行う婦人と僧侶

바위）と呼ばれる岩に対して子供を授かるように行う子息コン（チャシクコン 자식공）、竜王に対して井戸や川辺あるいは海辺の龍王岩（ヨワンパウィ 용왕바위）などで行われる竜王コン（ヨワンコン 용왕공）などがある。村の中央に茂り天然記念物にも指定されている榧子樹の根元でも子供の健康を念じてコンをする人がある。山神コンは弥勒石像を安置した法堂の壁に掛けられた山神像の前で行うほか、村の背後の女貴山頂上付近に設けられた山神壇で行うこともある。七星ニムも七人の神を描いた図像が法堂に掲げられているほか、寺の境内にも七星壇（チルソンダン）が設けられている。日常口語では動詞型で「コンを差し上げる」（コンドゥリンダ 공드린다）と表現され、それは「神徳に与かり、保護してもらう（신덕입으려고 보호해달라고）」ためであるという。コンには供の漢字を宛てることもある。

メーギは防ぐという動詞（막다）の名詞化した表現で、対象に応じて、厄メーギ、三災メーギ、代身メーギ、使者メーギなどともいい、村のタンゴル巫の助けを借りて行う。トッキョン（読経）は道教的な性格の経文を用いた読経儀礼であって、村人のなかで読経師を勤める者が上萬には一九七〇年代に二名存在した。チョム（占い）は、チョムジェンギと呼ばれる占い師が担当する占いで、その手法には霊的な力を借りるものから、漢文のテキストを用いて、生年月日の四柱に基づいて運数を判じるものまで幅が広い。霊的な力を借りる場合にも、呪文を唱える程度のものから神憑りする（シンドゥルリン 신들린）占い師まであり、個人差も大きい。生気あるいは霊気

みなぎる山の近くでは憑依できないとされ、風水の名山である女貴山の麓に位置する上萬には憑霊する占い師は現れないと言われている。村人はそうした占いを求める時には十日市まで出かける。

クッ（굿）は、タンゴル巫と楽士のチームが担当する巫俗儀礼であって、祭壇を設けていくつもの節次にわたる複雑かつ大がかりな儀礼である。上萬ではソンジュに対するソンジュクッと死者の霊を洗い清める目的で行われるシッキムクッが主なものである。シッキムクッは、庭（マダン）に設けられた天幕の中に祭壇を設け、死者の霊を慰め洗い浄めた後、あの世に送り届ける趣旨でさまざまな演出が見られる。タンゴルは伝統的な巫業を専門とする内婚的な職能の人々であり、分散して居住しながらパン（판）と呼ばれる縄張りをもち、パン内の家庭で行われる伝統的儀礼に関しては独占的な権利を有する。クッ儀礼の要請を受けると、その規模に応じて数人でチームを組み、宗教的な儀礼は女性が行い、男性は楽師を務める。

このほか簡素な儀礼としては、メーギのように積極的に対処するもののほか、単に食べ物を供えるだけの献食（헌식）の儀礼がある。例えば、道端で雑神が取り憑いて病に罹ったと言われれば、路地にご飯を置いて雑神に食べさせたりするもので、メーギとは違ってタンゴルに頼むことなく、また火も焚かない。死者を迎えに来てさまよっているとされる使者（サジャ 사자）に対して食べ物を与えて、気をそらしたりする趣旨の使者パプというもの、あるいはごく簡単なものでは、屋根に付く虫に食べ物を与えるパプチュギ（밥주기、パプチュンダ 밥준다）などもある。民俗学者に依る報告や文献に見られる設飯という漢語表現も上萬における献食と同様に、漢文の学識ある者が宛てた用語ではないかと考えられる。

社会的脈絡ないし関連として、先ず儀礼を行う主体と参加のあり方に注目すると、儒教社会の伝統としてもっとも重視されてきた儒教儀礼は、社会的規範と結びついていて明瞭である。しかし、祖先祭祀以外の家庭で行われる儀礼は、社会規範として明示されていないため、捉え難い面がある。伝統的な文人教養層に一般に見られた、儒教儀礼こそが正式儀礼であるとする姿勢は、村人の間でも特に男性の間では根強いものがある。公式の理念として、社会規範と結びついた儀礼の記述は、テキストなど手がかりも多く、さまざまな用語によって言語化されている。その基本は『四礼便覧』や専門家の解説に委ねられており、理念を何より重要視してきたのも文人社会の伝統であった。

上萬で行われてきた儀礼は、村全体の儀礼として行われる洞祭、山神祭、虫祭、そして祖先祭祀の中でも門中が主宰する時享を除けば、すべてが家庭チプの儀礼であり、婦人が主役となって行われている。いずれもが家族の健康や平安、農事の順調など家庭生活上の要請と結び付いている。そのうちには、佛教的な色彩の濃いものや道教の影響を強く受けたと思われるものもあり、それぞれ僧侶や読経師が重要な役割を果たしている。これら以外の、主婦が執り行う家庭儀礼では、対象とする神霊はさらに土俗的な性格のものである。以下では、これらの儀礼の形式および実修過程、それを通して読み取れる信仰とその社会的な含意を考察することにしたい。

## 二　家庭の守護霊

上萬における屋敷内の神霊としては、家庭全体の守護霊であるソンジュの他に、竈の神であるチョワン（竈王）、井戸の神であるセムカクシ、屋敷地の神霊ともいうべきトジュ、便所にいるチュクシン（厠神）、大門の門神、チースク、プルトなどがある。ソンジュは、それら家庭内の神霊の中でも全国的に見てもっとも一般的なものであり、文献記録にも表れ、成造の字が当てられてきた。ソンジュは屋敷内のすべてを支配するもっとも格の上の守護神とされている。

## 1　ソンジュ

家屋内にはソンジュ（성주）を表象する物がいくつか見られる。その一つは、家屋を新築する際に最後に棟を上げる儀礼を韓国では上梁（サンヤン 상량）といい、その時に大工の頭が主柱の上端に挟む白い紙をソンジュという。これは全国的に行われているもので、成造の名で記されてきたものは普通これを指す。しかし珍島では、大工以外はこれに対して関心が薄く、顧みられることもない。珍島では、これよりも新築後のソンジュ・クッ儀礼の際に、その家の主人が主柱の上の高いところに掲げるソンジュテー（성줏대）と板の間のマレーの隅の柱の根本に安置されるソンジュ甕が重要である。

写真5-2　ソンジュを祀り始めるソンジュ・クッの際にソンジュテーを主柱の上に掲げる

ソンジュクッは、その家の守護霊であるソンジュを祀り始める時に行われる巫俗儀礼であって、主人とその兄弟など近親の男性が中心となり、その家の儀礼を管轄するタンゴル巫と楽士が招かれて、午後から始めて翌日の明け方まで夜通し行われる。ソンジュクッは、クンチプ（本家）から財産の分与などの支援を受けて、チャグンチプ（分家）として新しく世帯を持った場合には、家計が少し安定してほぼ自立できるようになった時期をみて、クンチプと相談のうえ日取りを見て行うのが普通である。ソンジュテーは、竹笹に御幣のような白い紙を結び付けたもので、ソンジュクッ儀礼の最中は籠（サンテミ 산테미）に納めた

写真 5-3　村のタンゴㇽ巫が担当するソンジュクッ

米の中に刺しておき、やがて主人が梯子を上って柱の上部にくくり付ける。そしてタンゴㇽ巫がその柱に向かって唱えるように唄う場面がある。どの家でも柱の上部を見上げれば何時でも薄暗がりの中に見ることができる。しかし、一度掲げられると、特別な儀礼の対象とされることもないため、埃を被ったまま放置されている。特に女性たちはまったく関心を寄せない。しかし、家を改築した時や家庭内に病人や不運が続いたりした時には、占いの指示に従って運直しのためのソンジュクッ儀礼が行われ、主人が梯子を上って新しいソンジュテーと取り替える。

## 2　チースクとチアン

神の霊が甕の中の清浄な米に宿るという観念はソンジュばかりでなく、チースク・オガリにもみられる。チースク・オガリは、ソンジュ甕よりも少し小さめの丸い甕（オガリ）に、その家庭で死んだお婆さんの霊を一人ずつ別々に祀ってマルー

写真 5-4　チアンに儀礼。赤子の健康に不安があれば、タンゴルが水を張った桶に伏せた瓢箪を叩きながらチアン（産神）に祈る儀礼を行う

の棚の上に安置したものである。ソンジュと同じように秋の良い日取りを見て、特別に脱穀しておいた清浄な米を納めて紙で蓋をしたもので、春には取り出して子供たちに食べさせる。オガリではなく竹で編んだ行李状の入れ物（トングリ 동구리 またはソクチャク 석작）に納める場合もあり、かつて旧家にはチースク・オガリとチースク・ソクチャクの両方を祀る家庭もあったという。チースク（지숙）の語源はチェーソク（帝釈 제석）から訛ったものであるが、珍島では他地方で言われるような農事を司る神霊とは考えておらず、子供を授け安産と丈夫な成育を見守る神霊とされ、「チアン婆さま（치앙할머니）」と同一視されることが多い。チアン（지앙）とは民俗信仰に登場する帝王（チェワン 제왕）の訛った語のように思われる。かつては出産があれば、産室に甕に米を納めたチアントングーを祀って、ワカメ汁とご飯を三カ月間も供えたという。今も、

写真 5-5　チースク・オガリ

出産後の三度目の週が過ぎるサミレー（サム・イレー 삼일회）には、産室に宛てられた小部屋（チャグンバン 작은방）にはチアン膳が置かれ、マレーにはソンジュ膳とチアン膳、東向きにソニョン膳が設けられ、タンゴル巫が瓢器（パガジ 바가지）を叩いて乳児の安育を祈るトシン（도신）が行われる。あるいは、赤ん坊が乳を良く飲まなかったり、鳴き続ける場合にも、同様にしてトシンが行われる。

チースク・オガリは、その家庭のお婆さんが亡くなって、脱喪も過ぎて忌祭祀に移されるようになってから、主婦の手でその霊を祀り始めるのがしきたりで、儒礼の祭祀とはまったく無縁である。しかし、お婆さんが亡くなればかならず祀るというものではなく、家族に病人が出た時に占いの指示で祀り始めるともいう。いずれにせよ、二、三代が過ぎて祭祀から次の時享の段階に移される頃になると、お婆さんの古いチースク・オガリは棚の上から取り除かれ、山の岩陰や茂みの中など、犬や家畜が踏み入らないような清浄な場所に納め

写真 5-6　名節の日のチョワン（竈王）に対するコサ。正面の小棚にチョワンに供えた浄華水を入れたチョワン・チュンバルが見える

られ、他の穢れた用途に使われないようにする。上萬では、少し代数を経た家庭ならどの家でも一つや二つのチースク・オガリが祀られており、多い家庭では三つも祀っている場合がある。名節には甑餅が供えられる。

### 3　竈王（チョワン）

チョワン（조왕）は、厨房の土間に造り付けられている竈の神霊であり、本来は竈の背後の小棚に置かれた小さな器（チョワン・チュンバル 조왕중발）に、主婦が毎朝一番初めに汲んだ井戸の水（浄華水、チョンファスー 청화수）を供えるか、あるいは小さな皿に塩を盛って供えるのがしきたりであった。上萬ではチョワン・チュンバルを置く家は十余戸に過ぎなかったが、こうした器をふだん供えていない場合でも、竈にはチョワンがいると考えられていて、正月や秋夕などの名節コサの儀礼の際には、竈の上に敷いた藁の上に供物を供えて主婦（年長女性）が唱え

言を唱える。

鉄製の大釜は、農村の金属器としては、おそらく農機具類とともにもっとも重要なものであったと思われ、家を新築したり引っ越したりする際には、何よりも先にこの鉄釜を持ち込むのがしきたりとなっている。その際、鉄釜のサイズが竈に合わないときには、竈の方を造り変えなければならないほどである。ソンジュが家庭内でもっとも地位の高い神霊とされているにもかかわらず、名節の儀礼では、ソンジュよりも先にチョワンに供物を捧げて祈ることになっている。また、結婚式の後に新婦側の一行の先頭に立つ「伝雁」役の者が新郎の家に踏み入る際には、新郎の家の竈の墨を額になすり付けるしきたりがあり、また赤ん坊を生まれて初めて屋外や嫁の実家に連れてゆく時にも、竈の墨を赤子の額に付けたり、子供が遠方に旅に出るときにも無事を祈ってチョワンに浄華水を供える。このように、チョワンには家族の守護神としての性格が見られ、儀礼はいずれも、外部から家に、あるいは家から外部に家族の一員が出入りする機会に行われる点に特徴がある。しかし祖霊としての性格がまったく見られない点がソンジュとは異なる。

### 4　プルト

プルト（불도）というのは、大部屋（クンバン 큰방）の扉の内側の上に吊るした紙の包み状のもので、ソンジュ甕と同様に家屋を新築した時にどの家庭でも主婦が作るものであった。白い窓紙一枚に米を一握りずつ七回分包んで、子供の歳の数だけ糸で括ったものを、寺に持って行って、僧（スニム 스님）に子供の安育・出世などを祈ってもらってから持ち帰り、それ以後ずっと吊り下げておくものである。正月と上元の名節や七夕と四月初八日には、ソンジュなど屋敷内の神霊に対する一連のコサ儀礼とは別に、プルトの下にも水と御飯を供えて拝礼を七回行い、子供の安育を祈るのがしきたりとなっている。こうしていったん吊るしたプルトは永い間そのままにして

写真 5-7　プルト

おき、引っ越すときにもそのまま持ってゆくことが多い。古くなったものを、托鉢の僧が来たときに与えて、新しく作り直すこともあった。このように、プルトは仏教的な色彩の濃いもので、家屋に付随して家族を守護するものであるが、祖霊としての性格は認められない。何か特定の霊が宿っていると見るよりはむしろ呪物といった性格のものと見るべきものかもしれない。しかし村人の中にはこれをプチョニム（부처님）と呼ぶ者もある。プチョニムとは、佛教関係の神霊の総称あるいはそのなかでも中心的な神霊を指して民間信仰の次元で広く用いられている表現である。例えば、法堂の中央にある佛像ならどんな佛像であれプチョニムと呼び掛けられる。プルトを家の扉の上に吊るすのは、こうしておけば扉を潜るたびに頭をさげるので、プチョニムに礼を欠かさないからだという。日本における檀家のような制度を持たない韓国で、プルトは寺や僧と家庭とを結び付けるものとなっている。

## 三　ソンジュ甕と儀礼

巫俗儀礼ソンジュ・クッにおいてはソンジュテーが重視されるが、家庭でふだんソンジュといえば主婦ばかりでなく家族にとっても無条件にソンジュ甕（ソンジュ・トングー）を指す。ソンジュ甕に用いる甕は、主婦がソンジュ・クッに先だって、日どりの良い市日に出掛けて特別に買い求めた甕を充てる。その日の朝、主婦は身を清めてから服も着替えて、誰よりも早く村を出ると、市場に着くまで誰とも口を聞いてはならない。市場では最初に出会った商人から最初に目に止まった甕を買うことになっており、この時ばかりは決して値切らずに言われたとおりの値段で買わなければならない。そして収穫前に、やはり地官に頼んで障りのない日取りを択日（テギル 택일）し、特別に刈り入れた稲から、昔ながらの千歯扱き（ソンキゲー 손기계）で脱穀し、臼で搗いて精米しておいた米を納めることになっている。

ソンジュ甕は、マレーと呼ばれる板の間の主柱の元に一旦安置されると、特定の儀礼の機会に限ることなく、何かにつけ関心が払われ、毎年秋には同様にして新たに用意した米を納める。古い米は春に取り出して家族が食べるものとされていたが、穢れに接した者がこれを食べるとひどい病気になるといわれる。このため、家族の中で本人が知らぬ間にうっかり穢れたものに触れていることを恐れて、むしろ無難な市場に出すことが多い。主婦はソンジュ甕の周囲をいつも清潔に保つように気を配り、甕の蓋の上は、しばしば竹籠に納めた清潔な食器類の置き場所ともなる。子供たちはソンジュ甕の近くで遊んでいたりすると母親からたしなめられるため、普段はあまり近寄ろうとしない。甕の清掃や、甕に米を納めたり出したりする際には、いずれも択日によって日取りを選

写真 5-8　ソンジュ・トングー

ぶ[1]。このようにソンジュは、母屋の隅の特別な甕にいつも鎮座しており、儀礼が行われる時には甕の前または甕の上に供物が捧げられる。またマレーに隣りあわせのオンドル部屋（クンバン）でも、ソンジュ甕の主柱にもっとも近い場所が上座（ウンモㇰ 웃목）と呼ばれている。

　引っ越しする場合には、先ずソンジュ甕に対してコサをしてから、移転先が百歩以内の近い所ならソンジュ甕も持ってゆくのが習わしで、新しい家に越した後も先ずソンジュに対してコサをする。それより遠方に引っ越す場合には、裏山の高いところの大きな岩の下や、藪の中の犬や牛などが踏み入らない清浄な所に置いて行き、引っ越し先では新たに日取りをみてソンジュ甕を祀り始める。母屋に修理のため手を加えたり取り壊す時にも、ソンジュ、敷地、柱の支石にコサをする。

　珍島のソンジュ甕と同様に家の守護霊を甕や壺に祀る信仰は、かつてほぼ全国的にみられたもののようである。本土の内陸地方にも広くみられ、

さまざまな名で呼ばれていたが、その性格はかならずしも一様ではない。慶尚北道安東郡での見聞では、儒礼による祖先祭祀を厳格に行う旧両班層の名門家庭ですらも、女性の生活空間であるアンチェーのマルーの隅にソンジュの甕が安置されており、また穀物を貯蔵する部屋にはヨンタンジ（龍の甕　용단지）が安置されていた。しかし、ソンジュも龍の甕も祖先（チョサン　조상）とは明確に区別されており、女性の間でも儒教的な祖先観の影響が強いという印象を受けた。龍の甕も、本土の各地にかなり広くみられる「チェーソク・タンジ（帝釈タンジ 체석단지）」と呼ばれる壺と同様に、農事を司る神霊が宿るものであり、祖先の霊とは無関係とされている。儒教の教えでは、両親や祖父母が死んだ後に子孫に禍福をもたらすような霊的な性格に転じたりすることは有り得ない。祖先に関する儀礼は儒教儀礼に限られていて、家屋内のさまざまな神霊はいずれも祖先とはまったく無関係とされている。

珍島では、ソンジュに関わる儀礼は実に多彩である。儀礼が執り行われる機会と目的に注目してみると、ソンジュに対する取扱いもその時々少しずつ差がみられる。先ず挙げられるのは、ソンジュに祈る、あるいは、ソンジュに感謝する儀礼で、ソンジュを直接の対象とする儀礼である。これには、毎年定例として行われる（1）名節コサ、（2）田植えの日の「苗祭祀（モジェーサ　모제사）」、（3）新穀などの農作物を採り入れた時に行われる収穫を感謝する儀礼のほか、病気にかかった時にその平癒のために行う（4）「トシン（도신）」あるいは「ピソン（비손）」などがある。また、これとは性格が多少異なるものに、家庭で何か危険をともない運に左右されるような仕事を始める時や、家庭内で重要な儀礼を行う時に、それに先立って成功や無事を期するため、予めソンジュに供物を捧げるコサ儀礼がある。これは、家庭で何か目的を遂行するためには、家庭の最高の神霊であるソンジュにも敬意を表すという趣旨で行われるものである。こうした機会としては、（5）家の増改築、（6）山での伐採作業、（7）漁の開始前、（8）農繁期の作業開始前、（9）脱穀機、耕運機、精米機などを使い始める時、

写真 5-9　名節コサ。年上の女性が先ず初めにソンジュに対してコサを行う

（10）石垣を直すために石を動かしたり、庭の整地のため土を掘り返したりする時などのほか、（11）市場で牛を買うとき、（12）高価な薬を服用する時などがある。また予めソンジュに敬意を表しておく必要のある家庭内の儀礼としては、（13）結婚式、占い、読経、クッ、防厄（メーギ 맥이）、コン（공）、冬至や七夕、祖先の祭祀、農楽によるマダンクッ（마당굿）など多彩な機会がある。このほかにも、餅を作ったり珍しい御馳走を作ったりすれば、まず初めにソンジュに供えてから食べるのがしきたりである。

　これらの中で、特に重要視される大がかりな儀礼は、名節コサと病気平癒のために行われるトシンである。珍島では、正月上元のテーボルム（대보름）とハンカウィ（한가위）つまり秋夕（八月望日）が二大名節とされ、これに正月元旦（ソル 설）、二月朔日のハグダル（하그달）、六月一五日のユドゥー（流頭 유두）、七月望日のペクチュン（百中 백중）を加えた六回が名節（ミル 밀）とされている。このほかにも、三月三日、四月初八日、五月端午、七夕（チルソンナル 칠석날）、一〇月初三日（チョサミル 초삼일）、冬至日などがあるが、これらの中には名ばかりで取り立てて何もしない日もある。年中行事の多くは二大名節に集中している。上萬でもテーボルムと秋夕（チュソク）には、どの家庭でも名節コサを行っている。本土の一般的な習俗としては、テーボルム

写真 5-10　ソンジュ甕に供えた膳。上の棚にはチースクオガリが二つ見える

写真 5-11　占い師（チョムジェンギ）も占いをする前に、先ずソンジュに対して、次いでソニョンの祭壇に向かって、銅鑼を打ちながら唱えごとを述べる

と秋夕は祖先に対する儒教式の儀礼を行うものとされているが、珍島では儒教の原則に縛られない。主たる対象はソンジュであり、儀礼の主役を演じるのも男性ではなく主婦あるいは年長女性である。ソンジュの甕の前に膳（ソンジュサン 성주상）が設けられ、これとは別に東に向かってソニョン（선형）に対する膳が設けられ、両者の間の床には藁を敷いてチアンに対する供物が供えられる。ソニョンは、忌祭祀の対象となっている親をはじめとする近い親族全員に対して、その人数分の食事を供えた膳である。一見したところ祭祀の祭壇と同じに見えるが、忌祭祀とは違って背後の屏風には位牌に相当する紙榜を掲げることはなく、降神のための香炉や茅沙、そして献酒や「読祝」も行われない。田植えの日の「苗祭祀（モジェーサ 모제사）」もほぼ同様であるが、ソンジュ甕の上に稲の苗を三束供える点が異なる。病気平癒のために行うトシン儀礼も、祭壇の形式は同様であるが、タンゴルあるいは稀に読経師が主役となる点が異なる。

珍島ではソンジュに対してしばしば祖先を指す「チョサン」という語を用いることがある。とくに儒教式の祭祀（チェーサ）に直接参加することのない主婦の間では、ソンジュを直接対象とする（1）から（4）の第一群の儀礼では、ソンジュを対象

としているにもかかわらず「チョサンに祈る」あるいは「チョサンに感謝を捧げる」というような表現が採られることが多い。これに対して（5）から（13）の第二群の儀礼では、供物を捧げるだけで、それ以外に祈ったり拝礼したりすることなく、ソンジュに敬意を表して事前に「告げる（コハダ）」ことが重視されている。仕事の安全や成功を祈る儀礼では、山での伐採や土を掘り起こすような作業であれば山を管轄する山神が、漁業では龍王が直接の祈願の対象とされる。特に後者の場合には、巫女（タンゴル）を招いて盛大な巫俗式のクッ儀礼を執り行うことがあるが、それと同時に家庭でもソンジュに対するコサ（告祀）儀礼を欠かさない。また船には、日本の船魂にも良く似た「船王」または「ペーソナン（배서낭）」が祀られていて、出漁前にはこれに供物を捧げる儀礼が行われる。一方、耕運機や発動機のように新しく村に持ち込まれた機械類には、特別な神霊は想定されていないが、その場合でも、事故が起きたりしないように耕運機の荷台に供物の膳を置いてコサを行っている。（13）に列挙した家庭内のさまざまな儀礼に際しては、どんな神霊を対象とする場合でも、家庭内ではソンジュが最高位の神霊と考えられているため、まずこれに敬意を表さなければ儀礼自体の効果を期待できないとされる。

また珍島農村では、儒教式の祭祀の際にもソンジュ甕に供物を供えるのがしきたりとなっている。祭祀に直接参加する男性たちの説明に依れば、儒教儀礼の公的な場ではあくまで紙榜（木製の位牌に代わるものとして紙に書かれた位牌）に記された者だけが祖先（チョサン）として扱われるべきであり、ソンジュはこうした祖先とは別個のものであるが、家庭内あるいは家屋の最高神であるから敬意を表するにすぎないという。

第二群の儀礼を念頭に置いた場合の村人の説明は明快である。すなわち、ソンジュは「家の主人（チプチュイン 집주인）」あるいは「家の鬼神（チプクィシン 집귀신）」であるから、「どの家にも住んでおり」、「ソンジュがいればこそ暮らしてゆける（ソンジュガ イッソヤ サラカジ！ 성주가 있어야 사라가지）」とさえいう。この場合、ソンジュの祖先あるいは祖霊としての性格はあまり意識されることがなく、家（チプ）のもっとも高い神位（チェイル

クン オルシン 제일 큰 얼신）という点が重視されるにすぎない。ところが、同じ村人が直接にその恩恵や力を求める第一群の儀礼について語るときには、「チョサンに祈る」あるいは「チョサンに感謝する」と表現し、自分たちとの関係が重視され、祖霊として意識されるようである。実際に儀礼の現場で唱え言を聞いていると、「我がソンジュ様（ウリ ソンジュニム 우리 성주님）」という呼び掛けで唱え始めるが、その後の唱え言の中ではしきりに「お婆様、お爺様（ハルマニム、ハラボニム 할머님、할아버님）」とか、あるいは「金氏お婆様、朴氏お婆様」というぐあいに、具体的な祖先と思われる人物の、とりわけお婆さんに直接語りかけるような表現が繰り返されるのである。

村人の間でも、男性と女性とでは「チョサン」という概念に明らかに違いがあり、また個人差も案外大きいことに気付く。まず男性のとりわけ年長者の場合には、儒礼形式による祭祀だけを祖先に対する正式の儀礼と見做しているため、その対象も系譜の上で父の代から世代順に辿って入郷祖やさらに上の代の入島祖にまで遡って、一人ずつ個別に認識できるものと考えられている。これに対して女性たちは、家庭では祭祀の準備を受け持っていても、それより上世代の祖先に対する時享に参列することは無いためか、一般に男性に比して系譜知識が乏しい。個別に認識できる祖先は、自分の家庭やチバン（집안）と呼ばれる近親の家庭で祭っている近い祖先に限られ、それ以外は漠然としていて一人一人を個別認識できないようである。

女性たちが普段チョサンという場合には、漠然とすべての祖先をまとめて集合的に指しており、その具体的な対象となるのは、部屋の中に常時祀られているソンジュ甕しかない。また、正月元旦や上元、秋夕などの大名節には、ソンジュ甕とは別に忌祭祀の対象者全員に対する大きな「ソニョン膳」を設けて一人一人に御飯と汁を供えるが、この場合には、ソンジュは「上の代のお婆さんお爺さん（ウッテー ハルモニ ハラボジ 웃대 할머니 할아버지）すべてを指す」といって近い祖先を指すソニョンとは区別している。

これに対して男性のうち特に漢文の素養のある年長者には、女性たちが行うソンジュに対する儀礼を、祖先とは無縁のものだとして認めようとしない者が少なくなかった。確かに儒教の規定に基づく公式の見解によれば、忌祭や時享の儀礼で対象とするものだけが祖先であり、原則として入島祖以前の祖先もすべて何処かで誰かによって時享や墓祭がきちんと行われているはずのものである。チョサンはどこまでも個別かつ具体的なものと見做されている。

写真 5-12　栗を食べる前にチョサンに供えるといってソンジュの甕に供えた

　しかし、そのように儒礼の原則に立って解説する男性の間でも、かならずしも儒礼の原則で一貫しているわけではない。例えば、私が宿としていた家の主人は、ふだんは儒教の公式どおりの見解を代弁して、ソンジュとチョサンとはまったく別個のものであると解説していたが、ある日、山に植えた栗を初めて収穫した時、その場で食べようとする私を制して、「チョサンに供えてからにしよう」と言ったことがある。彼らの日頃の主張によれば、祭祀の時以外にはチョサンに対する祭壇は設けられていない筈である。私が予想していたとおり、彼が家に帰って栗を妻に渡すと、妻は何のためらいもなくこれをソンジュの甕に供えたのであった。つまり儒教の建前とは異なり、彼らにとっても女性たちが常日頃マレーに祀っているソンジュの甕は決して無視すべき存在ではないのである。見逃さずに私が問い詰めると、彼の苦しげな説明は、「忌祭や時享のように一人一人別個に考えないで、チョサンたち全員を祀るのがソンジュである」とか、「上代のハルマニ、ハラボジを一緒に祀ったのがソンジュである」というぐあいに、女性たちの説明とほとんど変わらないものとなった。

女性とりわけ主婦たちのソンジュ信仰が男性たちとはかなり異なるのは、実際の家庭生活を切り盛りしている立場上、生活の切実な要請を反映しているからにほかならない。男性たちが、ソンジュを家屋や家庭の守護神とは認めても、チョサン（祖先）とははっきり区別しようとするのは、主婦たちにとってはあまり意味がない。主婦たちにとっては、ソンジュが家屋や家庭の守護神として家族の要請に充分に応えるためには、単にもっとも偉大な神霊と言うだけでは充分ではなく、祖先の霊でなければならないようである。ソンジュ以外にも珍島において家庭の守護神的な性格を持つ注目すべきものとして、チースク・オガリ、チョワン（竈王）、プルトなどについても紹介しておこう。

主婦が司るソンジュ＝祖霊に対する儀礼は、農事の順調、無病息災、病気治癒などのいずれも家庭内における主婦の役割に係わるものであり、その上家族中心的な排他的傾向が強い。

日常生活において、とくにチバン内では、主婦どうしの協力が物心両面にわたって緊密に見られる。農事作業では仕事の多寡を余り問わないほとんど無条件に近い相互扶助が見られる。しかし、チャグンチプでもソンジュを祀っていれば、ソンジュに対する儀礼では各自の家庭が誰の家よりも豊作になるように祈願するのである。病気平癒の祈願においても、ソンジュ儀礼はその家庭で甕に祀っているソンジュに対して、その家庭の主婦が祈るのでなければ効果がないとされている。

ソンジュ儀礼はこうして姑から嫁に受け継がれてゆくものであるが、一般に姑は実質的な家事を嫁に譲った後も、ソンジュ儀礼だけは変わらず熱心に祀り続ける。ソンジュ＝祖霊の信仰には、「……婆様（ハルマニ）、……婆様（ハルマニ）」という唱え言にも明らかなように、祖霊のうちでも家庭内の安全と健康を司ってきた先輩主婦たちの女性霊に比重が置かれている。ソンジュに対して甕が当てられ、その中に米が納められることは、こうしたソンジュ＝祖霊観の性格を良く示すものであろう。すなわち、甕や壺は家庭でもっとも基本的な容器として多数用いられており、穀物の貯蔵のほか、味噌醤油の醤類、各種のキムチ、塩辛（チョッカル 젓갈）などの貯蔵用としても用いられ、また水甕、小便壺、下肥の甕、子供用の甕棺として、また胎盤を納める容器としても用いられている。どの家庭でも大小各種の甕と壺を所有しており、庭ではチャントクテーに、家屋内ではマレーに多数の甕・壺が並べられている。このように、家庭生活において甕と壺は、もっとも所帯じみた物で、しかも男性がこれに手を触れることが無いのとは対照的に、女性の生活と地位を象徴する上でもっとも相応しいものである。また米は、もっとも重要な食物で、家族の健康と家庭生活の安定を象徴するのにもっとも相応しいものである。

以上に述べたように、ソンジュをはじめとする家庭内の儀礼は、もっぱら主婦が主役を演じ、主婦が管轄する日常の家庭生活の要請に応えるものである。これら儀礼から読み取れる信仰は、いずれも家庭の守護霊をめぐるものである。これらの儀礼は、一言でいえば、家庭チプの自律性とチプにおける主婦の役割と地位を表象するものといえる。

## 四　メーギ、パプチュギ、パンボプ（防法）

### 1　メーギ

メーギ（맥이）とは「防ぐ」を意味する動詞（막다）の語尾にイが付いて名詞となったもので、災いを防いで身を守るための儀礼である。これまでの民俗学の報告では漢字を宛てて「攘鬼」、「防鬼」とか「防厄」などと表記されることもあった。あるいは、鬼神を瓶に封じ込めて土中に埋める手法を連想させる「埋鬼」と漢字を当てることもあったが（総督府編　一九二九：三二六）、珍島ではそうした例を知らない。

上萬では、メーギは対象に応じてテシン（代身）メーギ（대신맥이）、エンメーギ（厄メーギ 액맥이）、スー（数）メーギ（수맥이）、サムジェ（三災）メーギ（삼재맥이）などと呼ばれ、主婦が村のタンゴル巫の指示に従って執り行い、かつては読経師が担当することもあった。

代身メーギというのは、人に取りついて病気をもたらす鬼神や、人を死に追いやってあの世に連れてゆくとされる使者（サジャ 사자）などの災いから身を防ぐため、自分たちの身代わりとして鶏や豚肉と藁人形を用意して、うまく相手を欺いて難を逃れようとするものである。

これに対して厄メーギ、数メーギ、三災メーギが問題とする厄や運数や三災は、いずれも鬼神のように災いを直接もたらす主体ではない。三災は各人の生まれ歳の干支に応じて巡ってくる災いの降りかかる危険性の高い三年間であり、この三年間にさしかかると「三災が罹る（삼제가 들었다）」ことが無いように慎重に行動しなければならない。厄（エク 액）や数（スウ 수）は専門の占い師によって指示されるものであるが、数が各人の生年月日

写真 5-13　メーギ儀礼もタンゴㇽ巫が担当する

時によって予め定められている運数を指すのに対して、厄には突然降りかかってくる厄神のようなものまで含まれている。

メーギはその家庭の主婦が準備して、村に住む世襲のタンゴㇽ巫女を頼んで、その指示に従って行われる。予め択日によって日取りを決めておき、人の寝静まる深夜に、先ずチㇷ゚の中でソンジュ、チアン、竈王（チョワン）、井戸（セムカㇰシ）に供え物をして、病人がいる場合にはその衣類を庭で焼いてから、家の石垣の門（サリㇷ゚）の外の鬼神が徘徊する路上や近くの三叉路で行われ、時にはさらに村の出口に当たる橋の袂でも行われる。村人が寝静まった深夜に風に乗ってかすかに銅鑼（チン 징）の音が聞こえて来たりすれば、間違いなくメーギが行われていたものである。年の暮れ近くの多い時期には、週に二、三度も行われていた程である。その日主婦は家庭の守護神とも言うべきソンジュに食べ物を供えてコサを済ませてから、メーギに必要な供物類を準備して鉢や籠に入れて

おく。深夜チプ内での儀礼が一通り終わると、タンゴルは予め藁でこしらえた人形を手に主婦と共に路上に出て、しゃがんで銅鑼を叩きながら経文のように単調な唱えごとを延々と続ける。チンの早いリズムは、唱えごとの息を継ぐ度に時折強く、ちょうど波打つように闇夜に響きわたる。主婦はメーギの手順を良く知っているらしく、その間立ったりしゃがんだりしながら、黙々と籠から供物を取り出して路上に敷いた藁の上に載せたり、足を縛られて羽を時々ばたつかせる鶏を横たえたり、辺りに酒を振り撒いたりした後、やがて藁束か藁人形を燃やして終わる。食べ物は犬が食べるのだろうか、翌朝には路上に藁と食べ物の痕跡、藁を燃やした灰や鶏の羽毛などが残っているにすぎない。こうした痕跡から深夜その近くの家でメーギが行われたことに初めて気付くことも多かった。代身メーギが身代わりに鶏や藁人形を用いる以外は、メーギの形式はどれも同じように見える。強いていえば、代身メーギが身代わりを立てて鬼神を欺くものであるのに対して、それ以外のメーギではもっぱらタンゴルによる経文の呪力に頼っているともいえる。しかしタンゴルの唱える経文の内容がどのように異なるのか確認できない。

## 2　パプチュギ

メーギとは別にもっと手軽な儀礼として、タンゴル巫の経文に頼らずに食べ物だけを与えて鬼神の危害が及ぶのを避ける方法もある。御飯を与えるだけで、特別な唱えごとや経文も要らない簡便なもので、村人が「パプチュギ（밥주기）」と呼んでいるものがこれに当たる。一部の民俗学者の間では「設床」とか「献食」という漢語的な表現も用いられており、他の地方ではこうした用語もあるものと思われる。祭祀や名節コサのように供物を捧げて敬意を表するのとは異なり、パプチュギは災いをもたらす相手の機嫌を損なわないように、食べ物をやって注意をそらして難を逃れようとするものである。

写真 5-14　農繁期を控えて耕運機にも膳を供える

一方、各地で広く行われているコサは、何か新しい機械や施設などを使い始める際に、予め事故や災いを避ける趣旨で供物をささげる儀礼を指している。航空会社が新しい機体を就航させる際や、バス会社がバスを運行させる際や、施設や企画のオープニングに際してもコサが行われる。これらは、特定の対象に敬意を表するのでもなく、また災いをもたらす対象を想定しているのでもない。上萬においても、農繁期に入る前に耕運機に供物を捧げてコサをするのは、特定の霊的な存在を想定したものではないが、その場合にもコサと呼んでいる。

祖先の祭祀や家庭でのさまざまな儀礼の際に、供物のおこぼれを求めてやって来る雑鬼（チャプクィ 잡귀）に対して、供物をすこしずつ取り分けて大門の外に撒いたりするのも、食物を与えて災いを追い払うという趣旨であるが、予め行うというよりは後で行う点で異なる。正月上元のテーボルムの日に、蚤や虱に対するパプチュギとして床

に草の実を撒いたり、藁葺屋根に住むヤスデに対するパプチュギと称して松葉を軒に挿したりするのは、パプチュギのうちでも穏やかなものである。これに対して、病気をもたらし死に追いやってあの世に連れて行くとして恐れられている「サジャ（使者 사자）」に対して与える御飯（サジャパプ 사자밥）はもっと真剣なパプチュギの例といえよう。

このように食べ物を用いて災いから逃れようとする発想は、民間信仰の儀礼に留まるとは考えられない。村の生活において災いをもたらすのは鬼神や死に神ばかりではない。読経師の経文でしばしば言及する官災という表現が示すように、民衆にとっては官も時には災いをもたらす気まぐれなものと考えられてきたようである。

私が上萬で目撃した出来事を紹介しよう。村の背後の山は、解放後の乱伐によって利用できるような樹木は悉く切られてしまったため一時は禿山同然となっていた。村の共有林や個人所有の山の樹木は、村人が家を建てる時に切り倒され、その場で皮を剥ぎ、墨を引いて手斧で材木に削り出されていた。当時は朴正熙政権の下で、治山・治水の一環として山の緑化政策が強力に推進されていた時期である。政府は「絶対緑化」の標語を掲げて山林育成のために伐採を禁止したうえ、さらに徹底させるため入山禁止まで打ち出して厳しく取り締まっていた。材木を切り出すには役所と警察の許可を採らなければならなくなっていた。

そんなある日、村人たちが何人か共同作業で裏山の木を伐採していた。その中には里長や班長たちもいて作業に立ち会っている様子であった。私も見物していた。村の公共の用途で材木が必要となっていたらしく、公会堂の付属の建物の補修にでも使おうとしたようである。その週末だったか次の週末だったか、土曜日の昼すぎ、面の派出所の巡査が三人でぶらぶらと村の近くの道を歩いて来るのに気付いた。村の入口近くの小高い所に住んでいた里長は、彼らが道からそれていよいよ村の方に向かってくるのを見ると、子供を伝令に走らせて班長たちを招集した。巡査はまるで散歩でもするかのようにのんびりとしかし確かに里長の家へ向かっている。村に滞在する外国人の聴取にやって来たのか不安がよぎったが、何か職務で捜査する時のようにさっさと歩く風でもない。巡査は里長にまるで知人のようにあいさつしながら、特に用事が有ってきたのではなく、前から一度囲碁のお手合わせを願いたいと思いながら忙しくてなかなか機会が無かったと言う。班長たちは里長と打ち合わせると去っていった。奥さんも如才無く挨拶した後、焼酎とつまみを出すが、巡査たちは初めのうち勤務中だからといって遠慮したりしている。里長は外国の客人を巡査たちに丁寧に紹介したが、珍しく彼らはさほど関心を示さない。厨房では枯れ草を竈にくべる音がして少し煙も出ている。巡査の中で最年長の派出所長は縁側で里長と碁盤をはさんでいる。私も脇で見ている。里長は私が日本から持ってきてプレゼントした洋酒をお客たちにも振る舞おうかと、私に済まなそうに同意を求めた。囲碁は里長が普段は考えられないようなミスを繰り返して不利な形勢である。やがて私は里長が相手に悟られないようにわざと負けるようにしているのに気付いた。そうしているうちに村の何処からか豚の断末魔の悲鳴が聞こえてきた。班長たちが豚を潰しているらしい。囲碁が二番おわり巡査は上機嫌である。残りの二人も少しお酒が入って機嫌が良い。班長も集まっている。厨房の方では湯気が盛んに立ち込めている。気分の良いついでに派出所長は日本の客人とも一局願いたいという。勧められるままに韓日対局を行うことになった。村人があれだけ楽しみに少しずつ分かちながら飲んでいたウイスキーをがぶ飲みされてしまったのが悔しかったこともあって、私は逆にこっぴどく負かしてやった。巡査が悔しそうにしていて、私も村の人たちに少し済まない気持ちもしたが、ちょうどその時運良く食事の準備が整い、お膳の上に茹でた豚肉が山のように盛られて出てきた。巡査たちは、長居した上こんな御馳走にまでなって済まないというようなことをいっている。ともかくその御馳走をたらふく食べたうえ酔いも回って良い気持ちになった巡査たち一行は、あまり足元が暗くならないうちにと夕暮れの中を上機嫌で退却していったのである。

巡査たちは明らかに村で木材を切り出したことを嗅ぎつけてやって来たのだった。里長と班長たちの対応も実に機敏なものだった。豚はほとんど村中どの家でも飼っていて、主婦が残飯や野菜屑などを与えながら世話をしている。農家にとって豚は貴重な現金収入源の一つであって、普段の食卓に豚肉が上がることはまず絶対無いといってもよい。豚をつぶすのは祖先の祭祀や結婚、還暦などの祝宴や喪礼など儀礼の時ぐらいである。里長がとっさの判断で、巡査たちの機嫌をとって村に災いが降りかからないよう、貴重な豚肉を潰してまで接待に努めたのは、さながら鬼神に対する代身メーギや使者（死に神）をもてなすサシャパプ（사자밥）のようであった。不運なのは豚であって、突然やって来た鬼神の犠牲となってしまった。

### 3　パンボプ（防法）

災いをもたらすのは雑鬼や使者だけではない。この世に未練を残して死んだ者の霊は身内の者に病気をもたらすとされており、病気の原因を占うと、しばしばこうした身内の者の死がとり沙汰される。例えば、埋葬地が適当でないと死者の霊が休まらないため、その不満が身内の者に病気をもたらすと考えられている。実際に、いくら町の医者にかかってみても、また評判の薬を飲んでみても一向に病気が快方に向かわない時には、病気の原因が何かもっと別のところにあると考えて、占い師に伺いを立てる。占いにもさまざまな手法がある。もっとも一般的な手法は、例えば「観世音菩薩（カンゼウムボサル 관세음보살）」を繰り返し唱えながらその都度テーブルの上に葉銭を撒いてはその形状からヒントを得て、顧客に示唆したり問いただしたりして原因をすこしずつ究明してゆくものである。こうした間接的な手掛かりに依るもの以外に、もっと直接原因を知りたいと思う者は、神懸かった占い師（シンドゥルリン・チョムジェンギ 신들린 점쟁이またはミョンドゥー 명두ともいう）に伺いを立てる。大抵は自分の死んだ子供や兄弟など身内の霊を祭壇に祀っていて、その助けに依って占う方法を採っている。こ

うした病気の原因を占う場合には、その病気をもたらしている身内の死者の霊が占い師に憑依してその言葉を語ることもあるという。例えば、憑依した死者霊が「今自分の周りは冷たくじめじめしていて落ち着いて休むことができない」とでも言えば、墓に何か問題が有るにちがいないと判断して改葬を考える。墓を掘り出してみたところ果たして槨の中に水が溜まっていたとか、木の根が入り込んでいたと言うようなことを耳にする。あるいは祭祀の供物の中に髪の毛が入っていて食べられなかったという様なことを語ったりもする。このように死んだ後で何か過ちがあってそれが死者の機嫌を損ねたことが原因と見做された場合には、改葬や巫俗の儀礼によって解決が計られる。しかし、死者がこの世に未練や恨みを抱いている場合には、恨みを抱かせた覚えのある者たちは、死者の霊が祟って出て来ないように予め手を打たなければならない。これが「パンボプ(防法 방법)」である。実家から少し離れた村に嫁いだ嫁が、姑や夫方の親族から冷遇され、過労と心労が重なって死んだ場合とか、子供をもうけることなく死んだ場合には、その霊は安まることなく徘徊してさまざまな災いをもたらすと考えられている。

実際にあった話を紹介しよう。これは上萬に嫁いできたある主婦が、実家の村から別の村に嫁いだ身内の女性のこととして私に話してくれた話である。その女性は嫁暮らしでさんざん苦労した挙げ句、子供も生まれないまま死んでしまった。その村には嫁と同じ氏族門中の者も一戸住んでおり、彼は葬礼の際に墓穴を掘るのにも立ち会った。しばらくして彼は病気に悩まされ始めた。いろいろ薬や注射など試みても一向に回復する気配がない。そこで占い師に伺いをたてたところ、死んだ女性の霊が出てきて「目も見えないし、足も痛くて歩けない」と訴えたという。これは死者に何か異常があるために違いないとして、墓を掘り返して調べてみるように頼んだが一向に取り合ってくれない。困り果てて女性の実家の村の門中に一部始終を話したところ、一族で押し掛けて談判となった。その結果ようやく墓を掘り起こさせた。すると死体の顔の上に箕が被せてあり、足の裏には針が何本も刺してあったという。そこで思い当たるのは、葬礼の日に実家の側からも大勢の親族が弔問に訪れていた時のことである。屏風の裏に死者が寝かされており、こちら側には何人も弔問客が出たり入ったりしていたところ、糸巻きに縫い針を刺したものが転がっていた。なぜこんなものが転がっているのかと思いながら部屋の隅の方へやっておいた。しばらくするとまた糸巻きが転がっていたので変だなと思い、また引っ込めておいたという。後になって思えば、あれは誰かが、実家の親族たちの目を盗んで、屏風の裏で死体の足の裏に針を刺そうとして糸巻きを用意していたのに違いないという。パンボプのことを知っていればその時すぐに気付いたであろうものを、墓を掘り返した後で年寄りから教えられてはじめて知ったという。(2) 現地の友人朴柱彦の調査によれば、パンボプにはこれ以外にもさまざまな方法があるらしい。

災いから身を守るためのもっと一般的で継続的な手段としては呪物や呪符(符籍)がある。その多くは母屋の戸口に掲げられる。上萬では呪物として刺のある木の枝、刺のある蟹や海老の甲羅などが用いられる。呪符には種類が多い。母屋の四隅の柱に貼る東西南北の将軍符(東方青帝大将軍、南方赤帝大将軍、西方白帝大将軍、北方黒帝大将軍)、母屋の正面の扉(大門)の上に貼られるさまざまな朱書きの呪符がある。

## 五　読経儀礼

上萬の村で活躍していた伝統的宗教の専門家としては、民俗的な色彩の濃い佛教の僧、巫俗儀礼を担当するタンゴル、占い師のチョムジェンギ(점쟁이)、風水や日取り(択日)をみる地官(地師)などの外に、独自の経文を用いて読経儀礼(トクキョン 독경)を行う読経師(トクキョンチェンギ 독경쟁이)が健在であった。

写真 5-15　読経師による読経儀礼

こうした読経師はかつてどの地方にも見られ、従来の民俗学では彼らも広義の巫の範疇に含められることが多かった。例えば秋葉隆は『朝鮮巫俗の研究』の中で、いわゆるムーダンやタンゴルの他にも巫覡《ふげき》として実にさまざまな者を取り上げており、歌舞によるクッを行わず、神堂も持たずに、鉦や鼓を打ちながらもっぱら読経や占いを行う者をも覡の中に含めている［秋葉・赤松　一九三七：二五―四二］。そのうち読経を専門とする者の呼称として経文師、経匠、経客、経師、誦経などを挙げており、また彼らが用いる経文集の中から地方別に代表的な経文を紹介している。忠清道地方では、巫俗儀礼クッの中でも法師が座って経文を用いて行ういわゆる「座ったクッ（앉은굿）」が主流をなしていて、『忠清道巫歌』［金栄振編　一九八二］に収録されているのも大部分がこうした経文である。これらの経文には一見して道教的な性格の著しいものが多いが、佛典に拠るものあるいは佛説に仮託したいわゆる偽経の類など、さまざま

写真 5-16　寺の僧による読経儀礼。読経師が自ら筆写した経文を用いるのに対し、佛僧は刊行された経文を用いるが、内容には類似のものも含まれる

なものが含まれている。

珍島では読経師は例外なく男性で、普段は他の村人と何ら変わりなく村の住民として農業に従事している。上萬では一九七〇年代に、五〇―六〇歳代の二名が読経師として活躍しており、それぞれ筆写本による別個の系統の経文集を所持していた。またこの他、私が宿としていた家庭にも、読経師をしていた祖父が用いた経文集が数冊伝わっていた。こうした人々は、若い時分から佛教に特別の関心があって、各地の寺を巡りながら修行を積んだ経歴の持ち主で、修行中に経文を自ら筆写したという。この村で見るかぎり、読経師は決して専門職業的なものとはいえない。

この村にたまたま読経師が二名も活躍していたため、始めのうちは、珍島ではどこの村にも読経師の一人や二人は居るものと思いこんでいた。しかしそうではなく、この村には佛塔や浮彫の石佛像が伝わっていたりして、他の村よりも佛教に関心が深かったようで、この村の読経師は頼まれれば近隣の村にも出掛けて読経儀礼を行ってきたようである。近年は後継者が無いため、珍島郡全体でも現役の読経師は数える程になっており、読経儀礼も途絶えようとしている。

経文集の一つ『佛教要集』（金長允本）に収録されている経文には、太乙保身経、喪門経、山霊経、神将退文、

帝王経、地神経、山王木神経、動土経、七刹経、大神経、佛説瘟癀経、大聖呪、佛説地神経、灑身経、下棺経、佛前焚香呪、三霊経、竈壇禮佛、山神請、山王経、龍王請、佛説百刹経、解怨経、怨魂経、蘗目経、石神経、船王経、竜王経、太歳経、場経、埋胎経、凶夢発願経、七星経、佛説断木経、佛説眼目清浄経、佛説天地八陽神呪経、佛説竈王経、撃刹経、疫刹経、戯刹経、解刹経、堧屈経、佛説牛馬長生経、佛説堂山経、童子経、逐虐経、佛説童子長命経、佛説童子延命経、佛説帝王経、北斗本命経玄蘊呪、踏山法文、的呼経、佛説奸鬼経、佛説壽生経、高王観世音経、佛説帝王経、観音救苦経がある。

また、『佛教要集』(金徳洪本)および『佛教要集』(李準容本)にも同様の経文が多いが、表題は同じでも内容は大きく異なる。『佛教要集』(李準容本)はこのほかに佛教的な性格の明らかな華厳経、般若波羅密陀神経、観世音経などのほか、多彩な請、真言が含まれる一冊と、易学および道教的な呪符(符籍)を納めた一冊の三冊からなっている。

読経儀礼には、二大名節である正月上元(テーボルム 대보름)と秋夕の前後に日取りを選んで家庭で行う定例的な儀礼と、家庭に何か災いが降り懸かった時に、占い師(チョムジェンギ 점쟁이)の指示に従って行う不定期のものとがある。正月や秋夕前後のものは、その年の病気や災いを未然に予防するために行われる大規模なもので、読まれる経文の種類も多く、夕食後に始めて明け方までかかる。場所は、祖先祭祀や名節のコサと同じように板の間のマレーである。しかし忌祭祀や名節コサとは異なり、儀礼はすべて読経師に一任されていて、主婦も祭壇と供物の準備をするだけで、その場に同席もしないことが多い。

家庭で読経儀礼を執り行うときには、まず初めに、マレーの隅に安置してあるソンジュ甕に供物が供えられる。正面には名節コサの時と同じ様に、忌祭祀の対象となっている身内の死者全員に対して供物を配したソニョン膳が据えられる。ただし祭祀とは違って、位牌に相当する紙榜や、降神のための香炉や茅沙は置かれない。部屋の隅のソンジュ甕よりもソニョンの祭壇が大きいが、ソンジュとソニョンの両方が対象となる。

読経師は白いトゥルマギを着て、頭には白い紙で作った三角形の僧帽状のものを被ることもある。ソンジュ甕とソニョンの祭壇に向かって座り、右手で銅鑼（チン 징）を打ち鳴らしながら、前に置いた経文集を捲りながら読経する。名節の時に読む経文は読経師によって異なるが、この村の現役の読経師の場合には、「千手経」、「竈王経」、「歓喜竈王経」、「歓喜成造経」、「安神経」、「佛説安宅神呪経」、「佛説度厄経」、「祈禱祷神経」、「帝王経」、「佛説天地八陽神呪経」、「天地柱心経」などを、この順に三回ずつ読み、「佛説天地八陽神呪経」だけは七回繰り返す。「佛説天地八陽神呪経」や「千手経」は、韓国では佛寺でも全国的に広く用いられてきたものであり、佛経の体裁を整えている。中でも「千手経」は「千手千眼観自在菩薩廣大圓万無碍大悲心大陀羅尼経」に拠ったといわれ、ハングル表記による長文の陀羅尼（真言）を含んでいる。竈王（灶王）は竈の神を指すもので、五方や干支などのさまざまな接頭語の付いた竈王神、灶王神の名を列挙する形式となっている。

成造は一般には家宅の守護神を指すが、この「歓喜成造経」では人間生活のあらゆる福徳をつかさどるものとして、三〇の項目にわたって成造の名が繰り返される形式をとっている。「安神経」では、東西南北と十二支の方位および、父母・夫妻・兄弟・子孫の救護と結びついた安主神や、さまざまな災厄を消滅させる安主神の名が次々と連呼される。これに対して、「佛説安宅神呪経」と「佛説度厄経」の冒頭部分は、「如是我聞一時佛・・・」で始まり、佛経的な体裁を採っている。

もう一人の読経師の場合には、「成造経」、「歓喜成造経」、「安宅経」、「竈王壇禮佛」、「竈王請」、「竈王経」、「明堂経」、「佛説安宅神呪経」、「地神陀羅尼」、「戯煞経」、「禱神経」、「佛説地神経」、「逐鬼経」などが用いられており、同様に成造、竈王、安宅に関する経文が主体となっている点で、家庭の年長女性やタンゴル巫が執り行う名

節コサと基本的に通じるものがある。また災厄を事前に防ぐための「天運大祝防厄」では、ソンジュ甕とチアンニム（産神 치앙님）に供物を捧げて、東の方に伸びた桃の枝を折って作った七つの人形（ホスアビ）と、東の方に位置する井戸から早朝に汲んだ清華水を供えて、「竈王経」、「成造経」、「龍王経」、「戯煞経」、「白馬逐鬼経」、「天地柱心経」の六つの経を読む。終わった後で七つの人形を村の出口に当たる橋の袂に置いてくる点はタンゴル巫による厄メーギとも似ている。

　臨時の読経儀礼を行うのは、ほとんどは家族に病人が出た時であり、占い師（チョムジェンギ）の指示に応じて採られるいくつかの方策の中の選択肢となっている。例えば、山神にコンを差し上げるように指示されれば、それは僧侶に経文を読んでもらいながら行う山コン儀礼を指しており、主婦は沐浴して身を浄めてから、寺の山神像や山上の山神壇で拝礼を繰り返して一心に祈願する。しかし「山神に経を読む」ように指示されれば、それは読経を指している。その場合も山上の山神壇で行うが、僧侶が木魚を用いるのに対して読経師は銅羅（チン）を打ちながら、まず初めに「山神請」で山神を呼んでから、「山霊経」や「山王経」などの経文を繰り返して読む。読経儀礼は経文自体の呪術的な効果を頼るもので、読経師にすべてを任せて、同伴した家族は祭壇の世話をするだけで拝礼も行わない。一方、占い師との問答を通して、木をむやみに伐ったことが病気の原因として明るみに出され、その際に「木神が罹った（목신이 들었다）」ためと判明すれば、それは読経儀礼を指示したとされる。例えば、庭で木の枝を下ろしたとか裏山で木を伐った時に木神が罹ったとされると、その木の根本に供物を捧げて、その場で読経師に「木神経」や「断木経」や「伐木経」を読んでもらう。こうした支障が無いよう、山で作業する前に、山の適当な場所に供物を供えてコサ儀礼か読経儀礼を予め済ませておけばその心配はない。それでも木を伐った直後に私が何気なくその真新しい切り株に立とうとしたところ、村の人たちが慌てて私を制し、切り株の上に急いで切り屑を被せたことがある。大木の切り株に触れると「断木が罹って」病気になるのだという。同

様に、地面を掘ったり壁を補修したりした時に、土をいじくったため「動土が罹った」とか、あるいは石垣を修復するため石を動かした時に「動石が罹った」のが病気の原因と判断されれば、いずれも然るべき読経を指示されたと考えてよい。その場合、招かれた読経師はその地面や壁に「動土符」という朱書きの符籍を貼って、その前に膳を供えて「動土経」と併せて「地神経」や「道場経」、「烏鵲経」などを読む。あるいは石垣に「動石符」を貼って「動石経」と「石神経」を読むことになる。いずれの場合も、木を伐ったり土や石を動かしたりした行為そのものが漢文で表記されると、あたかも災厄をもたらした神霊のように扱われて、その場所が特定され、これに対する供物と経文の呪力が求められる。これらの経文はいずれも、さまざまな接頭語を付けた断木神や動土神や動石神の名を列挙したあとで災厄の消滅を訴える形式となっており、これを幾度も繰り返すことによって神霊を鎮める方策となっている。このほかにも、例えば病気の原因を占ったところ、夜一人で村はずれを歩いていたことが取りざたされ、トッケビ（도깨비）が憑いたため病気に罹ったという判断が下されれば、横になっている病人の脇で「的呼経」を読んだりする。

病気の時に読む経文はその原因に応じて種類が多く、「大神経」や「神将退文」、「度厄経」、「除厄経」、「三災経」、「撃煞経」、「疫煞経」、「解煞経」、「七煞経」、「解怨経」、「怨魂経」、「逐鬼経」、「黄泉寃魂経」、「不浄経」、「喪問経」、「佛説奸鬼経」、「佛説瘟疸神呪経」、「佛説百煞経」、「逐虐経」などの中から適宜組み合わせて用いられる。このほか、子供が病気の際には「童子経」、「佛説童子長命経」、「佛説童子延命経」、「佛説帝王経」などが用いられる。また胎盤を甕（オガリ）に入れて埋める時には、普通はタンゴル巫がやって来て巫経を暗唱するのであるが、読経師に依頼すれば「埋胎経」を読む。この「埋胎経」は、乳幼児が病気の場合にも占い師から読むように指示される。牛馬が病気に罹った時には「(佛説）牛馬長生経」を読経する。

人が死んだ時に読む経文としては、実際に目撃することは無かったが「灑身経」が良く知られており、また棺を埋葬する時に読むものに「下棺経」がある。また、タンゴル巫によって行われる「シッキムクッ」とは別に、読経師に依って棺の脇で死者を洗い浄める儀礼を行う場合には「安神経」が読まれる。

同様に、海で溺れて死んだ者の霊を水中から引き上げる儀礼もタンゴルが行う「ノッコンジギクッ 넋건지기굿」が一般的であるが、読経師が行うときには「龍王請」と「龍王経」が用いられる。

また出産に際して安産を祈ったり、乳児に異常が生じたりした場合にも、普通はタンゴルがやって来て産神（チアン・ハルモニ 치앙할머니）の前で、大きな鉢に水を漲ってその中に伏せた瓢箪（パガジ 바가지）を叩きながら巫式の経文を暗唱して祈るのであるが、読経師に依頼すれば、チンを叩きながら「帝王経」、「臨産帝王経」などの経文を読む。

年中行事として読経が行われる機会としては、陰暦の七月七日の七夕に家族の無病息災を祈念して行うものがあり、「七星経」を含めていくつかの経文が読まれる。また家族の中でも特に主人や長子の誕生日に、その長寿と無病を願って読経を行う場合もあって、ソンジュ甕の前に供え物を捧げて「帝王経」や「撃煞経」が読まれる。家を新築したり改築したりした際に家族の守護神としてソンジュを祀り始める時にも、読経師が行う場合には、「成造経」や「歓喜成造経」に加えて、風水的な内容の「踏山法文」を読む。また毎年船で始めて漁に出掛ける時に「船王経」などの読経を頼む人もある。このように、タンゴル巫による巫俗儀礼ばかりでなく、かつては読経の方式で行う選択肢も用意されていて、もっと多元的な態勢だったといえよう。

読経師が用いる経文集はすべて自筆の筆写本で、収めている経文の種類や数にもかなりの個人差が見られる。佛教に造詣の深い者の経文集には、佛教関係の経文、眞言、礼佛、焚香呪、陀羅尼などが多数含まれており、また卜占も併せ行う者の場合には、身数、算命、方位、宮合、択日や符籍などが多数収録されている。

経文の形式や内容はさまざまであるが、本格的な佛経の類や、佛経の体裁に倣った「佛説天地八陽神呪経」、「佛説安宅神呪経」、「佛説瘟瘽神呪経」、「佛説度厄経」などの例を除けば、それ以外の経文は佛説と称するものも含めてほぼ次のようないくつかの形式にあてはまる。

(一) 救護を求めようとする神霊の名を多数列挙するだけのもの。

(二) 救護を求めようとする神霊の名に「来助我」を付して列挙したり、あるいは災厄を網羅的に挙げたりした後で、「今日読経万病消除」とか「三災八難被災口舌疾病之厄魔戯等一時消滅」、「無有凶禍、皆悉消滅、富貴吉昌、所求皆得、縣官口舌一時消滅」、「官災口舌横厄之厄三災八難如春雪一時消滅」などと結んで災厄の消滅を願うもの。

(三) 駆逐の対象となる煞、災、厄、鬼などを列挙したのちに、「鬼即速去万里之外」、「祝願行年雑鬼雑神速去千里」、「災厄災・・・遠去万里之外」、「千万諸厄諸煞今時速去千里遠去万里之外」などと退散を命じる強圧的なもの。

(四) 事物の由来やあるべき道理を解く論理的な形式を採るもので、中には天地開闢や天地乾坤から順次説き起こして身辺の事物に到るようなものも含まれている。

(一) から (三) までの経文では、神霊や災厄を網羅的に挙げる点で共通しており、その加護・消滅・退散を求めて最後に「奄急急如律令娑婆訶」で終えるなど道教の呪文的な性格が顕著である。(一) の形式のものには、「龍王経」、「戯煞経」、「解煞経」、「木神経」、「佛説断木経」、「平生帝王経」、「地神経」、「大神経」、「成造経」、「安宅経」、「歓喜成造経」、「歓喜竈王経」、「佛説歓喜竈王経」、「平生帝王経」、「臨産帝王経」、「佛説童子延命経」、「黄泉怨魂経」、「使者歓喜経」、「蔽目経」、「佛説突屈経」、「佛説百煞神呪経」、「佛説解寃経」、「疫煞経」、「動石経」、「石神経」、「七煞経」、「山王経」、「當山経」、「佛説眼目清浄経」、「龍虎逐邪経」などがある。
(二)の形式のものとしては、「喪問経」、「壽神経」、「安神経」、「佛説地神経」、「玉子帝王経」、「佛説帝王経」、「佛説童子長命経」、「求護身命経」、「童子経」、「動土経」、「古木経」、「伐木経」、「佛説竈王経」、「船王経」、「不浄経」、「除厄経」、「三災経」、「撃煞経」、「佛説帝王守護経」、「重服経」、「子孫戯煞経」などがある。
(三)の形式のものには、「怨魂経」、「逐鬼経」、「逐邪文」、「除厄経」、「佛説牛馬長生経」などがある。

(二)の例として「動土経」を、(三)の例として「怨魂経」を挙げておこう。

動土経

東方青帝動土神
南方赤帝動土神
西方城帝動土神
北方黒帝動土神
中央黄帝動土神
日月帝城動土神
二十八宿動土神
天上地下動土神
東方青帝大将軍
南方赤帝大将軍
西方城帝大将軍

怨魂経

東方青帝怨魂神
南方赤帝怨魂神
西方城帝怨魂神
北方黒帝怨魂神
中央黄帝怨魂神
子生男女怨魂神
丑生男女怨魂神
寅生男女怨魂神
卯生男女怨魂神
辰生男女怨魂神
巳生男女怨魂神

北方黒帝大将軍
中央黄帝大将軍
家内八方大将軍
成造諸中大将軍
金神木神大将軍
水神火神大将軍
十二土公大将軍
内外門中大将軍
天黄之中大将軍
房内宅内大将軍
家内山神大将軍
水口入宅大将軍
水災水口大将軍
路中木石大将軍
財物出入大将軍
四位神方大将軍
修造家庭大将軍
近方水石大将軍
近方木石大将軍

午生男女怨魂神
未生男女怨魂神
申生男女怨魂神
酉生男女怨魂神
戌生男女怨魂神
亥生男女怨魂神
家中寃身怨魂神
膀胱血身怨魂神
無主鬼魂怨魂神
山神水神怨魂神
空中無主怨魂神
道路伏鬼怨魂神
家内家神怨魂神
夫婦男女怨魂神
結項致死怨魂神
黒色白色怨魂神
五方諸鬼怨魂神
淹死客鬼怨魂神
四外厄鬼怨魂神

佛前寺物大将軍　　　　　　　祝願行年雑神速去千里
城王天皇大将軍　　　　　　　奄々急々如律令娑婆訶
山神海鬼大将軍
本命之所大将軍
新山旧墓大将軍
日逝神法大将軍
家内家神大将軍
左右祖上大将軍
為神作化大将軍
今日読経萬病消除
奄々急々如律令娑婆訶

これに対して、(四)の経文は由来や道理を説く点で論理的で文章形式に近く、内容が時間的にも空間的にも壮大である。これに該当するものには、「三才序文」、「安神経」、「天地柱心経」、「山霊経」、「踏山法文(地理法文)」、「奉請呪」がある。

このうち「三才序文」は、天地開闢の初めの盤古氏の誕生、陰陽、五行、天皇と九天府、人皇と十地府、天地人の三才、日月星辰と五方神霊、天尊府、星君、伏羲氏、神農氏、軒轅氏、金千氏、高陽氏、高辛氏、堯舜夏禹、殷周、儒道、佛法、仙道などを順次説いたのち、檀君朝鮮、箕子朝鮮、義湘と八万大蔵経に及んでいる。

また「山霊経」は、山の根本である胞胎山と、山の祖宗崑崙から説き起こして、その脈に沿って五岳と諸山霊を説いた後、白頭山から金剛山や鶏龍山など天下の名山の山霊が降臨する明堂を説き、この明堂を侵す憂患疾病官災横厄などの三災八難の消滅によって国泰民安と好楽長生を発願するという内容となっている。また「踏山法文（地理法文）」は、白頭山から咸鏡道、平安道、黄海道、京畿道、江原道、忠清道、慶尚道、全羅道の順に八道を巡りながら、その風水上の主山、青龍、白虎などを尋ねて回り、最後に辿り着いた当地の風水を描写してからその家屋敷の明堂ぶりを褒め称える形式となっている(3)。

　経文の中で祈願の対象として登場する神霊の種類は多く、多彩な民俗信仰を反映している。家の守護神である成造、竈の神である竈王、屋敷地の神である地神、出産と安産の守り神である帝王などの家庭の神霊や、龍王や船王（日本の船魂に相当する）、山神、山霊、木神、石神、動土神、動石神などのほかに、病魔を制圧・退散させる神将や白馬将軍、道教の最高神である玉皇上帝、太上老君、九天玄女、九天應元雷聲普化天尊あるいは単に天帝、天尊などが見え、さらに菩薩のような仏教の神霊もしばしば登場する。また病気や不幸をもたらす元凶である鬼、怨魂、冤鬼などの鬼の類ばかりでなく、もっと抽象的な災、冤、殺、煞なども、あたかも実体のように描くことによって呪術的な鎮圧や駆逐の対象として扱われている。

　このように、経文の中には民間佛教、道教、巫俗、易学、風水地理などの民間信仰のさまざまな要素が混在しているが、読経儀礼には他の宗教職能者による儀礼とは異なる特色が見られる。すなわち、プチョニムへの無条件の帰依と恭順に基づく祈願を主とする民間佛教のコン儀礼とは異なり、タンゴル巫を仲介者として神霊と対等に近い関係に立って交渉を試みる積極的な巫俗の儀礼とも異なり、またマニュアルに基づいて自然の理をどちらかと言えば機械的に解読するような易学や風水のアプローチとも異なって、読経儀礼では、経文の読誦を通してその呪術的な効力に依って、神霊の力を導き出したり災厄の源を消滅したり鎮圧・退散させる点に特色がある。それは経文集を所持してこれを読誦する専門家の手に委ねられているため、依頼した当事者の果たす役割は少ない。

こうした特色を、民間佛教、巫俗、卜占、風水などの論理や体系から敢えて区別するならば、民俗化した道教の信仰・儀礼と言うべきであろう。かつて『朝鮮道教史』を著して朝鮮における道教の伝統を文献に拠って跡付けた李能和は、王朝において天や星宿を祭った醮祭儀礼に代表されるいわゆる科儀道教と、李朝丹学派の系譜のほかに、いわゆる道流僧の手による民間における道教信仰の伝統を取り上げ、その流れを汲むものが盲僧などの読経匠であることを指摘している［李能和　一九五九］。しかし巫俗が多くの研究者によって盛んに研究されてきた反面、これら読経師が伝える経文と儀礼が民間道教の伝統として取り上げられることはほとんど無かったと言ってよい。民間佛教が用いる経文やタンゴル巫が暗唱する巫経や辞説（サソル 사설）に組み込まれている経文と、読経師が用いる経文との関係もまだ明らかではない。また民間佛教の修業の中で読経師がどの様にして読経術と経文を伝授してきたのかも明らかではない(4)。

上萬では村落の共同性が儀礼的に表出されるものとして村の祭りコリジェや山神祭、虫祭あるいは綱引きなどが見られたが、これらの村落の儀礼と門中の共同祭祀（時亨）を除けば、宗教的な儀礼はすべてが家庭チプを社会単位とする儀礼である。また後に述べるように、儒礼による祭祀のうちでも故人の忌日に行われる近親に対する忌祭祀は、家庭を拠点として行われる儀礼である。家庭で行われる民俗的な儀礼と信仰は、日常生活のもっとも重要な単位である家庭チプの安寧と家事を預かる婦人の手で執り行われている。いずれも、農作業の安全と豊作、祈子と安産、家庭の無病息災など、チプの自律性と安定性・持続性、そして主婦の役割と地位を表出する儀礼といえる。

しかしその中でも、ここで取り上げた読経儀礼は、漢語で書かれた経文を目で追いながら読経する専門職能者が存在する点で、どこまでも言語能力を拠りどころとしている。経文を伝えこれに目を通すのは読経師だけであり、漢語による経文の内容と意味を読み取ることのできるのも読経師に限られる。四書五経などによる漢文教育を受けた村の年長男性たちも、この経文には関心も寄せないので、読経師以外に経文の内容に関心を寄せる者は筆者にすぎない。経文の内容には易学や風水的な文言が含まれるとはいえ、儒学を主とする漢学とは異なる。これら経文を筆写し読経術を身につけるには、然るべき佛教系寺院で修業を必要としたのであり、書堂とはまったく無関係である。経文には明らかに道教や易学や風水地理などが盛り込まれており、経文の権威や正統性はその論理体系性に依拠しているが、これを読経するや否や漢語の意味世界は失われてしまい、音の世界に一変してしまう。神霊の名を連呼する場合には、それなりに神の名を聞き取ることができても、それはあくまで部分的なものにすぎない。読経儀礼を行う現場には、儀礼を主宰する家庭の婦人すらも同席しない。読経儀礼は占いの指示をもとに家庭の婦人たちの判断によって行われるのであるが、儀礼の職能者は漢文に依拠して読経するので、婦人たちにとっては音声と化した経文を一切理解できない。読経儀礼では、祭壇の前に座った読経師は目の前に経文を開いてこれを読唱する。読経儀礼の根拠となる中華文明の深遠な世界と、農村家庭における生活現実とを結び付けるものは、祭壇の前に広げられた経文と読経師にすぎない。漢文の抽象概念によって構成される中華の体系的世界と家庭における病気平癒などの現実、紙に記された文字と音声の響き、書堂教育とも異なる男性読経師と家庭の婦人、たまたまその傍らに座を占める私、そのそれぞれにとって読経儀礼は感慨深いものがある。

## 六　儒礼祭祀とチプ

### 1　儒礼祭祀

韓国では、儒教を公式の社会理念としていた朝鮮王朝時代以来、祖先祭祀をはじめとする儒礼を実践することが、人間関係や社会秩序の基礎とされてきた。とりわけ朱子家礼に基づく冠婚喪祭の「四礼」は、日常社会における儒教的な生活規範と人生像の中で特に重要な位置づけがされ、伝統社会において単に儀礼と言えば、本来はこれら人生の基本儀礼とされる冠礼、婚礼、喪礼、祭礼の四つを指していた。

儒教の中でもとりわけ朱子学の人間観・世界観においては、生前―死後を問わず、父に対する孝は人としてもっとも基本的な倫理とされ、これを家族のみならず社会の基本秩序と位置づけ、祭祀はこれを実践する行動規範そのものとされてきた。祭祀をはじめとする儒教儀礼の背景にあるのは、あくまで人間の関係原理を基本とする人間観・社会観であって、これ以外の超人間的霊性が介在する余地を認めないと言ってもよい。親を奉養し死後の祭祀を規定どおりに行うことが、基本的な人道に適った生活を実践することになり、祭祀の場ではその規定以外の行爲は、その原則から逸脱するとみなされ慎まなければならない。

孝という儒教の概念をもう少し現実の生活に即して捉え直すなら、その実践とされる祭祀は、子に生をもたらした親の恩に対して、子が無条件に果たすべき当然の礼と看做され、祖父や曾祖父そして上代の祖先に対しても基本的にその趣旨が貫かれている。親の恩に対する礼という点では相互的であるが、儒教儀礼の場における祖先霊と子孫との関係は、子や子孫の側からの一方的なものとされている。また、祭祀の場でみるかぎり、祖先は霊的な力を具えた存在ですらない。子孫に対して福をもたらすような慈悲深い性格すら認められないし、祭祀の場で子孫は祖先に対して何かを願うことも許されない点では、生前よりもさらに情緒的な関係が抑制されている。

儒礼を型どおりに実践することが、儒教理念に基づく生活そのものと見なされ、儀礼の遵守を通して理念や規範も身に着くとされ、社会的評価にも結びついていた。儒教の中でもとりわけ朱子学において、個人の内面的な徳性は儀礼的な行為・行動と不可分とされてきた。四礼とは、こうした儒教伝統の中で形式が整えられ、教本を通して儒教社会とりわけ家族関係や親族関係を実体化するものとなり、また社会的地位や威信を顕示する機会でもあった。

韓国における儒教儀礼の形式は、王朝時代に刊行された『四礼便覧』の普及に拠るものであり、儒教の教育・教化とともに民間に受容されていった。その受容過程において、こうしたテキストに正統性を問うてきた点で、土着の信仰との習合が進んだ佛教や道教とは対照的である。したがって儒教儀礼に関するかぎり、研究者の関心も、規範化された基本形式に向けられがちで、具体的な事例の観察・記述よりも、四礼に精通している識者や、みずから規範を代弁する古老の解説に頼りがちとなる。その点でも、漢文のテキストに精通していることが、伝統的な教養人の基本的な条件とされたのである。

儒礼の形式面に注目して、儀礼の構成要素とその空間的な配置と進行過程についてみると、細部において地方差や家門による差が見られ、また出身階層や経済状態によって簡素化が見られることはあっても、基本的な形式は規定から大きく逸脱することがない。しかし、儒教儀礼のうちでも祭祀を例にとって、儀礼をめぐる役割と実践の過程についてみると、主祭者となるべき者、参加者の範囲、参加のあり方などの点で、儒礼の規定と食い違う例も少なくない。言い換えると、形式面では基本が尊重されているのに対して、儀礼という社会過程はかなり柔軟性に富んでいることが明らかである。実際の祭祀をめぐる役割や協力関係は、世帯、門中、友人、村落などのさまざまな社会関係・社会状況を脈絡として、地域社会の特質を反映していることが予想される。

祭祀は本来冠礼、婚礼、喪礼とともに一連の人生儀礼を構成し、その最終段階の死後に対する儀礼である。人間として理想的な生涯を送るには、生前ばかりでなく、死後においても子孫から祭祀のもてなしを受け続けられる保障がなければならない。祭祀とは単に死者の霊を生者が祀るというものではなく、親―子関係に基づく尊卑の秩序を前提とするものであり、子が親に尽くすべき「孝」の一環と見なされている。村人たちのもっと具体的

な表現を借りれば、死後も食事を受けられることである。親に対する孝は、生前から事あるごとに尽くすべきものので、死後も延長し持続すべきものとされる。生前における孝行のうち、老後の親に対する奉養は還甲儀礼（還暦）に象徴され、還甲儀礼は「サン祭祀」すなわち「生きている時の祭祀」と呼ばれるように、喪礼の前段階と見なされる。還甲儀礼においても、両親の前に祭壇のように食物が供えられ、子供や孫たちが拝礼をする。祭祀と異なるのは、死者に対する拝礼と生者に対する拝礼とでは、回数と形式に若干の差が見られる点である。もし子が親に先立って死ぬようなことがあれば、子として老後の奉養ばかりでなく喪礼や祭礼の義務を果たせないことになり、親に対するこれ以上の不孝はないとされる。また、孝という概念に凝縮されたもの以外にも、親や尊長者に対する礼として、さまざまな機会に挨拶（インサ 인사）と拝礼が観察された。例えば、正月の歳拝、生日の拝礼、より日常的なものとしては、少し遠方に出かける時や帰宅した際の挨拶などである。

祭祀は、臨終後の初喪と一年後の小祥を経てその翌年の大祥（三年忌に当たる「脱喪」）によって一連の喪礼がすべて終了した後に始まるもので、死後の霊を祭る一連の儀礼である。毎年故人の忌日（命日）に個別の忌祭祀が行われ、正月や秋夕などの名節の際には祭祀の対象者全員に対する茶礼と呼ばれる祭祀が行われる。こうして祭祀が続けられ次の世代に引き継がれ、何世代かを経ると、春や秋に定例日を定めて祀る時享（時祭）あるいは墓前で行われる墓祭の段階に移行してゆく。

忌祭祀、茶礼、時享、墓祭は、儀礼の基本的な形式においてほぼ共通しているが、祀られる対象が個別であるか合同であるか、故人の忌日であるか名節あるいは定例日であるか、祭祀の主宰者が個人であるか親族集団であるか、祭る場所が特定の家庭であるか共同の場所であるか、あるいは墓前であるかなどの点で明確な差が見られる。

祭祀の主な節次は、参神、降神、初献、読祝、亜献、終献、進饌、辞神、送神であり、各節次ごとに再拝を行

写真 5-17　小部屋に設けられた喪房

う。また儒教祭祀に不可欠な構成要素を列挙すると、神主（位牌または紙榜）、男性祭官と礼服、焚香と茅沙による降神、祭需（供物）、漢文による祝文の形式、献酌、拝礼、飲福そして厳粛な雰囲気などがあげられる。

## 2　忌祭祀

忌祭祀は、故人の忌日（命日）に個別に行われるもので、ふつう祭祀（チェーサ）という場合にはこの忌祭祀を指すことが多い。原則として親子関係が基本となっており、子が親に対して尽くす当然の儀礼とされ、祭祀の中で読み上げる祝文の中で祭主の名が明示される。原則として祭主を務めるのは長男であるが、長男以外の子も親に対する孝には差が無いとされ、全員が拝礼する。子はよほどの理由が無いかぎり、遠方に居ても親の祭祀にはかならず駆けつけて参加すべきとされている。つまり忌祭祀は、親―子関係を基本とする家族関係を拝礼によって確認する儀礼と言ってもよい。親子関係を基軸に、その延長として祖父、曾祖父などの近い尊長者に対してもまったく同様に忌祭祀が行われ、参加すべき近親の範囲は親子および兄弟関係を辿って広がる。こうして高祖父の代まで四世代の忌祭祀を行うのが儒礼の原則に適うとされてきたが、実際の忌祭祀は調査地珍島の事例に見るように、決してそのとおりではない。しかし、忌祭祀が基本的に家族関係に基づき、祭主の家庭チプで行われる点では変わりない。世代を重ねるに従い参加はいくつかのチプにまたがるが、後述するように珍島では、兄弟間で両親の祭祀を分担することが慣習となっているため、祭祀

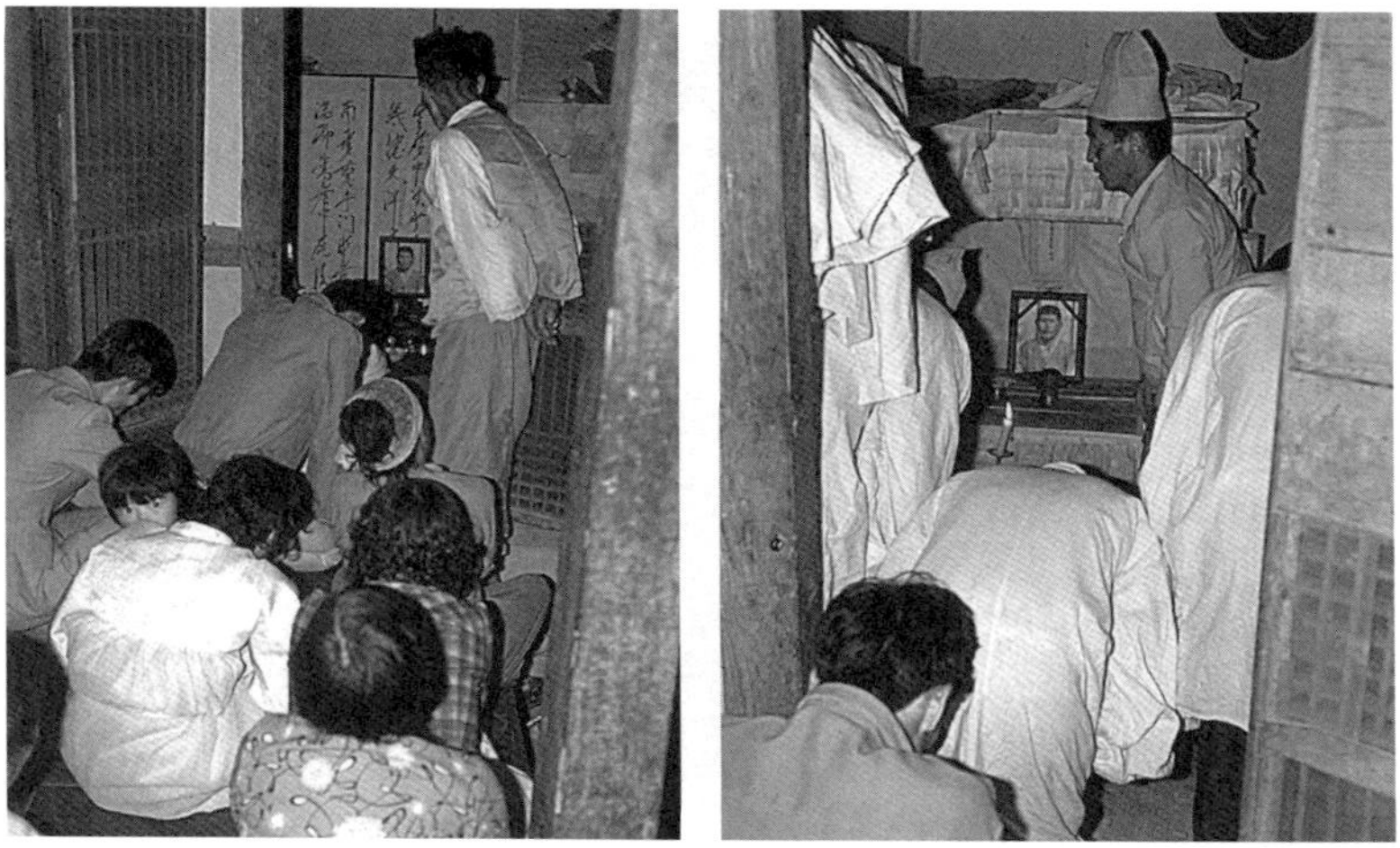

写真 5-18　喪房で最後の別れ

における参加のあり方は双方的であり、祭祀儀礼の社会的含意にもまた特色が見られる。

人の死にともなう儀礼である喪礼が終了して、死後の祭礼つまり祭祀に移行する過程は、全国的に簡素化と短縮化が見られる。珍島でも一九七〇年代当時すでに四礼の規定から大きく離れていた。珍島では、服喪の期間を短縮して小祥を一年後としていたのが、調査時には一カ月に短縮され、本来三年目の忌日に行われていた大祥(脱喪)は一年目となっていた。因みに、行政による家庭儀礼簡素化の指示では小祥を四五日、脱喪を一〇〇日としていた。脱喪の日、故人の神位が安置されていた喪房で最後の拝礼と哭が行われ、祭祀への移行を告げると、喪房は室内から取り払われ、喪服と共に庭で燃やされ、近親の女性たちはその火の脇で再び哭を行う。喪房は片づけられて屏風の前に祭壇を設けて祭祀の準備がされ、深夜半に第一回目の忌祭祀が行われる。女性たちはここでも哭を行う。

その後は毎年同様に忌日の深夜に、祭主の責任によってその家庭で忌祭祀が行われ、世代交代とともに祭主は継承される。やがて忌祭祀は終了して、時祭(時享)および墓祭に移

写真 5-19　脱喪。喪服を脱ぎ焼く

写真 5-20　脱喪後の深夜に行われる最初の忌祭祀

行する。

儀礼の形式としては、時祭（時享）も基本的に忌祭祀と変わらないが、故人の命日ではなく、すでに時享の対象となっている他の祖先と一緒に、定められた日に執り行われ、主宰も特定個人ではなく子孫による共同祭祀となる。財政が許せば子孫たちは時享のために共同財源を準備し、世代を経て時享の対象者が多くなれば、時享のための祠堂や墓所の維持管理のために然るべき施設や財源を設けるのが理想とされる。言い換えると、時享の実態は親族の組織状況、財政状況抜きには把握できないと言ってもよい。

忌祭祀の対象範囲は、『朱子家礼』に拠って朝鮮で編纂された『四礼便覧』では、生者の四代祖すなわち高祖父母までとなっているが、実際には地方の慣習や子孫の側の事情に応じて、かなりの柔軟性が見られる。

例えば珍島では、忌祭祀の対象は、生存する子孫の中で世代のもっとも高い者から二、三代祖までが一般的であって、『四礼便覧』どおり四代祖を祭る例はむしろ少ない。また父系親族の内でも、分節ごとに事情により忌祭祀の対象範囲は必ずしも一致しない。忌祭祀の期間が終わって時享に移行する時期は、父系親族のうちで該当する分節内で、時祭のための共同財源となる農地すなわち「位土」の準備状況によって左右されるが、他所へ移転した者の有無や、親子および兄弟間の合意、無后者つまり子孫の無い者の祭祀の扱い、テリルサウィ婚（後述）など、それぞれの家庭の事情によっても影響される。

忌祭祀では、配偶者も亡くなっている場合には、それぞれの忌日に夫婦を一組として、年に二回祀られることになり、継配者があれば三者を一組として年間に計三回祀られることになる。

上萬では、忌祭祀の対象者に対する木製の神主（位牌）や、これを安置する龕室、壁龕や祠堂がみられず、すべて祭祀の度毎に墨書する紙榜を用いている。紙榜には、祭主を基準とした故人の行列順位が示され、配偶者については、本貫と姓も記載される。

写真 5-21　上萬の忌祭祀。ソンジュ甕にも供えられる

写真 5-22　忌祭祀。祭壇の左脇にはソンジュ甕の一部が見え、床の上にはチアンに対しても供物が捧げられている

忌祭祀は原則として、個々の故人ごとに担当する祭主の家庭で、その出費によって執り行われるが、その際に兄弟をはじめ近親者の協力が見られる。その範囲は、ふつうチバンと呼ばれる範囲を越えることが少ない。珍島農村に於けるチバンとは、父系の親族関係にある近親者のチプで構成され、日常生活において主婦を中心とする協力関係が緊密な範囲を指し、日常頻繁に用いられる用語である。その範囲は、系譜関係の在り方や居住状況によって、かなりの柔軟性がみられる。その中でもっとも重要なのは兄弟関係に基づくクンチプ—チャグンチプ関係である。

主婦は忌祭祀の日に合わせて、あらかじめ市場で祭需（供物）の材料を調達しておき、祭りの当日は昼頃からその調理に取りかかる。主人は夕食を済ませてから紙榜や祝文を墨書して準備し、祭場の設営に取りかかる。参神以下の一連の節次が始まるのは深夜半すぎである。

祭祀儀礼への直接の参加は、祭壇の前に参席して拝礼することにあり、普通は男性に限られているが、男性の成人世帯主のいない家庭では主婦が拝礼することもある。上萬では、礼服（トゥルマギ 듣마기）を着用するとはかぎらず、平服を用いることも少なくない。また進行役に相当する執事も省かれることが多い。初献、亜献、終献という三回の献酌ごとに別々の祭官を当てるという儒礼の原則も上萬では必ずしも一般的ではない。直接の参加者の人員に応じて適宜行われ、祭主が三献官のすべてを兼ねる場合すらある。

### 3　忌祭祀の分担

珍島では、長男だけが忌祭祀を独占するのではなく、弟がチャグンチプとして独立している場合には、忌祭祀を兄弟（クンチプとチャグンチプ）で分担することがむしろ一般的な慣習となっている。その際、原則として長男が父親の祭祀を、次男が母親の祭祀を受け持つことになっている。その結果、兄弟のない独子の場合や、兄弟が

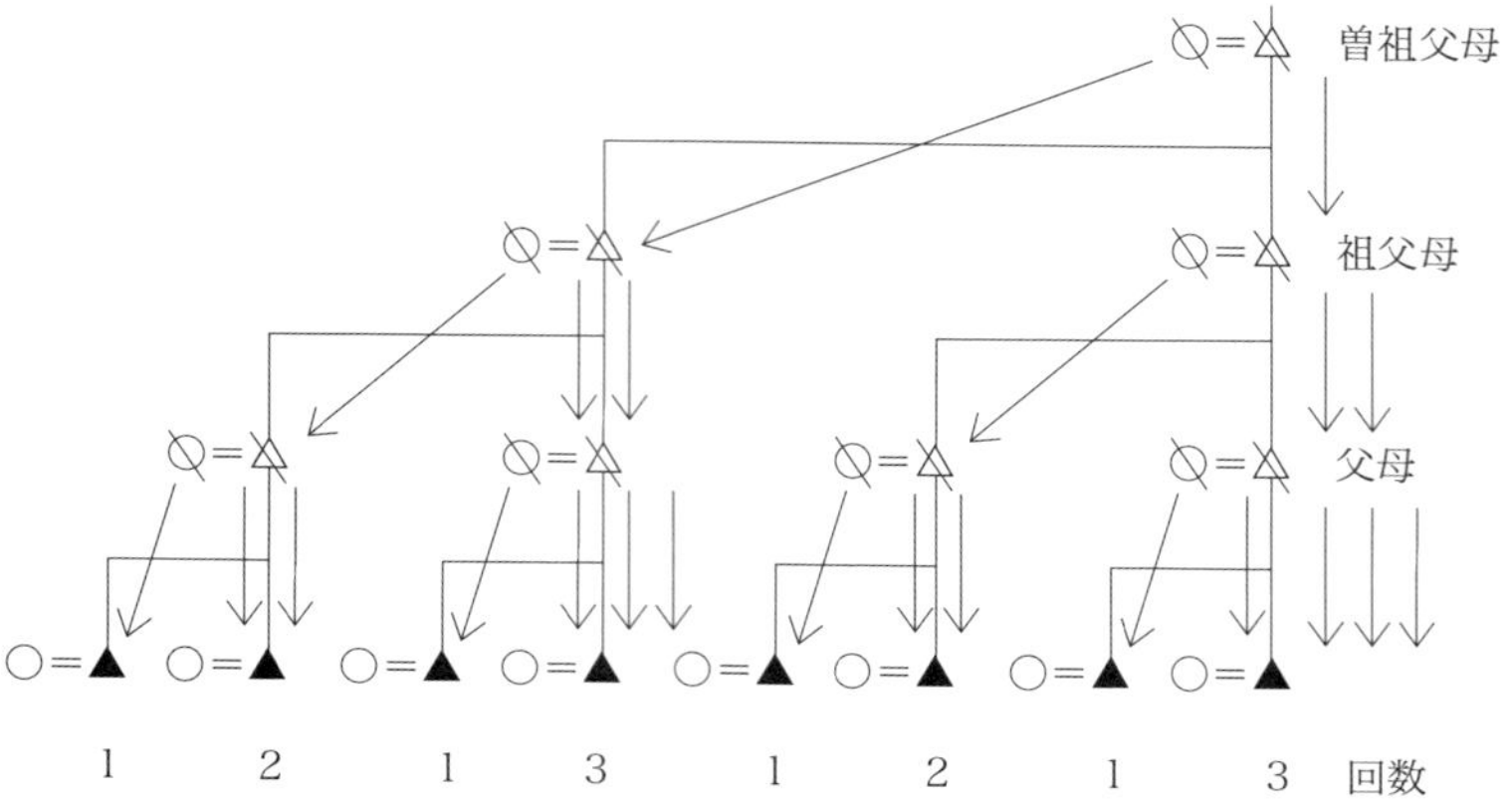


図 5-1　曾祖父母代までの忌祭祀を兄弟で分担する場合

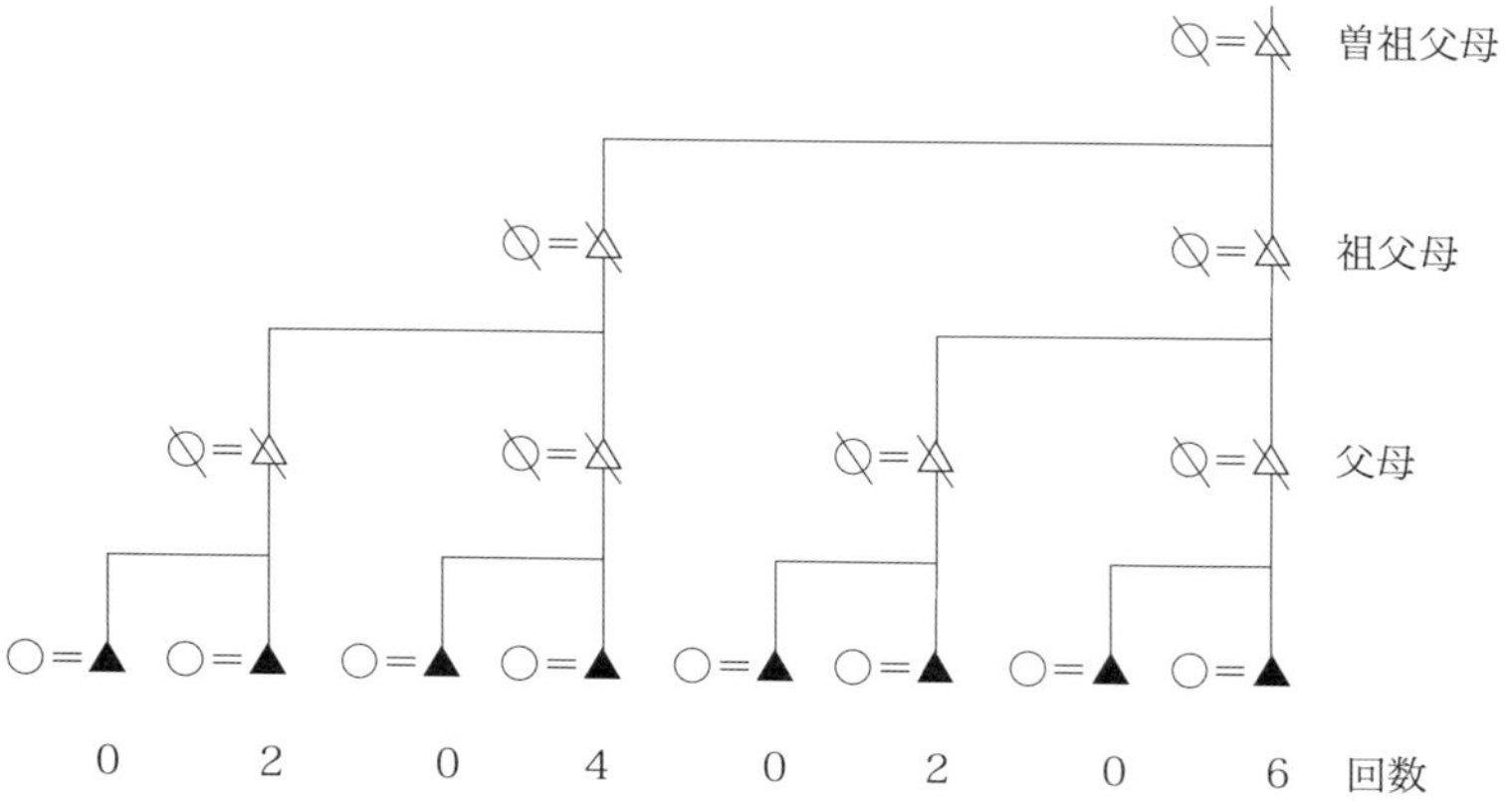


図 5-2　曾祖父母代までの忌祭祀を長子が単独で担当する場合

遠方の地に転出している場合を除けば、各世帯における忌祭祀の受持ち回数が、かなり均等化されており、特定の家庭に祭祀の負担が集中することが少ない。すべての夫婦が二人ずつ子をもうけ、しかも次男を分家に出して慣習どおりに祭祀を分配した場合を想定すると、曾祖父まで三世代の忌祭祀を行う場合には、図5―1に示すように忌祭祀の役割が分散することになる。これを儒礼の原則どおりに長男が忌祭祀を独占する図5―2の場合と比較すると、その差は歴然である。実際には、独子で二代、三代も継いでいる場合には、忌祭祀は四回、六回となり、継配者があればそれ以上となる。また、兄弟が多くても、チャグンチプとして村内に留まらずにソウルなどの遠方に転出していれば、独子の場合と変わりなく、忌祭祀はクンチプを継いだ子の家庭に集中する。儒礼の原則に従って高祖父まで四世代を忌祭祀で行う場合には、その担当回数の差はもっと大きくなる。

忌祭祀の分担は、兄弟が分家として独立してから少し時を経て、家計にある程度のゆとりができてから、本家（クンチプ）の家計の状況や祭祀の回数を配慮して行われ、多くの場合、分家の側から祭祀の分担を願い出る。また三男であっても家計に余裕があれば、父母以外の祭祀を受け持つ場合が少なくない。いずれにせよ、忌祭祀の分配が決まると、その当日になって祖先の霊が道に迷わないように、次年度からはチャグンチプで迎える旨を祖先に告げておかなければならない。チャグンチプばかりに限らず、他地とりわけ都市部に転出している兄弟でも、余裕があれば忌祭祀を担当する兄弟のもとに送金してくることがしばしばあるのも、忌祭祀の負担が一人だけに集中することがないよう、兄弟の間でできるだけ分担しようとする姿勢の現れである。「同じ子供であるから是非自分も祭祀を受け持ちたい」という希望は、親に対する孝道には兄弟に差がないことを反映するものであるが、祭祀の負担が兄弟で分散されるにともない、祭祀の機会に兄弟の間で相互に往来と協力が促される点にも注目したい。さらに両親の生前にも、還暦の宴をもつ場合や、喪礼に備えて経費や物質を調達するため契を準備する場合にも、また、兄弟や同婿（トンソ 동서）が男妹契を準備する点にも同様の配慮がみとめられる。また財産相続

においても、長男と次男以下の兄弟との間では、長男を優先させながらも、次男以下の子に対してもチャグンチプとして独立させるに当たって相応の配慮が成されている点に、やはり兄弟間の負担を平準化しようとする姿勢が認められる。

忌祭祀の分配に見られる兄弟間の協力は、後にのべるように、時享の共同化を円滑にする効果があると思われる。例えば、まだ忌祭祀の段階にある時期から、きたるべき共同時享の経費負担に備えて、兄弟たちで資金を出し合って共同の資金や土地（位地）を準備し始める例がみられる。

一九七三年当時の上萬九四世帯のうち、未確認の二五世帯および僧侶の世帯を除いた六八世帯について、年間の忌祭祀の受持ち回数をみると次のとおりである。

| 忌祭祀の回数 | ○ | 一 | 二 | 三 | 四 | 五 | 六 | 七 | 八 | 計一四七回 |
|---|---|---|---|---|---|---|---|---|---|---|
| 世帯数 | 八 | 二三 | 一一 | 一五 | 四 | 四 | 一 | 一 | 一 | 計六八世帯 |

このうち忌祭祀を受け持っていない八世帯の中には、分家してまだ家計に余裕がないが、将来は本家の忌祭祀の一部を分担する予定のものも含まれている。またこれとは逆に、祭祀を多数受け持つ家庭の中には、二世代あるいは三世代続けて独子であるため、自動的に祭祀の回数が多い家庭が含まれている。忌祭祀の対象となる世代範囲が狭いだけでなく、兄弟間で忌祭祀を分担する慣行によって、忌祭祀が多くの家庭に分散していることが明らかである。

## 4　供物と飲福

忌祭祀は、母屋のマレーと呼ばれる板の間で行われる。祭壇は庭（マダン 마당）に面した扉から向かって正面または右側に、すなわち部屋の北側または東側に設けられる。正面に立てられた祭祀用の屏風には紙に神位を記した紙榜がはりつけられ、その前に祭壇が置かれる。祭壇にあてられる膳は、脚を折りたためる形式のものであるが、日常の食卓とは区別されている。祭壇には、白飯、汁、酒盃、野菜（ナムル）、餅、肉、魚、果実類、チョンなどの器が配置され、白飯と汁の器には箸と匙がそれぞれ人数分添えられる。器の配置は生前の食膳とは左右逆とされ、また「紅東白西」とか「東頭西尾」というような原則に従って、紅いものは東寄りに白いものは西寄りに、魚は頭を東に尾を西に向けて配置される。祭壇手前の小さな膳には香炉と茅沙の器が置かれ、降神に先立って香木を小刀で削って香炉で焚く。茅沙は細く短い茅を中ほどより少し上の部分で束ねて、上下両端部分を広げて皿状の器に立てたものである。降神の際には、香を焚いてから茅沙に上から少量の酒を注ぐと、酒が茅を伝って器の底に浸る。香によって魂が天空から降臨し、茅沙によって地中から魄が上って来るという説明がなされる。

祭壇に向かって左側の主柱の元には家庭の守護神ともいうべきソンジュを祀った甕（ソンジュ・トングー）が安置されており、忌祭祀の時にはソンジュにも膳（ソンジュ床）を据えるのが珍島ではしきたりとなっている。ソンジュ膳に備える供物の種類は祭祀膳のものと同じである。またソンジュ甕と祭祀膳の間には、床に藁を敷いた上に同様の組合わせの供物が供えられ、これは安産と子供の成育を護るチアン婆さま（チアンハルモニ 치앙할머니）への供え物である。チアンハルモニとはチェワン（帝王）ハルモニ（제왕할머니）が訛ったものである。ソンジュとチアン婆さまには、箸や匙を供えない家庭が多く、また左右の配置も生きている人の膳と同じにする家庭もあって、故人に対する膳とは区別されている。儒礼による忌祭祀の機会に、ソンジュやチアン婆さまのような民

間信仰の神霊にも供物が捧げられることは、儒礼の形式を遵守する地方では考えられないことである。しかし珍島においては、家庭の守護神であるソンジュが祖霊としての性格を帯びており、主婦が中心となる多彩な家庭儀礼の対象となっている。とりわけ名節の祭祀が珍島では名節コサと呼ばれ、ソンジュがその主な対象とされており、儒礼祭祀に不可欠とされる紙榜、香、男性の祭官、祝文、再拝、焼紙などの要素がいずれも欠けている。したがって珍島農村における名節コサを、他地方で一般に行われている儒礼祭祀と同一視することは適切ではない。

忌祭祀の節次が、紙榜を焼く「焼紙」によって終わると、供物はすべて祭壇から降ろされ、隣の部屋で飲福に回される。飲福では、祭壇に拝礼した直接の参加者ばかりでなく、女性や子供も含めた家族や近親の者が、すべての供物を少しずつ器にとって食べる。はじめに祭壇に献じた酒を戴いてから食事に移る。酒は主婦が忌祭祀のために予め醸しておいたものを用いるのが本来であり、濁酒の上澄みの清酒を充てるが、濁酒をそのまま用いることもある。また御飯には麦などの雑穀を混じえない白飯を用いるのが望ましく、供物に欠かせない甑餅（シルトック）も当日に特別に搗かせた粉で作られる。また、普段はほとんど口にすることがない魚や肉やチョン（饌）や果実類が供えられるため、日頃の単調な食事と比べると、飲福はまたとない御馳走の機会となっていた。祭祀の食物（チェサパプ 제사밥）は、にんにくや韮、唐辛子などの香辛料を用いない点でも日常の食事とは異なる。飲福の食膳にキムチを追加するのも本来は差し控えたという。

村ではほとんどの家庭で豚が一二頭は飼われており、これが農民市場における数少ない貴重な現金収入源となっていた。しかし村の食生活において、豚肉が食膳に上るのは忌祭祀を初めとする幾つかの儀礼の機会に限られていた。儀礼以外の機会に単なる食べ物として豚を潰すことは考えられなかったのである。儀礼こそが豚肉などの消費を意味づけ、消費を促し秩序づける装置となっていたといえる。

忌祭祀終了直後の夜半に行われる飲福は、家庭や近親の身内の者によるものであるが、大人と子供とで、また男女では、飲福の対象となる供物に若干の区別が見られることに気づく。すなわち、祭主をはじめ男たちは祭壇（祭祀床）の供物を優先して食べるのに対して、婦人たちはソンジュに捧げた祭膳（ソンジュ床）の供物にまず口をつけ、また産神に捧げられた膳（チアン床）の供物は子供たちに与えられる。

供物は祖先をはじめとする霊位に捧げられると同時に、結果的には祀る側の人々が食べるために供えられるといってもよい。とりわけ直接儀礼に参加することのない女性や子供たちにとっては、飲福は文字どおり神位から霊的な福を授かると同時に、御馳走という実質的な福を授かる機会でもあり、もっと端的に言えば、動物性蛋白質を摂取する機会となっていたのである。

忌祭祀の飲福は、ランプの光の下で深夜静寂の中で行われ、家庭や近親の私的な会食の機会である。深夜の飲福が、故人を偲んで有り難く頂戴する食事であるのに対して、翌朝に行われる飲福は村人に公開されるもので、早朝には子供が伝令となって家々を回りながら、飲福に来るよう告げて回る。門中員ばかりでなく近隣や他門中の者でも、日頃親しい家庭や老人たちも招かれ、寒い冬でなければ庭にも筵が敷かれ人であふれる。招かれた家庭では、相手の家庭との付き合いに応じて、家族連れで訪れる場合もあれば、大人だけ訪れたり、主人だけ訪れる場合もある。また声を掛けられても遠慮して出かけない場合もある。招く側では、飲福に来た客に対しては、酒、白飯、餅、魚、豚肉、チョン、果実などをすべて少しずつ一人前の木器に盛って接待する。ふだんの食事では飯と汁の器は一人ずつ個別に配され、それ以外の副食類は食卓の中央に置かれた器に盛られており、食卓を囲む者が各自箸で取って食べるのが普通である。これに対して、これほど明確に個別に食物を分配することは、韓国の食生活では飲福の時以外にはまず見られない。招かれた者が確実に一人ずつ接待されるのが飲福の特色である。また、来なかった主婦や子供たちに対してもお土産（イバジ 이바지）として紙に包んで持たせたり、あるいは招待しても来なかった家にわざわざ届けたりすることもある。イバジの場合でも食べ物をひと揃え持たせるの

が基本である。招かれたけれど、すでに自宅で食事を済ませていたため遠慮していたところ、主人がわざわざ呼びに来たため、もう一度食事をとることになったり、二軒の家から同時に招かれ、かけもちで訪れたりすることもある。そのような日には、村中あちこちの家でイバジとして届けられた甑餅が間食として出される。

甑餅（シルトック 시루떡）は、うるち米の粉と小豆とを甑の中に幾層にも重ねて、釜の上に設置して蒸して作る餅で、祭祀の供物には欠かせないものとされる。このため、その日の晩に祭祀を控えた家庭では、昼のうちに村の精米工場で粉に挽いてもらう。精米場のエンジンの音と煙突の煙は、その晩に村の何処かの家庭で祭祀があることを知らせることになる。

忌祭祀の規模は、祖先に対する供物の量によって左右されるといってよい。これは同時に飲福に与かる人の数にも対応する。招待の範囲は各家庭の祭祀の規模と交際範囲によって決まる。一人の客に対する接待は、サバルに盛った御飯と汁類および木製の祭祀用の高坏に一盛り分の供物に果物と酒（濁酒および清酒）を加えた分が基準となる。祭祀に供えられた食べ物は、すべて祭祀のため特別に準備されたものであって、すべてが飲福において消費される。果物やスイカのようなものも、上部を水平に少し切りおとして供物であることを表示し、それ以外の目的に転用することがない。

一九七〇年代、村では忌祭祀の規模を大きく三つに分けて考えていた。最大規模のものは、翌朝の飲福に村のほぼすべての世帯を招くものであるが、実際には声を掛けられても遠慮するものもかなり有るので、招待に応じるのは村の六—七割である。これに対して中規模の飲福は、村内の門中員（一家、イルガ 일가）の世帯と個人的に親しい家庭や老人を招くものである。これに対して小規模の場合には、一家イルガの中でも内輪のせいぜいチバン内に限られるもので、翌朝の飲福は行われない。忌祭祀を受け持つ家庭では、毎年その準備のためこれに要する経費をだいたい決めており、規模別にみると一九七五年当時で大規模のものが五万ウォン、中規模のものが

三万ウォン、小規模のものは一万ウォン以下となっていた。供物の予算は、客の人数分に要する米の値段と豚肉の値段に基づいて算出される。当時、五万ウォン規模の忌祭祀の場合を見ると、経費は次のように見積もられていた。

・米　御飯用・・・・・・一合（一人当たり）×八〇人＝約八升
　　餅用・・・・・・一斗
　　濁酒原料用・・・約四升
　　　合計二斗二升×五〇〇ウォン（一九七五年当時の米価／升）＝一万一〇〇〇ウォン
・豚肉・・・中ぐらいの豚一頭　約二万ウォン
・果実と魚、その他・・・計一万九〇〇〇ウォン程度

　　　　　　　　　　　　　総計　約五万ウォン

忌祭祀の規模は、あくまでその家庭の家計に合わせて分相応に（ヒョンピョネタラ 형편에 따라）すべきとされており、忌祭祀を多数受け持っている本家（クンチプ）の場合には、余裕さえあればそのうち少なくとも一回は村の全戸を招く規模の忌祭祀を持とうとする。また忌祭祀の中でももっとも近親にあたる両親の祭祀を特に重視して、これを「大きい祭祀（クンチェーサ 큰제사）」と呼んで、それより上位世代の祖先に対する「小さい祭祀（チャグンチェーサ 작은 제사）」とは区別している。大きい祭祀については家計が許す範囲でできるだけ多くの客を飲福に招くように努める。

忌祭祀でも上位世代の故人を対象とする場合の方が、祭祀に直接参加して拝礼する子孫の数が多い半面、子孫

との世代距離が遠いため、故人に対する記憶の点では薄れており、参加も形式的になる傾向がみられる。これに対して、両親とは強い情緒的関係と記憶によって結びついており、生前の奉養の延長として祭祀にも特に力を入れる。世代序列と系譜上の分岐構造に拠るならば、上位世代の祭祀が一層重視され、公的な関心を呼ぶはずであるが、忌祭祀においては個人的な実際の親近関係に基づく追慕（commemoration）の情が優先されていると言えよう。系譜の論理よりも生前の実質的な情愛が尊重され優先される点は、養子関係にも見られる。

分家してから少し時を経て、母親の忌祭祀を分けてもらうことを望むのは、祭祀を分担することによって、飲福の宴を設けて門中以外にも多くの客を接待する機会をもつことになり、それが村の社会生活において重要な意味があることを示している。契仲間が契の決算と引き継ぎのため集まる修契日や、名節コサにおける近親者の飲福、田植え時期の苗祭祀（モジェーサ）(5)などが、どれも特定の時期に集中する儀礼的な飲食であるのに対して、忌祭祀の飲福は年間に分散して会食と懇親の機会をもたらす点で重要である。

## 5　忌祭祀における祖先

忌祭祀の趣旨は、故人を毎年その命日に定期的に招いて酒食でもてなすことにある。対象となるのはまだ記憶に新しい物故者たちであって、祭祀の晩には生きている時と同じように子や子孫の家を訪れると考えられており、これを迎えるための細かな心遣いが随所に見られる。例えば、故人の霊が屋敷に入って来られるように大門の扉を開けておき、歩く上で妨げにならないよう、庭の洗濯物を干す紐も取り外される。祭場となる部屋の扉も開け放たれ、入口を妄りに遮らないように気を配る。忌祭祀の節次の中で、漢文形式の祝文をそのまま音読する読祝の時以外には、拝礼を繰り返すたびに礼服の衣のすれる音が聞こえるだけで、献酒と食事が済むまでの間、終始静粛を守って失礼の無いように控え慎むのが儒礼祭祀の特色である。飲食を差し上げることが儀礼の中核をなし

ており、故人があたかもその場に座して食事をしているかのような設定が随所に見られる。祭壇の正面に立てられる屏風は、そこが尊長者の座席で有ることを示し、その中央に貼られた紙榜には当日の祭祀の対象となる故人とその配偶者が表記され、故人がその場に座していることを示す。献酒が済んで食事をする段になると、祭壇の御飯の器には箸が立てられ、次いで汁を器から飲むという設定のもとに御飯と汁の器の間に匙が渡され、最後に念入りにも食後に飲むスンニュン（숭늉）も捧げられる。

こうした祭壇の設定は、基本的な点では生前の還暦儀礼と大差ない。還暦の祝宴においても正面には屏風が立てられ、両親をその座に招いて酒食の膳が据えられる。そして子や孫から献寿と拝礼を受け、酒食のもてなしを受けるのである。還暦の儀礼を生きている時の祭祀を意味する「サンチェーサ（산 제사）」ともいうように、その趣旨は死後の祭祀と変わらない。

日常生活においても、珍しい食べ物や美味しいものが手に入れば、まず初めに父母や年長者に進呈するのが礼にかなうとされ、その後でそのお下がりが年少者に回ってくる点も、祭祀の後の飲福に通じるところがある。また普段の食生活では、肉や魚を滅多に食べることのない家庭でも、祭祀の時ばかりはできるかぎりの御馳走で祖先をもてなすのである。また拝礼も、生前に毎年正月元旦の朝に両親に対して行う歳拝や、父母・祖父母の誕生日に行う儀礼的な拝礼、婚礼の際に行う父母に対する拝礼、還暦の際の献寿の拝礼、あるいは長期の外出後に帰宅した際など、生前の親に対する拝礼と同じ形式が見られる。生前の儀礼と祭祀とを区別するものは、祭祀の食事においては御飯と汁の器を左右逆に配置する点、生者に対する拝礼の回数は一、二回であるのに対して、死者に対する拝礼は三回となっている点にすぎない。

このように儒式儀礼は、生前の世代間の序列関係が死後にも延長されたものであり、上位世代の者に対する礼としては本質的に変わらない。上世代の者に対して子孫が自分の感情を表明したり、願望を述べたりすることを控えるのも、生前と変わらない。

儒礼においては、祖先は子孫に対して超越的で神秘的な影響力を及ぼす存在とは見なされていない。この点で民間信仰に基づく非儒教的な祖霊に対する儀礼とは対照的である。祖先の霊が守護霊として、あるいは祟りを及ぼす存在主体として関心を呼ぶのは、主として婦人たちが関与する民俗的な家庭信仰の領分である。とりわけ、死んでまだ年数を経ない近い親や祖先たちは、夢に現れたり巫女や占師の口を通して意思を表明したりする存在であり、女性たちを中心に儀礼によって意思疎通がはかられる。巫俗儀礼（クッ）においては、死者や近親の霊との間で、死者霊の不満や祟り、子孫に対する福や守護をめぐって、相互的なやり取りが演出される場面が見られ、死者と生者の間で人間的な感情もふんだんに表出される。

それとは対照的に、儒礼の祭祀において生者の悲しみが表出されるのは、喪礼における儀礼化された哭であり、それ以外の場では泣くことは許されない。哭には、行う機会と場が定められており、哭をする者も近親の女性に限定されている。また、声の出し方をはじめ身体の動作にも一定の形式が見られ、近親にふさわしい哭を求められ、周囲の人々の期待に応えなければならない(6)。

## 七　忌祭祀とソンジュ儀礼の比較考察

儒礼による祖先祭祀が公式の儀礼として重視されてきた反面、民間信仰に基づく非儒教的な儀礼は、公式には否定もしくは無視されながらも、主として民衆層や女性たちの生活現実を背景として根強い支持を得ており、儒礼と併存しながら今日に到っている。

秋葉隆によれば、こうした併存状況は、祖先祭祀ばかりでなく、朝鮮の宗教儀礼全般にわたってみとめられるとし、これらの儀礼を儒式と巫式の二つの類型に分けて、その相互関係において朝鮮社会・文化の全体を視野に入れることを提起した［秋葉　一九五四］。ただし、儒教は社会統合の理念体系として位置づけられ、体系を成してきたのに対して、非儒教的な儀礼の多くは、民俗的な信仰を背景としており、実生活におけるさまざまな要請に応じて多彩な形式が見られ、もともと非体系的な点に特色がある。したがってこれを「巫式」という範疇によって一括して儒式と対置させることが果たして適当かどうか疑問である。巫式として類型化されてきたものには、佛教的なものや道教的なものも含まれ、生活現実のもとで多元的かつ習合的なものである。

ここでは家庭チプで行われる儒礼のうち、儒教儀礼の忌祭祀と民俗信仰のソンジュなど家庭の守護霊に対する儀礼をとりあげ、儀礼の形式、儀礼の社会的背景と生活上の要請などについて比較しながら両者の特質と相互関係について総括しておこう。

儀礼の対象：まず儒礼祭祀の対象は、位牌や紙榜に記されるように、あくまで個別的に認識できる個々の故人である。忌祭祀においては故人の忌日に、配偶者も併せて夫婦一組を対象として祭る。また時享では、毎年定められた日に、数世代の故人をまとめて祭る点に差がみられるが、夫婦ごとに紙榜を掲げる点では等しい。個別の紙榜、配列の順位、一人ずつ別個に捧げられる献酒と供物、祝文の中で神位の序列に従って点呼することなどからも、祖先の個別性と系譜的な序列を重視する儀礼であることは明らかである。

これに対して、主婦たちによるソンジュの儀礼では、対象となるソンジュは甕に納められた米粒同様に、上代祖先の無数の集合霊ないし祖霊ともいうべきものであり、具体的な祖先各位に対する個別的な認識や関心は見られない。名節の儀礼でも、ソンジュの膳の脇に忌祭祀の対象となる近い祖先に対するソニョン膳を設けて、夫婦毎に一組ずつ供物が捧げられている。主婦は初めにソンジュに祈った後でソニョンの膳の前でも唱え言を述べる。

しかしその場合でも、主婦はソニョン膳の対象となる人数を知っていてその分の供物を並べるにすぎない。位牌に当たる紙榜も掲げられず、それぞれの器や供物が具体的にどの祖先に対するものであるのか区別していない。珍島における名節は、ソンジュに対するコサ儀礼が中心となっているのであり、ソニョンに対する膳のみが部分的に儒礼の形式に従っているが、そのソニョンには個別認識が希薄である。名節コサ以外のソンジュに対する儀礼では、ソンジュはさらに漠然とした祖先の霊全体を指しており、しばしばチョサンとも呼びかけられる。

霊魂観：儒礼においては、臨終の後死骸から離れた霊魂は、脱喪（大祥）までの間は、霊座や喪房に神主として安置され、食事の度に丁重に世話されるが、脱喪の際に喪房を取り払われた後は、一年に一回の忌日ごとに祭祀の場に招かれる存在となる。脱喪までの期間は、あたかも生前の家庭生活のように日に三度の食事で家族からもてなされ、喪房の前で泣くこと、つまり哭が許されるが、忌祭祀になると女性は祭壇から遠ざけられてゆく。墓所を死後の住居＝陰宅と考え、故人を招いて餐応することを忌祭祀の根本とするのは、死後もその霊魂がある期間生き続けるという観念の反映であり、死によって生前の家庭生活から一挙に断絶するものではないことを示している。

主婦たちの霊魂観では、人の霊も死後しばらくは記憶に新しいだけでなく、家族の生活にとっても身近な存在である。忌祭祀には歩いて家族を訪ねて来ると考えられ、また夢にも現れたりして意思を伝えようとする。例えば、祭祀や墓地などに何か支障があれば、夢に現れたりするばかりでなく、時には家族や身内に病気などをもたらすとされる。病人がでて、あれこれ手を尽くしても病状が回復しない時に、勧められて占い師に尋ねたところ、祭祀の食べ物に髪の毛が入っていて食べられなかったとか、墓地に水がたまって冷たくて辛いと言ったことが占いの口から告げられたりするのである。しかし、世代を経るにしたがい、そうした存在感は失せていくようであり、時享の対象となる祖先には子孫に対するそうした能動的性格はまったく認められない。

忌祭祀の対象の中でも、祭主との世代距離が遠のくにつれて、関心も次第に薄らいでゆき、祭りの規模も縮小する傾向が見られる。これがさらに時享に移されると、特定の祖先に対する忌日の招待ではなくなり、多数の上代の祖先と一緒に祭壇に招かれるようになる。しかも特定の子孫の家庭に招かれるのではない。墓所やその近くに祭閣が設けられていれば、子孫の代表が祭閣に出掛けてゆくように変わるため、ますます子孫の家庭からは遠のいてゆく。祭閣には位牌が常時奉安されており、霊魂の往来観念も見られなくなる。儒礼祭祀では、上代の祖先が祭閣に封じ込められ、家庭生活とは無縁の存在となるのに対して、主婦が祀る祖先の霊は家庭内のソンジュ甕に永久に宿り続け、家庭生活のあらゆる問題を管掌するのである。

女性たちのソンジュ＝祖先霊に対する儀礼では、降神―送神に相当する儀礼がまったく見られない。甕から離れた場所での儀礼がまったく無いことから見ても、ソンジュ霊が常時その甕に宿っているのは明らかである。家庭生活は、ソンジュをはじめとする数々の神霊との相互関係の中で営まれているのである。

## 1　社会的脈絡

儒礼祭祀では、系譜関係に基づいて祖先が個別に認識されており、その上で祭祀の対象も系譜に基づいて規定されていると同時に、これを祀る子孫の側についても系譜上の地位によって祭主を特定することが前提となっている。忌祭祀は祭主の責任のもとその家庭チプで行われ、兄弟など近親が参加して行われる。祭主の役割について、珍島では儒礼の規定である長子に限定することなく、弟であっても独立した世帯を構えていれば忌祭祀を分担することが慣習となっており、忌祭祀における協力と参加は双方向的に見られる。

それに対して、ソンジュは世帯チプの生活全般にわたる守護霊であり、それぞれのチプの生活空間の中心となる、母屋の主柱の下にソンジュ甕に祀られている。ソンジュを祀る社会単位はチプの枠を出ることが無く、儀礼を主宰する役割もそれぞれのチプの女主人に限られている。つまりソンジュ信仰と儀礼の社会的基盤は、チプを超えた親族関係や孝の規範とは無関係であり、チプという生活単位に限定され、強いて言えば家事の領分を担って上世代から次世代に継承される女主人の地位と結びついているといえる。

## 2　主婦の地位

チャグンチプとしてクンチプから次第に独立してゆく過程は、主婦の立場から見れば、クンチプの父母のもとで一定期間同居していた時の嫁の地位から、しだいに一戸の主婦として地位を得てゆく過程といえる。男性が出生した村で一生を過ごし、出生と同時に保障された父系系譜上の地位に基づき、父系親族関係を拠りどころとするのに対して、女性は、生家においても門中への帰属は名目的なものに留まり、婚家に嫁いでからの社会的地位も系譜によっては保障されない。男性が、系譜上の資格に基づいて社会生活が展開してゆくのに対して、女性はその置かれた状況に適応しながら生活実践を通して地位を確保してゆくことが求められる。

一方で、女性は生家においてもまた婚家においても、農村生活にもっとも重要な働き手となっており、とくに婚家では農作業上の労働力であると同時に、男子を出産してこれを丈夫に育てることが最大の任務とされてきた。また家庭内の食生活と健康の維持も重要な役割とされてきた。こうした現実的な要請は、あくまで世帯を単位とした主婦の地位に伴なうものであり、姑から嫁に受け継がれてゆく性格のものである。したがって嫁いできた女性も、主婦としての地位さえ得れば、世帯（チプ）においては実質的に夫と同等の成員権を得ることになり、夫が主婦を「チプサラム（チプの人）집사람」と言及するように、こと家庭生活に関しては夫以上の重要な役割と資格を帯びるようになる。

こうした主婦の地位の面でも、珍島の例はこれまでしばしば報告されてきた内陸地方の両班家庭における女性の地位とはかなり異なるといえる。両班社会に顕著とされる家庭内の内外（男女）区分の原則によれば、女性の居住空間は明確に男性の空間から隔離され、嫁は姑の監督の元におかれていた。嫁は夫との夫婦関係よりも常に父母に対する従順な関係を優先することが求められ、この関係には夫といえども口を挟む余地がなかった。これに対して珍島では、男女の居住を区画することがなく、各世代別に夫婦が部屋を占めており、嫁が姑のもとで従属的な地位におかれることが少ない。また嫁の農作業上の労働力が家庭生活の大きな支えとなるため、男子を出産して健康でさえあれば、家事をこなすことによって比較的容易に実質的な主婦の地位を占めることが可能である。

姑と嫁は母親―子婦の義理の親子関係であると同時に、家庭生活を支える点では同じ役割の先輩―後輩関係にも相当すると見てよい。姑は家事全般において嫁を指導下に置き、村の社会生活においても嫁の後見人の地位を占める。その中でも出産に際して果たす姑の役割は大きい。珍島においても出産は婚家で行うのを原則としており、姑は出産の経験者として嫁の出産に際して産婆役を果たす。チースク・オガリに祀られている先輩主婦の霊が、しばしば産神とも見做されていることは、出産を司る産神婆様とこれを祀る嫁の関係が、産婆役を果たす姑と産婦との関係としてイメージ化されているといえる。家庭内に病人が出た際に占いに尋ねたところ、それが女性の霊の祟りであるとされたのを契機にチースク・オガリを祀り始める例があるように、チースクと主婦との関係には、嫁の家事を監督し時には罰も与える姑の厳しいイメージが投影されているようにも思われる。

主婦が司るソンジュ＝祖霊に対する儀礼は、農事の順調、無病息災、病気治癒など、いずれも家庭内における主婦の役割に係わるものであり、チプ単位の排他的性格を帯びている。日常生活においては、クンチプ―チャグンチプ関係の中でも特に兄弟の世帯間では、主婦どうしの協力が物心両面にわたって緊密に見られる。農作業では仕事の多寡を問わないほとんど無条件に近い相互扶助が見られるが、ソンジュに対する儀礼ではどちらも各自の家庭が誰の家庭よりも豊作になるように祈願するのである。病気平癒の祈願においても、ソンジュ儀礼はその家庭で祀っているソンジュに対して、その家庭の主婦が祈るのでなければ効果がないとされている。

ソンジュ儀礼はこうして姑から嫁に受け継がれてゆくものであるが、一般に姑は実質的な家事を嫁に譲った後も、ソンジュ儀礼だけは変わらず主役となって祀り続ける。ソンジュ＝祖霊の信仰には、祖霊のうちでも家庭内の安全と健康を司ってきた先輩主婦たちの女性霊に比重が置かれているように思われる。ソンジュに対して甕や壺が当てられ、その中に米が納められることは、こうしたソンジュ＝祖霊観の性格を良く示すものであろう。すなわち、甕や壺はどの家庭でももっとも基本的な容器として多数用いられ、穀物の貯蔵、味噌醤油の醤類、各種のキムチ、塩辛（チョッカル）などの貯蔵用としても用いられている。また水甕、小便壺、下肥の甕、子供用の甕棺として、また胎盤を納める容器としても用いられている。どの家庭でも大小各種の甕器を所有しており、庭ではチャントクテーに、家屋内ではマレーに多数の甕・壺が並べられている。このように、家庭生活において甕器はもっとも所帯じみた物であり、しかも男性がこれに手を触れることがほとんど無いことから見ても、女性の生活と地位を象徴する上でもっとも相応しいものである。また米は、稲作を主作とするこの地方でもっとも重要な食物であると同時に、家族の健康と家庭生活の安定を象徴する点でももっとも相応しいといえよう。

**注**

（1）択日（テギル 택일）を依頼された地官は、漢文のテキストを用いて日取りが差し障りが無いかどうか見る。婚礼のほか、巫俗儀礼クッなどの重要な儀礼、牛などの高価な物を市場などで購入する場合にも択日が行われる。

（2）これに関連して注目されるのは、新羅の王と王妃を合わせて葬った慶州の古墳でも王妃の足の裏から釘のような物が発見されたという報告である。足の裏に針を刺すことはずいぶん古くから行われていたと考えられる。

（3）『佛教要集』（金大允本）に収録されている「山霊経」は、山之祖宗である崑崙山から説き起こして、紆余曲折ながら最終的には白頭山、金剛山、鶏龍山と脈を辿って、朝鮮における風水地理と山霊によって構成される世界秩序を示す点では「踏山法文」などと共通性が見られる。漢語の地名や山霊の名を連ねる難解な体裁が、体系的世界の正統性と権威を示す効果を具えていると考えられる。原文のまま紹介しておく。

天地乾坤말련하고日月星辰이三羅할재山川江河가生겻난대山之根本은胞胎山이오水之根本은明羅水라山之祖宗崑崙山은山岳之祖宗이오水之祖宗黃海水는西海애根源이라崑崙山一枝脈은四方으로뻐더잇고一千峰이들넛대林々央々都山王과五色彩雲呉楚起은애崑崙山애坐居하고東青龍에東太山霊大霊養光司命真君南朱雀에南陽山霊慶華紫光注生真君西白虎에金角山霊素元曜白大明真君北玄武에北桓山霊盃微洞淵無極真君中央句陳騰巳衡山山霊黃元大光金鎮真君五岳明山五岳山霊祖宗根源諸大真君周易山애易東山霊蓮花山애皇陵山霊昌呉山애舜白山霊保林山雲水山霊鳳凰山城의秦始皇萬里長城의麗山山霊一千山의脱霧山霊太陽山의晴雨山霊僧佛道至元於僧当生於孔子尼丘山癸丑落脈의乾地山夜々三更鶏鳴峰将軍大将의結陳峰禮儀緑竹의皇陵墓唐岐妙峰의麗山陵洞庭湖之七百里行尽江南의数千里不知我今□箕陵千里江山의大山霊과黃河水辺의萬軍水라宵失寒風□湘江西大薬水三千里三十六道都山霊은八道名山을□見次로多攣兵馬下降時애白頭山之左山霊과長白山之右山霊과金剛山之蓬莱山霊智雉山의方丈山霊漢挐山의榮洲山霊三神山之都山과三角山之三山霊과鶏龍之大山霊과天下名山의都山霊과人間此地后土山霊本府山川大山霊此山局内都山霊이此明堂의降臨時에玉皇前의分付바다人間□見下降할재六龍불너배을매고銀河水에닷을꼿고八仙女로侍衛하야無指気을휘여잡고　正牌을나려꼿고金□杖으로即位하야請天上의関門하고以地上의僻地질러雲霧中의丹旗말로太陽山中下降時에天地五方呼令神石加山도넘나들고大東江도건너뙬재널분곳네地動치듯좁흔골에霹靂치듯春三月好時節의落花가지는듯이金剛九龍淵의瀑布水가나리난듯이天下名山諸大山霊이此明堂애侵害鬼와憂患疾病損財官災口舌横厄之厄三災八難을春雪갓치一時消滅하고時和年豊의国泰民安好楽長生하며富貴功名次로所願成就発願伏望하나이다

（4）私がこの村で採集した『佛教要集』（李準容本）には、日本の盲僧が伝えるものとほぼ共通する「佛説地神陀羅尼経」が含まれており、これが日本における地神盲僧の起源を考える上で貴重な手掛かりとなっていることは、すでに荒木博之によって指摘されているとおりである［荒木　一九七九］。

(5)　苗祭祀は、田植えの際にソンジュ甕の上に稲の苗を三束供えて、その前に小さな膳に供物をそなえて主婦あるいはお婆さんが唱えごとを述べて祈る儀礼である。

(6)　祖先の霊に対する子孫の行動と感情表出については、それぞれの社会的地位に応じて、また儒礼祭祀に限らずさまざまな民俗的な儀礼にも留意して綜合的に見なければならない。東南中国や台湾について報告されているような、軽視された祖先霊の祟りは、韓国ではもっぱら巫俗的な民俗信仰と儀礼を通して表現されているのである。

# 第6章　門中組織

韓国人の社会生活における父系親族の重要性は周知のとおりである。さまざまな人間関係の中でも父系血縁に基づく関係が、個人の社会的活動においてもっとも基本的かつ確かな生得的資格となってきたと言ってもよい。とりわけ、社会資源をめぐって潜在的な競合関係にある地域社会では、親族の人脈は決して裏切られることのない頼りになる関係であった。こうした親族の紐帯を具体的に記述しようとすれば、その組織である門中とその活動に焦点を合わせるのが妥当である。組織の実態を把握する上で先ず足掛かりとなるのは、地方都市に拠点をおく宗親会や花樹会あるいは族譜編纂委員会などがあり、その事務所の看板が目を引く。一方で、親族関係を直接観察できる機会となるのは、共通の祖先に対する儀礼や行事であり、また系譜関係を文字によって記した族譜の存在である。祖先祭祀の儀礼の中でもとりわけ墓祭や時享と、これに関わる墓所や祠堂（祭閣）や碑閣などの物的な施設は、親族員のみならず外部者の目にも入る。また系譜関係を記す族譜は、親族員の地位を保障する根拠となるばかりでなく、その編纂活動は各地の親族員の協力関係によって可能となるもので、親族員結集の産物である。

このように、儀礼と組織と族譜は親族関係・親族組織の実態把握にとって基本的な手掛かりとなってきた。人の生活や関心が多様化し流動性を増すのに対して、親族関係は容易に断ち切ることのできないものとされ、その中でも墓所や祠堂（祭閣）の物的な装置は最も固定的なものといえる。また、一旦「史実」として族譜に記された系譜関係は固定化されてゆき、ゆるぎない根拠と見なされてきた。しかし現実的には、嶋陸奥彦が族譜資料を基に門中組織の可塑的な実態を論じたように［嶋　二〇一〇］、親族員の居住や生活意識の多様化におとらず、系譜意識に対する認識の差や利害もたえず時々の社会的状況を反映して顕在化し、そのたびに門中としての一体性と社会的威信を維持する上で、門中内の利害や意見の調整に追われてきたといえる。そうした動きは、とりわけ族譜編纂などの門中活動に熱心な一部の門中エリートの間で見られるのに対して、一般の人々の間でどこまで切実なものかはわからない。とりわけ村在住の人にとっては、上代の系譜関係よりは身近な祖先に対する儀礼や墓所をどのように維持して行くかが切実な課題となっている。

珍島における父系親族関係とその組織様態には、島の内部における組織化が常に優先されてきたが、一方では、社会的威信の根拠として出自と系譜の正統性が問われ、本土における地位の確立した氏族との系譜関係が求められ、あるいは王朝社会における中央の公的権威との関係確立が課題となってきた。また、中央集権の行政や交通・情報の発達、国民市場経済の浸透、都市化などにともない、人々の中央志向的な流動化が加速する中、親族関係をとりまく社会状況も大きく変わった。珍島における父系親族の関係と組織は、一方では珍島内において整備・再編成され現地化する傾向が見られる反面、大都市においては求心力をもたない親睦にとどまっている。一部の例外として、本土の氏族との連帯を積極的に計ってきた氏族もある。ここで取り上げる全州李氏は、朝鮮王朝の王族として、全国規模で支派間の系譜の正統性を重視してきた氏族である。一方、密陽朴氏の場合には、王朝社会の求心的な権威とは直接の系譜的な関係を欠いているため、全国レヴェルの氏族としての連帯と統合は全州李氏ほど高くない。

本章では、こうした珍島の地理的・社会的状況を踏まえ、記述の焦点をどこまでも珍島内のとりわけ村落規模の儀礼と門中組織におき、その具体的な実態をふまえることを優先したい。

## 一　時享と墓祭

儒礼祭祀の中でも忌祭祀は、父母や祖父母などの近い世代の故人に対して、その忌日にその特定の子孫の家庭で行われ、個人的な追慕の行事としての性格がより明瞭である。これに対して、より上位の祖先を対象とする時享や墓祭は、系譜上の地位に基づく子孫たちによって共同祭祀として行われ、参加は系譜と構造的な地位に基づいている。対象となる世代が異なること以外に、忌祭祀は故人の忌日に行われ、生前の関係や記憶の延長上にあるのに対して、時享と墓祭は忌日とは無関係に日を定めて行われる。また、空間面から見ると、墓祭は墓前で行われるのに対して、忌祭祀と時享はどちらも屋内で位牌を対象とする。ただし、忌祭祀が特定の家庭で行われるのに対して、時享は祭閣を設けて行うのが理想的とされ、祭閣を持たない場合には子孫の家で輪番で行うのが珍島では原則となっている。

時享も墓祭も、儀礼の形式面では忌祭祀と基本的に差が無く、その主宰と参加者および財政面に差が見られるにすぎない。したがって、時享・墓祭について記述することは、その共同儀礼の担い手となる親族の共同のありかた、共同組織「門中」の形成過程と共同運営の実態を記述することにほかならない。

上萬では、村の近くに墓所がある祖先に対しては門中による特別な墓祭をせずに、時享のみを屋内で行うのに対して、墓所が遠方にある上代の祖先に対しては、毎年日取りを決めて門中による墓前祭を行うのが一般的である。遠方の墓所については、墓の管理人としてサンジキ（산지기 山直）を置き、墓の伐草と墓祭の経費にあてるための農地（位土）を準備し、サンジギに耕作（小作）させてその小作料でまかなうのが理想とされ、余裕があればさらに墓所の近くに祭閣を建て、時享もそこで行う。しかし、墓所が遠方にあり、しかもあちこちの山に分散している場合には、墓祭も門中員で手分けして行うよりほかない。上代の墓で、墓祭を担当する子孫の範囲が広く数が多い場合には、その分だけ財政面や施設の準備も可能であるが、墓所の近くに祭閣を設けることができなければ墓祭も簡素化され、その分だけ門中の拠点となる地に設けられた祭閣での時享に力を入れることになる。

このように時享と墓祭の在り方は、系譜の分節化と子孫の居住状況、墓所の立地と交通の便、子孫の財政条件と門中契の組織状況、門中員の居住状況などによって左右される。門中による具体的な事業としては、財政基盤としての位土と呼ばれる農地の保有、墓所や祭閣（斎室）などの施設、それらの管理と時享・墓祭の準備を担当する人員（山直《サンジギ》、斎直《チェージギ》）の配置などが欠かせない。

上萬における一九七二年から今日までの推移をみてみよう。理想的な姿としては、系譜的に上位の祖先に対しては、それに対応する大規模な門中組織が主体となって、交通の便を考えて墓所を一族所有の山に集めて墓の管理と祭閣建立を目指し、下位の村規模の門中からは代表や有志が参加するような態勢を目指してきたといえる。一方で、村規模の門中の祖先に対する時享と墓祭についても、入郷祖をはじめ上位祖先の墓所を村の近くに集中させ、共同祭祀を行うための祭閣もその近くに設けることを目標として、都市などへの転出者からの財政支援も含めて、親族の結集による門中組織の充実を目指してきたといえる。村規模の門中組織の拡充によって、一九七〇年代後半には村々にこうした祭閣が建てられるようになったが、墓所の移転集中まで実現したのは上萬では二〇〇〇年以後のことである。

忌祭祀が時享に移行する過程から具体的に見てみよう。時享を共同で行う準備は、忌祭祀の段階から始められることが多く、子孫の世帯主が契員となって門中契を組織し、位土を購入するための共同資金を準備する。珍島の農村では、父母の家庭（クンチプ）の近くに住み、経済的に多少とも余裕があれば、父母の忌祭祀を兄弟間で分担し、兄が父親の忌祭祀を、弟が母親の忌祭祀を担当するのが慣習のようになっている。したがって、兄弟間で忌祭祀の分配が進んでいる場合には、その分だけチバン内の協力が相互的に行われていることになり、門中契の発足も比較的容易である。逆に忌祭祀の分配があまり行われず祭祀の役割がクンチプに集中しているような場合には、共同資産の準備も遅れがちとなり、時享に移行した後でも、忌祭祀の場合と同様に引き続き特定の家庭で時享が行われることが少なくない。

兄弟間に都市への転出者が出ると、時享の協力にも影響が避けられない。都市と農村の経済格差は大きく、家族や近親の中で都市に転出した者には、村に残った両親や兄弟あるいはクンチプから期待が寄せられ、それに応えて中古の電気製品を送り届けたり現金などの仕送りがみられた。一方でソウルに向かう高速バスや列車は、農産物やキムチなどの大きな荷物を持って家族や近親を訪ねる客でいつも満員となった。遠く離れることによって家族関係が疎遠になるというよりは、むしろ家族関係が農村と都市にまたがって拡張し、人と物が相互に頻繁に行き交うことになった。祭祀や両親の奉養のためなら仕事を休むことさえ当然のように許されていたのである。

しかし、都市に転出してからも忌祭祀にはかならず帰郷していた人も、都市での生活が安定するとともに、次第に故郷から足が遠のくようになり、その分だけ村に残った者に親の奉養や祭祀の役割など実質的な負担が集中するようになっていった。祭祀が忌祭祀から時享に移されれば、本来なら子孫の間で対等な協力が原則とされるが、全体に占める島外居住者の比重が大きくなると、門中の財政は豊かになるが、時享は村に残った数少ない家庭で行うよりほかなくなる。墓の伐草や供物や祭壇の準備には人手を要するが、村の高齢化はますます進んでいる。

そこで、同様の状況にある小派どうしで時享を合同化するため、村規模の門中による祭閣建立が課題として浮上してきたのである。

父系の系譜関係を重視する韓国社会の中でも、珍島住民の祖先や系譜に対する関心のあり方には島嶼地方特有のものがある。それは、本土から見て地理的に辺境に置かれ、中央集権的な国家体制のもとで社会的・政治的に疎外されてきたことと無関係ではない。島の住民にとって、本土の有力氏族との系譜関係を明らかにすることは、島外に対してもまた島内においても、自身の正統性を示す上で重要な根拠となる。珍島では、かつて中央集権体制の王朝社会において、党派抗争に連座したかどで流刑に処された者ばかりでなく、粛清の余波を避けて島嶼地方に逃れ、身を潜めてきた人々の子孫が少なくない。また、そうした政治的理由以外にも、島嶼地方に生活の活路を求めて移住してきた者が多い。こうした人々にとって、自身の出自の正統性を示す上で系譜がもっとも重要な根拠となる。また島内においても、限られた資源をめぐる潜在的な競合関係の中で、親族はもっとも基本的な紐帯であり、親族の勢力誇示と相互扶助が計られてきた。島外に開かれた人々の流動性と、島内における人脈の集積と閉ざされた競合状況という対照的な様相は、島社会に広く見られる島嶼性ともいうべき特質かもしれない。島外有力氏族との系譜関係を確認することで、祖先を王朝社会の権勢と結び付けようとする一方で、島内においても系譜関係を整えつつ、他親族との姻戚関係の人脈を集積してきた点に、珍島における親族の特質を見ることができよう。

祖先祭祀が、特定家庭の記念行事的な性格の忌祭祀から小門中による共同時享に移行し、さらに、村規模の門中によって村全体の共通祖先群として扱われるようになると、霊魂の往来観念が見られなくなり、祖先は村に建てられた祭閣に常時鎮座するようになる。また、それまで門中契の当番の家庭で行われていた時享が祭閣で行われるようになると、祖先は子孫の家庭生活から空間的にも遠のく。

## 二　氏族と門中

一九七〇年代の珍島では、約一〇万の住民の大半が大小四〇余りの氏族門中に属していた。ここでいう氏族門中とは一言でいえば、独自の族譜を編纂し、共同資産によって祖先祭祀など崇祖事業を行う組織をさしている。行政による統計では、はるかに多くの氏族名が報告されているが、それはあくまで自己申告を基に、同姓同本という範疇によって集計されたものにすぎない。同姓同本の者であっても、祖先が異なる派に属し、異なる時期に島に移住していれば、子孫たちは別個の親族を構成すると見てよい。島に移り住んでまだ幾世代も経ていない場合には、祖先祭祀を共同で行う態勢にも至っていない。また、自身の氏族名を知っていても、具体的にその中のどの派に属しているか分からない者も少なくない。例えば全州李氏の場合、一九八〇年代に珍島内に凡そ一二〇〇世帯住んでおり、そのうち最大の石保君派が約四八〇世帯を占めていたが、それ以外は、珍島に移住する以前にすでに一〇数派に分かれており、本土の派に属しているもの、移住後に自派で門中を組織しているもの、まだ世代が浅いため組織するに至ってないもの、所属する派が明らかでない者など多様であった。全国最大の氏族である金海金氏の場合はさらに多様で、一四世紀に移住して珍島設郡に際して功績を挙げた人物を祖先とする一族を除けば、所属はきわめて多様で、実態を把握することすら容易ではない。

門中の組織とその活動について人々の理念は共通していても、その内実は決して一様ではない。島外から多くの移住者を受け入れてきた島社会において、一方では島内において増殖する血縁者を登録し門中として組織化を図ってきたが、他方では、系譜関係が定かでない者や、場合によっては非血縁者までも系譜関係に取り込むことによって親族基盤を拡充することも行われ、門中を組織基盤として珍島という地域社会が形成されてきたといえる。こうした過程は、地元の年長者なら比較的近年まで身の回りで見聞し、あるいは自身でも経験してきたことである。

島内に移住して以来、多くの世代を経て子孫を増やしてきた門中は、ほとんどの場合、珍島に最初に移住したとされる入島祖の名をしっかり認識している。また、こうした入島祖をはじめとして、上世代の祖先たちの墓所を維持管理し、その共同祭祀を行うことを目的として、共同財産を設けて全島規模の門中が組織されている。そして人口規模の大きな門中では、入島祖を頂点とする島内最大規模の門中の傘下に、系譜の分枝状況に応じて、中規模・小規模のさまざまな範囲の門中が、その居住地区と対応して幾重にも複雑に組織されている。その中でも、伝統的な村落を枠組みとして、その村に最初に住みついた祖先を入郷祖と仰いで、その子孫たちが組織する門中がもっとも重要な単位となっている。また村規模の門中でも、村に入郷してからの世代数と分節状況、その財政状況に応じて、その傘下に大小いくつもの門中が組織されてゆく。最小規模の門中は、儒礼の原則に拠れば、高祖父までの祖先に対する忌祭祀が終了して、五代祖の祭祀が時享に移行するのに合わせて、子孫が共同財産を設けて組織するとされている。しかし、実際にはその地の慣習や財政などの事情を反映して一様ではない。珍島では、高祖父の祭祀まで忌祭祀を行う例はむしろ稀である。条件さえ整えば原則を前倒しして時享に移行させることを望み、一足先に門中が組織されることがむしろ多い。しかし一方では、共同財産の準備ができずに門中の発足が遅れる場合も少なくない。

全島規模の島内最大の門中は、都門中あるいは大門中などと呼ばれ、傘下の中規模門中は系譜上の序列に応じて、例えば三兄弟から分派した場合なら、長派、仲派、季派というように区別される。さらに下位の村を単位とする門中は、例えば上萬派というように村名を冠して区別される。

全島規模の大門中は、ほとんどの場合、さらに上位の系譜をたどって、本土の氏族門中の中に位置づけられており、珍島の名を冠して珍島派などと呼ばれる。しかし、本土の門中との系譜関係の根拠が不明確なため、その支派として認定を受けることができず、孤立している例も見られる。いずれにせよ、島内の小門中相互の系譜関係を確認するとともに、島外の上位門中との帰属系譜を明らかにするためにも、全島規模の珍島派による族譜編纂事業が何よりも重視され、全島各派を挙げて共同事業として推進されてきた。言い換えれば、族譜の編纂事業を通して門中はその系譜関係の根拠を内外に示し、人々の帰属集団として実質性を高め、対外的にその存在を示すことになる。

王朝時代以来のこの国における中央と辺境の距離関係を実感し、本土の祖先と珍島の子孫との関係を見る上で、光山李氏の例を紹介しよう。珍島に住む光山李氏は、一九八〇年当時全島でも一〇〇世帯に満たず、上萬には一世帯しか居住しない。しかし、光山李氏は王朝時代に中央政界で権勢をふるった有力氏族として知られ、珍島の派も、中央での党派抗争に巻き込まれて権力の座を追われ、珍島まで逃れて潜居の身にあったものが、子孫どうし連携を図って門中を組織し、内外に一族の正統性を示すことで復権を果たした例である。その点で、辺境地方における氏族と門中の状況を示す好例と言えよう。

一九八五年に編纂された光山李氏の族譜によれば、珍島における光山李氏は、一六世紀末に前後して珍島に移住した三人をそれぞれ入島祖とする三つの門中に分かれていたが、一八八二年に初めて島内三派が協議の末一冊

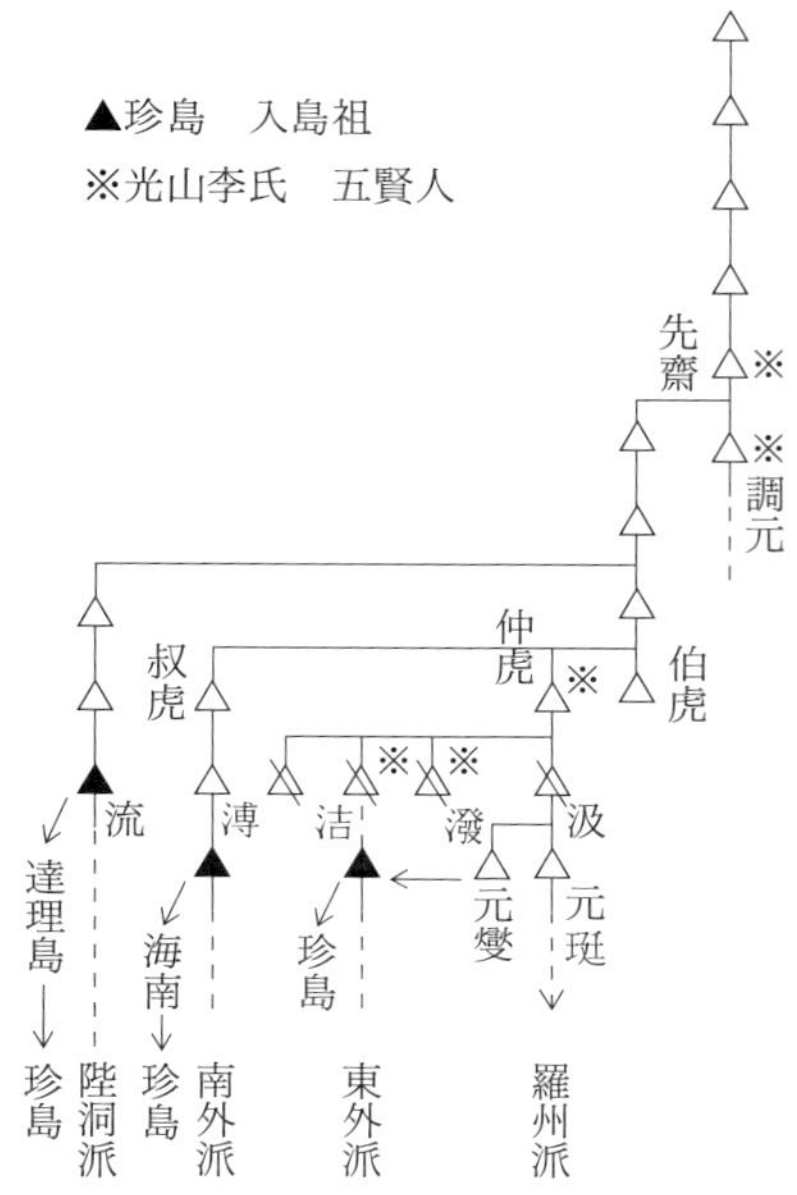


図 6‐1　光山李氏の系図

の家譜が編纂された。その後一九三三年になって、珍島本島ばかりでなく周辺島嶼地方に散在する三派の子孫を網羅することを目指して大宗契を組織するに至った。一九五三年には一族の中から珍島郡守が任命されたのを機に、一九五四年に本土在住者も網羅した族譜『光山李氏世譜珍島派譜』を刊行するに至った。

その記載によれば、一族は高麗朝以来代々朝鮮王朝において要職に就き、一四代宣祖の代に政権の主導権を握った東人派が北人派と南人派に分かれて対立した際、北人派の中心にあったのが光山李氏の李潑であった。権力の座にあったこの光山李氏が没落するきっかけとなったのが、己丑士禍（一五八九年）と呼ばれた鄭汝立の謀反をめぐる政変であった。李潑の三兄弟（李汲・李潑・李洁）が死に追い込まれたのをはじめ、族人の多くが湖南の人脈と見なされて連座した。李潑の兄李汲の二人の遺児のうち元燮一人が李洁の系子として、羅州の栄山浦から船で済州島に逃れる途中珍島に上陸した。彼は務安朴氏に身を寄せ、当時珍島に配流されていた蘆守慎のもとで学び、その子孫が東外派をなしてきた。李潑の従弟李溥の遺児も海南からさらに珍島に身を避け、その子孫がもう一つの派南外派をなしている。一方、李潑兄弟の祖父の弟の孫李流も務安郡の達理島に避難し、さらに難を逃れて珍島に渡り、その子孫が第三の派陞洞派を形成したのである。李潑兄弟をはじめ光山李氏の没落は史実のとおりであり、族譜では伝承も踏まえて落郷と潜居の経緯を記している。門中再構成の過程はまさに一族の受難と復権の歴史そのものと言ってもよい［伊藤　一九九〇］。

珍島における門中組織を有する氏族については、すでに第二章で概略を紹介したとおりである。現住の世帯数と人口の上から見ると、密陽朴氏（清齋公派）と金海金氏（京派、監務公派）が二大勢力を成し、次いで昌寧曺氏（侯中公派、清簡公派）、慶州金氏（杜渓公派）、全州李氏（石保君派）、清州韓氏、玄風郭氏、光山金氏（奉訓郎公派）、晋州姜氏（司評公派）、陽川許氏などと続き、いずれの氏族も同族が集居する村が島内で知られている。密陽朴氏、金海金氏、昌寧曺氏に、世帯数は少ないが務安朴氏（持平公派）を加えた「朴朴金曺」の四氏族は、珍島の歴史記録に実在人物が登場するもっとも古い氏族であるばかりでなく、朝鮮王朝初期一四三七年の珍島郡設立にあたって主役として功積を残した人物の子孫たちである。これら四氏族のうち特に功積のあった六名が、朝廷の允許により郷賢祠という祠堂に祀られ、郡による公式の祭祀が毎年執り行われてきた［珍島郡誌編纂委員会編　一九七六］。

## 三　上萬における門中組織

調査地上萬の氏族状況について見てみよう。この村は、かつて崔氏が拓いたと言い伝えられているがその痕跡は無い。一九七〇年代の世帯構成は、全州李氏（石保君派）三七世帯、密陽朴氏（清齋公派）三六世帯、慶州金氏（杜渓公派）九世帯、新安朱氏五世帯、その他七世帯、合計九四世帯であった。本章では、慶州金氏と新安朱氏については概略を紹介するに留め、主として密陽朴氏（清齋公派）と全州李氏（石保君派）について、一族の移住と門中組織化の歴史を辿ることにしたい。

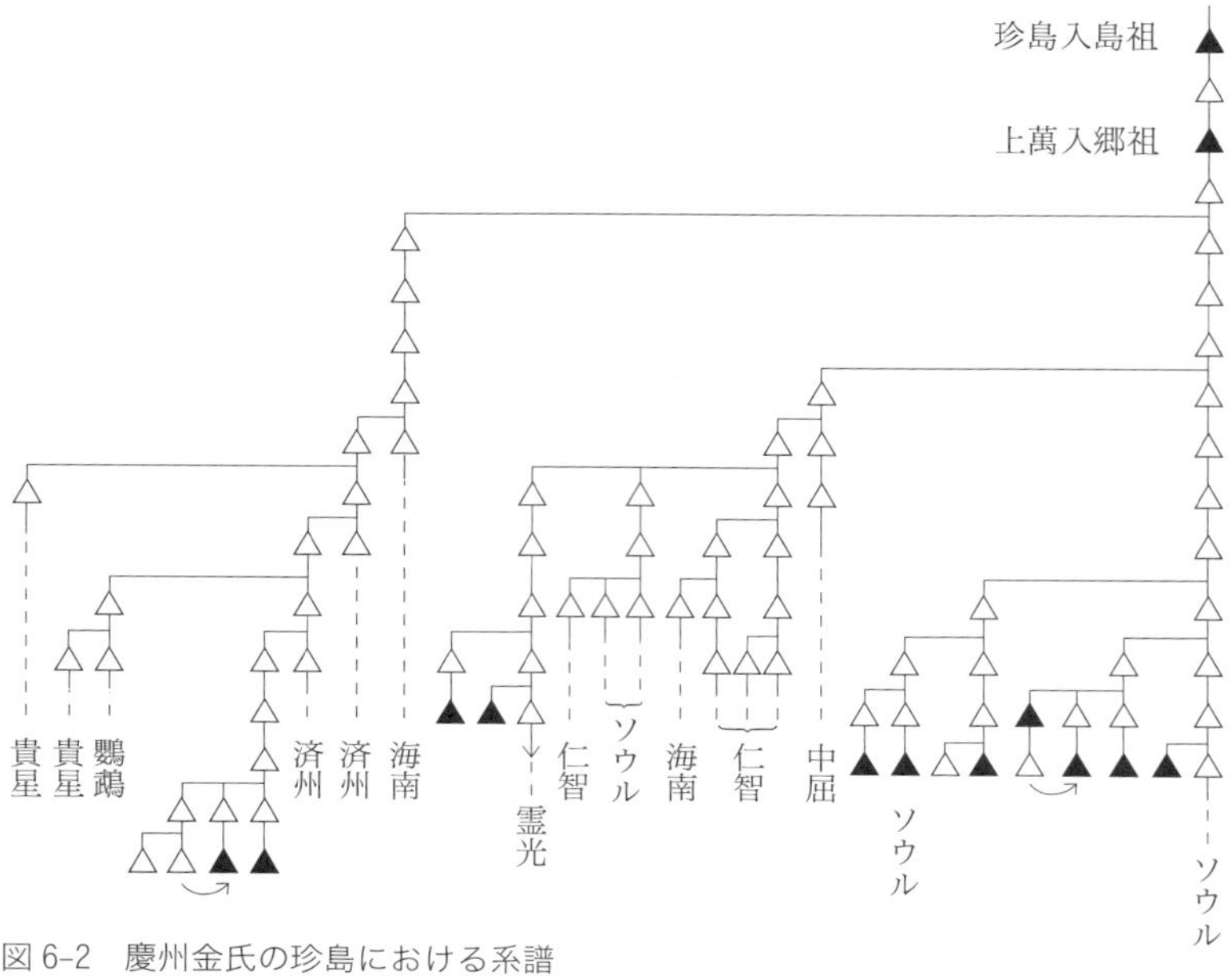


図 6–2　慶州金氏の珍島における系譜

写真 6–1　1959 年に建立された慶州金氏の祭閣「崇慕祠」の前で上萬の金氏たち

写真 6-2　慶州金氏祭閣「崇慕祠」内部の位牌群

写真 6-3　1996 年に建立された新安朱氏の祭閣「追慕祠」

珍島の慶州金氏は、始祖の四四世孫杜渓公を派祖とする杜渓公派の五派中の一派をなしている。珍島への入島祖は、一九七〇年代の住民の一三代祖に当たり、上萬への入郷祖は一一代祖に当たる。珍島への入島祖以来の上世代の墓所がいずれも上萬の近くに集中しており、他氏族に先駆けて一九五九年に上萬に設けられた祭閣「崇慕祠」が、珍島派にとって重要な拠点となっており、陰暦一〇月一四日に時享が行われている。上萬への入郷以後、島内の他村や他地方に多くの転出者を出し、一九七二年当時の上萬居住者は九世帯にすぎないが、系譜上は三つの派に分かれている。

また、南宋朱熹の子孫である新安朱氏の五世帯は、同じ臨淮面内の九分實という村を中心に組織されている門中に属すると同時に、上萬入郷祖の子孫が上萬派の門中を組織している。一九九六年に上萬に祭閣「追慕祠」を建立し陰暦一〇月一九日の時享を行っている。一九五六年版の『新安朱氏珍島派譜』に拠れば、朱熹の四世孫の朱潛が高麗に渡り、二二世の代には武官として壬辰丁酉の戦乱で武勲を挙げ、その曽孫に当たる二五世孫の四兄弟が珍島に渡り、上萬への入郷祖は三一世孫に当たる。一九七〇年代の住民はその五世孫に当たる。

各村における氏族世帯数の消長を、時代に沿って具体的に把握することは難しい。一般的に言えば、経済的に余裕のある家庭が子に農地や家屋敷を与えてチャグンチプとして分家させることで、近親者を増やしてゆく過程で説明される。また、近隣の村にも農地や宅地を購入することで子孫が村外にも広がり、また、経済的余裕の無い家庭では子が近隣村落の妻方の実家を頼って転出することで、結果的に氏族員が村落を超えて増加する契機となっている。こうした例は、上萬においても少なからず見られる。妻方居住によって他村に転出した者は、農業にいそしみ多くの子をもうけ、子をチャグンチプに出すことによって、いわば他氏族の軒先を借りて子孫を増やすことになる。やがて子孫たちの手によって、自身を入郷祖とする門中が組織されることが見込まれ、こうして長い歳月を経ると村落ごとに氏族の消長をもたらすのである。

氏族繁栄の基礎となるのは何と言っても子が多いことであり、これを左右する人為の及ばない要因の一つとして人々が関心を払ってきたのが、祖先の墓所をめぐる風水であった。氏族の消長は、墓所の風水の良し悪しに左右されると考えられたため、墓所の選定に当たっては風水師を頼り、子孫は風水の明堂を確保すべく管理を怠らなかった。島内で長い歴史を経て地盤を築いてきた氏族は地元の名門トバギ（토박이）と評され、いずれも島内有数の風水上の明堂に一族の墓所を構えている。風水説によれば、明堂を探し当ててそこに墓所を作りさえすれば、無条件に風水の理によって子孫に福がもたらされると説く。風水の資源をめぐっても、限られた島内で潜在的な競合関係があったといえる。

門中の具体的な実態として、調査地上萬における世帯数の多い密陽朴氏と全州李氏の事例について、門中が組織され再編成される過程を見てみよう。

### 1　蜜陽朴氏門中の事例

珍島の密陽朴氏清齋公派については、一九五六年に海南珍島派を中心に海南の譜庁で編纂された族譜の中から珍島分を抜粋して一冊とした『密陽朴氏清齋公派世譜』が手掛かりとなる。本土の密陽朴氏清齋公派によって編纂され一九五五年に刊行された『密陽朴氏清齋公派族譜　全一四巻』（ハーヴァード大学イェンチン図書館蔵）には海南珍島派の系譜が除外されている。清齋公派全体の中で海南珍島の派がどのように位置づけられているか詳細はさておき、島内だけで二〇〇〇世帯を擁する珍島派の存在は大きいと思われる。一九七〇年代の上萬居住者は入島始祖の一九―二〇世孫が主体となっていた。

珍島で編纂された密陽朴氏の族譜（珍島密陽朴氏宗親会、一九八五年刊行）に拠れば、珍島における密陽朴氏清齋公派の入島祖は、派祖清齋公審問の四世孫にあたる朴容であり、密陽朴氏の始祖彦忱の二四世孫に当たる。朴

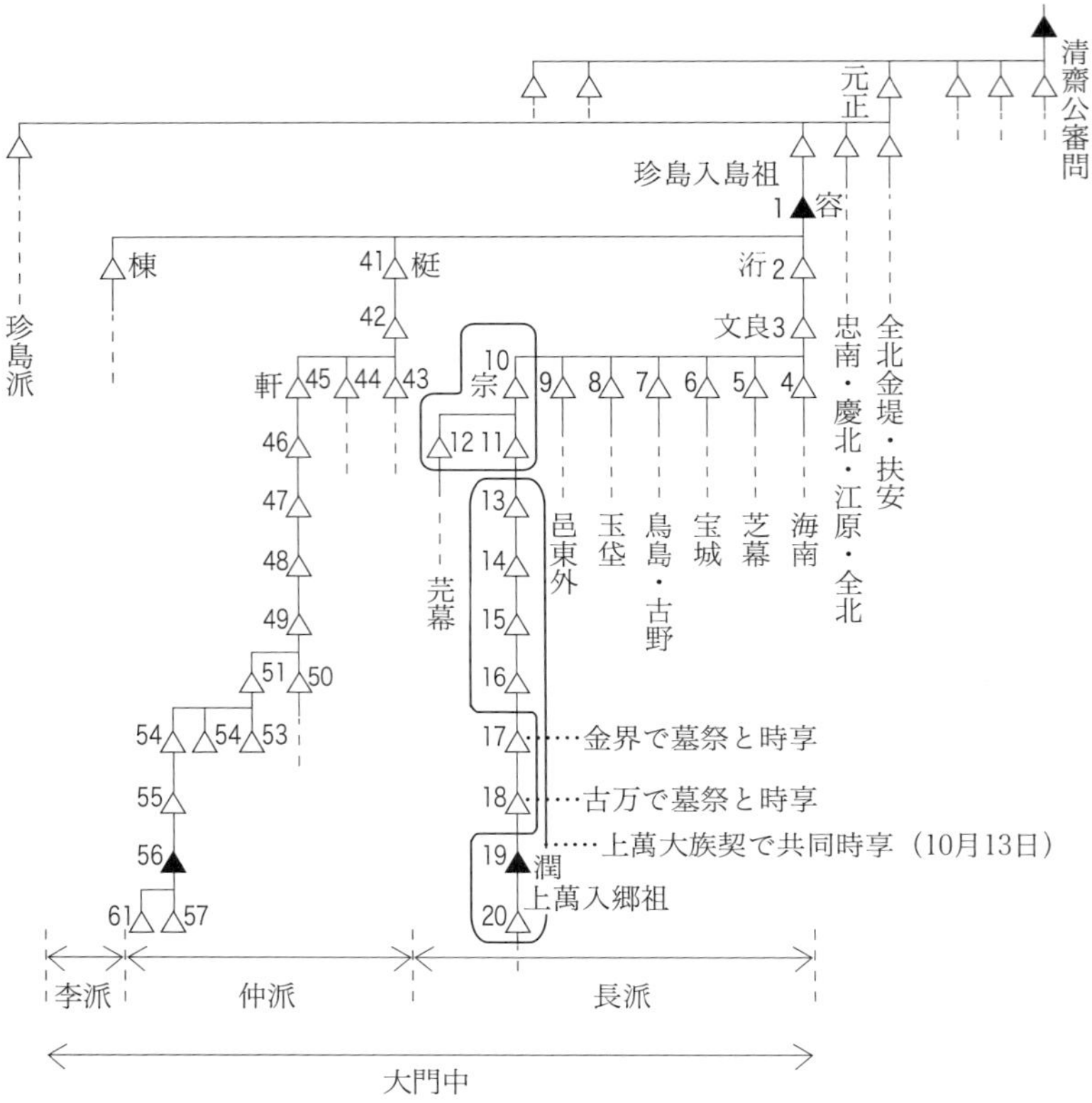


図 6-3　密陽朴氏清齋公派の上世代系譜

容の三子（朴衎、朴梃、朴棟）の子孫は、島内で三つの派（長派、仲派、季派）を構成している。朴衎と朴梃の二人は、昌寧曺氏の曺復明らとともに、一四三七年の珍島設郡の際の功績により珍島郷賢祠に祀られている。朴容は時期的にもっとも早く珍島に入島したため入島祖とされている。朴容より上の代から分かれた派の中にも珍島に居住する者があったが、入島の時期は朴容よりはるかに遅れている。

長派、仲派、季派の三つの派は、さらにその内部で複雑に分派しており、調査地上萬には一九七二年当時このうち長派が二四世帯、仲派が一二世帯、季派が一世帯が住み、長派と仲派は村内でさらに小さな派に分かれている。上萬内の大族契については『大族契案』、『和睦契案』を、私族契については『密陽朴門私族契案』、『承祐契』をもとに、聞き取り調査で確認した結果は以下のとおりである。

**(1) 長派の場合**

入島祖朴容(1)は墓所が不明であるが、その神主(位牌)を安置した祭閣「忠貞祠」が邑内に設けられ、邑内を中心に組織されている珍島全体を覆う大門中契が、その時享のために一〇マジキ(一マジキは珍島では水田の場合約二〇〇坪に相当する)の位土を共同資産として所有する。朴容は文献資料が失われたため生年没年ともに不明であるが、族譜から判断するかぎり、一六世紀中頃に参奉(武官)として珍島に入島したと考えられる。

入島祖の長子朴衍(2)は、珍島郡の創設(一四三七年)に功があったと伝えられ、他姓の数名とともに朝廷から賜額を受けた郷賢祠に配享されている。また三人兄弟(朴衍、朴挺、朴棟)は邑内東外里の棣香祠に配享され、珍島全体の朴氏大門中によって祀られている。(2)とその子(3)文良の墓は、一族ゆかりの地である蛇渡地という地にあって、二人を祀る祭閣も建てられており、寒食の日に時享と墓祭が行われている。その墓祭の財源としては、(3)の時享分と合わせて計八マジキの位土が蛇渡地近くの村に用意されている。(2)の二人の弟朴挺と朴棟は、それぞれ中派、季派の祖となり、それら各派門中によってそれぞれ邑東外里の天防祠、梅香祠に祀られている。したがって三人の兄弟は、それぞれの派門中によって別個に祀られるほか、(1)以下の珍島全体の門中によっても祀られていることになる。

(4)(5)(6)(7)(8)(9)のうち(4)寛の墓は、本土の海南郡の門中によって祀られている。また(6)も本土の宝城郡に門中契がある。それ以外の(5)(7)(8)(9)はみな子孫が珍島内に広く居住しており、それぞれの門中が組織されている。(10)の宗は、壬辰倭乱(文禄慶長の役)当時、李舜臣将軍とともに各地

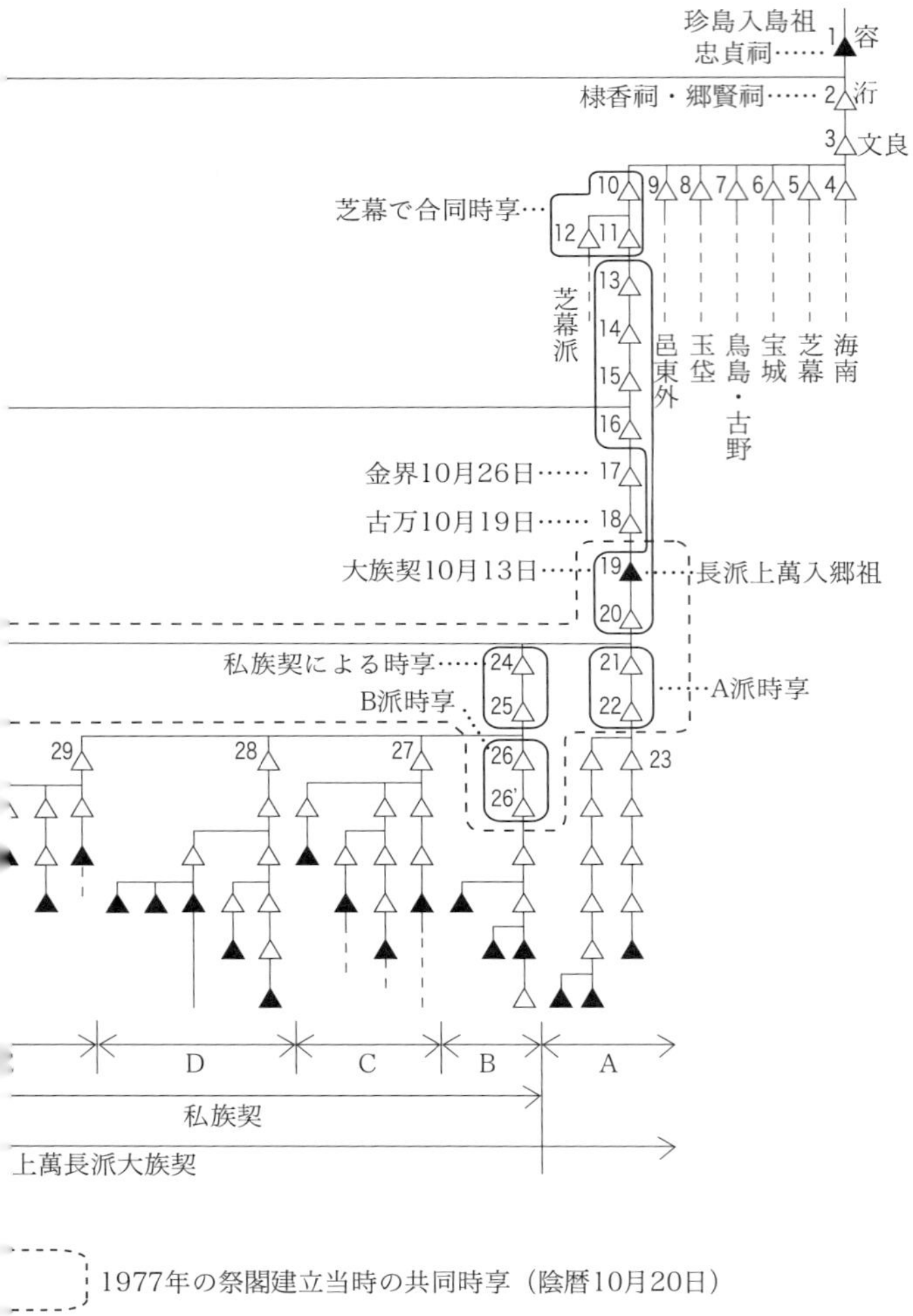
珍島入島祖
忠貞祠……
容
棣香祠・郷賢祠……
衎
文良
芝幕で合同時享…
芝幕派
邑東外
玉岱
鳥島・古野
宝城
芝幕
海南
金界10月26日……
古万10月19日……
大族契10月13日……
長派上萬入郷祖
私族契による時享……
B派時享
A派時享
D
C
B
A
私族契
上萬長派大族契
1977年の祭閣建立当時の共同時享（陰暦10月20日）

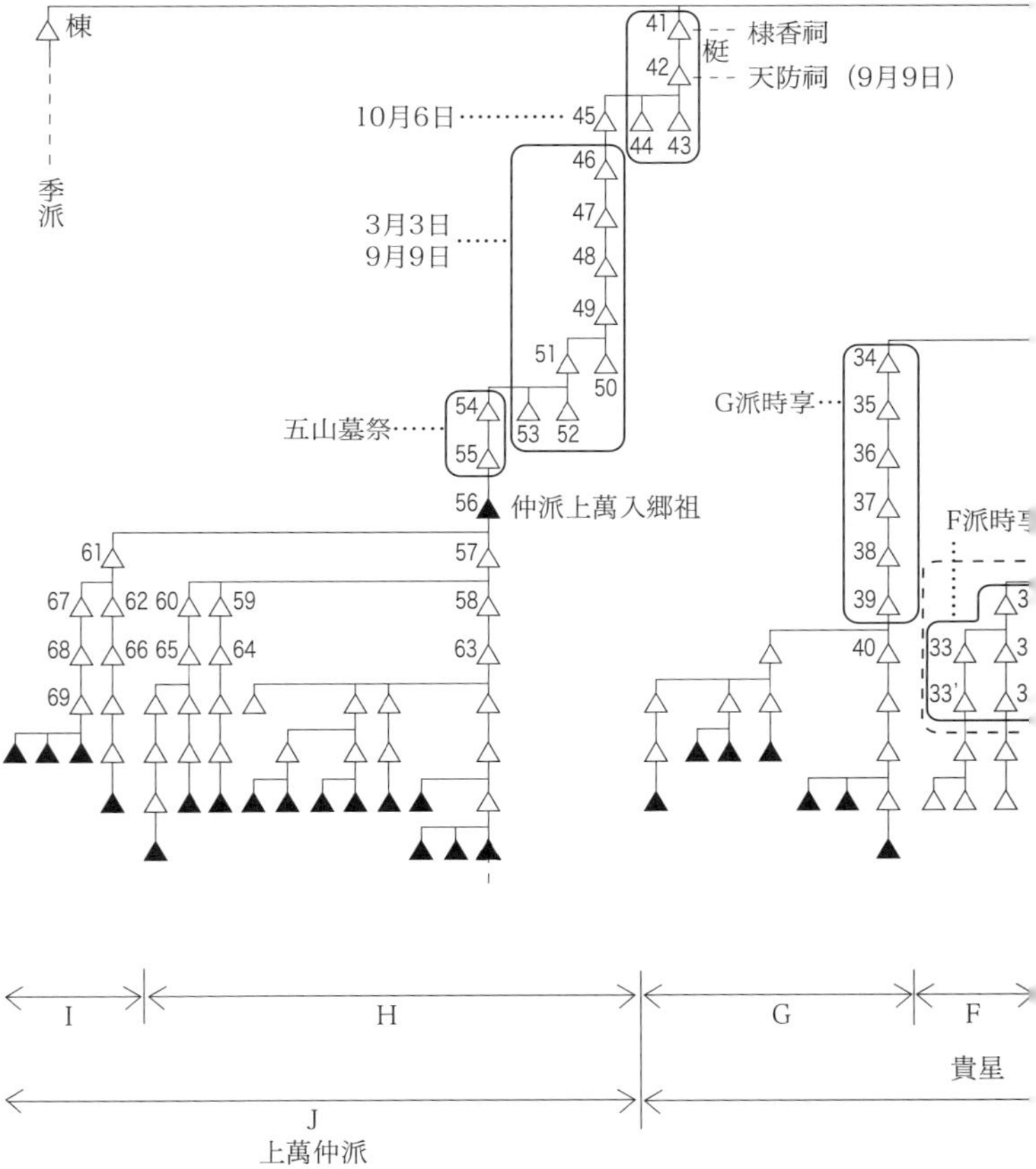


図 6-4　上萬における密陽朴氏清齋公派

に転戦して露梁津の海戦で戦死し、その子孫は萬戸公派をなす。その子（11）（12）の子孫は、それぞれ上萬と古郡面芝幕に住んで、別個の門中契を組織しており、上萬の契は上萬長派大族契と呼ばれる。（10）（11）（12）の三者の時享は、現在両派（上萬派、芝幕派）の門中が合同で（12）の本拠である芝幕で行われている。これには多少経緯があって、かつて上萬派が（10）（11）の祭閣を上萬に保持して祀っていたところ、一時期経済的な窮乏のため充分な祭りをできなかったところ、弟の派である芝幕は財政的に余裕があったため、祭閣を芝幕に移してしまい、それ以来（10）（11）（12）三者を一つの祭閣に配するようになったという。毎年陰暦の七月二九日に芝幕で（10）（12）の墓祭が行われ、冬至の日に祭閣において三者の時享が行われている。

（11）については、これとは別に一九七〇年に上萬の大族契によって専用の祭閣を臨淮面の龍虎の墓所近くに建てるに至り、一九七〇年代半ばには位土として月加に五〇四坪の畑を有していた。

（34）以下の一派は、上萬長派のうちで、かつて族譜上の操作によって長派の一部に接合されたという経緯があったもののようである。大族契に属しておりながら現在（34）から（39）までの時享を別個に祭り続けているのは、大族契で合祀するため拠出しなければならない位土をまだ準備できていないためであるという。

上萬大族契による時享が対象としているのは、（20）から上の世代であり、このうち（13）（14）（15）（16）については、一九四〇年代までは墓所である蛇渡地で墓祭の形式をとっていたが、その後は墓祭をやめて、上萬入郷祖である（19）および（20）とともに、その配偶者を合わせた一四名（13、14には継配者あり）に対して、陰暦の一〇月一三日の朝に村内の大族契の当番である任司の家でまとめて時享を行っている。そのための位土としては、村内に水田三二八坪が用意されている。（17）（18）は墓所が遠方（古郡面金界里、臨淮面古万里）にあるため、この共同時享から除かれている。（17）については、大族契から三人の代表が選ばれて、陰暦の一〇月二六日に墓所に赴いて、山直（サンジギ）の家で時享を行い、翌日に墓祭を行っている。このため金界里に位土として畑四

○四坪が用意され、山直が耕作と管理を任されている。
(18)については、やはり三人の代表により同様に一〇月一九日に時享と墓祭が行われ、そのために六七六坪の位土(畑)と山林一町歩があてられている。
(21)(22)の時享は、図のA分節にまだ位土が準備できていないため、村に在住するA内の二戸で交代に時享をつとめており、(23)兄弟以下の世代はまだ忌祭祀の対象に留められている。
B派では、本家(クンチプ)とその弟がともに光州に転出しており、村には一戸しか残っていないことも関係して、(26)(26')はすでに時享に移され、光州のクンチプで一〇月二四日に祀られており、墓祭は行われない。二人の墓所管理のための位土の準備を、村に在住する一戸も含めて協議中であった。

C派では、一九七七年当時(27)はまだ時享に移されていないが、四世帯によってすでに一九七二年には契が組織され、畑を合計四マジキ準備していた。

D派でも(28)はまだ忌祭祀の対象に留まっており、同様に契を組織して将来に備え積立てと貸付利殖によって位土を購入する準備を進めていた。

E派では、(29)はまだ忌祭祀の対象であるが、早くから位土の準備がなされ、すでに一〇年前に水田二マジキを購入して時享に備えている。

F派は全員が隣村の貴星里に住んでいて、(30)(31)(32)(33)(33')の五名がすでに時享に移されているが、まだ位土は準備できておらず、特定の一世帯で時享が行われている。

BCDE共通の祖先である(24)(25)の時享は、BCDEを合わせた私族契と呼ばれる門中契によって行われている。(25)が時享に移されたのは一九三〇年代のことで、それ以前は(24)の時享だけが三マジキの位土によって、毎年陰暦の一〇月二四日に私族契の任司の家で行われていた。その後これに一マジキを加えた四マジキに

写真 6-4　上萬における密陽朴氏清齋公派長派の祭閣「誠慕祠」

よって、(25) も合祀されるようになり、一〇月二三日の晩にBCDE各門中の代表が集まって、祭官八名（初献、亜献、終献、参酌官、執礼、大祝、執事二名）を決めて、翌四日の朝に任司の家で時享を済ませた後、墓でも墓祭を行うようになった。

一九七〇年には、(24) の墓所が所在する智山面の寿長に水田二マジキを購入し、墓守を置いて毎年陰暦の二月二〇日に、(25) とは別個に墓祭を行うようになり、この時に碑石も建立された。

上萬の長派大族契の成員は、上萬の二四世帯以外にも隣村をはじめ臨淮面の一三カ村に分散しており、また邑内への転出者も近年かなりの数にのぼる。大族契の共同資産の位土は、水田三三三坪、畑一五八四坪、山林一町歩である。一九七〇年代末には、ABCDEF各派の資金拠出によって、これら各派の時享対象者と入郷祖 (19) および (20) の時享を共同で行うための祭閣の建立が計画され、それに備えて位土と祭祀運営のための新たな契が予定されていた。その予備段階として私族契内では、(26)(27)(28)(29)の四兄弟について、ＢＣＤＥ各派から七〇万ウォンずつ合計二八〇万ウォン、これにブラジルに移住した者から寄付された六〇万ウォンを加え、それ以外にも共同時享を希望する場合には、一人につき一〇万ウォンを拠出することにしていた。祭閣「誠慕祠」の建立はようやく一九九六年に実現した。

(34)以下の一派は、上萬長派の中で入郷祖よりも上世代から分かれた派と位置づけられているが、かつて族譜関係の調整によって長派の一部に編入されたという経緯があったようである。大族契に属しておりながら一九七〇年まで(34)から(39)までの時享を別個に祭り続けていたのは、大族契で合祀するため拠出しなければならない位土をまだ準備できていないためであった。

**(2) 仲派の場合**

仲派では、派祖である(41)と(42)(43)(44)の四位の墓が、いずれも義新面の祭閣(天防祠)の近くにあり、時享も陰暦九月九日に祭閣で行われている。(45)は、陰暦一〇月六日に古郡面の松隅山で、また(46)以下(53)まではすべて陰暦の三月三日と九月九日の二回、それぞれの墓所で墓祭を行っており、上萬からも代表が参加する。また(54)(55)の二位については、古郡面五山で墓祭が行われている。

仲派の上萬入郷祖である(56)と(57)の二者の時享は、かつてはＨの範囲で門中契によって行われ、この契にはＩ派の当時村に居住した二世帯のうち一世帯(69)が参加していた。その後一時期(一九五〇年—五四年)契による時享は中断されていたが、一九五五年に再編成された契は、Ｉ派の四世帯を含むＪ派全体で構成されている。新しい契では、以前からの資産を引き継いだ上に、新規の積立てによって資産を増やして、それまで忌祭祀の対象となっていた(58)(59)(60)を時享に移して、合計五位(五六—六〇)の時享を合同で行うようになった。

Ｉ派については、拠出資金がＨ派に比べて少なかったため、共同時享への編入が少し遅れて、一九六三年に米一石を追加拠出した時点で、(61)(62)も合祀するに至った。したがって一九七〇年代半ばには、(56)から(62)の計七位について、水田八マジキ（一五二坪）の位土を設けて陰暦一〇月二〇日に門中契の任司の家で共同時享を行うに至った。Ｉ派の(69)はＨ派からの系子（養子）であったが、当時(66)が別の村に居住していたこともあって、養家よりも生家の近親者との関係を緊密に保っていたため、Ｈ派の門中契に参加していたという。珍島における養子慣行では、このように養子縁組による系譜上の関係よりも、それ以前からの生活上の協力関係が持続されるため、系譜上では分派が進んでいるように見えても、実生活面ではむしろこれを再統合する効果を果たしており、これが時享の共同化を容易にしていると思われる。仲派においても一九八〇年に祭閣「遠慕祠」の建立が実現し、毎年陰暦一〇月二〇日に共同時享が行われている。

季派は現在上萬に一世帯が住んでいるにすぎず、現世帯主の祖父母までの忌祭祀を四回受け持っているが、それ以上の世代については、義新面の松亭および七田の門中で時享が行われている。七田は戸数二〇〇を超える大集落であり、そのうち一八〇余戸を密陽朴氏が占める特異な同族村として知られ、季派の中心となっている。

長派や仲派の動きに見られるとおり、時享のための共同資産が準備されるにともなって、門中内での分節化が進行すると同時に、ある段階に達すると、これら小派が資金を拠出し合うことによって、全体の時享を共同化するため協力する動きが見られる。次に紹介する全州李氏の場合もその良い例と言えよう。

## 2　全州李氏門中の事例

全州李氏は、朝鮮王朝の王族一門として別格ともいえる威信と実質的な権勢を誇ってきた氏族である。ソウルの全州李氏大同宗約院を中央本部として、全羅南道支院、珍島支部という具合に全国にわたって門中の組織化がもっとも整備された氏族である。王族として、王朝時代以来の王陵における祭祀や、宗廟における歴代王の祭祀を行っており、また族譜の編纂に関しては、氏族内の各支派による派譜の編纂事業に対しても、系譜関係をはじめ族譜の体裁や記載内容について本部の指導と統制が及んでおり、刊行前に中央本部の確認と校正を受け最終的な許可を得なければならない。太祖李成桂以後の王朝時代に限ってみても、王の嫡子として「大君」の諡号を許された者の子孫による大君派のほか、「君」の称号で呼ばれた庶子、つまり側室の子孫による君派も、認定を受ければ等しく派をなすことが許される。大君派は二五、君派は七四に達していた。しかし、これら派の中にも後継を得られず絶えた派もあるため、実質的な支派として認定された数はこれより少ない。これに、太祖以前の先代からの分派として認定された派を加えて、派別に独自の族譜を刊行している宗会（門中）組織は、一九七〇年代に七〇以上とも八〇とも言われていた。

珍島には、一九八〇年代初めに約一二〇〇世帯の全州李氏が居住し、そのうち朝鮮王朝第二代の定宗の第九王子に当たる石保君の子孫が約四二〇世帯を占め、石保君派と呼ばれている。現在、石保君派の全国組織として「全州李氏石保君派全国宗親会」のほか、一族員の親睦団体としてソウルには「全州李氏石保君派花樹会」が置かれている。珍島には石保君派以外にも十数派が居住するが、石保君派はその中で最大派として、島内で組織化がもっとも進んでいる。

王子の子孫と認定されていても、無条件に「君」の諡号が贈られるものではなく、当初から子孫たちが支派を構成してきたのでもない。支派として認定されるためには、朝廷から「君号贈職諡号」の処遇を受けなければならない。石保君派が正式にこの栄誉を得たのは、王子の死後実に四二五年を経た、王朝末期の高宗八年（一八七一年）のことである。それまで長い間、この王子の子孫がどのような境遇に置かれていたかは、族譜と伝承を手掛かりとして再構成するよりほかない。珍島に伝わる石保君派の族譜のうち、一九五五年に刊行されたものには、

写真 6-5　全州李氏石保君派大同譜所編「石保君派世徳編」（1981 年）

こうした歴史的経緯に関する記載が欠けているため、一九八一年に石保君派の大同譜として刊行された『全州李氏石保君派大同譜』（全六巻）の記述をもとに追ってみることにする。

　全六巻のうち「石保君派世徳編」という一巻には、はじめに全州李氏の始祖から始まる上代と王朝成立以後の歴代王の世系が掲載され、次いで、「完山実録」、「璿郷全州事録」、「列聖朝実記」が収録されている。これらはいずれも全州李氏の来歴を子孫に示すために編まれたもので、全国の一族に広く知られている内容のものであるが、この派では、現代の若い世代にも読みやすいように、ハングルを主体とした分かりやすい文体を採用している。このうち「完山実録」は、太祖李成桂から二二代も遡る始祖に始まる上代の伝説を史実風にまとめた体裁をとっている。一方「璿郷全州事録」は、全州の沿革、始祖および本貫の由来、太祖と定宗までの事蹟を記し、中でも石保君の父である定宗については、逸話を交えた歴史小説風の文体となっている。その後に、ふたたび始祖以来の神位を奉安する廟と歴代の宮闕（王宮）について紹介され、その次にいよいよ石保君派の沿革に移る。はじめに、派内の小支派間の系譜関係を示した上で、石保君を筆頭に主要人物について近年の物故者に至るまで、一族の多彩な事蹟が記されている。巻末に付されている編集後記には、この族譜を編纂する過程で経験した困難、明るみに出た事実や課題など、いわば門中の内部事情を率直に記しており、門中内各支派間の関係を知る上で貴重な手掛かりとなっている。

### （1）派祖の墓所を求めて

先ず派祖の石保君について見よう。定宗は、王朝初頭のいわゆる「王子の乱」として知られる王子間の熾烈な王位継承争いのさなか、太祖を継いで一三九九年に即位した後、わずか二年の在位で弟の太宗に王位を譲った。その間、王は王妃を伴って夜陰に後門から王宮を去り、母（太祖の王妃）の墓所である斎陵近くの小さな草葺きの仮家に移り、六三歳で崩御するまで一九年間隠遁生活を送ったという。

定宗には嫡子が無く、五名の淑儀すなわち側室との間に合計一五名の王子をもうけた。そのうち石保君は海平尹氏の淑儀との間にもうけた四男二女のうちの三男で、出生順には第九王子に当たる。石保君は、王室内の骨肉の王位継承争いと政争を避けて、父と共に隠遁生活を送り、成人後もついに王の宗親としての官位も固辞したまま一生を過ごしたという。その死後世宗二九年（一四四七年）に、王室から墓域として「四方七里の地」を京畿道楊州郡弥阿里に下賜されたが、やがて王族内の内紛や党争、後には壬辰丁酉の倭乱（文禄慶長の役）、丙子胡乱（一六三七年の女真族の侵攻）の際に兵火を蒙り、後孫たちが離散したため墓所の管理が行き届かなくなり、「墓所失伝」となってしまった。

ところが今から約二〇〇年前、忠州に住む第一一世孫が進士に及第したのを機に、記録を頼りに君の墓所を探し求めることになり、高陽郡の山中をめぐり歩いた。彼ら一行が弥阿里に差し掛かった時、子供たちが通りかかり「石保コル に焚き木を採りに行こう」というのを偶然耳にし、そのいわれを尋ねたところ、「あの峠を越えると鬱蒼とした森があり、そこには古い墓があって以前から「石保コル（石保谷）と言い伝えられている」という。そこで子供らに案内させて尋ね行くと、崩れかかった墓があって、墓碑も倒れて地中に半ば埋もれていた。この碑を仔細に調べるとまさしく「石保正」の三文字が読み取れた。そこで急いで墳墓を修復して各地の支派にこの事実を伝え、以後毎年子孫が墓前に会して享祀を執り行うようになったという。

しかし、石保君が封君贈職諡号の栄誉に浴するのはこれよりさらに時代が下り、ようやく高宗の代のことである。すなわち、高宗皇帝が即位八年（一八七二年）の三月に定宗王の厚陵に行幸した際、封君の処遇を得られなかった五王子の子孫が、鉦を叩きながら王の車の前に進み出て、五王子の事績を訴えたことから、永年の念願であった王の允許を得るに至り、晴れて石保君の称号と靖恵公の諡号を認める教示が下された。これによって五〇〇年に近い一族の怨念がようやく晴らされたのだという。

次いで、石保君の母である淑儀海平尹氏の墓所についても記述がある。この墓所も当初は京畿道楊州郡神穴面（今の高陽郡神道邑）に墓域が存在したが、同様に久しい歳月を経て兵火を蒙り、他の淑儀の墓所とともにすべて失伝となっていた。このため五淑儀の一五王子の後孫たちが、何時の頃からか豊徳の光徳山上に五淑儀壇を築いて合同で春秋に祭祀を行っていたという。ところが、淑儀海平尹氏の墓所については、今から一〇〇年余り前の丙戌の年（一八八六年）に、その中の四子の子孫に当たる四君派の有志が連絡を取り合い、墓所の探索を試みた。彼らが付近の山中を尋ね歩いていると、通りかかった老人が、「伝説によれば、尹嬪の墓所は、娘の仁川翁主の墓所の上の方にあったが、翁主の外孫である咸陽朴氏がそこを何代にもわたって葬地にしてきた」という。これを手掛かりに、まず咸陽朴氏の葬地内に仁川翁主の墓を探しあて、その墓碑を調べると、後面に「恭靖大王後宮海平尹氏墓在後左側五十歩許即邦彦女而君主母也」と刻まれていた。すぐさま五〇歩余りの所を調べると、果たしてわずかに墳墓の跡が残されており、文官石が土中に埋もれて僅かに頭を地上に出していた。そこでこれを封築して四君派の後孫たちが高陽郡神道邑梧琴里に共同で祭田（位土）を設けて、以後毎年陰暦の九月二九日に墓前で享祀を行い、今日に至ったという。

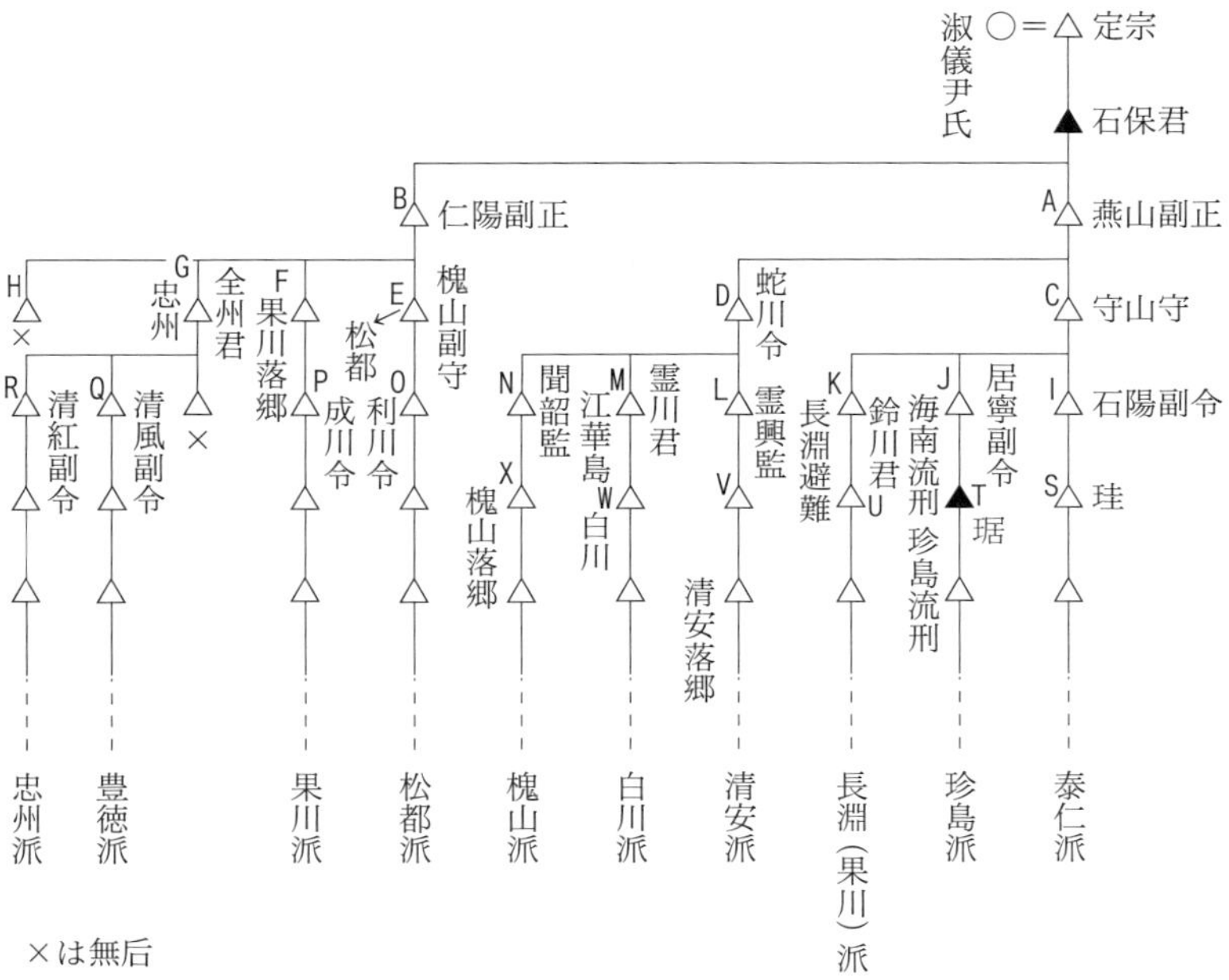


図6-5　全州李氏石保君派　上代

## （2）その後の石保君派

石保君は二子をもうけ、曾孫の代まではふたたび順調に王の宗親として官職にもついていたが、その後一族の没落が始まる。系図中の四代孫（曾孫）に当たるI、J二人の兄弟は、宮中での抗争に巻きこまれて謀略により全羅南道の海南に配流され、さらにJの子Tは父から離されて珍島に流刑された。Iは後に許されて坡州に帰郷する途中、全羅北道泰仁の地に安楽の居を定めて読書と農を嗜んで余世を過ごし、後の泰仁派の祖となった。一方、JとTの親子は遂に許されることなく、流刑の地に骨を埋め。Tは後の珍島派の祖となった。

Kも当時の燕山君の暴政（一四九四—一五〇六年）のもとで禍が及ぶのを避けて、黄海道長淵の地に逃れ、後の長淵派の祖となっている。同様にMも、燕山君の暴政に堪えられず、官職を辞して江華島に移り、明宗の代には詔書によって幾度も請われながらも遂に官に仕えることなく、老後は黄海道白川に移って余世を過ごし、後の白川派の祖となっている。その子Wは、文科に及第して再び官職に就いたが、王妃の垂簾聴政を諌めたことが契機となって疎んぜられると、浩然と官を辞して白川に下り、読書生活を送ったという。また武官であったXも、党争に明け暮れた宣祖朝（一五六七―一六〇七年）に、外勢による国家存亡の危機と国防の充実を提言したのが禍となり、反対派の謀略に遭い、失意のもと忠清北道槐山に落郷して、後の槐山の祖となった。同様にEは京畿道松都へ、またFも弟のGと共に忠清道方面に落郷し、Fは途中で果川に留まったがGは忠州に居を構え、それぞれ果川派、忠州派の祖となった。

以上の通り、石保君の三代孫から五代孫にかけて、子孫のすべてが落郷する運命となり、一族の離散と没落が始まったことが分かる。しかし中央の政界から没落したとはいえ、彼らは王族全州李氏の一門として各地で次第に地位を築いていったと思われるが、その間の実情については知るすべがない。石保君派の子孫が再び公的な記録に登場するのは、正祖朝（一七七七―一八〇〇年）の一九七四年の科挙に忠州派の一一代孫宇炯が延試文科に登第した時である。系譜上はもっとも末派である忠州派出身のこの人物が、長らく失伝とされていた石保君の墓所を探し当て、その呼びかけによって各派の協力が始まり、これを契機として忠州派は一族の中で威信を高め、祭祀についても主導権を握ったと考えられる。

時代はさらに下って、高宗八年（一八七二年）に封君贈職諡号の栄誉に浴したものの、当時泰仁派の宗孫は貧困を極め、石保君の祭祀をとても主宰できる状況にないばかりか、後継が無いことも一門全体の悩みの種となっていたという。封君諡号にふさわしい祠堂の建立と宗孫継承をめぐって各支派の代表が幾度も会して協議したものの、各派の意見が対立して結論を得ないまま、宗孫も死去してしまった。やむを得ず一族の長老である都有司はその権限により、死後養子という非常措置によって宗孫の奉祀孫を選ぶことに決し、系譜的にはもっとも末派の忠州派から選ぶことにして一九〇二年になんとか各派の諒承を得た。これは、忠州派から選ばれた奉祀孫が族譜の記載上は宗派である泰仁派宗孫の後継として記載されるが、実際には、生地の忠州清安に留まって祭祀を主宰することで実質的に宗孫の役割を継承するという方式である。これにともない、祠堂も宗派の泰仁ではなく、忠州清安に建立する運びとなった。祠堂の建立は石保君派全体の共同事業として一九〇五年に竣工し、その後何度か修復を経て今日に至っている。その経費は各派に割り当てられ、その中でも世帯数が拮抗していた珍島派と忠州清安派の負担が多かったという。以上の経緯は、石保君の位牌を奉安する祠堂の建立と正式の祭祀に焦点が置かれている。

ところが族譜には、以上の石保君の祠堂建立の経緯に続いて、当時もう一つの祠堂（靖恵公祠）が珍島の松月に建立されるに至った経緯について次のように記している。

言い伝えによると、丙戌（一八八六年）五月に、泰仁の宗孫光澤の夢に、衣冠を整えた老人が現れ、屋敷の門をくぐりながら、「おい、もう寝たのか？」と三遍声をかけてから、「わしは、すぐにも珍島に身を寄せて落ち着きたいのだが、そのように取り計らわなければ、お前の家に禍がふりかかるだろう」と言った。驚いて目を覚ますと、宗孫は夜明けとともに急いで路銭を工面して、石保君の封君と賜諡を示す王から下された教旨と泰仁郷校の通文を手に、珍島の次宗孫のもとに駆け付けた。そして、これまで祠堂建立が滞ってきたことを深く詫びた上、夢に見た内容を仔細に語り、夢の中の老人は正しく先霊であるから、経費や労苦を惜しまずに速やかに祠堂を建立すべきことを説いた。ところが奇しくも珍島の次宗孫も同じ晩に、「貴客が家に多勢集まっていると、門の横梁が突然潰れたかと思うと瞬時のうちに壮大な建物に建て直る」という夢を見ていた。次宗孫が自分の見た夢について話すと、その場に集まっていた珍島派の人々はその奇異に驚き、祠堂の建立をその場で決議し、すぐさま準備に取り掛かり、一次中断しながらも二年後には竣工した。

これによれば、祭祀のための奉祀孫の選定と忠州清安への祠堂建立に先だって、宗孫の生存中にすでに宗孫から珍島派へ教旨類の譲渡と珍島派による祠堂建立が行われていたことになる。つまり、奉祀孫による祭祀の継承と位牌を奉安する正式の祠堂建立が都有司の裁定によって行われたのに対して、一方では、宗孫の夢中に現れた先霊の意思に従って、次宗孫のもとに教旨類を奉安するもう一つの祠堂が建立されたのである。地理的に見れば、泰仁の宗孫が位置する全羅北道泰仁を間において、一方は忠清北道の末派のもとに、他方ははるか南方に位置する珍島の次宗派のもとに、位牌祭祀と教旨類が二つの祠堂に分割され、これを契機として石保君派に二つの中心が成立したといえる。

実は、族譜にも収録されているこの夢に関する伝承を、私はこれまで珍島で一度も耳にしたことが無い。これについて、珍島派のある古老の説明は、要するに珍島派は次宗派である上に、世帯数も多く財力も豊かなうえ、教育水準も崇祖意識も高く、松月派から官職に就く者が出たため、泰仁の宗派と談判の末、教旨などの分書が珍島派にもたらされたのだという明快なものだった。忠州派は末派でありながら、文科登第者を出して威信を得て以来、墓所発見の功績などで指導性を発揮し、門中決議という正式の手続きによって位牌と祠堂を獲得し、祭祀の主導権を得たのに対して、珍島派は地理的には辺地に在りながらも、実質的な基盤を背景に崇祖活動に力を入れ、教旨収蔵のための祠堂誘致の正統性を、祖先の霊的意思に求めたといえる。儒教の原則によれば、あくまでも宗孫による位牌の祭祀が公式のものであり、文書や遺品を納める祠堂は別次元のものであって、原則を冒すものとは見なされない。

写真 6-6　全州李氏石保君派の珍島派によって松月に建立された祭閣「靖恵公祠」

こうして珍島派では、調査地上萬から三キロほどの臨淮面松月に祠堂が設けられ、石保君の忌日である二月一九日の昼前に、石保君をはじめ五世代目の珍島への入島祖まで五名に対する祭祀を行い、崇祖意識の高まりとともに一時は三〇〇名も集まっていた。そのほか、冬至日の深夜には松月と上萬の子孫のみ参加して小豆粥（パッチュク팥죽）を供えている。松月の祠堂祭祀のため珍島の都門中では位土として水田四〇〇坪、畑六〇〇坪を所有している。

上萬における全州李氏石保君派は、図6―6の系譜に示すとおり入島祖の七世孫を入郷祖とする一派を主体とし、これを島内の全州李氏では上萬派とよび、門中内では祥堂公派と称している。上萬にはこのほか、上萬派より遅れて

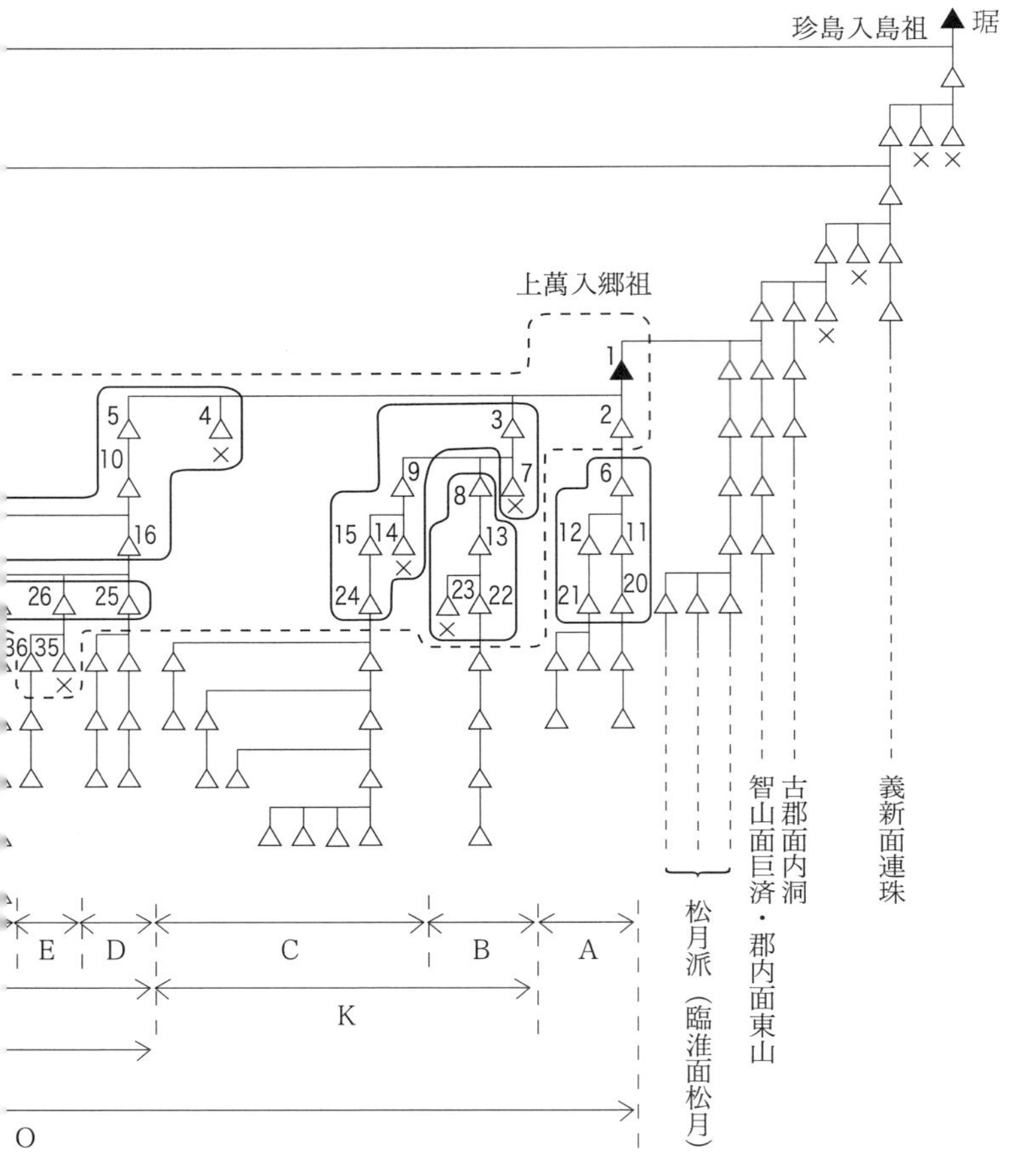
珍島入島祖
琚
上萬入郷祖
松月派（臨淮面松月）
智山面巨済・郡内面東山
古郡面内洞
義新面連珠
A
B
C
D
E
K
O

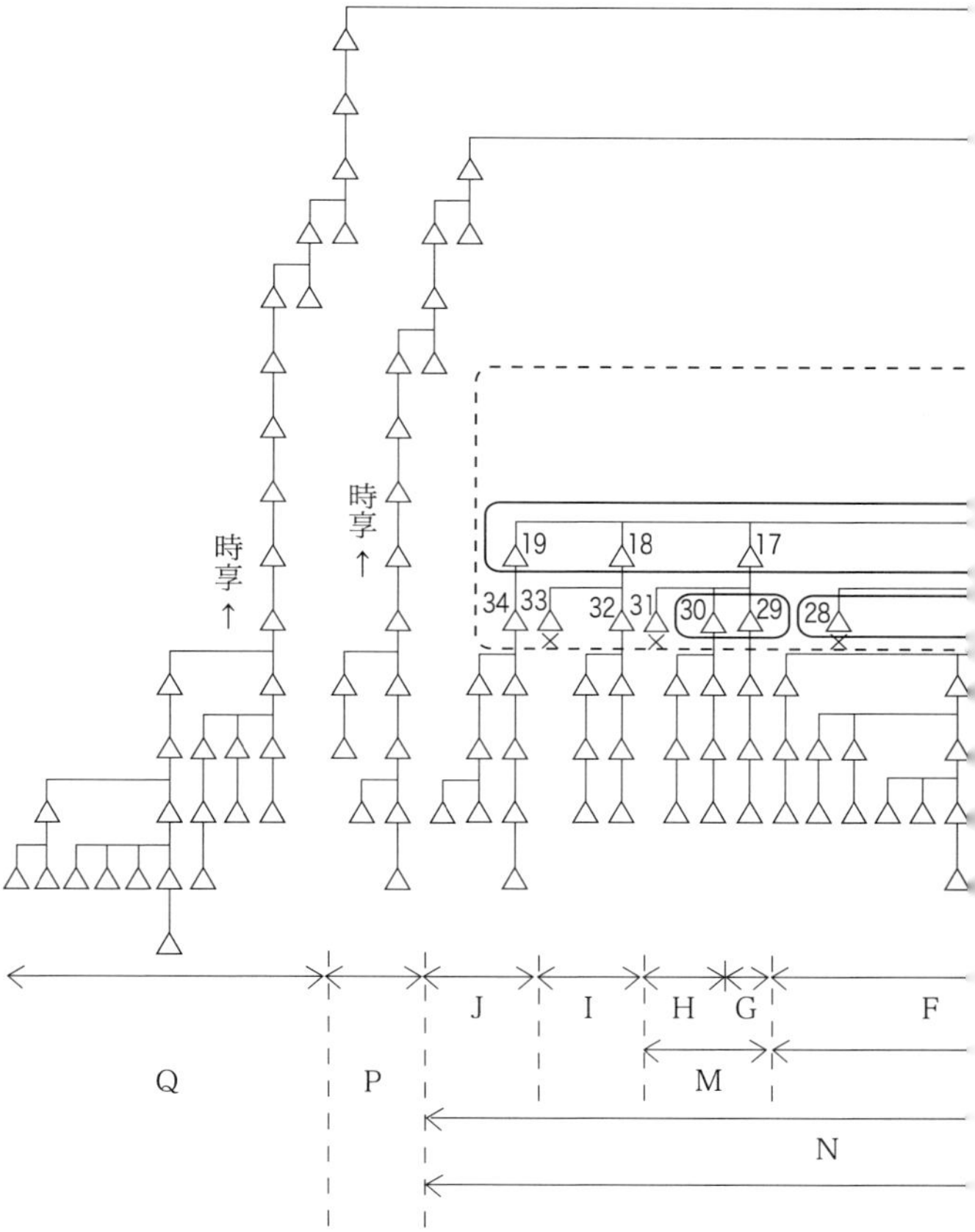


×は無后

図 6-6　全州李氏石保君派上萬派

他派から転入してきた一二世帯を加えた合計三七世帯が居住する。一二世帯のうち五世帯は、上萬に近い松月の松月派に属している。松月は島内でも有数の全州李氏が集住する村として知られ、松月の入郷祖と上萬の入郷祖は兄弟関係にあった。それ以外の七世帯は、系譜上は上萬派および松月派よりも上世代の、珍島入島祖の子の代および曾孫の代からの分派に属し、それぞれ村外の門中に属している。

**(3) 祭閣の建立**

上萬派では、かつて内部で多くの小派に分かれて時享を行っていたのを、一九五九年に共同の祭閣（定石祠、別名永慕祠）を建立して、上萬派のほぼ全体の時享を行うようになった。共同時享は陰暦の一〇月二〇日に行われ、(1)の入郷祖を筆頭に(34)までのうち図のA派に属する(6)(11)(12)(20)(21)を除いた二九位に、E派の(35)(36)を加えた合計三一位に対して、配偶者まですべて数えると合計六五位を対象とした。

祭閣を建立する以前の上萬派門中は、入郷祖の時享のために一九二〇年以前に位土を設けており、祭閣建立当時まで水田を二カ所に合計約五マジキ所有していた。またその墓所が遠方の地にあるため、墓所の維持と墓前祭の準備のために山直（墓守り）を置き、位土として水田三マジキを設けていた。一九五九年の祭閣建立に際しては、各派の門中契からの拠出分をこれに加えて門中契の再編成が行われた。

(5)(10)の時享のための位土としては、(16)(17)(18)(19)がまだ時享に移される以前から、N派では共同資産による時享が行われ、このために水田三〇六坪と畑六七三坪の位土が存在した。その後(16)(17)(18)(19)がそれぞれ時享に移されるにともない、L、M、Iはそれぞれ(16)(17)(18)のため別個の契を組織して別々に時享を行っていた。J派は契による位土の準備ができなかったため、(19)が時享に移った後もしばらくの間は特定の家で時享が続けられていた。その後、L派ではD、E、F各派によって別々に始められていた(25)

(26)(27)の時享を(16)と合祀し、さらにこれを機会に無后の(28)の時享も始めるため、D、E、F各派の位土を併合して時享の合同化を進めた。これと同時に、G、Hも資金を拠出して、(29)(30)(31)の時享を(17)に合祀し、またI派でも(32)を時享に移して(18)と合祀すると同時に、(33)の時享も合わせて開始した。

こうしてL派、M派ではその下位の小派の時享を合祀し、I、Jも二世代を時享の対象とするに至った。その後(16)(17)(18)(19)の時享をN派全体の(5)(10)と合祀するため、L、M、I、J各派から資金を拠出して新たな位土を購入し、(5)(10)の位土から上がる小作料収入と合わせて、(5)(10)(16)(17)(18)(19)全体を祀り、さらにこの時からそれまでほとんど祀られていなかった(4)の時享をも合わせ行うに至った。その後も、L派では拠出した残り資金で新たに準備した水田五八一坪の位土によって(25)(26)(27)(28)の合同時享を続け、I派でも同様に畑五四四坪により(32)(33)の時享を別途に続けた。J派の(34)は資金不足のため時享への移行がもっとも遅れた。

K派内についてみると、(3)の時享のための位土として畑三七五坪、水田一五三坪の位土が早くから準備され、これにはKのうち少数派であるB派から出た当時の珍島選出の国会議員の個人的な献金が大きな比重を占めたようである。その背景には、B派はもともと世帯数が少ないうえ、いち早く高い教育を受けて他所に転出する者が続出して村には一戸しか残っていないため、実質的な契の運営と(3)の時享をC派に頼らざるを得ないという事情があった。Cの門中契では、(9)の時享に(14)(15)を合祀し、しかもそのための位土として水田五〇五坪と(3)の位土からの小作料収入を合わせて、(3)ばかりでなく(7)の時享も合同で行っている。つまり、B派の人手不足のため、K門中による(3)の時享とC門中の(9)(14)(15)(24)の時享とを同時に行わざるをえないのである。これに対してB派では在村者が一戸しかないため契を組織することなく、在外者の支援により個人所有の水田を位土代わりに用い、(8)(13)(22)(23)の時享をまとめて行っている。C派も近年では転

表 6-1　祭閣建立時の門中資産の醵出状況

| 醵出した派 | 時享の対象者 | 位土 | 面積 | 換金分 |
|---|---|---|---|---|
| A | (2) | 水田 | 350 坪 | |
| B | (8) (13) (22) (23) | 水田 | 3 マジギ | |
| C | (3) (7) (9) (14) (15) (24) | 水田 | 505 坪 | |
| K (B + C) | (3) | 水田 | 153 坪(0.7 マジギ) | 40,000 |
| L (D + E + F) | (25) (26) (27) (28) | 水田 | 581 坪 | 80,000 |
| M (G + H) | (29) (30) | 畑 | 435 坪 | 80,000 |
| I | (32) (33) | 畑 | 544 坪 | |
| N | (5) (10) | 水田 | 306 坪(2 マジギ) | 110,000 |
| N | 同上 | 畑 | 676 坪(4 マジギ) | 50,000 |
| N | (4) (5) (10) (16) (17) (18) (19) | 水田 | 984 坪の半分 | 106,000 |
| 祥堂公派の位土 | | | | |
| 祥堂公派 O | (1) | 水田 | 1.3 マジギ | |
| | (1) | 水田 | 784 坪 | |
| C | (3) (7) (9) (14) (15) (24) | 現物 | 大松 ×3、中松 ×3 | |
| I | (32) | 現物 | 大松 ×1、中松 ×3 | |
| L | (25) (26) (27) (28) | 現物 | 大松 ×20 | |
| J | (34) | 現物 | 松 | |
| | (32) | 現金 | 5,000 ウォン＋ | |
| N | N派すべて | 現金 | 179,400 ウォン | |

出者を続けて二名出したため、すでに転出している者を合わせると、実質的な契員は系譜上の門中メンバーの半数を割ってしまったため、契方式が難しくなっている。また、B、C両派の時享を合同化することもできない状況にあった。上萬派全体の共同時享を推進するにあたって、BC両派が積極的であったのはこうした共通の事情によるものであった。

A派の場合は、(2)の墓が遠方にあるため、以前は山直を置いて墓祭を行い、村内では(6)以下の時享と合わせて位土として水田三五〇坪があてられていた。

一九五九年の共同時享のための祭閣建立にあたって、各派から拠出された資産と対象者は表6―1のとおりである。拠出額は、各派の時享対象者の数に応じて配慮されており、位土の小作料で不足な分は現物や現金で拠出し、全体として不足を補うために、祥公堂派都門中から位土の小作料と全契員から臨時に徴収した籾を合わせた一六叺三斗の売却代六万ウォン余りと、雑収入約三万ウォンを当てている。

A派の場合は、時享の対象者全員分に相当する資産がまだ準備されていないため、(2)のための位土が拠出されただけで、(6)(11)(12)(20)(21)については後日相当額の資金が拠出された時点で合祀することになっていた。つまり、長子の派であるにもかかわらずこれら五位の時享は経済的な理由によって共同時享から除かれ、村内に居住するA派の二世帯によって行われていた。

祭閣「定石祠(永慕祠)」の建立にあたって、すべての派が資産の全額を拠出したわけではなく、各派の事情はさまざまで、共同資金を拠出して残った資産を留保して契活動を続けている派もある。例えば(2)や(5)の墓は上萬から遠い智山面三堂里に位置しているため、それぞれの契で墓の伐草のための経費を出すための位土を保有して山直(墓守り)を置き、契員の代表が省墓に出かけている。またC門中とN門中は、門中員の喪礼・婚礼の賻儀給付と墓碑建立のためにも資産を保有して、貸付利殖を続けながら独自の契活動を続けている。N派は一九七四年当時合計水田六―七マジキを保有し、契員による小作料を元本に加えて資金を増強している。C派は農地をすべて手放し、現金二〇万ウォンを保有する。

このほか、特に事情があって個人の家庭で時享や忌祭祀が困難な場合には、全体の都門中で審議のうえ一定額の資金を提供すれば祭閣に合祀する道が開かれていた。これまでに(35)(36)の両位が(36)の子孫の要請によって合祀されている。これは、当人が近年中風にかかって身体が不自由であり、また当人ばかりでなくその子も独子であり、しかも公務員として都市部に転出中のため、忌祭祀をきちんと執り行うことが困難となっていたためで、将来のことを考えて門中で合祀してくれることを強く希望したためである。同様の事情は、テリルサウィ婚(率婿婚)を行って娘に婿を迎えた李氏の一家庭でも見られる。婿は当然ながらその家の者とは姓が異なる上、妻の父親が存命中は実子に代わる者として忌祭祀をきちんと行うとしても、父の死後は李氏の祖先祭祀がおろそかになる可能性があって、これが主人ばかりでなくその近親者たちにとっても心配の種ともなる。このためできるだけ早く資金を準備したうえで、自分の受け持つ忌祭祀を時享に移して、門中による共同時享に合祀することを予定していた。

このように家庭的な事情によって祭祀を充分行えない場合でも、門中による共同時享によって解決することが可能となるが、その背景には、祭祀をおろそかにされた死者の霊が、その家庭ばかりでなく近親者にも災厄をもたらすという不安があることにも留意すべきである。同様に、男子をもうけることができなかったいわゆる無后者の取扱いも大きな関心を呼ぶ。例えばL派では、D、E、F各派の(25)(26)(27)を(16)に合祀する以前から(28)の祭祀を誰が受け持つかがL派全体の懸案となっており、そのためにも協力が必要であった。門中員の間に病人が出た時の原因として、祭祀を粗末にされている無后者の祟りが占い師(チョムジェンギ)によって指摘されることがしばしばある。祖先の祟りが及ぶ範囲は、こうした派の範囲にほぼ一致している。またシッキムクッなどの病気の治療儀礼において、紙榜に記されて儀礼の場に招かれる祖先は、病人の直系の祖先ばかりでなく、その家庭の主人が属する派内の祖先全員に及んでおり、シッキムクッ儀礼の資金や準備も派全体の協力によって行われるのである。(4)の場合にも、その時享はN派だけが受け持つべきものではなく、AやKを含めた都門中全体で祀るべきものとされる。つまり無后者の祭祀は、その属する門中員全体の健康に関わるため、他の祖先たちと同格に祀らなければならならず、したがって子孫が無いという理由によってかえって門中全員の協力が要請されることになり、これが門中の統合にも寄与するのである。時享の祭壇や祭次の形式は、個人の家で行われる場合には、忌祭祀とほとんど変わらないが、祭閣における合同時享では木製の位牌(神主)を用いる点で異なる。

一九五九年に建立された上萬李氏の祭閣「永慕祠」内には、中央に入郷始祖（1）の少し大きめの位牌を安置し、それ以外については、世代ごとに出生順に、向かって右側（東側）に東一位、左側に西一位、次いで東二位、西二位という順に東西に交互に安置されていた。

位牌にはふだん黒塗りの木製の箱状の覆いが被せられており、時享の時にこれが取り除かれ降神の儀が行われる。共同時享であっても、朴氏の場合のように祭閣が建立されておらず、契の任司にあたった個人の家庭で行われている場合には、時享のたびごとに忌祭祀の場合と同様に紙に書かれた紙榜が屏風に掲げられる。朴氏長派の大族契の共同時享の場合、紙榜の順位は向かって左側から右へ（西側から東側へ）、首位から順に（13）（14）（15）（16）（19）（20）の順に掲げられた。このように位牌の配列は、門中ごとに独自の原則によって序列が定められており、李氏の木製位牌の場合、神主の大きさにも序列に応じて差が見られる。しかし個々の位牌への供物には、質量ともに差はまったくみられない。酒の献酌も順序以外には軽重の差が見られない。配偶者と継配者もまったく同様に扱われている。

祭る側についてみると、忌祭祀の場合にも兄弟間で分担されることが多いため、忌祭祀への参加が相互的に行われ、また経費負担の面でも兄弟間で格差が少ないことが特徴となっていることはすでに述べたとおりである。しかし時享の場合には負担の均等化はさらに徹底している。時享に備えて組織される門中契は、他の一般の契とほとんど同様に、資金拠出の点で契員間に平等の原則がみられる。契役員（任司）についてみると、家庭に出産などを控えた有故者や余りに年長の者や年少者は、祭主として不適格であるため除かれる。しかしそれ以外の契員については、できるだけ多くの者が任司を経験するように配慮されており、任司が祭りの当日には献官のうち初献官を勤めることになっている。都市への転出者が多い派では、こうした平等の契方式にも限界があることは、すでにB派について述べたとおりである。また、こうした個々の派の事情が小派の独立性を高めて分派を促すことにはつながらず、むしろより上位の分節の時享への共同化を推進して、門中の統合を進める背景となっていることに注目したい。

祭閣内の神主の配列を見ると、同一世代内では系譜的な位置とは関係なく、出生順となっている。このため始祖の直系孫にあたる者でも、傍系孫より下位に配列される場合がある。また祭閣への合祀が、それぞれの下部門中の資金拠出を条件としているため、李氏のA派の場合のように、本来ならば宗孫の派であるにもかかわらず、資産が準備できていないため、共同時享から排除されることが起こりうるのである。

珍島では一般に宗家という概念を耳にすることはほとんどなく、宗孫の地位を象徴するものは何もない。祭閣を建てる場所も宗家とは関係なく、村を見おろす地が選ばれる。祭閣における共同時享は、宗孫や宗家を中心とした門中の団結を象徴するものではなく、入郷始祖を筆頭とする一門の祖先たちを門中員全体が共同で祭る趣旨のものである。契員間の平等原則は、契の共同資産である位土の耕作権にもみられ、特定の者が小作権を独占することがなく、交代が制度化されている。門中契ごとにその方式は異なるが、もっとも徹底した例では、耕作希望者全員に二年ないし三年間を期間として輪番制を採用しており、また耕地の少ない者を優先する輪番制をとる例もみられる。耕作者が固定しているのは、遠方の墓所を管理するために設けられた農地の場合に限られる。

### （4）門中の分節化と統合

以上のことから、珍島における儒礼祭祀の特質は、家庭の儀礼としての忌祭祀とその分担、飲福の非親族への公開、親族組織門中を主体とする契方式による時享の準備、祭閣建立と時享の共同化とに集約できる。

珍島では長男が無条件にクンチプを継ぐとは限らず、事情に応じて長男がチャグンチプとして分家することも決して稀ではない。またチャグンチプは、分家してもしばらくの間は、財政面でクンチプに依存することが前提

となっているが、こうした一方的な依存関係は、チャグンチプがしだいに経済力を蓄えて自立できるようになるにしたがい薄れてゆき、やがて対等に近い関係になる。忌祭祀の分担は、こうした段階におけるチャグンチプの当然の権利と義務のように見なされている。忌祭祀を分担することは、チャグンチプが経済的にも社会的にも村における一人前の世帯としてとして自立していることを示すものである。この点で、親族以外の親しい人々に公開される飲福は、社会生活における世帯を単位とした儀礼的訪問・食事・贈答の重要な機会として注目される。親しい間柄（チナンサイ 친한 사이）を基盤とする多彩な契活動と農作業における協力と労働交換関係（プマシ 품앗이）を円滑に保つことは、農家の生活安定にとって基本的な要件となっており、このためにも社交的行事として飲福の機会を持つことが望まれている。

また忌祭祀の分担による相互的な協力関係が、来るべき時享の段階に備えて早くから位土を計画的に準備することを容易にしており、世代の変遷にともなって小規模な門中が絶えず新たに組織される。契方式による位土と時享の運営は、契の役員にあたる個人の意向や家庭の事情に左右されることなく、毎年一定規模の時享を持続することを保障するものである。こうして入郷始祖以来の村内の門中は、複雑に分節した門中体制を形成し、下世代で新たな分節化が進行すると同時に、上世代の時享に対しては全体の大門中が機能し続ける。そして一定の段階に至ると、中規模の分節ごとに別個に行われてきた時享は、大門中に合併されながら再統合が計られる。その結果、合併後の共同時享では、契員は自分の直系の祖先ばかりでなく、互いに傍系にあたる派の祖先をも合わせ祀ることになる。

このように小分節を再び統合して時享の共同化を推進する動機として次の点が考えられる。まず、入郷始祖の祭祀を重視して、そのための祭閣をもつことが、門中全体の社会的威信を高めるうえで望まれている。「朴氏村」

とか「李氏村」というような呼び方によって、村内で支配的な地位にある家門は、郡内一帯に広く知られているが、その社会的勢力を表示するものとして、祭閣の建立が望まれている。系譜上の宗家の地位が村の日常生活においても、儀礼的な機会においても明瞭でない珍島では、宗家に代わる門中の求心的な共通の関心の的として祭閣が重要な位置を占めている。入郷始祖と一緒に上代の祖先たちを配享することによって、各分派の子孫たちが一堂に会する機会が設けられ、小分派を超えた大門中契の活性化が計られる。しかも各派の小門中ごとに準備された資産を合わせることによって、各派の時享の規模を一定化して全体のバランスを得ると同時に、資金が節約される。とりわけ世帯数の少ない派や、仕事の関係や都市への転出などによって時享を個別に行うことが難しくなった派についても、大門中全体の責任によって一定の基準を満たす祭祀が保障される。またテリルサウィや親子の不和などの特殊な家庭事情のため、将来の祭祀に不安がある者に対しても合祀の道が開かれている。このほか、子孫が無いため祭祀の担当が不明確な祖先についても関係各派の協力が前提となっている。こうした背景には、充分な祭祀を受けられない祖先の霊が、直系の子孫ばかりでなく、その属する門中員の全員に病気の祟りを及ぼしうるという信仰がある。このため個人や特定家庭や小派内の事情も、門中全体の問題として関心を呼ぶことになり、時享の共同化を促しているのである。

また族譜上の養子縁組は、別の派へ系子（養子）として出系して奉祀の責任を受け継ぐ形式をとっていても、実質的には実の親との家族関係が重視されているため、結果的には祭祀組織の分節化を不明瞭にしている。

小門中によって別個に行われていた共同時享を、大門中契による共同時享に編入する過程においても、小門中間の系譜的な本支の序列は考慮されず、拠出額は同一世代内では一人につき同額とされ、各派ごとに編入される対象者の人数に応じて金額が拠出される。こうした時享の共同化は、大門中の内部で小門中に分節化するのに伴う大門中の機能低下や活動の停滞を防ぐ上でも、また、村を地域単位として、島内全体の門中の団結と協力体制

写真 6-7　1996 年に建立された上萬の全州李氏石保君派祭閣「崇徳祠」

写真 6-8　上萬の全州李氏石保君派祭閣「崇徳祠」内部の位牌群

を維持する上でも効果が大きいと考えられる。また一部の小門中では、都市への転出や老齢化が進むにともない、時享を規定どおり実施できない不安が現実のものとなってきたのである。村全体の大門中による時享を維持する上で、村ぐるみの祭閣建設が避けられない課題となってきた。こうして一九八〇年代以降、各門中ごとに祭閣建立が急がれ、全州李氏の石保君派では、一九五九年に建立された永慕祠が手狭となり、また将来にわたって上萬全体の時祭を平等に保障するためにも、一九九六年にはさらに新しい祭閣「崇徳祠」が建立されるに至った。この祭閣では、まだ生存中の者まで含めて、各子孫から神位一基当たり定額の資金拠出に依って建立が実現している。

こうした珍島における共同時享と共同祭閣は、本土には見られない特異な形式となっている。年月を経るにつれて死者に対する記憶は次第に人々の脳裏から薄れてゆき、祭祀の場所も子孫の家庭生活から遠ざけられてゆく。その反面、時享の再合同が各派の間で進められると、直接の祖先―子孫関係に留まらない一族（一家《イルガ》 일가）全体の祖先たちとして一括して祭られるようになる。これまで韓国で報告された事例によれば、旧両班層の間で特別な人物に対して公認されていた「不遷之位」を例外として除けば、朝鮮における儒礼の原則では、時亨に移行した後も神位を常時奉安するため共同の祭閣＝祀堂が設けられている例は知られていない。ところが珍島では、村の大門中によって共同の祭閣が建てられると、門中の入郷祖以下の上位祖先の位牌がすべて一カ所に集められて永久に奉安されるのである。こうした共同祭閣の形式は、近年の過疎化の影響も重なってますます規模を拡大しており、二〇〇から三〇〇基の位牌を祀る例も少なくない。こうした祠堂の形式は、国内よりもむしろ中国東南における宗廟に類似するものと言えよう。

祭祀ばかりでなく墓所の管理も門中の課題となっている。伝統的な土葬による盛り土形式の墳墓は、風雨に曝されて封土や周囲の土が崩れるのを防ぐため柴が敷き詰められており、毎年秋夕や墓祭の時期に合わせて門中員

写真 6-9　「全州李氏石保君派十二世諱邦運後孫霊安堂」。N派門中による納骨堂

が手分けして、封土の保全と芝やその周辺の草刈りを欠かさず行ってきた。墓所が異なる山に分散している場合にはそれだけ多くの人手を要する。このため特に重要な墓所については、山直と呼ばれる墓守りを置いて墓所の管理を任せてきたが、財政的な負担を軽減するためにも、墓所を交通の便の良い場所に移転集中させる門中が多い。全島規模の門中ばかりでなく村内でも同様である。上萬でも全州李氏では、二〇〇八年に村の周辺に点在した墓所を村の背後に集中させている。それでもなお土葬による墳墓の管理上の難点が課題となっており、全国的な火葬推進の動きが珍島の農村部にまで及ぶにともない、上萬でも納骨堂の導入が論議されてきた。土葬墳墓は管理が行

き届かなくなると封土が崩れ雑草が生い茂ってしまう。これを避けるため納骨堂の導入が検討されてきたのである。しかし、納骨堂を設けることで、墓の管理のため門中員が年一回協力する機会すらも失われてしまうと、墓所に対する関心が更に薄れることになるという不安もある。また、納骨堂まで管理が不行き届きになれば崇祖観念の衰退を曝すいっそう見苦しい存在となるという意見もある。土葬は放置されても自然に帰すことになるが、納骨堂は放棄されれば瓦礫と化し、もっと深刻な環境破壊にもなるというのである。農村の過疎化・老齢化と都会の子孫たちの関心の希薄化は、外部で論じられている以上に深刻な段階に至っているといえる。上萬の全州李氏の間でも、時祭の合同と祭閣建立では合意を見ることができたが、納骨堂については上萬派全体の合意が得られず、二〇〇七年に（2）の子孫によるN派だけが独自の納骨堂を建立するに至った。

忌祭祀の分担、時享の準備のための協力、時享の合同化などに明らかなように、儒礼祭祀においては門中員相互の協力関係が顕著に認められる。しかし、門中契の構成員は成人男性の世帯主であることを条件としており、協力の基本単位はあくまで実質的な世帯チプであることを忘れてはならない。個人を単位とする父系出自原理が基本にあるとはいえ、現実の協力組織はどこまでも生活実体の上に成り立つものであり、儒礼祭祀と祖先観の実態についてもチプの生活現実から切り離して考えることはできない。

# 第7章　契

本章では、在来の相互扶助の方式である契を取り上げ、その組織と運営の在り方、構成単位となる個人と家（チプ）、人間関係、親族、村落組織などとの関連についてみていくことにしたい。

契は、その目的、成員、組織、契約的な性格などの点で日本の頼母子講や無尽との類似性が指摘されてきた。しかし、日本の講に比べると、その目的に応じて種類が多彩であり、その組織基盤となる社会関係もはるかに多岐にわたり、農村社会において親族組織と並ぶ重要な位置を占めている。それは、農村における個人的な人間関係のもとに、日常生活の延長上にあると同時に、生活保障的な社会経済的装置ともなっており、今なお村落社会において重要な位置を占めている。

契の経済的側面とりわけ契が担ってきた民間融資活動については、植民地行政においても関心を呼び、朝鮮総督府による全国的な調査も試みられた。しかし、特定の村落における契の実態については、その後も今日に至るまで集約的な調査に基づく研究は行われていない。

契や頼母子講に類したものは、庶民の相互扶助的な慣行として各社会に広く見られるもので、任意結社(voluntary association)の中でも、その庶民融資の機能に注目して rotating credit association という用語で世界各地から類例が報告されている。朝鮮の契、日本の講、沖縄の模合い、中国漢族社会における合会、ヴェトナムのホ(ho)、インドネシアのジャワにおけるタンダ(tanda)、インドのハイデラバードにおけるチット(chit)、ネパールにおけるディクル(Dhikur)、アフリカではヨルバ(Yoruba)社会におけるエスス(esusu)、ナイジェリアのイボ(Mba-Ise Ibo)族におけるオハ(oha)、ナイジェリアのティブ(Tiv)社会におけるアダシ(adashi)、スーダンにおけるカッタ(khatta)、その他にもダシ(dashi)、マホディサナ(mahodisana)、ストフェル(stokfel)、サンドゥク(sanduk)、スス(susu、Trinidad)、あるいはスコットランドにおける例などが報告されている。それは、農民ばかりでなく都市における零細商人や移住者の間でも広く見られるものである。ギーアツ[Geertz 1962]は、インドネシアにおける事例に即して、これを農村社会が商品市場と結び付きを深め貨幣経済へ移行する過程で成立するものと論じたが、アードナー[Ardener 1964]、アンダーソン[Anderson 1966]、クルツ[Kurtz 1973]らによる比較研究も試みられている。(1) しかし日本では、すでに鎌倉時代の農村で「たのもし」が存在したことが知られており、また一方では公式の金融制度が発達した現代ですら、一定の条件の下で生活防衛的な庶民融資として頼母子講や無尽が機能していることから見ても、経済の発展段階による説明だけでは十分とはいえない。(2)

こうした結社による資金の運用は、在来の生活防衛的かつ非公式的な慣習であるため、農家経営や地域経済との関連でその実態を把握することが難しく、また文献に記録されることの少ないものであった。

植民地行政や近代国家体制のもとでは、こうした非公式の庶民融資の慣行は、産業振興の基礎となる貨幣改革や金融制度の確立にとって、時には阻害要因として関心を集めてきた。朝鮮統監府に財務顧問として赴任した目賀田種太郎のもとでも、契をはじめとする在来の金融慣行に関心が払われ、その後も総督府においても調査が行われている。

融資の任意結社は、目的達成のための経済的合理的性格を具えながらも、同時に既存の人間関係の上に成立しており、人的親睦的性格を併せもつものである。組織と運営における形式性や契約的性格にも幅が見られ、文書と規約をそなえたものが多い一方では、人間的な信頼関係のみに頼っている例もある。また個人の任意に拠るといっても、農村の生活要請に応える上で、こうした慣行に参画することが不可欠となっている場合が少なくない。

任意結社の組織上の一般的な特質としては、共通の関心・利害（common interest）と個人の任意（voluntary）が基本とされ、かつ特定の限定された目的が設定されている。特定の関心・利害に限定することで、契約的性格を具えて組織が持続され、その関心・利害が失われるとともに組織は解体することになる。組織の持続性と、組織内外（成員—非成員間）の社会的境界（social boundary）の在り方は、関心・利害関係によって異なる。関心・利害のうちには、経済的関係から趣味や娯楽や信仰までさまざまなものが考えられるが、その内容に応じて組織の形式性にも大きな幅が見られる。

韓国朝鮮における契に関する最初の調査報告は、総督府の嘱託であった李覚鍾によるものである［李覚鍾　一九二三］。李覚鍾は、契を「一種の組合的契約に基づいて一定の財産を以て利殖をなし、以て地方交易又は契員の親和公益を図ることを目的とする団体」であるとし、全国から得られた事例を分類して紹介した。その後の総督府の調査によれば、契の名で呼ばれる組織は、全国から四八〇種に上る事例が報告されており、その目的も農村生活のほとんど全般にわたっている［善生　一九二六、一九三七、一九五七］。

李覚鍾をはじめとする当時の報告は、主としてその目的性に関心を向け、契が組織される直接の目的と機能によって契の特質を捉えようとした。その後の研究者の関心も、個々の目的に応じた契組織の分類に向けられ、さまざまな分類が試みられた。その契機となった李覚鍾による分類は次のとおりである［李覚鍾　一九二三］。

一　公共事業を目的とするもの・・洞契、戸布契、松契、学契、伏契など
二　扶助を目的とするもの・・・・婚喪契、歳饌契、宗契、労働契など
三　産業を目的とするもの・・・・農契、牛契など
四　娯楽を目的とするもの・・・・射亭契、詩契、遊山契、同甲契など
五　金融を目的とするもの・・・・貯蓄契、殖利契、箭契、作罷契など

こうした分類は、その後も総督府の調査事業を初めとして多くの研究者によって踏襲されてきた(3)。しかし、各地からの報告に基づいて、名称や目的の上から分類を行ってみても、契の本質的な特質を明らかにするには至らないことは、すでに鈴木栄太郎によって指摘されているとおりである［鈴木　一九五八］。このような分類は、細分化して正確を期せば期すほど、契が農村生活のあらゆる面にわたって組織されていることが確認されるにすぎない。その結果は、韓国農村における物的・経済的基礎を有する目的組織のほとんどすべてを分類することと何ら変わりない。言い換えれば、農村生活におけるほとんどあらゆる目的のために契の組織形態が採られるといってよい。したがって契の本質は、個々の契組織の諸目的にあるのではなく、それぞれの組織体の運営方式や集団構成の基本原理に係わるものと見るべきである。

この点に関して鈴木栄太郎の指摘は明確である。すなわち、契概念を「契集団」と「契方式」とに分けて、「契集団」とは「財物による協力の一つの方法」としての「契方式」を採用した目的集団であって、これらに一律に契の名が当てられているとした［鈴木　一九五八］。契の種類ばかりに関心が留まった背景として、一村落におけ

る契の実態について集約的な調査がなされず、契の組織と実際の運用面における村落社会の脈絡を踏まえた記述・分析がなされなかったことを指摘できよう。以下では、上萬における契の諸様相と契方式の社会的含意について、村落生活における脈絡を探りつつ記述することにし、結果的に農村におけるほとんどすべての組織とその活動を取り上げることになる(4)。

上萬における契組織は、その目的やメンバーの構成において実に多種多様であるが、その成立基盤と社会的性格に留意すると、次のように、A個人の任意参加によるもの、B特定の社会範疇や基盤を有するものに大別できる。

A　個人の任意参加によるもの
　一　婚礼、喪礼の支出に備えるもの
　二　貯蓄のためのもの
　三　親睦の契
B　特定の社会範疇や基盤を有するもの
　一　父系親族集団を基盤とする契
　二　年齢世代的基礎を有するもの
　三　村落の自治・共同的基盤を有するもの

## 一　任意参加による契

Ａ類の契には、婚礼、葬礼や貯蓄、親睦などの一群の契がすべて含まれる。これらは主として家庭生活における経済的な要請や相互扶助のため任意に組織される契であり、いずれも規模は小さいが、組織数の上では圧倒的多数を占める。

村人が「契をいくつ持っている（가지고 있다）」という具合に、種類の区別をせずに単に契という場合には、門中や村などの特定集団への帰属とは異なる、むしろこれと対比させるニュアンスを帯びており、契を持っているという主体的な表現にも明らかなように、個人の意思や判断に基づく社会関係であることを意味している。

すべての契組織に共通する広義の契概念が、すでに述べたとおり、目的遂行と財物の管理のために、成員間の平等互恵を原則とする運営方式であるのに対して、Ａ類の契では、これに加えて個人の主体的な意思に基づく個人的な人間関係がその前提となっている。しかもこれらの契が、組織数の上でも圧倒的多数を占めていることは、こうした人間関係が村落社会において占める重要性を示している。

村落生活の全般的な理解のために、本章ではまずＡ類の個人の任意参加による契の多様な実態を紹介し、次いでその基盤となる人間関係の分析を通じて村落社会の特質を考察したい。

## 1　契の目的

### (1) 婚礼・喪礼のための契

婚礼と喪礼のために準備される契には、喪布契、賻儀契、護喪契、米契（サル契 쌀계）、餅（トック 떡）契、籾（ナラク 나락）契、濁酒契、豆腐契など多彩である。これらの契は、B類の契と比べると規模の点では小さいが、組織の数では圧倒的多数を占めている。喪礼は親に対する孝を示す機会であると同時に、弔問客を迎える社交の機会としても重視され、また婚礼の宴もその家庭の社会的威信が問われる。ともに来客に対して十分な応対が求められ、儀礼的な散財と消費が強いられる。このため、どの家庭でも予め必要な出費に備えて契に参加しておくことが不可欠となっている。

喪布契と賻儀契は、契員の家庭で人が亡くなり初喪を行い、続いて葬礼を行う際に、必要な物品や費用を賻儀として提供するための相互扶助的な組織である。成人男性一〇名前後によって組織されるのがもっとも一般的である。しかし契ごとにその運営方式には若干の差異がみられる。また主婦たちによって実家の葬礼のために準備される喪布契も増えている。

賻儀の対象者については、契員の親喪（父母の喪礼）に限るという規定を設け、さらに契員一人に受恵の回数を一回と規定する例が多い。本来の喪布契は、被葬者の死装束（寿衣）や喪主をはじめとする近親者・護喪者（被葬者の親友など）の喪服・喪帽を作るための喪布を準備するためのものであった。解放前までは村で盛んに綿花を栽培し、どの家でも綿布を織って自給しており、長さを決めて現物を提供していたが、解放後綿花栽培は衰退しすべて市場や商店で購入しなければならなくなった。また喪布のほかにも葬列には、香、霊柩、旗、祭物（供物）、紙、蝋燭などを必要とし、また少し余裕のある家庭では特別な喪輿も準備する。村の洞喪契の備品である組立式の喪輿を用いずに、紙で花飾りを施した華やかな花喪輿（コッサンヨ 꽃상여）を購入することが流行していたた

写真 7-1　喪布契（1963 年起）

写真 7-2　賻儀禊（癸丑 1973 年 11 月 8 日起）

写真 7-3　契の任司の家で醵出分の米を計量し記帳する

めである。このほか、喪家を弔問する来客や手伝いに来る門中の人や契員仲間を接待するためにも大量の酒（濁酒・焼酎）や御飯・副食類（パンチャン類）も用意しなければならず、その一部を喪布契が提供する。こうした出費に備えて、喪布契では毎年夏と秋の収穫期に、契員一人当たり一定量の麦や米を出資しあって、管理責任者（任司《イムサ》）がこれを管理し、その責任において他人に貸し付けて利殖をはかっている。契員の中に初喪にともなう給付が無ければ契の共同資金は増え続けてゆき、かなりの額に達すると毎年の資金醵出を中断し、あるいはこれら現物を換金して田畑を購入し、その小作料をさらに資金に組み入れてゆく。こうした契の運営に係わる事項は、契冊と呼ばれる帳簿に、任司の責任においてすべて記録され、修契日に次の任司に引き継がれる。

喪布契の一例として一九六〇年に九名で組織された契を紹介しよう。

この喪布契の契員は、次のように三つの姓からなる九名で組織されており、年齢の同一者（同甲）および歳の近接した者が多く含まれている。

朴氏一　四五歳
李氏一　四四歳
李氏二　四一歳
金氏一　四一歳
朴氏二　四一歳
朴氏三　四〇歳
李氏三　四〇歳
金氏二　三四歳
朴氏四　三四歳

その規約を要約すると次のとおりである。
・契員の親喪にかぎって賻儀を提供し、そのための基本資産を貯蓄準備する。
・役員として契長（契を代表し契務を統括する）、財務（総会の決議により契財産を管理監督する）、任司（契財産を保管し、契長を補佐し契長に支障があればこれを代行する）の各一名をおき、契長・財務は無記名投案により選出し任期を三年とし重任できない。ただし任司は一年毎の輪番とする。
・賻儀として広木(綿布)一疋(六〇尺)、麻布二疋、焼酎一樽(一四升)、霊栓一枚、窓紙一巻、奠酌一件(鶏大首、焼酎一升、果脯若干)を献納する。
・献納品は契財産から行い、不足分は全契員に賦課する。
・受契の機会は契員一人一回とし、受契者は総会で受契誌に捺印し、本契員のうちの一人を保証人とする。
・賦課された納入額を一回でも不履行すれば契を脱退したものとみなし、受契者である場合には保証人がその返済を代行する。
・契資産は、毎年一人当たり秋収穫時に籾半叺(一叺は五斗)、夏収穫時に裸麦半叺を収納し、これを利殖貯蓄する。
・定期総会は年一回、陰暦一一月中とし、臨時総会は契員二名以上が望めば随時開く。
・総会は契員全員参席(代理を認める)で開く。
・契則改正は総会を開き全員賛成による。
付則として、契の水田の耕作は二年間とする。その耕作順位は契員の中で耕地面積の少ない者から順とする。

この契は、喪布契の中でも契則が比較的よく整っているものであり、普通の喪布契では役員に関する規則を明記しないこともある。これは任司の輪番制と資産保管の役割があらゆる契組織の常識とされているためである。一九六〇年秋の収穫後に第一回目の出資を行い、それ以来資金の貸付け利殖を行っている。その利殖の概況はほぼ次のとおりである。ただし、修契当時の諸経費にあてる現金については、額が少ないうえ煩雑になるので省略する。また、水田を購入した一九六四年以降はしだいに現金による支出項目が増えており、現金収支分について

も概略を紹介する。叺（カマニ 가마니）という単位は五斗に当たり、実際の帳簿上一九六九年以後は石で算定しているが、一貫性をもたせるため叭に換算して表記する。また、貸付金利については明記されていない場合がある。

一九六〇年末　収入　現品収入四叺半（各人半叺出資分、一叺は五斗）。
これを年利二割五分で貸し付ける。

一九六一年末　収入　籾　四叺二斗五升＋一叺六升二合五勺（利子）。
籾　四叺二斗五升（各人半叺出資分）。
裸麦四叺二斗五升（各人半叺出資分）。
残高　籾一〇叺六升三合五勺（乾燥による縮穀分あり）、裸麦四叺二斗五升
これを年利三割で貸し付ける。

一九六二年末　秋穀の出資を中断し、夏穀の出資のみ行う。
収入　裸麦四叺二斗五升（各人半叺出資分）。
残額　籾一三叺七升二合五勺、裸麦一〇叺一升（各、乾燥による縮穀分あり）。
これを年利二割五分で貸し付ける。

一九六三年末　夏穀秋穀ともに出資を中断する。
残高　籾一六叺一斗七升、裸麦一二叺二斗三升（各、乾燥による縮穀分あり）。
これを貸し付ける（年利明記なし）。

一九六四年一一月二〇日　夏穀秋穀ともに出資なし。

現品　籾二二叺四斗三升、裸麦一六叺九升九合。
村外移住による脱退者一名に出資分として麦三叺二斗九升六合を支給する。
縮穀分を差し引き残額　籾二二叺二斗、麦一二叺二斗三升。
これを貸し付ける（年利明記せず）。

一九六四年一二月二六日　臨時総会を開き、水田購入を決議。
残高　籾二二叺二斗、裸麦一二叺二斗三升に、籾八叺（契員各半叺臨時出資分＋年利五割で借入額四叺）を追加し、総計籾三〇叺二斗、裸麦一二叺二斗三升を売却してその代金五万七四二〇ウォンで水田二斗落（約四〇〇坪）を購入する。

一九六五年末　小作料収入籾三叺六〇斤半と秋穀出資分二叺五六斤（各人二斗）により前年度借入分六叺を返済す。この秋から藁売却代の収入、農地税、脱穀費の現金支出あり。残高籾九升。

一九六六年末　収入　夏穀出資分計一叺、小作料収入五叺八升。
契員（朴三）の親喪賻儀分として籾六叺を支出。現金収入として藁売却代、現金支出として水税（水利契）、農地税、脱穀料。
籾残高一升。

一九六七年末　収入として小作料三叺一五斤。
現金収入として藁売却代二〇〇〇ウォン、現金支出として水税、脱穀料、期成会費(5)、農地税。
残高籾二叺を年利四割で貸し付け。

一九六八年末　収入として元本籾二叺＋利子四斗、小作料六叺二斗七升、計九叺一斗七升。
（現金収入　藁売却代、現金支出　脱穀料、水税、期成会費割当分、農地税）

一九六九年末　残高籾九叺一斗五升（一叺＝五斗）を貸し付け。
一九七〇年末　収入として元本籾九叺一斗五升＋利子三叺三斗六升、小作料五叺九升。その内、籾三叺の売却高一万二六一〇ウォン＋籾一三叺一斗＋藁売却代から、水税、脱穀料、修契日宴会時の豚肉代、農地税を支出。残高は籾一二叺四斗七升、現金二九ウォン、これを年利四割で貸し付け。
一九七一年正月　元本籾一二叺四斗七升＋利子籾五叺九升、小作料五叺一斗、計二三叺一斗六升。その内、五叺二斗七升の売却益一万三四二〇ウォン、残高籾一五叺四斗、現金一万七〇八二ウォン。
一九七一年末　臨時総会で年末残高籾七叺四斗を二万三四〇〇ウォンに換金。残高籾八叺、現金四〇、四八二ウォン。
一九七三年一月　収入　元本籾八叺＋利子二叺二斗、小作料籾六叺二斗、計一六叺四斗一升。現金元本四万〇四八二ウォン＋利子一万五六九二ウォン、水税費、縮穀分、修契日経費を支出。籾残高すべてを七万六三八〇ウォンに換金し、残高現金計一一万九四四四ウォン。これに年利四割で任司からの借入金三万五五五六ウォンを合わせた計一五万五〇〇〇ウォンで水田七斗落を購入する。
差し引き不足金三万五五五六ウォン。
（一九七二年末）　借入分三万五五五六ウォン＋利子一万五八二〇ウォン。
収入　小作料四叺五九斤を一万九五二〇ウォンに換金、夏穀小作料四五九八ウォン、計二万四一一八ウォン。
支出　借金元利五万一三七〇ウォンの返済、脱穀料、農地税、赤字分二万九三四〇ウォンを年利四割で任司から借入。

一九七三年末　収入　小作料二万五〇〇〇ウォン、秋期畑小作料五二九〇ウォン、夏期畑小作一万九九六〇ウォン、計五万〇二五〇ウォン。

支出　借入金返済二万九三四〇ウォン、金利一万一三〇〇ウォン、修契経費四四八〇ウォン、水税一三〇ウォン、契員初喪二万二八九〇ウォン、利子一八九〇ウォン、契員（李三）父親送別金一〇〇〇ウォン。

不足金二万〇七八〇ウォン（年利四割で任司から借入）。

この契では、初めのうちは主として現物による決済を行い、修契日の経費などの少額の現金支出に当てるために必要に応じて現金を徴収していた。その後、一九六五年に水田を購入してから、藁売却代、脱穀料、水税、期成会費割当分、農地税などの現金による決済が増えており、一九六九年からは籾の一部の売却益を現金決済にあてることが始まり、一九七一年からは全額が現金で決済するようになっている。現物による決済から現金収支への移行を見て取れる。

米契（サル契）、ナラク契（籾契）、餅（トック）契、豆腐契、濁酒契は、それぞれ婚礼の宴に必要な御飯、餅、豆腐、濁酒を提供するための相互扶助の契である。これらの契は、いずれも五人ないし一〇人ぐらいの少人数の主婦によって組織されており、喪布契と同様に平等を期するため、受恵の回数を定めて一定量の米、籾、餅、豆を提供する。餅契では、米のままあるいは各自が粉に搗いて任司の家に持ち寄って、共同で餅に作ってから婚礼の家に提供する。濁酒契には、婚礼と喪礼を兼ねて行う例もあり、また男性一五名以上の多人数によって組織さ

写真 7-4　婚礼を控えた契仲間の家に向かう米契の婦人たち

写真 7-5　契仲間の家で会食

写真 7-6　婚礼に餅を作って提供する餅契

写真 7-7　餅契のための餅搗き

れるものもある。当時は自家製の濁酒（マッコリ 막걸이）が法的に厳しく禁じられていたため、以前のように家庭で大量に作られておらず、このため現物ではなくこれに相当する金額で納めるようになっている。豆腐は婚礼の宴に欠かせないものとされ、大量に準備される。このため豆腐契では一定量の豆を持ち寄って大量の豆腐を作って提供する。

### （2）親睦のための契

契員の親睦以外には特別の目的をもたない契として、親睦契、永睦契、忘年契、軍友契、班長契、承祐契、結義兄弟契（独身契）、煙草契、甲契などがあり、これらを総称して親睦契と呼んでいる。

これら親睦の契が発足する契機はさまざまであるが、すべてに共通する点は年齢の近接による契員間の親しい絆である。とりわけ甲契はその典型的なものであり、同甲者すなわち同年齢者によって組織される点に特色がある。甲契には学校（国民学校）の通学圏である数カ村に跨がって組織されるものも多く、また最近では夫婦同伴で出席する甲契が増えている。女性だけの甲契は少ない。

親睦契には、契員の何か特別共通した経験に基づいて組織されることも多い。日本統治時代に班長を勤めた八人（この村は八つの班に分けられ、区長の下に班長が存在した）によって組織された班長契、同期の軍友達による軍友契はその典型的なものである。村共同の工場（一九三〇年代に公会堂に設置された脱穀、精米の工場）が解散した時に、経営者や従業員たちがそのまま解散してしまうのを惜しんで結成した親睦契も村内に二組みられる。

結義兄弟契は独身契とも呼ばれ、兄弟の無い独子の家庭の親どうしで子供のために組むもので、親族関係にない親しい者の間で行われ、子供の代にまで引き継がれることが多い。結義兄弟となるには、女性のコジェンギ（고쟁이）と呼ばれる内衣の開いている部分を子供に潜らせて、同じ母親から産まれたことを模擬的に演出する儀式

写真 7-8　親睦の「初八日契」

が行われる。結義兄弟どうしは互いに親の還暦祝いには実の子供同様に拝礼をし、親の喪礼に際しても兄弟同様に喪服を着用するという。

　煙草契を村人たちはタンベアンピウヌン契（단배안피우는계　タバコを吸わない契）と呼んでいる。これは村の成人男性のうちタバコを吸わない者および禁煙を誓った者九名で結成したものである。煙草代の分として毎月三〇〇ウォンずつ貯金を続け、三年間にすでに約一〇万ウォンを貯蓄しており、近い将来水田を購入する計画を立てている。もし禁煙を破れば契から除名され出資金は没収される。これら親睦契も、契員の家庭に婚礼や喪礼があれば、何らかの賻儀や祝儀を出すことを定めている例が多い。

　杖鼓契というのは、田植えの後や秋の収穫の後の農作業の合間を見て、海辺や見晴らしの良い山などに出かけて、杖鼓を打ちながら歌ったり踊ったりして一日を楽しく過ごす契であって、杖鼓を所有している。

　オレットㇽ契は、近隣（オレットㇽ 오랫들）の世帯が年一回の宴会を持つためのもので、村の行政的な下部単位

である班のなかで行われるようになった親睦契である。また、イウッ四寸契は、隣近所（イウッ 이웃）は四寸（従兄弟）のように親しくすべきとする諺に由来する契である。親睦の契にはこのほかにも、観光旅行のために積み立て貯蓄をする観光契や、釈迦誕生節の日の野遊のための初八日契などもある。

これら親睦契の中も、契員の家庭に婚礼喪礼があれば、慣例として何かしらの賻儀や祝儀を出す例が多い。

### （3）貯蓄のための契

また農地の購入や家屋の新築増築、屋根の改良（藁ぶきからスレート屋根へ）、学費、病人の医療費など、多額の出費に備えるためには貯蓄契が必要である。

貯蓄を主目的とする契は、契の中でも経済的要素が強く、純然たる貯蓄や融資だけを目的とするものもあるが、一方では契員の婚礼や喪礼に際して相互扶助の賻儀を提供するものや、親睦を尊重するものもある。経済的要素や目的性の顕著な貯蓄契は、家計にかなり余裕のある者が、近い将来に予想される出費に備えて計画的に組織することが多く、その場合には予め契員一人当たりの受給額と受給の順番および各人の出資額が決められる。契員数が多ければ受給額はそれだけ多くなり、家計に余裕があってまとまった資金を早く手にしたい者は早い順番を希望し、逆に特に急がない者を遅い順番を望む。また出資を必要とする時が決まっている者は、受給の順位をこれに合わせて希望する。

このほか、臨時の資金を要するにも拘わらず準備が無くて困っている世帯のために、親しい者たちが中心となって組織する貯蓄契もある。したがって、特に資金を要しない家庭でも、家計に余裕があって。日ごろ親しくしている仲間から誘われれば参加することも少なくない。

一九七〇年代前半には、村で大規模な貯蓄契がすべて一段落した時期に当たり、隣村の者を加えて組織された

表 7-1　1973 年上萬の貯蓄契の受給順位と出資額

| 受給順位 | 契員（氏族） | 1974 | 1975 | 1976 | 1977 | 1978 | 1979 年度 | 出資額計 |
|---|---|---|---|---|---|---|---|---|
| 1 | A 全州李氏 | 受給 | 10 | 10 | 10 | 10 | 10 叺 | 50 叺 |
| 2 | B 全州李氏 | 10 | 受給 | 8 | 8 | 8 | 8 | 42 |
| 3 | C 慶州金氏 | 8 | 8 | 受給 | 6 | 6 | 6 | 34 |
| 4 | D 蜜陽朴氏 | 6 | 6 | 6 | 受給 | 4 | 4 | 26 |
| 5 | E 蜜陽朴氏 | 4 | 4 | 4 | 4 | 受給 | 3 | 19 |
| 6 | F 全州李氏 | 3 | 3 | 3 | 3 | 3 | 受給 | 15 |

受給額五〇叺の貯蓄契が資金規模最大の契であった。このように大規模な貯蓄契には、数カ村にまたがって富裕層の間で組織される場合もある。一九七三年に上萬だけで組織されていた貯蓄契として、契員六名による受給額三一叺の貯蓄契の場合を見ると、受給順位と各人の年度ごとの出資額は表のとおり予め決められていた。

この貯蓄契では、受給順位一番の者は、初年度に三一叺を受け取る代わりに、以後五年間に毎年一〇叺ずつ合計五〇叺を出資することになる。逆に最終年度に受け取る者は、初年度から毎年三叺ずつ合計一五叺を出資するだけで、最終年度に三一叺の受給を受けることになる。

この契のように予め順番を決めて一定の期限内に全員が一定額を受け取る例のほかに、特定の目標を設けずに、親睦を兼ねて共同貯蓄する契もある。この場合には、全員が毎年定期的に定額を出資して共同資金をもうけ、これを貸し付けて利殖をはかる方式をとる。共同資金が多額に達すると農地を購入して輪番で耕作にあたり、あるいは希望者に小作させて小作料収入を元本に加算して利殖を続けてゆき、ある段階に達した時に全額または一部を契員に分配する方式が採られる。こうした貯蓄契は、一般にかなり長期にわたって存続し、契員の家庭に婚礼や喪礼があれば一定の賻儀を提供するものも多い。また家普請や屋根改良（藁葺からスレート屋根へ）や回甲（還暦）の祝いなどにも祝儀を出すことを定めるなど、貯蓄契とはいっても一般に親睦的な性格が見られる。

### （4）食器契（クルッ契）、屋根改良契

村に新しい文物が導入される時期には、それを購入するための契が結成される。一九六〇年代に金属（ステンレス）製の食器が出回り始めたときには、村中にいくつもの食器契（クルッ契 그릇계）が一斉に組織され、短時日のうちに村中にステンレス食器が普及した。また藁葺き屋根をスレート屋根に改良するためにも契が試みられ、加入した契員全戸の屋根替えを一九七一年までに済ませて解散した。その後の村には屋根改良契は一組も存在せず、改良を希望する者は貯蓄契を利用している。また一九七五年の春に進行中の電気の架設工事が終了すると、上萬にもテレビ契が一組発足するという噂があったが、都会に住む家族や近親から中古のテレビがもたらされたため実現には至らなかった。これらの契も特定の支出に備えて組織される一種の貯蓄契と見ることができよう。

このほかにも、婚礼に必要な物品を提供しあう布団契（イブル契 이불계）、指輪契（パンジ契 반지계）、箪笥契（タンス契 단수계）なども行われている。

### （5）発動機契、技能契

これらは、発動機と脱穀機の共同購入・共同利用のために組織されたものである。技能契は、一九六六年の春に村の個人経営工場（脱穀・精米の工場で経営者がしばしば交代した）が閉鎖された時に、従業員九名が組織したもので、この年夏の麦と秋の籾を拠出しあって資金を作り、これを村人に貸し付けて利殖を始めた。次年度からは各人の出資を中断して、貸付け利殖だけによって基金を増やしてゆき、一九七一年春には麦一〇叺半、籾一五叺に達し、これを売却した代金で多目的動力農機具一式を購入した。これは原動機、精米機、脱穀機（二種類）からなり、その利用は契員の自家用に限られている。原動機はかつて振興会の備品だったもので、クボタの古い型のものだが馬力があり故障もなく健在であった。発足時の契員の資格として原動機の運転・点検・修理をできる

写真 7-9　発動機を用いた脱穀機で共同作業をする技能契

ことが条件とされ、新規加入者にも門戸を開いている。新規加入には契員の三分の二以上の賛成を要し、契財産の契員一人分相当の出資額を納めなければならない。またこの契では、子供の中から一人を選んで相続させることができ、六七年には契員一人の死亡にともない、長男が相続した例がある。この契はまた、婚礼・喪礼の相互扶助にも力を入れ、契員の直系尊属の死亡時には、籾五叺を賻儀として給付することを規定している。また活動の一環として農業技術者を招いて新しい営農法や技術習得のための講習会を開いて、地域社会の啓蒙に寄与することを契の規約に掲げているが、この点についてはまだ活発とはいえない。

　このほかにも生業に関連した共同事業にも契の方式を取る例がある。ワカメ養殖の協同作業の契（ミヨクポル契　미역벌계）、薬草の共同販売と貯蓄を兼ねた契（薬貯蓄契）などがある。

## 2　契の構成

以上に述べたとおり、上萬における契組織のうち、

写真 7-10　ミヨクポル契の作業風景

とりわけ個人の任意参加による契集団は、家庭生活に欠かすことのできない冠婚喪祭を初め、家計の多額な経費捻出と相互扶助を直接の目的とするものが大多数を占めており、農村生活はさまざまな目的の契組織によって支えられているといっても過言ではない。どの家庭においても、不安なく家庭生活を送るためには、何種類かの契に参加しておかなければならない。このため村人は、誰もが成人に達する頃から、家庭の事情に応じて種々の契を分担して準備し始めることが求められた。同じ種類の契であっても個々の契組織の成員は、一部重複しながらもすべてが一致することはない。契に参画することは、家庭における一定の役割と責任を担うことを意味し、また契仲間を持つことが村人として信用と地位を得る上でも重要とされる。

このように村の生活において契が不可欠であるという認識は村人の間に徹底しており、この点に疑問を抱く者はない。こうした現実的な背景のもとで、村人は何種類かの契に参加することが不可欠とされているが、どの契仲間に参加するかは個人の自由に委ねられ、本人の主体的な判断と意思が充分に尊重されている。自分の意思に反して特定の契に参加を強要されたり、義務づけられたりすることは考えられない。これは、家庭生活および村落生活の安定が契制度の秩序によって支えられており、契の秩序は個人の自由意思の原則の上に成立しているからに他ならない。

このように個々の契集団は、個人を成員とすると同時に家庭生活の要請に応えるため、世帯（チプ）を一定の構成単位としており、同一の契集団に特定の家族員が複数参加することはない。

原則として任意参加による契では、存続期間中に新規のメンバーの加入を認めることは極めて稀であり、契員の交代や脱退についても厳しい条件を設けて規制する例が多い。契員の交代が認められる場合としては、契員が死亡もしくは高齢に達して事実上活動できない場合に、その権利や義務を子が引き継ぐ場合が考えられる。こうした契の相続に関しては、規約の中で定めている場合があり、珍島では一般に親が指定して世帯の後継者が相続している。契の相続は、契集団がかなり長期にわたって存続し、なおかつ終結しない場合に行われる。ただし遠方に転出して契員としての義務を果たせない者については、例外的に脱退を認めるか、もしくは近親者の中から代理を立てて代行させることがある。

脱退が認められるのは、やむを得ない事情によって村を離れて遠方に移住する場合である。その場合には、まだ給付を受けていなければ原則として出資相当額を契から受け、すでに給付を受けた者は相当額を契に返納するか、もしくは近親者の中から代理人を立てて契員としての役割を代行させることもある。また正統な理由なしに契員としての義務を果たさない者に対して、除名することを規約の中で明確に規定している例も少なくなく、この場合、すでに納入した額は没収される。しかし実際にはこうして除名されるケースは極めて稀であって、規約に何ら規定を設けていない場合がむしろ普通である。契から除名されるような者は、少なくとも村において円滑な社会生活を営むことは難しいといえる。村外に移住した後でも親族関係を通して村との関係を絶やすことはない。ことに近親者の婚礼や喪礼、両親の祭祀には遠方にあっても帰郷しなければならない。したがって、実際には脱退者や除名という形をとらず、近い親族がその権利や義務を代行する方法が採られており、また初めからこうした場合に備えて、契員仲間のうちで一人を連帯保障人とすることを規定している契も見られる。このように契は、ひとたび発足すれば、成員間の個人的な人間関係そのものよりも、全員平等に権利と義務が遂行されることを前提とし、契約精神の徹底を志向して、それが脅かされないようにさまざまな配慮が成されている。

多人数による契は、成員一人当たりの負担を少なくして、一時に多額の給付を可能とするという利点があるが、その反面、全員が平等に給付の恩恵に浴するまでにはそれだけ長い時間を要することになる。したがって、その間に契員の村外移住や死亡などによって契の公平な運営に支障をきたす危険性が高くなる。このため任意参加の契では一般に、発足時からある程度人数を制限して、数人ないし一〇人前後の規模に抑え、また受給の回数も一人一回と規定して、適度な年限内に当初の目的を完遂できるように配慮されている。

また契の運営面でも、経理を担当する「任司（イムサ 임사）」の役は一年交代の輪番制が鉄則となっているほか、出資と受給においても、物価の変動による不公平が生じないように、現物すなわち籾によって行われてきた。契の運営においても全員平等に権利と義務が規定されていて、特定個人が契の運営や方針について発言力を強めたり主導したりすることができなくなっている。契組織内部における地位の平等は、契員の構成基盤が血縁関係や近隣関係とか、経済的な階層などの固定的・永続的な地位や資格に拠ることなく、あくまで個人の対人的な信頼関係に置かれていることを反映している。

同一目的の契であっても、個々の契集団ごとに成員の年齢層が異なり、それに応じて家庭生活上の要請や、契への参加の心構えも異なる。また契員の間ですら同じ条件であるとは限らない。したがって、特に経済的要素の大きい貯蓄契や屋根替えの契などでは、発足当初から年限を定めて準備される。また、婚礼のための契も、契員の間で調整しながら婚礼準備の一環としてかなり計画的に進められる。これに対して喪礼のための契は、不測の時に備えてかなり早い時期から準備されることが多いが、条件の似かよった者どうしで結成してもなおかつ当初の予想以上に給付時期にばらつきが生じることがあり、全員平等に給付が行き亘るまでに時間がかかりすぎる場合がある。

契構成員の性別・年齢別構成には、次に示すように契の目的に応じて特色が見られ、個々の契組織について見ると契員の年齢幅はさらに狭い。

喪布契、賻儀契・・（イ）父母の葬礼の為に成人男性によってほぼ世代別に組織されるもので、二〇歳過ぎから準備が始まる。（ロ）嫁や主婦たちが実家の両親の喪礼に備えて準備するもの。（ハ）賻儀契のうち葬礼と婚礼を兼ねるものには、同世代とは限らず幅広い年齢にわたるものもある。

濁酒契・・・（イ）主婦や嫁たちによる婚礼用のもの。（ロ）男性戸主層による婚礼と葬礼を兼ねて準備するもの。

米契、籾契、餅契、ふとん契・・・子供の婚礼に備えて主婦層で組織される。若くても、子供がまだ子供の時分から勧誘され参加する者もある。

貯蓄契・・・（イ）多額の資金を要する明確な目的のもと、経済的余裕の有る者どうしで、世代をあまり問わず成人男性によって組織するもので、近隣村落の者を含むことも少なくない。（ロ）村内の同年令層の成人男性で組織され、特定の目標を想定しないもの。

親睦契・・・（イ）男性老人の同年齢層で組織され、喪布契や貯蓄契などの契が当初の目的を果たした後に、親睦契に再編されたものが多い。（ロ）若い成人男性によるもの。（ハ）同年齢の甲契。男性によるもの、女性によるもの、男性を中心に夫婦で参加するもの、村内だけのもの、他村にまたがるものなどがある。

契の役員としては、任司がもっとも重要であり、このほか契の性格に応じて契長や財務がおかれることもある。契長がおかれる場合でも、それはほとんど名目的にすぎず、契の運営において何ら特別の役割がないといってよい。先に挙げた喪布契の場合のように任期を定めて選挙によって選出する例はきわめて稀であって、普通は契長といえば最年長者が自動的に契長となるのが常識である。

任司は一年交代の輪番制を堅い原則としており、修契と呼ばれる総会はかならず任司の家で行われる。出資と積立てを行う契では、この日に契員が一定額の現物（籾あるいは白米）を持って集まり、任司がこれを計量して契冊に記帳し、契資金の確認を済ませてから、契冊を添えて翌年度の任司に渡して任司役の引継ぎを行う。

### 3　契の組織原理

契は目的遂行のために、成員間で平等互恵の契約関係を徹底させた組織である。契員の間では、出資の方法や受給の権利をはじめ、任司役の輪番制に到るまで、全員が平等の権利と義務とを有し、特定の個人が契の運営に特別な発言力を持ったり、契を主導したりすることはあってはならないとされている。どの契も発足時に目的と成員と運営方法を規約によって定めるのが原則であって、規約の改正は全員一致に依らねばならない。資金の積み立てや利殖・給付等の契活動を円滑にする上で、こうした徹底した契約が大前提となっており、きちんとした規約改正を経ずに当初の目的を拡大したり、新規成員の加入を認めたり、運営方式を途中で変更したりすることはありえない。規約改正がなされるのは、全員に等しく給付が済んだ時点以外には極めて稀である。

契はひとたび発足すれば、成員の人間関係そのものよりも。平等の契約原理の徹底を志向するものであり、この大原則が脅かされないようにさまざまな工夫がなされている。すでに述べたとおり、契の経理を担当する任司は一年交代の輪番制となっており、出資額・受給額はすべて不公平のないように現物（籾）による等量とされている。また全員に給付がゆきわたるまで時間がかかり過ぎないように、一人当たりの受給回数を一回に限定し、全体の成員が余り多人数とならないように配慮される。それでもなお葬礼のための契では、当初予測していたよりはるかに長期間に及んでしまうことが起こりうる。こうした場合には、まだ受給していない者に乾給と称して同額を支給して清算を済ませ、契を一旦終結させることがある。このように契は、一定期間を経ると自動的に終結すべき性格のものと考えられている。

契組織における平等と互恵の原則は、契集団の相互間にも認められるところであり、特定の契が村落内で大規模な組織を形成したり、経済的・政治的な発言力を行使したりして村民の社会生活に影響力を及ぼすことはありえない。契の構成員が血縁関係や門中、あるいは近隣関係とか経済的階層などの固定的・継続的な条件に拠らずに、個人的な信頼関係に置かれていること、また個々の契が成員数の上でいずれも大差が無く、また組織の存続期間も限られていること、個人が同時に複数の契に加入していることなどが、こうした権限の平等な構造を支えていると考えられる。

しかし特定個人の影響力や指導性が抑制されているとはいえ、一方では契の発足にたずさわるような世話役や、多くの人から勧誘を受け多くの契に参加しているような人物が、村の社会生活においても重要な位置を占めていることは言うまでもない。こうした人物は、村の社会関係において結節点に立っており、村人の人間関係の調整者の役割を果たして協調と連帯の維持に大きな貢献をしている。

## 4 家庭生活と契

### (1) 喪礼と契

契はすでに述べたとおり、家庭生活の要請に応えて準備されるため、必要とする契の種類や必要度も家庭の事情によってかなり差が見られる。婚礼と喪礼のための契を例にとって、家庭生活の側から契の実際をみてみよう。

村における家庭生活は、一般には男子のうちの一人が結婚後に両親と同居してクンチプを継いで、いわゆる直系家族の構成をとる。しかしそこに至る過程では、かつては息子たちが結婚後それぞれ短期間ではあれ父母と同居して過ごした後に独立してゆくのが望ましいとされ、一時的には兄弟二組の夫婦が同居することが少なくなかった。その期間はかつて三年にも及んだが、次第に短縮され一カ月ぐらいとなり、一九七〇年代にはすでにそうした例は見られず、チプの構成員は一般に直系二、三世代にわたる周期を繰り返すようになっていた。兄弟関

係は、両親の家庭（クンチプ 큰집）とこれから独立した家庭（チャグンチプ 작은집）との関係に引き継がれ、日常生活においてさまざまな協力が見られる。

喪布契の場合を見ると、珍島では男子は二〇歳に達する頃から両親の喪礼に備えて契を準備し始めるのが習わしとなっていて、早くから充分な準備をしておくことが孝道の一つとされている。両親に対する孝道には兄弟に差が無いとして、珍島では次三男であっても父の家産の中から農地や家屋などを分与されて村内にチャグンチプとして独立した場合には、長男と協力して両親の喪礼に備えて、別個の契に参加しておかなければならない。

喪礼はできるかぎり儒礼にそって行われるため、その形式には個人差がほとんど見られないが、喪礼の規模は家庭の経済力や弔問客の数によって大きく左右される。弔問客の数は家族の親族関係や交遊関係によって予めある程度把握出来るので、これを念頭において家計を考慮の上、来客への接待をどの程度にするか、具体的には豚肉や鶏肉、魚、酒、タバコなどをどのくらい振る舞うか決めた上で、これに要する金品をまかなえるように契を準備するのが理想的とされる。

実際には喪礼に際して喪主は、まず初めに喪礼をとりしきる「護喪」の役を決めて準備に取り掛かる。護喪の役は喪礼の範囲を広くするため同門中の者は避けられ、家庭の事情をよく知り信頼できる者をあてる。護喪は、先ず初めに喪主と相談の上、どの様な契がいくつ準備されているか、どのくらいの現物・現金が支給されるかを確かめ、喪礼の凡その規模を決めてから訃告を出す範囲を決める。喪礼の規模とは、弔問客の数とこれに対する接待の内容、葬列の規模によって左右される。来客に対する接待は、具体的には豚肉や鶏肉、魚、酒、餅、タバコなどをどのくらい出すかによって決まり、その上で知らせと買い出しに人を出す。

村ではほとんどすべての家庭から弔問に来るので、弔問客の数は村外からの数によって左右される。兄弟数が

写真 7-11　喪服作り

写真 7-12　喪礼の弔問客

多ければ自ずから姻戚関係や交遊関係も広まるため弔問客も増加するが、同時に兄弟の数に応じて準備される契も多くなると見てよい。

また他村に嫁いだ娘たちも実家の両親のために喪布契を準備している場合があるので、姻戚関係の広がりは支出の増加だけを意味するものではない。また経済的に余裕があれば、弔問客の接待にもそれ相応の気を配らなければならない。

葬儀は一般に臨終の三日後に行われるが、家計に余裕のある家庭では五日葬を行うこともあり、その間、村内の親族のうち、チバン（집안）と呼ばれる近親の主婦たちは手分けして喪服の準備に取り掛かる。まず、喪家の庭に農作業用の大きな茣蓙を敷き、村の備品である天幕（遮日）を設営する。喪服に用いる喪布を人数分購入して、女性たちはミシンを持ち出して喪服作りが始まる。一方、親族の男たちは大量の食事（肉、魚、菜、チョンなど）の準備をして弔問客の接待にあたる。喪礼を取り仕切る護喪には喪礼・葬儀を熟知した者が選ばれ、護喪は決められた枠内で喪礼・葬礼を準備し、弔問客と喪主の双方に失礼の無いよう、過不足ないよう気を配る。喪礼の期間中に予定に反して酒や食べ物（特に豚肉や果実）が不足したりすると舞台裏で紛糾し、護喪の責任が問われることにもなりかねない。

喪布契の中には紙の花飾りを施した花喪輿（コッサンヨ 꽃상여）の支給を規定しているものもあり、こうした喪布契を兄弟で何組も用意している場合には、喪主とその兄弟たち、護喪および各契の任司たちが集まって協議し、重複しないように調整される。したがって喪礼があれば、いくつもの契の任司やメンバーが契員の家を歩き回って相談したり、金品を準備したりするため、村中が慌ただしくなる。

写真 7-13　婚礼前日に定められた米を持ち寄って記帳する米契の婦人たち

### （2）婚礼と契

婚礼の場合もほぼ同様であるが、男たちよりも主婦たちの契員が目を引くようになる。米、籾、餅、豆腐などの現物を持ち寄る女性達の契では、資金の積み立てや利殖を行う例が少なく、帳簿（契冊）を持たない場合も多い。女性たちは任司から連絡を待つまでもなく任司の家に米や豆を持ち寄って、餅や豆腐をこしらえて婚礼の家に提供する。各人が米を直接持ち寄る米契では、契員が揃って白のチョゴリと黒のチマ姿で、頭上に米を戴いて婚礼の前日に持ってゆく。婚礼を控えた家では、一人ずつ升で計って受け取り記帳を済ませ、食事を振る舞う。このため婚礼の前日には、新婦の家の庭はさまざまな契仲間でごった返す。

婚礼はまず新婦の家で行われ、これが済んでから日を置いて新郎の家で宴が開かれる。結婚して新居を都市に持つ場合でも、婚礼はまず新婦の実家で行われることが多い。婚礼の当日は親族や友人たちや村の人々が扶助（プジョ 부조）と呼ばれる祝儀をもってやって来る。扶助の内容はだいたい決まっていて、そうしたプジョに対し

てイバジ（이밧이）とよばれるお返しとして餅、果物、魚など当日の食物を少しずつ持たせるのが慣例となっている[6]。これらに要する酒、御飯、餅、魚、豚肉、果実などを支給するためにも契か不可欠であり、子供が適齢期に達するまでにはこうした契をいくつも準備しておくことが求められる。したがって子供の多い家庭ではそれだけ多くの契に入っていなければならない。婚礼はほとんどが収穫後の一二月ごろに集中して行われ、新郎の家には村の人々が集まり深夜まで庭で焚き火を囲んで、村の備品である楽器（チャンゴ：장고、プク：북、クェンガリ：꽹아리、チン：징）を打ち鳴らして舞う。舞いが一区切りつく度に庭に筵が広げられ酒と魚が振る舞われる。契を多く持っているような家庭では、当然ながら村の中に親しい者が多く、したがって祝福に集まる客たちで夜遅くまで賑わうが、そういう家庭ばかりではない。村の人々も家庭のこうした事情を良く弁えており、遠慮なく出掛けて飲み食いすることもあれば、様子を見て控え目にすることもある。

婦人たちによる婚礼のための契では、資金の積立や利殖を行う場合は少なく、契員の家庭の婚礼の度毎にメンバーが一定額の現物を持ちあう形式が採られている。しかも支給額と契員数がともに少なく、存続期間もあまり長くない。したがって婚礼の規模を少し大きくしようとすれば、米、餅、酒、豆腐などそれぞれの契を数組ずつ準備しておかなければならない。しかも受給回数が一人一回とされているため、適齢期に近い子女が多い家庭ではそれだけ多くの契を次々と準備しておかなければならない。

婚礼のための契は、食物の支給を直接の目的とするものが多いが、契をもつ動機は決してそれだけではない。子供がまだ小学生の時分から婚礼の契に加入している母親も少なくないのである。こうした主婦は、直接の目的よりも婦人どうしの親密な付き合いによる娯楽や親睦のために加入していると見るべきであろう。

喪礼と婚礼の契がどのように準備されているか、村のごく平均的な三世代が同居する家庭の場合を見よう（図7―1）。

・Bは父Aのための喪布契を七組持っていたが、Aが死去した後すべてが終結し、そのうちの二組は親睦契に組織替えして存続中である。

・CはDの婚礼のための契がすべて終了した後、Fの婚礼のために計六組の契を準備し、すべての受給を済ませている。

・Dは父母BCのための喪布契として現在三組を準備しており、今後さらに多くの契を準備する予定でいる。

・Eはまた生家の父母のために喪布契を二組準備している。

・Bは、このほかにも親睦契を三組、貯蓄契を二組（そのうちの一組は一九六九年に解散）、屋根改良契と甲契に参加していた。Dもこのほかに発動機契、親睦契二組、甲契をもつ。

このように世帯を単位としてみると、家族構成の変遷にともなって準備される契の種類と数には絶えず変遷が見られる。その上個々の契はすでに述べたとおり世代を越えて永続することの無いテンポラリーな組織である。したがって村の中では常に数多くの契が複雑に重層しており、しかも絶えず発生消滅による新陳代謝を続けている。

修契日は農作業の終わった陰暦の一一月をピークとして、翌年二月ごろまでの農閑期に開かれる。殊に穀物の

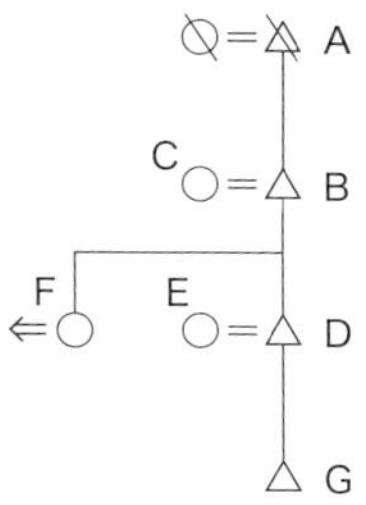


A：1966年に高齢で死去
B：62歳（1974年当時）
C：59歳（1974年当時）
D：35歳（1974年当時）
E：35歳（1974年当時）
F：1967年に婚出
G：10歳（1974年当時）

図7-1　家族構成

写真 7–14　どの契も修契日には任司の家で会食する

出資による積立てをする契では、収穫が終わると村中で一斉に修契が行われるため村中が活気を呈する。そして契を多く持っている者は、仲間で寄り集まって飲んだり食べたりして過ごす機会が多くなる(7)。

**(3)契の準備状況**

では一体一つの家庭でどのくらいの契に参加しているのだろうか。むろん家族構成や財政などの事情によって差が大きいと思われる。ある家庭の場合を紹介しよう。これは一九八四年に久し振りに立ち寄ったところオンドル部屋の隅に書きかけのメモにあったものに拠っている。尋ねると近く娘の婚礼を考えているので、契でどのくらい賄えるのか確認ついでに婚礼に関係の無い契まですべて書き出したとのことである。契の中にはすでに自分の受給を済ませているものもあって、詳しく覚えていないものもある。そうした契についてはもう関心も薄れがちで、中には役員から知らされるまで本人も思い出せないことまであってすべてを確認するのは容易でない。また似たような契が多いので発起人やその時の役員の名で以って区別している。書き出してある順序のまま個人名も含めて、その場で分かる範囲の説明を付けて紹介すると次のとおりである。

源俊籾契（給付額籾一一俵、一二人、各人の拠出額籾一俵）
珍九観光契（給付額籾一三俵、七人、各人の拠出額籾二俵＋一俵）
玉鐘オモニ（어머니）契（給付額白米一六斗、九人、各人の拠出額白米二斗）
采洙父甲契（給付額米一三斗、一四人、各人の拠出額米一斗、近村に及ぶ）
女子甲契（給付額米一三斗、二七人、各人の拠出額米半斗、近村に及ぶ）
パンドゥマル（반두말）契（給付額米一二．五斗、二六人、各人の拠出額米半斗）
基寧農事改良契（給付額？）
智赫女子親睦契（給付額米三斗、七人、各人の拠出額米半斗）
勝国杖鼓契（給付額六万ウォン、三〇人、各人の拠出額濁酒一斗相当額）
秉栓親睦契（給付額米一俵）
利国五名貯蓄契（給付額籾三俵、婚礼・喪礼に籾三俵ずつ給付）
仁鍾初八日契（給付額三万ウォン、一四人、冬至日に集まる）
オレットル（오랫들）契（給付額？　一三戸、四月八日にトックック（떡국）と小豆粥を食べて遊ぶ）
寛鍾ワカメ契（給付額？、済州島旅行計画中）
利国ノンサン（논산）契（給付額籾一三俵、七人、水田購入のための貯蓄契）
三圭豚契（給付額豚肉八〇斤、喪礼時に提供する）

山容婦人会契（給付額？　約八〇人、各人の拠出額コボンで米一升、昔からの婦人会）
現洙白餅契（給付額？　六人、各人の拠出額コボンで米一斗、白餅を作って提供する）
智容粳米契（給付額米二〇斗、一一人、各人の拠出額コボンで米二斗）
仁鍾大根餅契（大根餅ムウトック（무우떡）八升、五人、各人の拠出額米二升）
寛鎮豆腐契（豆腐、七人、各人の拠出額コボンで大豆一升、大豆で支給）
男子貯蓄契（給付額？）
面長親睦契（給付額？、六―七人）
男子杖鼓契（給付額？）
マウル（마을）金庫契（給付額？）
結義兄弟契A（給付額？）
結義兄弟契B（給付額？　子の世代）
喪布契（給付額？）
薬貯蓄契（給付額？　五人、山で薬草を採って売る）
トンネー（동네）男子甲契（？）
女子七名親睦契
パンドゥマル（반두말）契（給付額米？　パンドゥマルとは昔式の枡）
女子杖鼓契（給付額？　杖鼓をもっている親睦契）
班契（給付額？　村の中の班を単位とするイウッ 이웃契）
大允観光契（給付額？）

秉栓結義兄弟契（給付額？　二代目）
兄弟間契（男妹契、一〇軒）
男子親睦契（給付額？）
キルチャ（길자）契（給付額？娘たちのための契）
パッサン（밭산）契（給付額？五人、畑を四斗落所有、海南大興寺旅行の契）

この家庭は一九三四年生まれの主人夫婦と老母と二男二女の家族構成で、農家の経営規模の点でも平均程度と見てよい。なおコボンとは枡に山盛りで量ることを意味する。一俵は一叺（カマニ）で五斗に相当する。

## 5　契の新陳代謝

すべての家庭でこのように多くの契に参加しているとはかぎらない。私が同居していた家庭でも主人が公務員生活を切り上げて村に戻ってきて数年しか経たず、したがって村の中での契にはまだ余り参加していなかったが、それでも老父母の関係だけでもかなりの数になり、すべて数えるとやはり三〇近い契に参加していた。

こうして結成される契は、目的遂行のための契約関係に立つものではあるが、同時に個人的な関係に基づいており、その親睦的な側面がいつまでも発足時のまま保たれるとはかぎらない。また契員に対する給付が一人ずつ済んでゆくにしたがい、すでに給付を受けた者は契に対する熱意や関心が次第に薄れてゆき、全員に対する給付が済むと契は原則として自動的に解散する。しかし、契員の間に信頼関係が保たれ、共通した要望があれば、解散せずに受給の回数を一回ずつ増やすなどの規約改正を経て、さらに延長されることもある。あるいは、すっかり別の目的の契に再編成されることもある。とりわけ老人層の間では、当初の目的が終わった後、引き続き親睦の契として再出発する例がしばしば見られる。

このようにして、村内には数多くの契集団が絶えず発生し消滅しあるいは再編成を繰り返しており、常に契集団の新陳代謝が行われている。この点で契は、出生や居住によっていわば自動的に成員権が定まる父系親族集団や地縁集団としての村落組織とは異なる。これらが永久存続を前提とする組織であるのに対して、契は明確な目的遂行のための組織体を備えているものの、メンバーシップの上で永続的な基盤とならない点に特色がある。

では村に一体どれくらいの数の契が組織されているのであろうか。この問いに答えることは村人でも容易ではない。一村落を対象とした契の実態に関する詳しい調査がまだ成されていないため、見当もつかないのが実情であった。村には各種類別にさまざまな契が複雑に重なって組織されており、すでに述べたとおり発足後かなりの歳月を経て、大多数の契員に対する給付を終えたような契では、任司以外の契員たちにとっては単に義務だけを果たす関係となっている例もある。喪礼や婚礼のための契や貯蓄契、親睦契には、固有の名称が無いため、自分が参加している特定の契に言及する際には、例えば「八人の喪布契」「六人の米契」というように契員の数で区別することも多い。あるいは発足当初の発起人の名で「某たちの喪布契」というように呼ぶこともある。発足後も暫くの間は、契員の名をすべて挙げることができても、あまり長期間に及んで、契員間の日常生活における協力や信頼関係、例えば後に触れる労働交換（プマシ 품앗이）などの関係が薄れてゆき、単に契が有事の際の権利・義務の契約的関係に留まるようになれば、記憶が曖昧となって他の契との混同が生じたりしたりしかねない。特に婚礼のための婦人たちの契では、積立てによる利殖を行う契はほとんど見られないため規約を記した契冊も存在しないものが多い。契冊がある場合でも修契は夫が立ち会って記帳する。その上新旧さまざまな契が同時に存在するため、自分が関与している契についても、契員名を完全に記憶することは不可能に近い。自分がまだ給付を受ける権利をもつ契については、婚礼などを控えた家庭では必要に応じて、家族が関与している契をすべて書

き出してみたりすることがあり、第三者が把握することも可能であるが、すでにほとんど終わりかけた契まで網羅的に調査することは容易ではない。

村の一五の家庭における、現在準備されている契の調査資料をもとに、村全体の契集団の数を概算してみるとおよそ次表のとおりである。

この表の数に、すでにほとんど終了している契を加えると、契の数はもっと多くなることが予想される。甲契は二〇代後半から六〇代まで各年齢に組織されており、中年層以下では女性だけの甲契もあり、これだけでも数十が組織されていることになる。村人による概算では、誇張や錯覚によるためであろうか、筆者の概算を遥かに越えており、総計二〇〇を下らないという意見が支配的であった。

以上に述べたとおり、村には婚礼・喪礼の契をはじめとして多数の契が組織されており、そのメンバーは部分的に重複しながらすべて異なる。個人は新旧さまざまな契に同時に参加しており、また世帯を単位としてみるとさらに多数の契に関与していることになる。その上、個々の契組織はほとんどが世代を超えて永続することがなく、目的を果たせばやがて解散される。契の中には村外にもメンバーを有するものもあるが、これらを除けば圧倒的多数の契は村の住民だけによって組織されており、村を一つの地域としてその内部に多数の契が重層しており、絶えず発足・解散し続けている。

表 7-2　上萬全体の契組織数の推計

| 契の種類 | 組織数 |
|---|---|
| 米契・籾契 | 20 |
| 餅契 | 25 |
| 豆腐契 | 15 |
| 濁酒契 | 8 |
| 喪布契・賻儀契 | 20 |
| 親睦契（甲契を除く） | 20 |
| 技能契その他 | 4 |
| 貯蓄契 | 15 |

### 6　契と人間関係

次に契が発足する過程に注目し、その基礎となる成員の人間関係を少し具体的にみてみよう。

契はいずれも最初は二、三人程度の互いに親しい者によって計画される。契員の人数を決めるに当たっては、契の目的と家庭事情に応じて契員一人当たりの給付額の目安をまず決め、各人の負担出資額を考慮の上、普通は一〇人前後に定められる。

契集団はいずれも本来の目的のほかに相互親睦の性格を併せもつため、メンバー構成は基本的に個人的に親しい人脈に基づくが、それと同時に全体の協調と信頼関係が保たれるように、特定の近い親族関係に偏ることのないように配慮される。

### (1)「親しい間柄」(チナンサイ 친한 사이)

個々の契組織は、日頃から気心の良く知れた三人程度の発起人が中心となって準備が進められる。発起人たちは予め自分の親しい者の中から新しい契に参加を希望する候補者を選んでおいて、全体の信頼関係と強調がうまく保たれるよう相談しながら人選を詰めてゆく。このように契組織への勧誘は、発起人たちを中心とした「親しい間柄」に基づいて行われ、親族関係や近隣関係に拠らないことを特色としている。

以下では、契の基盤となるチナンサイと表現される親しい関係(friendship)のありかたについて、村落社会におけるいくつかの構造原理との関連を検討したい。

韓国の農村社会における社会規範あるいは伝統的な秩序原理である長幼の序と男女の社会的隔離は、状況によって程度の差はあれ、村人のほとんどあらゆる人間関係を規定し、チナンサイも同性内の同年齢層に限られていた。

長幼の序については、特に男性の間では自己を中心として村人全員について年長者、同年齢、年少者の区分がわきまえられており、また第三者間についても村人全員の年齢序列が常識として知れ渡っている。そして同年齢でないかぎり、原則として言葉遣いをはじめ基本的な礼節をきちんとわきまえて行動することが、当事者ばかりでなく第三者からも期待されている。また家族内の親子の年齢差に対応した世代区分が家族外の村人全員にも適用されており、祖父や父と同年配の村人に対しては、実の祖父や父に準ずる礼節を以て遇さねばならない。すなわち会話の場では、年少者は言葉数を少なく、発言内容も控え目にし、しかも表情をくずさず多少こわばらせ気味に話すことが礼節に適うとされ、これを犯せば相手の機嫌をそこねる。

こうした状況のもとでチナンサイは、年齢が近い者どうしの間で、規範化され形式化された礼節に適った行動を型通りに踏まえることを前提に可能となるものである。しかも、親しくてインフォーマルな付き合いが許される間柄であっても、著しい年長者や年少者が同席するような、長幼の序が強く意識される状況のもとでは、周囲の秩序を乱すような行動は慎まなければならない。自分より著しく年長の者と同席する場では、年少者は沈黙気味となり、自分の意思を控え目にし、年長者の言葉に耳を傾けて相手をたてるのであるが、一方ではできるだけこうした重苦しい場から逃れて、同年配の仲間で集まって憂さを晴らすかのように陽気な雰囲気をかもしだす光景が見られる。したがって長幼の序は、公式の秩序原理として強い規範力を有する反面、ある一定の許される情況のもとでは、同年齢層のインフォーマルな関係をむしろ増進する効果があるように見受けられる。

同年齢層の間でもとりわけ同年齢は同甲とよばれ、本人の選択の余地も無い特別な関係と見なされている。村ではすべての男性について、生年別にどの甲に当たるか知られており、同甲者が人脈の中で占める位置は特に重要である。甲契は同甲者の親密な関係に拠って成立する親睦契の一つであり、小学校の同級生以来の関係を通して、近隣の数カ村に跨がって組織されることが多い。また同甲の妻どうしも同甲に準じた付き合いをしており、同甲契の定期的な修契日には夫婦そろって出席する場合が多い。

結婚前の青年たちは、学校時代や兵役時における厳格な年齢秩序が身についているためか、個人的で親しい関係（チナンサイ）は必ずしも容易ではないが、その半面、同世代意識も強いので、それぞれの同甲者の紐帯を基に上下秩序に基づく青年層全体のまとまりが四Ｈクラブの活動などに見られる。これに比べて、結婚して新たに世帯を構えた戸主層では、チナンサイはもう少し幅広い年齢にわたる傾向がみられる。

女性の間では、ほぼ夫の年齢に準じて長幼の序列が考えられているが、それも同一門中内の近親間チバンの付き合いのように、ごく限られた公式の場で意識されるにとどまる。男性に比べて女性は年齢による序列意識が弱く、年齢による規制を余り受けずに親しくなるようである。

**(2)「親しい間柄」（チナンサイ）と「近い関係」（カッカウンサイ** 가까운 사이**）**

親しい（親ハダ 친하다）という表現が当てはまるのは非親族間に限られており、同一父系親族内や姻族（サドン 사돈）間には決して用いられない。父系親族内における人間関係は、行列（世代順位）による序列、系譜的な距離（寸数）、クンチプ―チャグンチプ（大きい家―小さい家、本家―分家）関係および出生順を主要な秩序原理としており、個人はこれらによって定まる地位にふさわしい規範的行動が要求されるため、個人的な判断や自由な行動は一層制約される。

村内の父系親族でも、世代深度が深くて系譜を異にする下部分節が形成されている場合には、寸数によって示される親族距離が近さの尺度となり、一般に兄弟関係すなわちクンチプ―チャグンチプ関係を除いて、親族距離の近い間柄（カッカウンサイ 가까운 사이）では二者間の親族地位の差がより明瞭であり、これに伴って日常生活では緊密な連帯と協力が見られる半面、親族の秩序原理によって拘束されるため、人間関係はどちらかといえばフォーマルなものとなりがちである。とりわけ上位行列の者に対する動作は形式的でぎこちなく、表情も強張りがちであり、逆に下位の行列の者に対しては時には威圧的でぞんざいでさえある。

しかしながら、父系親族でも親族距離が遠く、行列が同じで年齢も近ければ、必ずしも親族の規範に強く拘束されることなく、親しい関係がある程度可能となる。ただしその場合にも、同親族内の第三者、殊に著しく年長の者や年少の者が同席しないことが前提となる。また両者がともに親しい他門中の第三者が同席するような場合には、いっそう寛いだ親しい付き合いが可能となる。

このようにカッカウンサイとチナンサイとでは人間関係に基本的な差があり、カッカウンサイでは父系親族への帰属を前提として、そのフォーマルな構造に基づく既得の地位（ascribed status）が行動を規定するのに対して、チナンサイでは非親族間における個人的で獲得的な（achieved）関係が支配する。

父系親族を一方の有力な秩序原理とする村落社会において、チナンサイは、その拘束の及ばない非親族間に達成される個人関係であり、個性を豊かに発揮できる領分でもある。

以上に述べたもっとも基本的なチナンサイの形態は、

（イ）年少者が他親族の年齢の近接した年長者に対して基本的な礼節を踏まえることを前提として成立するチナンサイ。

（ロ）親族の所属に関係なく、同齢者（同甲）の間に成立する緊密なチナンサイ。

ただし、同年齢であっても同一親族内で異なる行列に属することが稀にあり、その場合には、小学生ぐらいまでは他の同甲者と同じように親しく過ごすが、年齢を増すに従い、親族内の構造的地位によって拘束される情況が生まれると、周囲の年長者たちの視線の中で、行列に相応しい行動が求められるようになり、同甲・同級の関係から次第に互いに疎遠になり、むしろ互いに避け合う関係に至るという。

この二つの可能性によって、個人は村内の同世代内の同齢者・年長者・年少者に多くの親しい相手を有している。また、さらにこれら親しい相手を介して第三の親族あるいは同一親族内でも系譜的に近くない者との間にチナンサイが増進されるという可能性がある。
つまり、(イ)非親族の親しい者を介することによって、同一親族内の年長者との間にチナンサイが増進される可能性、(ロ)非親族の者を介することによって、さらに第三の非親族の年長者との間にチナンサイが増進される可能性がある。

こうした可能性によって、親族成員権と長幼原理による構造的な序列と併存して、これを越えて広がる自己中心的なチナンサイによる人脈が成立しうる。この点で蜜陽朴氏と全州李氏の間にあって、慶州金氏や新安朱氏などの少数親族員の占める位置に注目すべきであろう。

親しい間(チナンサイ)の人脈は、村落の平面構造とも密接な関連がある。村は著しく密集した集落をなしているが、石垣を隔てて隣接する場合でも、基本的にはむしろ互いに不干渉に近い独立性を保っている。また親族も特定の区画に集中することなく雑居している。このためチナンサイも近隣間に特に集中することがなく、むしろ村全体にゆきわたっている。したがって間に一人を介在させるだけで村民の大部分をカヴァーできるほど密集度の高い人脈が村内に張りめぐらされている。これとは対照的に村外への人脈の広がりは、数の上でもまた有効性や頻度の点でも限定されている。また村内においては、特定の相手との強力な親しい相手(チナンサイ)に頼るよりも、なるべく多くの相手に親しい関係を広げることが望まれていて、このため人脈は高い密度と低い中心性を特徴とする。

## 7 契の発足過程

契のメンバーはすでに述べたとおり、互いに親密な三人程度の発起人を中心として構成されることが多いが、時にはこれより多人数の親しい仲間が母体となっていることがある。
一九六〇年に組織された喪布契の一例を見ると、成員の帰属する親族と年齢等は次の通りである。

メンバー

| | | | |
|---|---|---|---|
| a | 蜜陽朴氏 | 四五歳 | 長男 |
| b | 全州李氏 | 四一歳 | 次男 |
| c | 全州李氏 | 四一歳 | 長男 |
| d | 慶州金氏 | 四一歳 | 長男 |
| e | 蜜陽朴氏 | 四〇歳 | 次男 |
| f | 全州李氏 | 三八歳 | 次男 |
| g | 蜜陽朴氏 | 三八歳 | 長男 |
| h | 慶州金氏 | 三四歳 | 長男 |
| i | 蜜陽朴氏 | 三四歳 | 長男（ただしチャグンチプ） |

この契には、蜜陽朴氏の四名が参加しており、aとeは同じ仲派のHに属する八寸の関係にあるが、gとiは同じ長派の中でも異なる小派GとBに属し、二二寸の遠い関係にある。李氏のb、c、fはそれぞれ異なる小派C、F、Aに属し、bとfは一二寸、b・fとcは一四寸である。金氏のdとjは八寸間である。従兄弟が四寸であるから、八寸はそれより二世代上から分かれた従々々兄弟に当たる。

このうち、b―c―d、f―g、h―iはいずれも同甲の関係にあって特に親しく、それぞれ当時すでに他の二組の契にも一緒に参加しており、またc―dも現在別の契を一つ共有している。hはその後若くして里長を二期（四年間）勤めたこともあり、同じように実直な性格のｇ（村の国民学校の教師）を幼い時から兄のように慕って一緒に遊んで育ったという。また、ｂとｅは兄弟ぐるみの親しい関係にあって、現在ｂ－ｅ、ｂ－ｅの兄弟、ｂの兄弟－ｅが一緒に参加している契は合計一〇組以上に及ぶ。またｇはそれ以前からｃの家族と特に親しく、現在ｇは田植えなど農作業の面でもｃと特に助け合う関係にある。またｅはｆの兄（在ソウル）と同甲であり、ｆはｃの弟と同甲である。この契の特色は、ｂ－ｃ－ｄ、ｂ－ｅ、ｃ－ｆ、ｅ－ｆ、ｆ－ｇの親密な関係で固められている六名が母体となっている。このうち最初に契を発起したのはｂとｄであったが、まもなく四人が呼応し、残りのａ、ｈ、ｉの参加は、これら六人が相談してすんなり決まったという。このうちｈとｉは、当時二〇歳になったばかりで、この時初めて一人前として年長者たちに混じって親のための喪布契を持つにいたった。

この契は発足の翌年にｃの父親の喪礼に、また一九六六年にはｇの父親の喪礼に給付を行って現在も継続中である。ｃへの給付を終えた頃、メンバーの中から親の死（初喪）に備えるだけでなく、余裕があれば生存中にも親に出来るだけのことをして孝行を尽くすべきだという意見が出されたのを契機に、新しい親睦契が計画された。この親睦契は、積立てた資金で年末の修契日に全員の両親を招いて宴を持とうというものであった。新しい契では、ｃを除いた五名（ｂｄｅｆｇ）を母体にａ、ｉが加わり（ｈはソウルへの転出を考えて不参加）、これに新たにｊ（李氏Ｎ派四九歳、抜けたｃとは四寸間の近親）が参加して一九六二年に発足した。また一九七二年には、ｅｆｉの三名が発起人となって七名による喪布契が組織されている。その顔ぶれは、ｅｆｉの外にｂの弟に当たるｋ（李氏Ｃ派三七歳）、朴氏ｌ（長派大族契三五歳）、朴氏ｍ三三歳と朴氏ｎ三一歳（ともに仲派Ｊに属するがｍはＨ、ｎはＩに属し一二寸の遠い関係）であり、一九六〇年起、一九六二年起の契に比べて年齢層が少し若い。

これらの契にみられるように、二〇代、三〇代を中心とした若い世代では、契が発足する過程で同甲関係が重要であり、数人からなる仲間が母体となって組織される。

表 7-3　契成員の氏族、門中、年齢

| 成員 | 1 | 2 | 3 | 4 | 5 | 6 | 7 | 8 | 9 | 10 | 11 | 12 | 13 | 14 | 15 | 16 | 17 | 18 | 19 | 20 | 21 | 22 | 23 | 24 |
|---|---|---|---|---|---|---|---|---|---|---|---|---|---|---|---|---|---|---|---|---|---|---|---|---|
| 氏族 | P | P | I | K | P | I | P | P | C | P | I | I | I | P | P | P | K | P | P | C | P | I | I | P |
| 門中 | C | | E | | D | C | C | D | | H | H | Q | P | A | B | 季 | | G | H | | H | C | A | E |
| 年齢 | 76 | 68 | 62 | 60 | 59 | 59 | 58 | 57 | 54 | 54 | 53 | 52 | 50 | 48 | 48 | 46 | 45 | 44 | 42 | 41 | 41 | 38 | 37 | 34 |
| 貯蓄契 (1951 －) | ◎ | ◎ | ○ | ○ | | ○ | ○ | | ○ | ○ | ○ | | | | | | | | | | | | | |
| 屋根改良契 (1952 －) | ○ | | ◎ | ◎ | | ○ | ◎ | ○ | | | | | | | | | | | | | | ○ | | |
| 永睦契 (1955 －) | | | ◎ | | ◎ | | ◎ | | ◎ | | | ○ | ○ | | ○ | | ○ | | ○ | | | | | |
| 喪布契 (1965 －) | | | | | | | | | ◎ | | ○ | ◎ | | ○ | | ○ | ◎ | | ○ | | ○ | | ○ | |
| 賻儀契 (1968 －) | | | ○ | ○ | ○ | | | | ◎ | | ○ | ◎ | ○ | | | ◎ | | | | ○ | | ○ | | ○ |

氏族のＰは朴氏、Ｉは李氏、Ｋ は金氏、Ｃは朱氏を示す。
年齢は 1974 年当時。◎は発起人、帰属門中は６章のそれぞれ氏族別の小派と対応する。季は季派。

次に一世代上の例として一九五一年に組織された貯蓄契他いくつかの例をとりあげてみよう。

この貯蓄契は、年長者の二人（うち一人は現洞長）が当時三〇代の若い層のうち見どころのある者七名に呼び掛けて組織したものという。メンバーは表のとおりである。このうち3、4、7の三名は現在村で有志（ユージ）と目される数人に含まれる。有志は村に何か困難な問題が生じたときに招集されて若い里長の相談相手となり、実質的に村の自治のための諮問機関となっている。一九五五年に組織された永睦契は、このうち3、7と9の三名が発起人となり、これに有志の一人である5を加えた四名を中心として構成された。3、4、5、7はかつて青年会の主要メンバーとして活躍した顔触れでもあり、3と5は個人的にも特に親しく、長男どうしも前述の一九七二年起の喪布契に参加している。また9は、村の中心部に酒幕を兼ねた小さな店を持ち、ここが酒のみ仲間や花札仲間のたむろする場所となっており、また店の前の縁台が恰好の夕涼み場所ともなっているため、村人の出入りが絶え間無い。このため9は、若い層から年長世代に至るまで顔がひろく、村においてもっとも多くの契に参加している一人といわれている。一九六二年に始められた屋根改良契も7が発起人となってこれに3、4を加えた三名が中心となって組織された。7は村におけるセマウル運動の世話役（セマウル指導者）に推されており、また美俗契のもっとも主要な発起人でもある。一九六五年に組織された喪布契は、9、12、17を発起人として少し若い世代によって構成されており、また一九六八年起の賻儀契は9、12、16を発起人とし、葬礼と婚礼を兼ねて六〇代から三〇代まで広い年齢層にわたって組織されている。

契がいずれも一〇人前後の規模を越えることが少ないのは、発起人を中核としてその人脈のうちから互いの協調性を重視してメンバーを選ぶからである。一九七〇年代初めには、住民の転出が少なかったこの村で、契の平等と契約の原則は村民の間に充分徹底しており、これを脅かすような外的な要因は特に認められなかった。いずれの契においても、程度の差はあれ親睦的な一面を具えていため、契業務の円滑な運営のためばかりでなく、人の和が重視されており、いたずらに人数を増やすよりできるだけ気心の良く知れた者に限ろうとする傾向が見られた。

各人が自分の人脈をたどって複数の契に同時に参加するため、それぞれの契は発起人たちの組合わせやその判断に応じてメンバーの顔触れが皆異なり、村内に多数の契が重層する結果となる。

また契組織が永続性に限りのあるテンポラリーな性格を有するのも、人脈がそもそも基本的に自己中心的（ego-centric）な獲得的社会関係により構成されているためである。

## 8　契と金融

貯蓄契をはじめとして、積立てによる自己資金を準備している契は、すべて村における金融制度としての性格を有している。

貯蓄契のうち、あらかじめ受給額と受給順番を決めてスタートする契では、すでに紹介したとおり、受給の順番に応じて利率を考慮の上、各人の出資額に差を設けている。早く給付を受ける者は先に融資を受ける立場となり、逆に遅く受給する者は投資する立場にまわることになる。また全員が毎年一定の額を積み立てる方式の契においては、資金を村内の希望者に貸し付けて利殖を計っており、資金に余裕のある契では、さらに有利な利殖の方法として農地（契タプ 계답）に投資を行っている。一九七〇年代半ばまで村では労働力が多少過剰気味であり、一般の折半方式による小作料であれば小作を希望する者が多かった。このため契タプの小作は契員内で行われており、しかも耕地の少ない者が優先される例が多い。したがって契タプを有する契では、利殖と小作料ばかりでなく、契員自身も小作することによって利益に浴することになり、契員の生活を保証しあうという側面が見られる。

契資金の利殖の責任は任司に任されており、秋の修契日の場で次年度の任司に引き継がれ、任司は利子を添えて資金をすべて次期の任司に引き渡さなければならない。修契の席では、次年度の利子だけを決めて、後の判断は新しい任司に任されており、あるいは契の共同資金を次期の任司に直接貸し付ける形式を採っている例もみられる。

村人が多額の資金を要する場合としては、農地の購入、家屋の新築・補修、学費、婚礼の費用などが主なものである。また緊急のものとしては病気療養の費用が大きな比重を占めている。農民たちのこうした要請に応える金融機関として村人が利用できるものは、契以外にめぼしいものが無いのが実情であった。珍島農村における農民金融のこうした状況は、伝統的な地域構造にも深く根ざしているといえる。すなわち、交通・通信機関の未発達は村人の社会経済的な生活圏を大きく規定しており、その中で農村独自の定期市場の制度が流通と社会生活の要として重要な機能を担っていた。珍島の農村地帯は、こうした定期市場を中心とする四つの経済圏に分かれており、四つの市場の市日はすべて異なり、商人たちがこれら島内の市場に順次架設の店を出している。一つの市場圏は、ほぼ徒歩で日帰りが可能な範囲であって、上萬が属する十日市までは村から徒歩で四〇分位の距離である。十日市の市場圏は島の南西部に当たる臨淮面のすべてと智山面の一部に及び、これが同時に村人にとって重要な情報圏ともなり、また通婚圏としても大きな意味をもっていた。珍島郡庁の所在地である邑内（珍島邑）はこの農村市場の圏外にあって、村人と邑との間には社会的にも経済的にもかなりの距離が認められる。

親族関係の面でも、村落の境界を越えて門中組織が機能するのは、祖先の祭祀に関連する事業以外には、選挙の際にみられる連帯に限られているといってもよい。このため同じ父系親族集団に属するとはいえ、村の境界を越えれば門中に経済的な協力や信用関係を期待することはできない。このように地理的、経済的、社会的な面で村は高い自律性を保持しており、村の境界の内外では信用関係の上で断絶が見られる。

契方式による貯蓄と利殖は、一九七〇年代半ばまで原則として現物（穀物）によって行われており、したがって村には相当な量の穀物が備蓄されていたことになる。村の生活に必要な日用品は、そのほとんどが定期市で購入されるが、主婦たちはこれに要する費用として各家庭で備蓄している穀物類を充て、市場で穀物商に売って得た現金で購入していた。このように定期市の制度の下では現物が貨幣に代わるものとして有効であり、とりわけ収穫直後から半年間ぐらいは現物の備蓄が有利となっていた。

珍島の農村にみられたように、地理的な孤立と交通機関の未発達による流通・信用関係の不安定は、自然災害の発生時にこうした僻地農村にしばしば深刻な社会不安をもたらしたのではないかと思われる。このため朝鮮王朝時代以来、飢饉にともなう農民の疲弊と流民化を救済する策として、地方農業倉庫の整備による農民融資が重要課題とされ、義倉、常平倉、社倉あるいは還穀などが試みられた。行政による社会保障制度の一つとして行われたこれら農民倉庫の制度が、実際にどれほど永続的な成果を発揮しえたのか筆者には判断できないが、村を地域単位として自治的に組織・運営されてきた契制度が現物備蓄による伝統的な生活防衛的な機能を担ってきたと見ることもできよう。[8]

契による融資は、その責任が輪番制による任司に一任されているため、その信用関係はたえず複雑に循環している。しかも村内に多数の契集団が重層しているため一層複雑な信用関係が村人の間に成立していることになる。

## 9　労働交換と契

契による相互扶助関係の網の目は、農作業における労働力交換の慣習とも密接に関連している。

村では、一般の農作業は家族労働を主体とする小農経営に依っており、田植えや収穫時の農繁期における労働力の不足分は、(一)親族間の協力、(二)プマシ(품앗이)、(三)雇用の三つの方式によって補充されている。親族間では兄弟関係に基づくクンチプ―チャグンチプ間の共同に近い協力態勢が見られ、特に田植えと脱穀作業はこれに頼る比重が大きい。雇用は水田の作付け面積三〇マジギを超えるような経営規模の大きい世帯で、他村の者を雇う例が一例あるほかにはほとんど行われていない。これ以外の労働力補充はほとんどすべて労働交換の慣習プマシの方式で行われている。

上萬には農業賃労働(プムパリ 품팔이)で生計を立てている家庭は見られないが、同じ面内でも定期市が立つ大きな集落(十日市)には一九七二年当時もプムパリが存在していた。上萬でこうした労働力を採用するのは耕作規模が大きい一世帯のみで、それも田植えや刈り入れの時機に限定される。また、住み込みのモスム(머슴)やコジ(고지 一括請け負い耕作)による耕作も行われていない。同程度の人手を要する農家の間では一般にプマシの方法が採られる。

田植えと刈り入れに必要な労働人員は、水田一〇マジギの農家を例にとるとほぼ次のとおりである。マジギとは斗落とも表記され、本来は一斗の種子を撒く農地の広さを指し、土地の肥沃度や地形などによって実面積は異なる。農地一筆ごとにマジギ数が植え付けと収穫規模を把握する目安とされ、水田の場合は約二〇〇坪、畑は約一〇〇坪程度とされている。

田植え　カジュ（가주　牛による犁耕とマンガ（スレー 써레）の作業）　一名（男性）＋牛一頭
　　　　チュルクン（줄꾼　紐を張って進行を管理する役）　二名（同）
　　　　ソスランクン（소스란꾼　農具ソスランを用いて水田を均す役、施肥も行う）　一名（同）
　　　　モジェギ（모쟁이　苗を運搬し水田に配置する役）　二名（同）
　　　　モクン（모꾼　苗を植える役、一人一日一マジギ）　一〇名（女性）
刈り入れ　刈り取る役（一人一日一マジギを標準とする）　一〇名
　　　　稲を束ねる役　若干名
　　　　稲束を畦道まで運ぶ役　若干名
　　　　稲束を背負って庭まで運搬する役　不定（距離による）

村に貯水池ができて水不足が解消されてからは、村で一日に五軒位ずつ田植えが可能となっている。農家の主人は水田の準備と併せて一週間ぐらい前から田植え日を決めて、プマシの相手を探して人員を確保しておかなければならない。田植えの日程を決めるには、苗の成長具合と天候を見ながら決める。梅雨に入る前に済ませたいが、どの家庭でもできるだけ苗を成長させてからにしたいと考え、遅い田植えを望んで日取りを先に決めるのをためらう。しかし、田植えが遅れればそれだけ収穫も遅れて、それが初霜に遭う可能性もある。こうして、村全

体の田植えの日程が遅れる気配があると、郡庁から公報車がやって来て拡声器で早く日程を決めるように促す。そこで、里長から相談を受けたクンチプの一軒が率先して日取りを決めると、ほぼ自動的にチャグンチプの人手が予約され、それ以外の人手もプマシで確保する。すると、チャグンチプの日程も次々と決まり、それぞれ人手を確保し、それ以外の家庭でも日程を決めて人夫（イルクン 일꾼）を確保する。人夫の中でカジュは主人がすることが多いが、牛とセットで特に親しい同じ人に毎年頼む例も少なくない。ソスランクンにも丁寧な仕事が求められ、誰でも良いというわけにはいかない。こうして、村の中で互いに打診するため人が行き交い、ほとんどその日のうちに村中の田植えの日程とプマシの予定が決まってしまう。こうして田植えの人手を確保することをモクンマッチュンダ（모꾼 맞은다）という。こうして田植え時期になると、村中にプマシの日程ができあがるため、一日でも荒天のため田植えができなくなれば、村全体の日程が順延されることになる。こうした田植え光景は、田植機の普及、若者の都会への転出による労働力の流出にともない一九八〇年代末には姿を消してしまった。

主人は田植え作業全体の監督に当たり、主婦は家に残って人夫全員の食事の準備に追われるため、野外の仕事のほとんどは家族以外の人手に頼ることになる。その中でもカジュ役は熟練を要するのと、牛を必要とする関係上、牛とともに先ず初めに確保しておかなければならず、毎年ほぼ決まった人が担当する。

チュルクンは、田んぼの両側に二人が立って紐を張って、田植えを順調に進行する役で、早すぎても雑になるし遅すぎてもいけない。進行させながらモクンたちの作業に目を配り指示するのもチュルクンの役目である。モジェンギは苗代から取った苗束をチゲで運んで、モクンが作業する田んぼの適切な場所に適量の苗束を投げ入れる役目である。

秋の収穫時には、一日に一二軒も同時に刈り入れが行われるため、田植えよりもっと過密な日程となる。五年

写真 7-15　田植えのモクンとチュルクン

写真 7-16　苗取り

前に村内の道がセマウル事業によって拡張されて以来、リヤカーが普及したことや、村に二台の小型耕運機が導入されたため、稲束の遠距離運搬は大幅に軽減された。しかし水田の畦は依然として狭いため、稲束を道路まで搬出するには一九七〇年代もチゲ（背負い道具）が唯一の手段となっていた。

稲藁数本を端の部分で結んでから伸ばした長さで縛った束をポル（벌）と呼び、この稲束（ポル）六束をチゲに積んだ荷物量をハンチム（한짐）と呼ぶ。これを背負って田から家の庭までの間を往復するのを仕事量の基準とする。

プマシはまた、収穫の済んだ後、犂で再び起耕し肥料を施してから麦を播く時、麦の収穫時や田植えの後の草採りにも小規模ではあるが盛んに行われている。

プマシの方式は、一人前（シルクン 실꾼）と見なされる者の間で、労力の提供に対して同等の労力を返すものである。男女ともに一七、八歳ぐらいになればシルクンとして扱われる。田植えや収穫時のプマシでは、原則として短時日の間に返済しなければならないので、自分の家族および近い親族の労働能力と自分の家庭で必要な仕事量そして日程を考慮の上、プマシの相手を確保しなければならない。

プマシの相手は、仕事の上で都合さえつけば誰でも良いというわけでもない。とりわけモクンは誠意をもって植えなければ、風が吹いて水面が波立つと苗が抜けてしまうこともある。したがって実際にはチバンなどの身内をまず優先し、次には主人または主婦が気安く頼める親しい相手に先ず打診するため、毎年ある程度同じような顔触れが主体となる。このように同じ条件のもとでは、身内に準じて親しい者が優先されるが、これは見方を換えれば親しい間柄も仕事の上での信頼関係に基づいていることを意味するにほかならない。田植えが順調に済むかどうかは、人夫（イルクン）たちの仕事面の誠意によって大きく左右されるが、人夫の側から見ればその家庭からの待遇（食事、酒、タバコなど）も大きな決め手となる。この点では契におけると同様に、村における道義と慣習が秩序を支えているといってよい。こうして農繁期にはプマシによる労働交換で村中が編み目のように結ばれる。

契における相互扶助の関係は、完結するまでにかなり長い期間がかかるのに対して、プマシの相互交換の関係ははるかに短期間に完結する。したがって契においてはその存続期間中に制度的に定期的な集会の機会が設けられており、規約による規制が強いのに対して、プマシの労働交換はその都度自己を中心として設定され、個々の相手との一対一の個別関係で決裁される。

このように両者の交換体系には、存続期間に大きな差があり、組織構造の点でも差は顕著である。しかしその反面、両者はともに平等と互恵の交換を原則としており、どちらも基本的には「親しい個人関係」を基礎として構成されるため、結果的にはプマシの相手の主要メンバーは自分が参加する契の仲間とも重なる。このように両者はまったく別個の目的のために成立し、異なる構造を持つにも係わらず、共通の社会的基盤の上に成立しており、村落生活の上では相互規定的な交換体系であるといえよう。

## 10 契と社会構造

すでに述べたとおり契は、個人間の親しい間柄（チナンサイ）と信頼関係の人脈に基づいて成立するものであり、非血縁的な原理によることを特色としている。このことは、父系親族を有力な構成基盤としている村落社会において、契体制がこれとは対極的な構成原理として重要な位置を占めていることを示唆している。

親族の紐帯においては長幼および世代（行列）間の秩序、兄弟関係に基づくクンチプ―チャグンチプ（本家―分家関係）間の序列が重要な原理となるが、現実的にはこうした序列関係は、親族をとりまく状況とりわけ契体制や生活共同的な村落生活を脈絡として運用されるものである。同じことは契体制や村落についても当てはまり、三者はそれぞれ相互規定的な関係にある。

世代（行列）の原理は、父系親族成員の間に徹底しており、原則として長幼（年齢）の序列よりも優先される。クンチプ―チャグンチプ間の序列は、親が生存中は世代の序列に基づいて明らかであるが、親の死後は兄弟関係に転じ、さらに次の世代が世帯主となれば、四寸関係に基づくようになる。それにともない、世帯主個人の長幼（年齢の上下）が重視されるようになり、チプ間の序列意識は希薄となり、日常生活における相互扶助的な関係が中心となる。

父系親族内部では、世代（行列）や長幼（年齢）によって個人の地位と成員間の親族距離が定まり、それにふさわしい行動が規範として意識される。すなわち近い親族距離の者どうしはそれだけ日常生活における連帯・協力の関係が求められると同時に、行動規範による拘束と緊張もともなう。このように父系親族体系によって規定される状況では、人間関係はどちらかと言えばフォーマルなものとなり、言葉遣いや表情も強張り、行動は全体にぎこちないものとなりがちである。これに対して、父系親族以外の者との関係は、個人の獲得的な社会関係に属するもので、両者の年齢が近接さえしていればインフォーマルで親しい関係が可能となり、こうした親しい関係の連鎖によって同年齢層の親族を超えた横の連帯が増進される。

女性の場合は男性とは多少事情が異なる。同本同姓（姓と本貫を同じくする者）間の禁婚規制に加えて、村では村外婚・夫方居住婚が圧倒的多数を占めている。一九七〇年代、村内婚は朴氏と朱氏の間に一例見られたにすぎない。このため、男性が一般に自分の出生地の村と父系親族に対する帰属意識が強い。これに対して女性は、建前上生家の親族成員権を生涯持ち続け、族譜や位牌や霊栓などに記されるように、死後も本貫と姓を替えることがない。しかし、実際には「出嫁外人」という語句にも表されるとおり、女性は嫁いで他人となるべき者として扱われてきた。したがって、もともと男性に比べて女性については父系親族としての規範がさほど強調されず、生家の門中においても男性に比べると地位が安定していない。また、結婚後も夫方親族の一員としての安定した地位を得るまでには、子供をもうけることをはじめとして、かなりの時間と実績が求められてきた。つまり、女性は生家においてもまた婚家においても、父系親族による規制をさほど強く受けることがない。男性に比べると女性の人間関係は、父系親族の内外をあまり分け隔てることなく、インフォーマルな付き合いが比較的可能であり、このことがお互いに共通した不安定な地位にある主婦どうしの親しい関係を増進して、より一層密接な関係を成り立たせていると考えられる。

契集団は、このような背景のもとに成立する親しい関係（friendship）の網の目の上に組織され、したがって契仲間は親族の規制や儒教的な規範にさほど拘束されることのないインフォーマルな社会空間を村人に提供している。しかも個々の契集団は、目的を限定し規模を小さく保ち、存続期間にも自ずから限界があり、たえず更新されることによって、契体制の充実と安定をもたらしている。

多くの契を持つということは、村の中に多くの友人を持つことであり、それは村落生活に欠かせない協力と連帯そして信頼関係によって生活が保障されることに外ならない。

こうした契体制には、村におけるさまざまな亀裂を抑制する効果が大きいといえる。現在では、有力な親族どうしの対抗意識が多少なりとも顕在化するのは選挙の時ぐらいに限られているが、かつては門中どうしの対立は上萬でも多少なり見られたという。全羅南道の沿海地方や山間部の、狭い地域内に二つの親族集団がライバル関係にあるような地では、朝鮮戦争当時、親族の利害が血生臭い武力闘争に発展した例もあった。多島海でも門中同士が襲撃と復讐を繰り返して最後には一村がほとんど全滅した極端な例すら知られている。珍島のように大きな島でも、こうした被害を出した村が少なからず知られている。当時上萬でも、そうした政治的な対立を村に持ち込もうとする若者があったが、幸いに各門中の中年層の人々を中心に村人が結束し得たため、未然にそうした動きを防ぐことができたという。これはこの村が、各門中が一区画に集中することなく雑居する密集村をなし、もともと門中間に深刻な利害対立が無かったこと、そしてその背景には、契やプマシなどによる連帯が親族の壁を越えて村を覆っていて、親族間の緊張をたえず緩和・解消する装置として機能していたためと考えられる。(9) こうした村民の連帯とともに、親族自体にも強力な団結や排他的な利権追求を可能とするような構造が備わっていなかったことも指摘することができよう。すでに述べたとおり、父系親族内では行列・年齢の序列に基づく規制が強い反面、珍島社会の特色としてクンチプ―チャグンチプの実質的な協力関係は、兄弟関係を越えると急速に弱まり、系譜的な本末関係に基づく序列意識が、分節(派)や門中全体にわたって段階的に成立するような一貫性のある位階的構造を具えていない。門中全体の系譜的関係がわきまえられ、結束と協力が見られるのは門中全体の共同祖先祭祀(時祭)の機会にほぼ限られている。その反面、実質的にもまた象徴的にも門中全体の宗家および宗派に当たる中心が存在しない。(10) このように珍島における父系親族には、全体にわたる集中的、位階的(hierarchical)な構造が欠けており、経済的な協力もクンチプ―チャグンチプ関係以外にはみられない。経済的な保障はむしろ門中の壁を越えた契やプマシなどの連帯に拠っているのである。

全羅南道の陸地平野部の水田地帯では、解放前に大規模な地主が存在したのに対して、珍島では一〇〇マジギ(一マジギは水田の場合約二〇〇坪)程度の地主一名を筆頭に数人の地主が農地改革の対象になったにすぎない。上萬里ではせいぜい作男(モスム)二人程度を置いて三〇マジギ程度の水田を所有した者が二、三あったにすぎない。このように陸地平野部に比べて貧富の格差が少なかったことが契やプマシによる連帯を可能ならしめたと考えられるが、一方でこうした契やプマシによる経済的な相互交換体制が住民間の貧富の拡大を絶えず抑制し平準化する効果(leveling mechanism)を果たしたとも考えられる。

契集団は親しい関係(チナンサイ)を基盤として成立し、インフォーマルな親睦の場を提供してきたことはすでに述べたとおりであるが、このことは決して契集団の合目的性や平等互恵の原則を損なうものではない。殊に経理運営上の義務と権利に関する平等の原則は驚くほど徹底しており、柔軟性に欠けている。この徹底した原則は、契集団内の特定個人に利害が集中することを阻み、財力の有る者といえど単一の契集団内部では他の契員と同じ利害関係しか持ちえない。一人が何株も保有できる方式とは異なる。したがって多額の出資と給付を望む者は、多くの契に加入しておくよりほかない。しかしいくら多くの契に加入していても、個々の契集団内では平等の原則が徹底している。こうした契の体制では、債権者—債務者の関係が特定の個人に固定することなく、輪番で交代しているばかりでなく、契組織の重層によって村中に相互信用の基盤が成立しているといえる。その結果、特定個人の間にパトロン—クライエントの関係が生じるのを抑制し、それに代わる集団保障的な効果を有するものと考えられる。

同様のことは村における指導性（リーダーシップ）の在り方とも関連する。すなわち常に平等と協調を原則とする契は傑出したリーダーを生み出しにくい構造を支えており、多数の契が重層する体制のもとで、多くの契に勧誘され自らも発起人となるような人物は、その人脈を通して調整役(coordinator)として影響力を有することはあっても、それが政治的な力の発揮には直接結びつかないと考えられる（Ito 1998)。

洞契、洞喪契、振興会、水利契などの村落規模の自治的組織は、こうした個人の任意に基づく契の重層体制のもとで運営されてきたと見るべきであり、こうした村落規模の組織においても同様に平等互恵の原則が貫かれている。

契に具現されるこうした平等の原則は、長幼の序や父系血縁による系譜原理とともに、村人の生活を規定するもっとも重要な行動原理といえる。そして長幼の序や父系血縁が、年齢・行列（世代）・系譜に適った行動規範によって序列的な社会秩序を支えるのに対して、契は個人の自由意思に基づくインフォーマルな社会関係を用意しており、これは個人のいわば獲得的な領分といえるもので、個性を発揮できる領分でもある。また父系親族による門中組織が、系譜に基づく永久連続を理念とするのに対して、契は発生と消滅による絶え間ない新陳代謝をともない、これら二つの異なる原理が相組み合わさって村社会の時間・空間を規定しているといえる。

村の生活では、状況に応じて常にこれら二つの原理を弁えて行動することが求められており、実際に村の人たちは状況判断に機敏であり、場を弁えることに長けている。それがまた個人評価の重要な基準ともなっているように思われる。

以上のことがらを社会構造の観点から要約するならば、長幼の序（seniority）と父系血縁による門中内の行動原理が、住民の位階的（hierarchical）な秩序を支え、父系親族の排他的性格と継承を強調して村社会の時間的な連続性に寄与しているのに対して、契やプマシによる相互交換の原理は、住民に平等互恵と信頼の紐帯を制度的に保障して、共同体としての村落の連帯と協調に大きく寄与している。この二つの原理は、村民の生活において相互抑制的で補完的な関係にある。しかしながら、前者が儒教の倫理体系に支えられ系譜によって構造化されているのに対して、後者の原理にはこれに対抗しうるような明確な観念体系と構造を欠いているが、契の活動における相互性と輪番制、そして組織自体が絶えず更新されることによって持続されている。

## 二　父系親族による契

B類の一、父系親族集団を基盤とする契としては大小さまざまな門中契があるほか、親睦的性格が顕著な男妹契があり、その性格には差が見られる。

父系親族を指す用語には、門中のほかチバン（집안）や一家（イルガ 일가）などがあり、門中が公式の場で用いられることが多いのに対して、普通の日常会話ではチバンやイルガが頻繁に用いられ、また姓を冠した「―家」という用法も見られる。これらの用語は、いずれも珍島を地域的な領域とする暗黙の前提のもとに用いられており、族譜も氏族のいわゆる派譜の中でもさらに限定された珍島を地域単位とする派のみを抜粋したものが普及している。またこれら親族用語が日常生活で用いられる場合、系譜関係の広がりを漠然と示すものではなく、その時々の文脈に応じて一族の間で何らかの協力が見られる範囲を想定していると見るべきである。

祖先の祭祀には、儒礼の原則では、各家庭で行われる四代祖以内の近親に対する忌日の祭祀すなわち忌祭祀と、名節の茶礼、それより上世代の祖先に対する共同祭祀すなわち時享（時祭）および墓前で行われる墓祭などがあり、それぞれの機会に協力が見られる地理的範囲は、親族の居住情況や財政事情などに応じて一様ではない。

門中契は一般に、村への入郷始祖から数世代を経て、子孫たちによる祭りが家庭における忌祭祀の段階から子孫による共同祭祀に移行し、そのための共同財産が準備される過程で形成されるが、その成立する時期は、子孫たちの財政事情や結束度、祖先祭祀に対する熱意などによって異なる。

父系親族は、系譜の上では入れ子状に大小いくつもの分節に分かれている。しかし組織としての門中契は、こうした系譜上の単なる分節を指すものではなく、時享や墓祭あるいは祭閣建立などの事業を共同して行うため共同財産を所有し運用する組織である。系譜上の分節であっても門中契が組織されていない場合には、行動主体としての実体を欠いた親族範疇にすぎない。

代数を経るにしたがい、門中組織も新たに発足し、全体は系譜の分節を反映して幾重にも重層する。それら門中組織を個別に区別するには、全体を指す「都門中」と、その一部を指す「私門中」というような用語が用いられるが、私門中とされる門中もはその内部でさらにいくつもの小門中に分かれる場合もあり、それらを一つ一つ区別する個別名称は特に必要とされない。門中契の実態については祭祀との関連ですでに第六章で具体的に見てきた。村人はすべて出生と同時に父系親族の一員となるが、門中契の成員の資格は成人男性に限られ、しかも世帯主でなければならない。また契員の資格は村外に転出した後も原則上は持続されるが、遠方に転出した者の成員権はしだいに名目化してゆき、村に残った者に実際の負担が増すことになる。そうした居住の拡散が組織に及ぼす影響についてもすでに述べたとおりである。

上萬では一九七二年当時、全州李氏（三七戸）、蜜陽朴氏（三六戸）、慶州金氏（九戸）、新安朱氏（五戸）の各氏族ごとに事情は異なるが、それぞれ系譜の分節に応じて共同の時祭を行っており、その経費の捻出、墳墓や祭閣の管理維持のために門中契を組織している。

そのうち李氏と朴氏は村内に戸数も多く、かつ村への入郷以来の世代深度も深いため、入郷始祖の祭祀のために子孫全員で組織している「大門中契（都門中契）」のほかに、下位の分節ごとに行われる共同祭祀のための「私門中契」がいくつも組織されており、門中契は共同財産として水田（位土タプまたは門タプ）を有し、その収穫によって門中契の必要経費をまかなってきた。

門中内では、年齢による長幼の序は勿論のこと、世代（系譜上の行列）間の上下秩序が明瞭であり、日常生活においても、また実際の祖先祭祀の場においても、特に祭りの形式に関しては長老たちの意見が尊重される。しかし祭祀組織としての門中契の運営においては、輪番制で割り当てられる任司（イムサ）の役をはじめ、経費の面や共同作業などについては権利・義務が厳格に規定されており、原則的に契員の間に平等の精神が徹底している。

門中契が系譜の分節を単位として共同利益のために組織されるのに対して、男妹契は男性ばかりでなく姉妹たちも同一の資格で参加し、基本的に夫婦を単位とした親睦を重視している。男妹契の中でも、兄弟姉妹が両親の喪礼のために準備する小規模のもののほか、数世代にまたがり兄弟姉妹関係より広い四寸、六寸関係まで含まれ

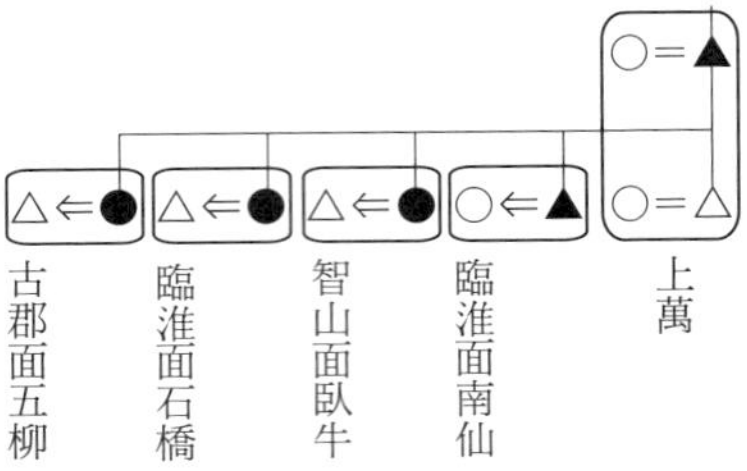


図 7-2　男妹契（その 1）の参加単位

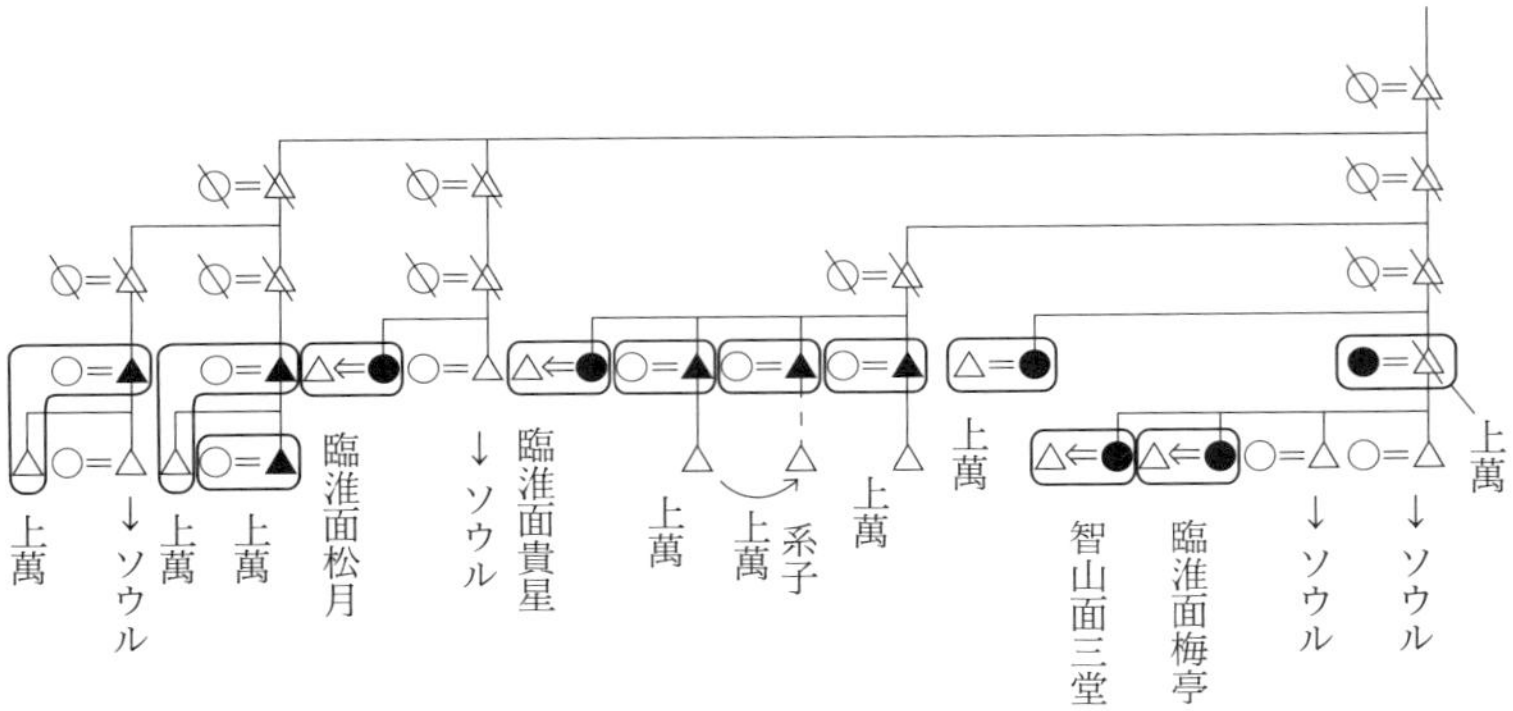


図 7-3　男妹契（その 2）の参加単位

る規模の大きな例もある。

　具体的な例を示すと、図7―2のように、郡内で別個の村に嫁いだ姉妹や妻方居住で転出した兄弟を含めて組織するものが一般的であり、年一回の修契日には両親のもとに集まって一日楽しく過ごし、喪礼に備えて積み立てを行う。両親と同居する長男以外は、次男は臨淮面南仙の妻方で世帯を持ち、三人の姉妹はそれぞれ智山面臥牛、臨淮面石橋、古郡面五柳に嫁いでいる。

　図7―3に示す男妹契は少し規模が大きく、参加者は父系の親族関係を辿って、兄弟関係に留まらず六寸から七寸（親等）にまで及んでいる。その成員には、ソウルに転出した三世帯が除かれている一方で、兄弟のみならず村内で他姓に嫁いだ姉妹の一世帯と、臨淮面梅亭、智山面三堂、臨淮面貴星、臨淮面松月に嫁いだ姉

写真 7-17　男妹契

妹の世帯を含め、上萬を中心に五カ村にまたがる一二世帯すべてが参加している。門中契では、父系出自であっても女性が正規の成員から除かれているのに対して、この男妹契では、島内居住を条件として、父系出自関係にある全員が参加している。しかし、厳密に言えばこの男妹契の成員単位は個人というよりはむしろ世帯（チプ）であり、夫婦全員がそろって集まり、親族を契機としながらもあくまでも親睦を重視している。

このように、男妹契は兄弟姉妹およびその配偶者を含めた親睦的な契であり、とりわけ他村に嫁いだ女性や妻方居住によって転出した者が、実家や母村の近親家庭との紐帯を維持する契となっている。また男妹契（図7—2）の場合、上萬の父親は幼い時分に遠方の地から単身この村に移り住み、非親族の家庭で育てられ、この村で世帯を持つに至ったため、父系の親族を島内に持たないという特殊な背景があった。門中による系譜的・制度的な紐帯に代わって、また村内の日常的なチバンの紐帯に代わって、男妹契は村を越えた姉妹関係による親族の紐帯をもたらすものとなっているといえる。

門中契が祭祀という儒教の儀礼によって動機づけられ制度化されるのに対して、男妹契は儒教儀礼に拠るものではなく、また親族関係に拠るものではあるが、系譜の継承よりも同世代内の兄弟姉妹間の紐帯と親睦を重視するものである。門中契のように制度化されたものではなく、門中契に代わる、あるいは門中契を補完するものとして組織される。

## 三　村落共同的な性格をもつ契

B類の三、村落の自治・共同的性格を有する契としては洞契、洞喪契、学契、振興会、水利契などが挙げられる。これらは村内への居住が成員権の必要充分条件となっているか、もしくは村内に居住するほとんど全戸の加入が見込まれているものであり、世帯を成員の単位とし、原則として世帯主の年齢、能力、対人関係、性格などの評価によって左右されない。

その目的は、村落生活に必要な共通の利害や目的のための協力にある。その中でも洞契は、村落の経済的、物的基礎の管理運営のための組織であり、郡・面の行政や里長制度とはまったく別個の伝統的な村落自治組織としての性格を有するものである。また振興会も、農業、教育、風教維持などの面で村落自治の重要な一面を担う組織といえる。このほか、村落より広い地域にわたって共同利益のために組織されたものに水利契がある。

### 1　洞契

洞契は、伝統的な村落における自治的な組織として、全国に広く見られるものである。契とはいっても、特定

の人物が意図して組織したものではないし、住民が自由意思で加入するものでもない。村に居住して世帯を構えていることが成員の基本的条件であり、さらに、村の一員としての条件を満たす村人（동네 사람）だけが成員となる。村人はその村の名でもって例えば「上萬の人」（サンマンサラム 상만사람）というように同定される。珍島内では村から邑に転出したものについても、その素性に言及する際には出身の村名で以って「・・・サラム」と呼ばれることが多い。他の村から移住してきた者でも、この村の者になる意思があると判断されれば、「入属金（イプソックム 입속금）」を納めることで加入が認められる。洞契の一員であることは、その村の正式の住民として認められていることにもなる。一般に村から転出すれば洞契の成員権を失う。上萬では、近隣の村に土地を購入して転出する場合があり、日常生活において助け合うことができるならば、クンチプ－チャグンチプという身内の関係を維持することはできるが、洞契からは抜けて転出先の村の洞契に加入することが求められる。島内農村への転出は妻方を頼って移る場合が多く、その場合には脱退と加入もより円滑なものとなる。

一方、村で生まれ育った者が村内に世帯を構えていても、他の家庭の離れの間（ヘンナンカン）に借家住まいをしていて、まだ独立したチプと看做されない場合には、成員となることはできない。村の住民のうちでも、村の寺の僧侶（妻帯僧）や理髪館の理髪師なども、長く住んで世帯を構えていれば洞契に加入が認められる。しかし、一時的な寄留人（国民学校の教師として赴任している者）や長期滞在者など、いずれ村外に転出することが明らかな者は対象外である。

村における共同生活に必要な伝統的な「村ごと」（トンネイル 동네일）はすべて洞契によって運営されている。共有財産を運用して共同事業を担う洞契が組織されていることが、共同体としての村落の基本条件となっていると言ってもよい。「村ごと」としては、村有林の管理、地先海面での海草採取権、村の公共施設や備品の管理、村の祭りなどの行事が主なものである。

洞契は「村人」の独立した世帯を構成単位とし、その成人男性世帯主が契員の資格を得て運営に携わる。各世帯は原則として平等の権利と義務を有するが、成人男性の世帯主を欠く場合や、社会的活動能力のない老人世帯や極貧者家庭には義務の一部が免除されている。また契員の資格はあくまで村への居住が前提となっているため、村内に住居を保有する者でも、居住を村外に移して村の共同活動に参加できない者は、村を出たと見なされ、契員としての資格を失う。

洞契が組織されていることは、その村が自治的・共同的な意識と活動によって運営されてきた伝統的村落であることを意味し、どの村でも洞契には、農地をはじめとする財源があり、その運用は総会の決議によってなされ、決議内容と財務の収支などが契案と称する文書に記録される。そのため、任司と呼ばれる二人の役員が選ばれ運営に責任を持つ。

上萬に伝わっていた洞契文書は、以前からの契案を引き継いだ「光緒八年(一八八二年)改案」、これを引き継いた「檀君紀元四二七八年・朝鮮開国五五四年乙酉年・新建国元年(一九四五年)修正案」、さらに「乙巳(一九六五年)一二月初三日修正案」の三冊を主体とし、光緒八年(一八八二年)の成員は八〇名、一九六五年の修正案では九六名であった。これらの内、光緒八年(一八八二年)と一九四五年の修正案二冊は、一九七〇年代に郡関係者が借り出したまま紛失してしまい、その詳細を知ることができない。

洞契の役員としては、契長のほか財務と総務の任司二名がおり、任司(イムサ 임사)は輪番制によって定められ、洞契の一年間の世話人となる。上萬では冬至の日あるいは陰暦の一一月一二日が洞契の日(修契日)と定められており、契員全員が一方の任司の家に集まる。修契日には、前年度の事業と収支報告がなされる。

村の収入源としては、必要に応じて「戸当遍定」の原則によって各戸から徴収する米の出資があてられるほか、村の共有山の木を入札によって売却した収益や、海苔漁場の入札売却益が主要なものであり、このほか共有施設と備品がある。

共有林の松は、村人が家屋を新築する際に刈り出され、また村に臨時の資金を必要とする場合にも、入札によって売却してこれに充てることがある。また松の枝葉や雑木・枯れ草は村人の燃料として重要である。このほか村有山の一部は共同墓地にも充てられている。共同墓地の設置は日本による植民地期の近代化政策の一つとして推進されたもので、伝統的な墓地選定は個別に風水を判断して明堂を求めるか、あるいは門中の共有山に墓所を求める場合が多い。上萬里では両者が並び行われてきた。

村の地先海面における海苔、ワカメの採取権は、毎年秋に開かれる洞契の修契日に入札によって契員に一括して売却され、これによる収入は村の運営資金の中で大きな比重を占めている。

このほか雑収入として、婚礼の日に新郎の家へ布団を運び込む際に、村の青年たちが村の入り口を遮ってせびり取るお金（イブルサク 이불삯）、葬礼の際に喪輿の担ぎ手たちが喪主の親戚縁者からせびり取る越川金（ウォルチョンクム 월천금）、天幕などの村の備品を他の村に貸し出して得る賃貸料などがある。

支出では備品の修理と購入代、祭りの費用、里長の必要経費やセマウル事業などの村の事業資金も含まれる。一九七三年の修契記録では、海苔漁場の入札売却益だけで一七万ウォンの収入があり、支出の大半が、当時工事が始まっていた村への電気架設工事の村負担分に充てられた。

修契日には、村の備品をすべてその場に持ち出して点検し、必要があれば補修したり買い替えたりする。村の備品は「洞物台帳」に記されており、遮日（天幕）、秤（長衡二台）、儒礼式の婚礼衣装（冠帯など一式）、新婦が乗る駕馬（カマ 가마）、葬列の棺を乗せる喪輿、霊輀、警鐘、楽器（鼓三個、杖鼓、錚チン、クェンガリ）である。天幕は村の祭りなどの行事のほかに、さまざまな契の集会、小学校の運動会、婚礼、喪礼、会、巫俗儀礼（クッ 굿）などの機会にも貸し出される。また喪輿を収納するための小屋（サンヨチプ 상여집）もあって、その修理や屋根

写真 7–18　村の祭りコリジェ

葺きも「村ごと」（トンネイル 동네일）に属する。

公共施設のうち伝統的なものとして共同井戸が重要であり、これを新たに掘る場合や、洗濯場や風よけの石垣などの修理はすべて共同作業によって行われてきた。新しい施設としては、村の集会場と洞事務所を具えた公会堂とセマウル事業の一つとして建てられたセマウル倉庫がある。

洞契が主宰する行事として重要なものに村の祭りがある。珍島のこの一帯では伝統的な村の祭りを「コリジェ（거리제）」あるいは「カングジェ（강구제）」と呼んでおり、村人全員の守護神の祭りである。村の入り口近くの榎（ペンナム 팽나무）の根元が祭場となり、毎年陰暦正月の一五日の未明（一四日夜半）に祭官によって儒礼の形式に沿って執り行われてきた。洞契の幹部たちが予め相談して、村人のなかで家庭や身内に喪や産などの障りが無い年長者の中から祭官二名を選んでおく。祭官に選ばれた家庭では、しばらく前から清浄を保つために心がけ、入口にはしめ縄を張って外出もできるだけ控え、祭りの数日前から家族とともに斎戒沐浴を課せられる。前もっ

写真 7-19　チェト。近くに供物の調理に用いる泉もある

てマッコリ（濁酒）を醸して、その上澄みの清酒を用意しておき、前日からそれ以外の供物の準備に取り掛かる。

当日は、神木の根元に小さく天幕を張り、彊衢大神、思悼世子、胡南大別星の三つの神位（紙榜）が掲げられる(11)。深夜すぎに白い道袍を纏った祭官が祭壇に向かって拝礼し、香を焚いて降神した後、祝文を読み神位に三度ずつ酒を献じ、最後に焼紙する順は、儒礼形式を踏んだものである。基本的には祖先祭祀の形式と変わらない。その後で、祭官は祭壇に供えた豚の頭の一部を神木の根元に埋め、また散物（サンムル）として、さまよい集まる雑鬼に対して藁敷きの上に供物の一部を載せて供えると、子供たちがやって来て群がって食べる。村の祭りは、セマウル運動が本格化した一九七四年を最後に、行政当局の「上部指示」によって取りやめとなった。

祭の翌朝、正月一五日の午前に、祭官の家の庭で村全体の飲福が行われ、その後で村の総会が開かれる。これら供物と飲福に要する飲食物やその他一切の経費は洞契から支出される。洞契で取り扱われるものがあくまで伝統的な村の自治問題に限られるのに対して、郡や面から

の行政的な指示による新しい問題の処理、例えばセマウル運動への対応などは、これとは別に村の総会の場で採り上げられ、また、その年の労賃（プムサク 품삯）も総会の場で決められる。

もう一つの祭りは山祭である。これは、田植えが済んだ後の陰暦翌月の一日か二日を選んで、隣村の貴星と共同で行われ、祭官と助手（下人ハインと呼ばれる）が両部落から厳選される。山祭は農作業の無事と豊年を祈願するもので、この日村人は全員が農作業を休む。また病虫害が発生した年には旧暦の六月に、臨時に虫祭（チュンジェ 충제）が行われる。

## 2 洞喪契

喪輿を担ぐには最低でも一六―一八人の人手を必要とし、これに楽器を打つ者や旗を持つ者などを加えると二〇名以上となる。こうした人員を確保するため、村ではかつて任意参加による相互扶助的な運喪契（喪徒契ともいう）が組織されていた。これは二〇名余りで組織され、喪輿を契の備品として常備するかもしくはその都度調達し、公平を期すために利用回数を契員一人につき一回と規定する例が多かった。「自分が乗る喪輿を自分が担ぐ（자기가 탈 상여 자기가 멘다）」という俗諺は、この契の相互扶助的性格をよく示している。上萬里には一九三〇年代までこうした運喪契が常時四組ぐらい存在していたが、葬列に便乗して喪家やその親族から「越川金」をせしめることの弊害と、喪輿を別個に準備する無駄が指摘され、当時婦人会や振興会などによって推進されていた生活改善運動の一環として、浪費節約のため他村に先駆けて運喪契を廃止し洞喪契を発足させるに到った。

洞喪契は村を便宜上二つの地区に分けて組織され、区域内に居住する世帯はすべて自動的にその区画の洞喪契に属する。この区域内に葬礼があれば、利用回数を限定することなく洞喪契によって葬列が編成され、毎年輪番制によって割り当てられる任司（イムサ）が、「戸当酒米」の慣行にしたがい各戸から平等に米五合ずつ（または

写真7-20　喪輿

麦一升）を徴収して経費に充てる。経費は二分され、半分を喪家への扶助に充て、残り半分は現金に換えられて喪輿を担ぐ人々の飲食代、煙草代などに充てられる。また区域内の各戸は、成人男性一名ずつを喪徒として出すことが義務付けられており、やむを得ず出られない場合には労賃二日分の罰金を課せられる。ただし例外として、成人男性のいない世帯や葬礼を知らずに外出していて村に帰ることができない場合、父母の祭祀の前日および翌日は規定により義務を免ぜられる。

上萬では村落を地域的に区分する伝統的な単位は、行政的な班および洞喪契の区画だけが例外的なものである。

一般にどの村でも運喪契に代わって洞喪契が新しく組織される傾向があり、隣村の中萬では上萬より少し遅れて発足し、貴星ではさらに遅れて一九五〇年代に成立した。しかし戸数の多い村や郡庁の所在地である珍島邑などではその後も任意参加による運喪契が見られた。

## 3　学契と冊契

上萬里は、かつて書堂教育の盛んな村として郡内に知

れわたり、他村からもここの書堂に通う者があった。この書堂における子弟教育のために組織されたのが学契であり、そのうちの一つは村内でもっとも長い歴史を有する契である。学契は、道光二二年（一八四二年）に一四名の村民によって始められ、数年後には二名の脱退者を出してからは、今日に至るまで一二名の契員によって、主として長男を継承者として受け継がれ、書堂が廃止された後は親睦的な契として今日に到っている。またこれより遅れて、一八八〇年代には村内にもう一つの学契が組織され、書堂も別個に建てられた。旧来の学契をクン学契（큰학계）と呼ぶのに対して、後者は新学契または小学契（ソハク契）と呼ばれ、村には新旧二つの学契と書堂が存在した。書堂はこの地方では学校教育の開始以後も農村における在来の教育機関として役割をはたし、解放後も農閑期を利用して続けられていた。学契は、学費（先生への謝礼、学用品、灯火代など）の捻出と書堂の維持を目的とし、契員以外の者は個人負担によって諸経費を負担した。クン学契では一二名の契員によって利殖が続けられ、一時は四〇マジギという広大な農地を所有して契員が輪番によってその耕作に当たり、その小作料を資金に充てていた。書堂の廃止後は、一二名の契員が創立時の先祖一二名と歴代の恩師たちの学徳を記念するため、水田を売却した資金で祭閣を建立し、残った水田の小作料で毎年時祭を執り行っており、現在ではこの祭祀と親睦を主な活動としている。

また同じく書堂教育や村民教化の公共的な目的のため、村の教育熱心な有志を中心として組織されたものに冊契があった。これは書堂で用いる教科書類の書籍を共同購入して村人に貸与するものであったが、記録の散逸によって発足から解散までの経緯を詳しく知ることができない。

学契によって運営された書堂教育については次章で取り上げることにする。

## 4 振興会

上萬では一九二八年に朴亨俊の呼び掛けによって振興会が発足した。朴亨俊は一九二五年に退任するまで一七年にわたって面長を勤めており、その経験を生かして上萬の振興に率先して取り組んだ。当時総戸数七〇戸余であった上萬の戸主のうち五四名がこれに参加し、二年後には六一戸が参加して実質的に村全体の振興事業の推進団体となった。解放後もなおしばらくは村の自治的組織として活動していたが、指導層の老齢化とともに一九七〇年代にはすっかり停滞していた。一九七〇年代初めの時点で契員数は六四名で、契財産として水田三マジギ（約六〇〇坪）と三〇万ウォンの基金を有した。文書記録として『振興会会則』、『会員名簿』、『役員名簿』、『経費収支簿』、『入会金収支簿』、『支出決議簿』、『会議録』が保存されているほか、一九七六年に村の中央付近に記念碑が建てられた。

写真7–21 『振興会会議録』（昭和3年7月15日起）

その活動目標として、『振興会会則』（昭和三年七月一五日）の第四条には次の八項目が掲げられており、各地の郷約で掲げられた項目がそのまま採用されている。

一、親睦と友愛の増進
二、貯蓄の奨励
三、消費の節約
四、勤勉励行
五、学事奨励

六、弊風矯正・良俗助長
七、産業奨励
八、保健衛生

振興会の役員としては契長、副契長のほか、総務、幹事、戸主部長、主婦部長、財務、書記が置かれ、これら発起人に名を連ねたのは、親の代から村の指導層を成していた人たちである。財政運営の面では、会員が平等に拠出して共同資金を設け、これを利殖するという点で契方式が採用されている。

初めに各戸から月末に米を一升ずつ集めた資金をもとに、夜間に共同で縄綯い、筵編み、マラム編みなどの作業を行って得た収入を積み立てて資金に充てている。こうして得た資金を金融組合に貯金し、また一部を会員の適格者に年利二割で貸し付けて利殖を計り、後にはそれを基にさらに農地を購入して、その小作料も加算して行く方法が採られた。小作には契員の希望者の中から家計の苦しいものが優先され、最盛期にはこの近在でも資金潤沢な契として知られた。

植民地期の上萬は、当時の殖産振興政策のもとで洞契、水利契、振興会、婦人会、青年会などの自治的組織の目ざましい活動によって模範更生村に指定されたことがある。

具体的な事業活動を、『振興会会議録』（昭和三年七月一五日起）に基づいて紹介すると次の通りである。

昭和三年の発足直後、九月の総会を振興会夜学堂で開催していることから、すでに夜学を開いていたことが分かる。協議事項は「貯蓄奨励事業」に関する一件であり、陰暦九月から貯蓄計画遂行のため会員から月末に旧枡一升の米を収集し、これを会の基本金に充てることとしている、この貯米収集はその陰暦九月末日から始められ、幹事が各戸を回って収集に当たった。

同じ年一一月の臨時総会では、真っ先に「倹素実行方針」が取り上げられ、「黒衣奨励が一部要旨となるようなので（一部要旨가 될듯하오니）」陰暦一一月一日から会員全員が黒衣を使用することを諮り、全員の賛同を得ている。この「一部要旨となるようなので」という文言は、当時行政から何らか指示があったことを示すものとみてよかろう。また、一一月分として収集した貯米の売却代金を十日市金融組合に貯金したこと、一二月分についても速やかに売却して換金することを了承している。また、「肥料奨励」として「緑肥栽培が一大要旨であり、柴雲英その他肥料を田畑の間に多量植え付けているが、慣習上牛馬を放牧していることが肥料を損傷するので、今後は牛馬の放牧を禁じて肥料の成茂完全を期すること」を諮り、賛同を得ている。ここでも「要旨」として行政からの奨励があったことを窺わせる。また第四の協議事項として、本会の基本金不足を補うため、労力提供によって労賃を基本金に充当すること、そのため会員が「夜間編藁」を行い、編藁一幅につき二銭五厘で作業を請け負うことを了承している。夜間編藁とは、屋根葺きのため藁でマラムを編む作業(マラムヨッキ 마람엮이、マラムムックム 마람묶음)を指す。黒衣実行、貯米措置、牛馬放牧禁止、基本金造成について、いずれも原案を諮り会員の諒承を得ている。聞き取り調査に拠れば、当時村には個人所有の牛が二〇頭余りいて、振興会の決議により牛の畑地への放牧をやめる一方で、飼料用の乾燥場を作り、会員が共同作業で草刈りをして乾燥場に蓄えることにした。またこの時、養鶏にも力を入れて鶏舎の改良指導等も行っていたが、どちらも解放と同時に取りやめになったという。

昭和四年一月の臨時総会は上萬里書堂で開催され、夜学会の基本金を振興会に編入すること、基本金から毎年一〇円ずつ金融組合に貯金すること、会員中から信頼できる者を選んで一人当たり五〇円ずつ管理させ、年二割の利息により利殖を計ることを決議している。

この夜学会という組織の実態について、一九七三年当時の聞き取り調査では確認することはできなかった。

同六月末に夜学堂で開かれた臨時総会では、一、会員毎に大麦二升ずつを収集して財務の朴智俊に留置すること、一、会則に従い会員の某が脱退すること、この脱退者に対して会員は精神的に交際を断つこと、一、旱魃の善後策として、種子の準備などを協議している。

昭和五年一月末の書堂における臨時総会では、一、昭和四年一月から同一二月までの収支決算、一、昨六月に会員毎二升ずつ貯蓄した大麦計一二斗六升を売却し、また、加入志願者五名に入会金を課し入会を認めている。それ以後は昭和七年末まで『振興会会議録』に記録が無い。

昭和八年一月に上萬改良書堂で総会を開いている。当時すでに上萬では改良書堂として漢文以外に数学(加減)を教えていたことが分かる。決議事項として次の事項を一括決議している。一、色衣着用の徹底として、一月一五日まで漏れなく色衣を着用して同一六日の臨時総会に出席すること。一、禁止活動の件として、昭和二年以来の密造酒禁止を徹底し継続的に取り締まること。一、消費節約の件として、冠婚葬祭時の飲酒を慎むこと。一、勤勉奨励の件として、会員の家庭で特に勤勉と認める者に対し、一等賞一名、二等賞二名、三等賞四名を褒賞すること。一、時間励行の件として、打鐘を購入して食眠起寝、労働休暇を一致させること。一、貯蓄奨励の件として、会の基本金を貯蓄する為、共同作業をして賃金を貯蓄すること。

昭和一〇年一月の「上萬里公会堂」での定期総会では、会長朴亨俊が健康上の理由で出席できないため副会長が代理し、昭和九年の事業について経過報告と予定事項を説明し、特別協議事項として次の件を挙げている。一、昭和九年以後の収支決算。一、昭和一〇年五月に臨時総会を開催して、麦の価格が低廉な時期にこれを購入し、会員中の困窮家庭に低利で貸し付けることとし、貸し付け方法と利子について協議すること。一、冠婚葬祭費の節約は本府の制定した準則を準行すること。一、勤勉励行および産業奨励は官憲の指導に準じて実行すること。一、会の差引金は某外四人に年二割の利子で貸し付けること。一、預金一〇円四七銭は会の必要経費及び夜学経費に補充すること。総会が開催された上萬里公会堂は、一九三三年に十日市金融組合の支援を受けて建設された公会堂を指す。本府とは総督府を指している。模範村の指定を受け公的な支援を受けていた上萬にも、同時に官憲による影響が及んでいた状況を見て取ることができよう。

その後昭和一一年から終戦後の一九四七年まで会議録が欠如している。当時、地方行政の拠点となっていた面において、朴亨俊が面長を退任した後も、上萬からは継続的に面事務所に書記や職員を出していたのであるから行政との関係も良好だったはずである。『振興会会則』に添付された「土地建物売買証書綴」には、昭和一二年に振興会が上萬里の個人所有の水田六二三坪を購入した売買証書が添付されていることから見ても、昭和一〇年代に振興会の定期総会が開かれなかったとは思われない。あるいは官製の農村振興運動が推進される中で、自治的な性格の振興会が活動を自粛しなければならない状況があったのであろうか。その点については、一九七〇年代まで当時の事情を知る人（朴沚浚）が健在であったが、筆者はそれを確認するのを怠ってしまった。

写真 7-22　上萬振興会による智山面古野里の孝子朱天桂に対する表彰碑

因みに黒衣奨励は、白衣を尊ぶ余り洗濯などに大変な労力を注ぐことから、白衣に代わるものとして奨励されたものである。洗濯に労を惜しまない朝鮮の習俗については、イエール大学を拠点としたＨＲＡＦ(Human Relations Area File)でも採り上げられ

写真7-23　1933年に建てられた公会堂

ており、また今村鞆編纂の『李朝各種文献　風俗関係資料撮要』に拠れば朝鮮王朝においても、色衣奨励が試みられたことがある［今村　一九四四］。

上萬の振興会は、他の村に先駆けて貯蓄奨励に力を入れた結果、当時の珍島西半分を管轄していた十日市金融組合から一九三三年に模範部落の指定を受けた。そして、公会堂の建設に当たっては建設資材の半分が金融組合から無償で贈られ、残り半分を村で購入している。公会堂は一九三三年に建てられ、瓦葺屋根の中央には間口三〇尺の講堂が、右側の幅一〇尺のオンドル部屋は冬の小会議室にあてられた。左側の幅一〇尺の部屋は、販売員をおいて村の生活必需品（メンタイ、焼酎、石鹸、手ぬぐい、マッチなど）の共同購買店にあてられたが、外算（つけ）が多いため続かず三年で廃止となった。公会堂は一九七二年に初めて上萬を訪れた時にはすでに荒れ果てており、一九七四年には取り壊されて、その跡地にセマウル倉庫が建てられた。

共同沐浴場は当時珍島では他の村にも例が無かったようである。一九七二年当時の邑内ですら沐浴湯（銭湯）は

写真 7-24　1990 年代に復活した共同沐浴湯

一カ所にすぎず、しかも週に一度日曜の午後にしか営業されていなかったのである。なぜこの村だけが一九三〇年代に共同浴場を設けるに至ったのか不可解である。上萬では一九九〇年代になって、ソウル在住の村出身者たちの寄付によってタイル張りの共同沐浴湯が復活しており、記念に配られたタオルが私の所にも届いた。現在は週に三日だけボイラーを焚いており、年寄りは無料となっている。今日なお村が自営で沐浴湯を維持する例は島内でも上萬以外に聞かない。

一九七〇年代の聞き取り調査に基づいて、振興会が行った活動内容を、金融組合による支援分も含めて列挙すると、集会所と共同販売店を備えた公会堂の建設、共同井戸の整備、村営の理髪館経営、豚や山羊の共同飼育、共同浴場の設置、作業用発動機の購入、未就学児童のための夜学と書堂への財政支援、孝子烈女や善行者・功労者の表彰、冠婚葬祭の簡素化と浪費の抑制、賭博の禁止、過度な飲酒の禁止など多方面にわたっていた。

写真 7-25　惶斎朴面長亨俊功徳碑

この振興会の設立を提案し主導した朴亨俊については特筆を要する。朴亨俊は、クン学契の創立メンバーに名を連ねてクン書堂の訓長を長く務め、また郡郷校の典校まで務めた朴漢益の四世孫として一八七七年に生まれた。書堂で漢学教育を十分に受けた後、農業を営む傍ら自らも書堂の訓長（先生）を務め、その後一九〇九年に三二歳で当時の臨二面の面長に任命された。当時の面事務所は面長の居住村近くに設置されたようで、面事務所は朴氏の赴任とともに鳳翔から隣接する中萬に移され、当時は面事務所が警察業務も兼ねていたという。

朴亨俊は一九一二年には、珍島郡土地調査委員を嘱託され予備土地調査に加わっている。一九一四年七月には、総督府の法令により臨一面と臨二面が併合されて臨淮面に編成されると初代臨淮面長に任命され、面事務所はその中心地である石橋に位置するに至った。以後一七年間にわたって面長職を務め、一九二五年に辞職するまで、十日市の円型防潮堤の築造、総督府によって国有林化政策が推進される中で龍山、蒜項、南洞に臨淮面有林一〇〇町歩を確保したこと、面事務所の改築（瓦屋根化）、「私立学校」の石橋公立普通学校への昇格、学校林の拡充（一町歩余）、低利資金調達のため金融組合の臨淮面十日市への誘致などの事業を推進した。面有林は、住民に請け負わせて木炭に焼かせ、その収益が面財政の補填にあてられた。学校林も同様に学校運営の財政を補填するものであった。こうした功績を讃える碑「惺斎朴面長亨俊功徳碑」が面事務所の前に建てられ、追慕祭が執り行われている。

後に書堂教育に関連して述べるように、上萬は臨淮面ばかりでなく郡全体でも書堂教育の水準が高いことで知られ、臨淮面では面職員の採用に当たって、上萬書堂から履修生の推薦を受けたという。そうした配慮には朴氏の指導力も与かっていたと思われ、朴氏の長男朴秉和をはじめ朴沚浚、朴恒洙らも面書記に採用され、後に朴沚浚は副面長に、朴秉和は面長も務めている。朴亨俊の面行政への進出は、植民地行政の下で上萬が他の村落に先駆けて、農村振興と村落自治の面で組織的な活動に取り組む大きな契機となったことは確かである。植民地行政において、従来の地方行政の単位である郡とともに、面がその下部単位として実質的な振興行政の拠点と位置づけられた。郡守が官僚として中央から赴任したのとは対照的に、面職員には実際の政策推進にふさわしい地元の有能な人材が登用されていたが、珍島の臨淮面においては朴亨俊面長のように書堂教育を基礎とした在来の指導者が登用され、重要な役割を果たしたのである。朴亨俊が三二歳で面長に採用された経緯、郡行政とどのような関係の下、どのような資質が評価されたのかなどは不明である。

上萬の振興会は昭和三年（一九二八年）に発足しており、明らかに総督府による農村振興運動よりも先んじている。振興会という村民自治による組織が当時どのような状況において構想されたかも不明である。書堂の訓長を務めたこと以外には、一九〇二年の郷約結成に上萬からの参加者数名の中の一人として最年少の二四歳で参加している以外、村内では特段の経歴は伝えられていない。面長職にあった一七年間、彼が先に述べた業績以外に、農村振興の面でどのような影響に曝され、どのような展望を抱くに至ったのかも知るすべがない。当時の総督府による地方行政のもとで、土地調査委員に採用されたこと、金融組合の誘致に成功したことからも、彼が幅広い人脈を有し指導力を評価されていたことは容易に推察される。

再び『振興会会議録』に記録が始まるのは解放後の一九四七年である。一一年間の空白にも拘わらず、会議録には余白を置かずに書き続けられている。個人宅で定期総会が開かれ、出席者は役員と有志の一六人（欠席者四七人）にすぎない。そこで決議されたのは、一、本部落内八〇歳以上の長老に対する金品による表彰、二、総会は毎年三月を期して本会小作地の小作料一叺を貯蓄して総会会費に充てること、三、本部落内の賭博者および賭博会合者に懲戒措置をとり、応じなければ官庁に告発すること、四、会員に父子間の不親者があれば、双方を誘導して和合を求め、応じなければ脱会処分とすること、である。それ以後は隔年で総会が開かれるにいたった。

一九四九年の総会も個人宅で開かれ、出席者数は四〇人にまで回復している。決議事項は、本部落内八〇歳以上の長老三人に対して一人当たり五〇〇円程度の慰労をすること、夜学の先生三名に対して一人当たり五〇〇円ずつ慰労すること、年末年始を期して賭博者および賭博会合者を発見した時は、現場で金品を押収し本会で処理懲戒することとし、賭博禁長に四名を任命している。また、婚礼当夜に新郎に加害作乱する者を発見したら、右の禁長は断固として禁断することも決議している。婚礼当夜の作乱とはいわゆる東床礼のことである。これは、村の若者たちが新郎に一種の試練を課す習俗であって、縛り上げて詰問したり、時には棒で叩いたりする悪戯が行きすぎる場合があったことを指している。

一九五一年の総会では、契員自身の死に対する弔慰金を、その年の白米一升の換算額とすること、本会の財産である水田三斗落は旧耕作者某名儀で会簿に記載され、耕作権は特別な過誤が無いかぎり認めることとし、会に特別な事情が生じれば総会決議によって移作することと定めている。

一九五三年の総会では、村内の個人から建物一棟と垈地四五坪を一万五〇〇ウォンで買い受けているが、その経緯は議事録から読み取れない。

一九五五年の総会では、弊風矯正と非行防止の調査を行い、年末年始を期して賭博・酒色・窃盗・風紀紊乱防止のため警防班を組織して警備すること、八〇歳以上の高齢者に対する歳饌の提供のほか、孝行二名、烈行一名、高齢者一名を表彰することが決議されている。

それ以後の総会記録は一九七二年の記録まで、もっぱら善行者に対する表彰と共同資産の引き継ぎ記録が中心となっている。その中で特筆されるのは、一九五八年に契員の不親に対して当事者を呼び出して訓戒した件があり、本人が改める意志を示したため罰を与えるに至らなかったことが記されている。この記事は、村の自治的な裁判・制裁制度であった簀巻き笞打ちの刑（トクソンモリ 덕석몰이）に関する聞き取り調査とも符合している。また、夜学に対する支援が一九六四年まで行われていたことが議事録に見えるほか、一九六七年には二人に奨学金を出していることが注目される。

善行者に対する表彰については一九五五年に村内を対象として始まり、『善行表彰者綴』には一九五九年度九名、一九六一年度一〇名の表彰状が採録されている。表彰の対象者も上萬のみならず近隣の中萬、貴星にも及んでいる。

一例として『善行表彰者綴』の筆頭に挙げられた一九五九年の表彰状を句読点を補ってハングル部分のみ邦訳すると次のとおりである。

表彰状

珍島郡臨淮面貴星里

孝婦　朴東禮　　当年三八歳

右孝婦は務安朴命根の二女として天性が淳朴にして、一九歳で朴井俊と結婚した後、二二歳に至り倭政の変乱時、南洋へ強募されると同時に、老母が不治の病に六年間委臥する中、終始一貫して侍親の節と米飯供養に至誠を尽し、五、六年間続け一日も怠ることなく毎日子夜半に沐浴致誠して、老母の病の快癒と夫の帰還を祈祷し来たり。二八歳に長男を出生し、二九歳で六・二五動乱のため不幸にも夫が死亡した後、無子孤独の伯叔母と共に爾来七年伯叔母を親父母の如く奉じ、昏定晨省と甘旨供養凡節が古今に類稀にして、郷里に称頌が籍々のみならず、後生にまで垂範となるに足ることを以ってその善行を表彰する。

檀紀四二九二年一二月二八日　　臨淮面上萬　振興会

このように、振興会は解放後間もなく再開されたが、会議録に見るかぎりその活動内容には社会状況の変化が反映され、貯蓄の奨励、消費の節約、勤勉の励行、産業奨励などの活動は過去のものとなっている。それに代わって、和睦、弊風矯正、善行表彰といった道徳や風紀に関わる内容が主となっている。朝鮮戦争前後の韓国の地方農村では、賭博、酒色、窃盗、風紀紊乱などがはびこり社会問題化していたといわれ、上萬でも当時こうした動揺に対する危機意識が振興会復活の背景にあったと見て取ることができよう。

その中で、夜学に対する支援は少なくとも一九六四年まで行われ、また奨学金まで出している点では、書堂教育を村ぐるみで支援してきた上萬の伝統が生きながらえていたといえよう。

振興会は一九七二年以後も今日に至るまで毎年総会を開いており、水田六〇〇坪と預金によって運営されている。小作料の中から一部を当日の総会終了後の飲食などの経費に充てており、親睦を主として毎年八割余りの会員が出席している。セマウル運動が峠を越えた一九七八年になって、村の中央に近いかつて洞祭（コリジェ）が

写真 7-26　1978 年に建てられた「上萬振興会事業記念碑」

行われた神木の麓にハングルのみによる記念碑が建てられた。その文面は次のとおりである。

　上萬振興会事業記念碑
西紀一九二八年七月一五日　故朴亨俊氏が主動し、会員五四人で創立した後、昼夜共同作業して集めた金で基金を造成し、水田六六〇坪を買い入れて本会を維持しつつ、夜学を設置し文盲を退治して奨学金を支援し賢き者に賞を与え、悪しき者を懲戒して美風良俗を涵養し、営農改良と生活改善を為し、文化施設に努力した。その偉大な業績を末長く留めるべく碑を立てる。
　西紀一九七八年四月　日
　初代会長朴亨俊　二代朴智俊　三代朱日文
　現会長李禮容　外百七人　謹竪
　　　　　　　　　　　　李奎鎮　撰

写真7-27　井金貯水池

## 5　水利契

朴秉旻　朴鎮権　書

一九二六年から二八年にかけてこの地方がひどい干害に見舞われた際、上萬の有志を中心として貯水池建造が計画され、上萬、中萬などの村民が結束して水利契が組織された[12]。

貯水池建設費は、当時の東洋拓殖株式会社傘下の木浦殖産銀行と珍島内の個人から受けた合計六〇〇〇円の融資によって賄われ、日本人技術者の指揮のもと住民の労働力提供によって行われた。その借金返済には、この貯水池の恩恵に浴する水田（蒙利タプ）の所有者から、その面積と等級に応じて徴収した水税が充てられた。貯水池の完成後にも、貯水池と水の監督のため毎年一人の「水監」を選び、必要に応じて水税を徴収してその必要経費に充てている。またこの水利契では、こうした経験をもとに一九四一年には外部の技術者に頼ることなく村人の手でさらにもう一つの貯水池の建造に成功している。

一般の貯水池が政府の行政指導のもとに道や郡によって建造され、その水税徴収機関として水利組合が組織されているのに対して、上萬里の貯水池は純然たる村落主導で発議され、伝統的な契の方式によって建造され運営されている点で、自治的な性格のものである。

水利契の発足においても、朴亨俊が絶大な指導性を発揮している。彼は一九二五年に面長の職を辞して、一九二八年に上萬で振興会を発足させるとともに、一九二九年一一月には水利契発足にこぎつけている。珍島は島内に高い山があるため農業用水には比較的恵まれていたが、天水に頼る田畑が多いため、旱害時には相応の被害を避けられなかった。昭和初めの旱害はとくにひどく、一九二九年は三カ月間一度も雨が降らないという前例の無いものだった。有志が何度も相談を重ねた末、一九二九年の一一月に貯水池築造を決議し、翌年一月には珍島郡守に対して臨淮面上萬里水利契の名により貯水池施設の築造について決議報告書を提出している。発足時の契員数は六一名で、役員には契長の朴亨俊のほか副契長、理事、財務、書記、幹事、文書監査などの体制を整え、貯水池の位置と規模、貯水量、蒙利面積、工事予算と資金調達策を提示している。同一の報告は臨淮面長、珍島警察署長、臨淮警察官駐在所にも提出された。

決議報告書

昭和五年一月十三日

臨淮面上萬里　朴亨俊

珍島郡守殿

貯水池施設ニ関スル件

本里区域一帯ノ水田ハ灌漑ノ便ガ無ク全然天雨ヲ待望スル処地ニシテ農作時期ヲ臻及シテハ旱魃肆災ヲ一

大憂慮スルトコロデアリマスガ此ノ豫防策ヲ準備シナケレバ農業進行上実ニ困難ナルガタメニ管内土地所有者ト協議ヲ遂ゲ貯水池ノ設築スル計画ヲ以ッテ禊名称ヲ組織シ該事業ヲ施設スルトコロ其ノ状況左ノ如キ其旨ヲ右ノ通リ報告ス。

左

禊組織事項

一、発議月日　昭和四年十一月十六日
一、決議月日　同　二十四日
一、禊名称　臨淮面上萬里水利禊
一、禊長氏名　朴亨俊
一、副禊長氏名
一、理事氏名　二名
一、財務氏名
一、書記
一、幹事　四名
一、文簿監査
一、禊員数　六十一人
一、貯水池施設位置　臨淮面上萬里井金放口
一、貯水面積　壱町弐反歩
一、蒙利面積　弐拾五町参反歩

一、貯水量　十八町尺
一、堰堤長　参拾間
一、堰堤高　参間半
一、総工事費概算額　六千円
備考
右工事費ハ禊員中十餘人ノ所有土地ヲ提供シ会社又ハ銀行等ニ借金スル予定トスル。

築造に要する総経費を六〇〇〇円と見積もり、そのうち四〇〇〇円については、貯水池の建設用地にあたる所有者一〇名の農地を抵当として木浦殖産銀行から融資を受け、それを六年間で償還することにしている。不足の二〇〇〇円については、珍島の最大地主かつ事業家であり蒙利地の最大地主でもある曺秉洙から三カ年年賦による融資を受けることとした。

貯水池用地の地権者一〇名のうち九名は上萬住民であった。この貯水池による灌漑の恩恵に浴する水田の総面積は二五町三反歩（四五〇斗落）に及び、その所有者は上萬および隣村の中萬のほか臨淮面の多くの村に及び、また鳥島面の漁業家八名と日本人経営による二法人（朝鮮興業株式会社木浦管理所珍島出張所、株式会社中備銀行）と日本人個人所有者三名（木浦、羅州、大阪）が含まれている。こうした状況の下、用地提供者一〇名ばかりでなく、蒙利地の所有者七七名の合意を取り付け、その面積と等級（六等級）に応じて負担金（水税）を査定するのは大変な作業であったと思われる。その実現において一七年間も面長職を勤めた朴亨俊が決定的な指導性を発揮したといわれる。朴亨俊は、二〇〇〇円の融資を引き受けた曺秉洙とは臨淮面長時代から実懇の間柄であり、木浦殖産銀行からの融資に当たっては、これを統括する東洋拓殖株式会社宛てに臨淮面鳳翔の曺秉洙が保証人の労を採っ

写真 7–28　上萬里貯水池施設事業記念碑

た文書が残っている[13]。また、木浦殖産銀行からは理事が上萬まで来て、契員に対して融資を確約し返済計画についても直接説明に当たっている。

珍島では、陸地に海が深く入り組んだ地形を生かして、入り江を締め切って埋め立てる農地造成事業が、一九一〇年ごろから島内各地で行われ、日本人の技術者と業者がこれを請け負っていた。上萬の貯水池も、海倉里を拠点としていた日本人の専門業者が請け負うことになり、一九二九年末に起工し、工期六カ月で一九三〇年夏に竣工している。工事の人夫は上萬、中萬のほか臨淮面内の五カ村から出役している。上萬からは当時の青年会と婦人会が積極的に労務にあたり、その報酬を自分たちの活動資金に充てている。

貯水池の完成後は、年賦返済のため帆船で籾を木浦に運搬することにし、五人の契員がこれに当たった。債務の返済は予定の一〇年を待たずに六年で完了し、その昭和一一年五月に水利契長朴亨俊の名で堤防に立てた「上萬里貯水池施設事業記念碑」が残っている。

しかし、この井金貯水池の築造にも拘わらず、旱害がひどい年には水不足状態がなおも続いた。田植え前後には水をめぐる紛争も絶えず、昭和一三年には貯水池の水を流用した違反者（盗灌者）四名に対して賠償金を課する事態となった。このため、一九四〇年には監督員をおいて灌漑用水の公正な分配を期したことが水利契の記録に残っている。そこで、この水利契では前回の貯水池築造の経験を生かして、もう一つの開雍貯水池築造を計画するに至った。この計画においては、上萬から二人（朴沚浚、朴秉和）が面職員として在職していたこともあって、総督府から郡に下された「旱害対策費用」を用地購入にあてることができ、工事も専門の業者に請け負わせることなく、ほとんどを水利契員の手でまかなった。工事は一九四四年に着工し一九四五年に完成している。資金を返済した後も、水利契は必要に応じて蒙利田の所有者から水税を徴収してダムや水路の補修に充てており、今日に至るまで自治的に水利の監理運営を続けてきた。公費によって貯水池を建造し、住民に水利組合を組織させる方式は島内でも数例見られるが、上萬のように住民の発意により水利契の方式で自治的に貯水池を建造した例はほかに見られない。上萬の水利契は、朴亨俊契長が一九三七年に亡くなった後は、一九三九年以後朴沚浚が三〇年にわたって契長を勤め、一九六九年には朱日文が契長の役を受け継いだ。

朴沚浚の経歴と事績も特筆すべきもので、朴亨俊と共通する点が少なくない。彼は一八九七年生で朴亨俊とは二〇歳の差があるが、同じ門中（私族契に当たる）の一員（亨俊はB派、沚浚はC派で、二人は六寸に当たる）として生まれ、同様に書堂教育を十分に受けた後、やはり訓長を五年間勤めている。当時上萬では水田四〇斗落近く有する農家が二軒あり、それが朴亨俊と朴沚浚の生家であった。村でもっとも裕福な農家に生まれた点でも境遇は等しい。書堂の訓長を勤めた後、面事務所に書記として採用され、行政経験を積んだ点でも共通する。

一九七七年に建立された「仁山先生朴沚浚功徳碑」に拠れば、面書記在任中には道内示範部落指定、自作農創定事業、振興会の職務、井金開雍両貯水池の築造事業、組合編入阻止行動、郡農地改良契への編入阻止などの功績が記されている。上萬は全羅道の模範部落として認定を受け、一九三五年の総督府による自作農創定事業に当たっては、他村に先んじて上萬で施行し成果を挙げている。これは、小作地を買い上げ、低利融資による年賦償還方式で小作者が買い取るという方式のものであって、第2章五の「植民地行政下の珍島」の項で『珍島郡誌』

写真 7–29　「仁山先生朴沚浚功徳碑」

写真 7–30　髷（サントゥー）を結い常にトルマギを着用した朴沚浚（智俊）翁。1972 年

の記事を引用して紹介したように、上萬でもかなりの成果を上げたと言われる。また、政府が郡単位で水利組合を統合しようとした際にも、また、圃場整備のため郡農地改良契を組織してこれに上萬の水利契を統合しようとする動きがあった際にも、上萬の貯水池が他の貯水池とは異なり地元住民の手で作られ、独自の契方式で運営されてきたことを主張して、朴沚浚契長を筆頭に反対デモを行い、青瓦台まで陳情した結果、特例として認められたという経緯がある。[14] 朴沚浚は一九六二年に村人八三名の推薦を受けて洞長に就任している。

一九六九年に三代目の水利契長となった朱日文の経歴も朴亨俊、朴沚浚と共通する点が多い。朱日文も裕福な農家に一八九六年に生まれ、書堂の教育を受けた後長らく書堂の先生を勤め、また郡庁勤務の経験とともに珍島郷校の典校を勤めた経歴も有する。

# 四　年齢世代による契

年齢世代的性格を有する契としては、婦人会（婦人契）、ソン契（別称生活改善会）、かつての青年会などが挙げられる。いずれも、活発に活動したのは解放前であり、植民地行政の影響のもとで村の公共的な役割を担うものとして組織され、当時の振興会とも連携して村の自治的な振興を共通の目標としていた。その点では村落共同的な性格を備えていたといえる。

## 1　婦人会

年齢世代を基盤とする契のうちでも、かつて上萬の婦人会は目覚ましい活動で郡内でも広く知られた。昭和初期に熱心な仏教信者であった河順徳という指導者によって組織され、それまで不活発であった青年会と連携し、ともに当時の振興会に呼応して活動した。河順徳は一七歳でこの村の比較的裕福な農家に嫁いだが、子供に恵まれず、当時村の背後の廃寺跡に放置されていたミロク石像と仏塔に致誠祈願していた。その効験あってようやく男子に恵まれると、その恩に報いるため献身的な活動に取り組んだ。一九三二年に婦人たちの糸紡ぎの共同作業から始めて成果を上げると、六〇名の会員によって上萬婦人会を組織し、会費五〇銭による資金を基に、さらに活動資金を得るため田植え、除草、綿花畑の草取り（花田 맨다）、夜間の藁作業などの共同作業に取り組んだ。その目覚ましい活動は郡内でも模範と見なされた。上萬婦人会は水利契による貯水池建造の際には、土木作業などを積極的に請け負い、その経験から後には面内白洞の貯水池工事にも労働奉仕として参加している。婦人会はこ

うして得た資金によって、村の共同沐浴湯、公会堂、共同井戸の衛生施設などの公共施設の整備維持に努め、また家畜の導入と共同飼育にも取り組んだ。その業績に対して朝鮮総督府全南道知事は一九四二年（昭和一七年）金一封二〇円を授与し表彰している。[15]

また、上萬ではその献身ぶりに応えて、村の有志が中心となって佛徒契が組織され、近隣の村からも献金や資材が寄せられ、村人の手でミロク像を覆う法堂が建てられた。また境内に住居も建てて僧（妻帯僧）を住まわせ、河順徳も失明後はここに身を寄せていた。彼女はハングルの読み書きができなかったが、子の李麒国が母に代わってその一代記を『나를 다 했을 때—하순덕의 실록（私をすべて尽くしたとき—河順徳の実記）』（一九六九年　未出版）としてまとめている。

当時の「婦人会会規」によれば、会の目的を「相護親睦、共同作業、慶弔相問、婦人啓発」とした。婦人会と称しているがその運営方式は、各自が一定の資金を拠出して共同資金を用意し、それを任司に託して利殖を行い、会員の家庭に不幸があれば賻儀を給付するなど、契の方式を採っている。上萬婦人会は、解放後も一〇年間ぐらいは「大同チャリンダ（대동 차린다）」と言って「大同旗（テドンギ 대동기）」を先頭に立てて共同農作業を行ったという。しかしその後、この献身的な指導者の老齢化と失明によって推進者を失うと婦人会は次第に不活発となり、青年会とともに名目的な存在と化した。

この婦人会では、一九五六年に久しぶりに総会が開かれ、この時出席した三〇名によって新たに婦人契を組織し、一九六〇年には六六名に、一九六五年には八一名に会員を増やし、事実上かつてと同様に村のほぼ全家庭の婦人が参加するに至った。これが一九七〇年代に入ると、セマウル婦人会に再編されたが、さほど目覚ましい活動は見られなかった。

別名ソン契とも呼ばれる「生活改善会」は、婦人たちの中でも比較的若い世代による「オモニ会」と呼ばれた親睦団体が一九七〇年ごろ再編成されたものである。主な活動としては、石鹸、石油、マッチ、ラーメン、焼酎などの日常品を、当番制で分担して安価で大量購入し、これを村人に販売して得られる利潤を貯蓄して、将来は台所の改善などの身近かな生活改善事業の資金に充てることを計画していた。

この契は、郡庁の傘下にある農村指導所の影響下におかれ、幹部たちは主婦の中でも他村の動向にも鋭敏な主婦たちで、定期的に農村指導所の講習を受け、これを村内の主婦層に普及させる役割を担っていた。この契の共同購買活動は、村にある二件の商店と利害が対立しており、また農業協同組合が独自に推進している面単位の協同販売店設置の計画とも競合することが早くから予想されていた。

上萬里には、以前にも振興会の当時、年齢―世代的基盤によらない村全体の協同購買店と理髪店および共同浴場を公会堂の一隅に設けたことがあった。このうち理髪店だけはその後も続けられ、一九七四年の冬に公会堂に代わって新築されたセマウㇽ倉庫の脇に「セマウㇽ理髪館」として新装開店している。この理髪館内の椅子、鏡、洗面設備、湯沸かし、鋏などはすべて村の振興会当時からの備品であって、村に住む理髪師にそっくり委託されてきた。彼は村で雇用した理髪師のようなもので、村人には格安の料金で奉仕することになっていた。

## 2　青年会と美俗契

上萬ではかつて振興会や婦人会と連携して、一九四二年に「上萬臨新青年会」が朱日文の主導で組織された。主たる活動は、文盲退治のための夜学であり、マラム編み（マラム・ムックム）を請け負って共同資金を作り、善行者表彰も行ったが、解放と同時に活動も止んだ。これに代わって解放後一時「大韓青年会」が組織され、一九五〇年代には郡庁の指導の下「上萬青年会」が組織されたがどちらも名目的なものに留まった。また、青年会に代わるものとして、農村指導所のもとに青少年男女による四Ｈクラブが組織され、親睦と奉仕的活動を行っていた。上萬青年会のメンバーのうち一〇余名によって一九六三年に新たに発足したのが美俗契である。その契冊『美俗契』の序では次のように礼儀道徳の復興と美俗奨励の必要を説いている。

序　現代わが国は西洋の物質文化により礼儀道徳が日に日に希薄となり、京郷各地坊々谷々で生存競争は骨肉相争をこととし、この社会は悪化の一路を進むばかりである。われらはここに古今の青史に輝かしい東方礼儀之国の名さえ消えゆくのを痛憤し、同志拾余名が同心作契してこれを救出すべく、互いに紐帯を強め美風良俗を鼓吹し、郷土を手はじめに道義を昂揚し礼儀を復旧することがわれらの急先務ではなかろうか。移風易俗莫善於楽という聖訓を想起し、五音六律と咏歌舞道によって美俗奨励運動を展開し、本契の使命を尽して所期の目的を達成すべく奮闘努力せんとする。（『美俗契』）

また契規の中では、その活動目標として「郷土の美風良俗の助長」のため、物質的相救の止揚と精神的相救、社会教化事業としては、契員が模範となって人間改造と生活改善を郷土で助長することを掲げている。その一方で、契員の喪慶に際しては各二回の賻儀を給付することを規定している。

この契は、かつての青年会で中心となって活躍し、一九七〇年代には村の「有志」と仰がれ、かつセマウル指導者のポストにあった一人の人物によって提唱され、青年会以来の仲間が中心となって組織されたものである。この中心人物をはじめ契員はすべて伝統的な芸能であるパンソリや民謡（六字拍ギ、赤壁歌など）に特別の愛着と技能を有する世代に属し、契の集まりには民謡やパンソリが欠かせないものとなっている。このため村人の中には美俗契について多少皮肉を込めて「集まってプク(鼓)やチャンゴを叩いて楽しく歌い舞う契」と評する声もあっ

写真 7-31　婦人会の修契日の飲食

た。契の活動としては、こうした親睦のほかに農閑期のセマウル事業の一環として奉仕活動を行っているが、この点は活発とは言いがたい。

年齢世代的性格を有する契は、かならずしも加入を強制されるものではないが、その目的の公共性から、村を挙げて農村振興に取り組んでいた当時は、村内の適格者ほとんど全員が加入をしていた。その点では村落共同的な性格を見てとれる。

これら年齢・世代を基盤とする組織は、いずれも指導性豊かな人物を中心に発起され、契方式によって共同資産と活動資金を設けることができた半面、契方式では新規成員の継続的な補充をはかることが難しいという弱点を併せもっていた。このため、成員の老齢化により体力や意欲が薄れるとともに、組織の活動停滞が避けられず、恒久的な制度と成り得ずやがて自然消滅する運命にある。その点で、日本における若者組や青年団のような持続性を期待できない。むしろ、新しい指導的人物の出現によって新しい組織が結成されることによって、実質的に活動が受け継がれると見ることができよう。

　珍島でも邑内のような小都市的な状況では、世代交代に依るばかりでなく、しばしば異なる指導者を中心に性格を同じくする複数の組織が共存することもあり、時にはライバル関係ともなる。その点は、非人格的・持続的制度よりもあくまで個人的人間関係を重視する韓国社会の属人的特質を示すものといえよう。

　上萬で復活した婦人会では、共同資産の運用による活動としては、会員相互の死亡時に弔儀を提供し合うだけで、年一回の総会も飲食を共にする懇親の機会となっているにすぎない。青年会を受け継いだ美俗契も同様に親睦が中心となっているにすぎない。

**注**

（1）韓国・朝鮮については、Campbrill & Chang-Sick（1957）、Knez（1961）、Shin（1967）、中国・漢人社会についてJacques（1931）、Gamble（1944）、Wu（1974）、ヴェトナムについてNguyen（1949）、Dotson（1951）、ネパールについてMesserschmidt（1973）、メキシコの事例としてKurtz & Showman（1978）、アフリカの事例についてBascom（1952）、Coleman（1953）、Ottenberg（1968）、Katzin（1958）などの報告がある。
（2）現代の日本でも、零細商工業者が集中している地場産業の町では、地域内の同業取引関係や同世代間で、親睦と情報交換を兼ねた頼母子や無尽が見られる。また在日朝鮮人や在大阪沖縄人のような移住者地域では契や模合いが見られた。いずれも同業や同郷あるいは社会経済的な疎外状況のもとで成立する生活防衛的なものと見ることができよう。
（3）主なものとしては、善生永助の前掲報告のほか、藤戸計太（一九三二）、四方博（一九四四）、猪谷善一（一九二四）、崔在錫（一九六九）、同（一九七五）、金柄夏（一九五七a）、同（一九五七b）、金三守（一九六九）。
（4）村落社会における契の重要性については、梁会水（一九六七：四三四）の総括が要を得ている。
（5）期成会費は学校維持費の割当て分で、上萬では国民学校を誘致して以来、洞契で就学児童の有無に関係なく水田の耕作面積に応じて一定額を納めると定めている。

（6）イバジは、家庭における祖先祭祀（忌祭祀）の後にも見られる。忌祭祀には近親者ばかりでなく門中以外の親しい者も招かれ、食事を共にして帰りには家族の者にイバジを持たせる。このように祭祀においても非親族間で招待・贈答の相互交換が見られ、これも門中間の亀裂を防ぐ効果があると考える。ちなみに上萬では忌祭祀が一世帯平均年間二回以上あり、九四戸の村全体では年間の忌祭祀は二〇〇回以上となる。

（7）村の出身者でも邑で公務員などの仕事に就いている人の中には、村の生活における契の意義について理解できない人もいた。公務員生活を切り上げて村に戻ってきた男性は、私の契に対する研究に対して当初はかなり冷やかであった。飲み食いばかりして無駄が多すぎるというようなことも言っていた。しかし、村に戻って一年二年経った頃には契の意義をすっかり理解するようになった。沢山の契に加入していれば、寒くて長い冬の農閑期もたいくつすることなく過ごせるのだと言い、契仲間のおしゃべりと飲み食い、そこでできる人間関係が村の生活においていかに重要か、逆に私に力説するようになった。

（8）義倉は、朝鮮王朝では太祖元年（一三六八年）に都評議司の進言によって実施されたのに始まり、貧窮民に対する糧種の無利子融資を行い、世宗代（一四一九—一四五〇年）まではかなりの効果を見たと言われる。その後は弊害を生じて廃れ、その後しばらくは地方の自治的性格を有する社倉が、李珥や尹宣挙、宋時烈などによって試みられた。粛宗代（一六七五—一七二〇年）に到ると再び国家によって低利で種子を民間に貸し付ける社倉が始められ、純祖代（一八〇一—一八三四年）まで運用されたが、やはり官吏の横領手段と化して充分な効果を挙げられなかったようである。朝鮮王朝末期にも社還米に関する条例が発布され、再興が試みられた。なお常平倉は各道庁の所管によって行われたものである。

（9）本土内陸地方の農村においても、両班—常民間の緊張関係がすでに弱まっている京畿道地方の農村では、門中の同族意識や班常間の身分意識が契やプマシの構成に大きな影響を及ぼしていないのに対して、慶尚道地方のいわゆる同族村落では、契もプマシもともに旧両班と旧常民とで別個に組織され、かつ旧両班層の間では門中別に構成される傾向が指摘されている。［李萬甲　一九六〇、崔在錫　一九七五］

(10)　本土の中部から南部にかけて典型的に見られるいわゆる同族村落においては、宗家は集落の中で一際大きく立派な屋敷を構えているため、容易にそれと知ることができる。また祭祀の権利・義務も原則どおりに宗孫・宗家に集中する傾向が強い。これに対して珍島では、宗家という観念自体が希薄であり、また家屋の構造や規模などの点でも特別なものが見られない。家屋とりわけ屋根に見られる差は主として経済的な要因によるものであり、しかもさほどの格差が見られない。また珍島では、祭祀の義務も長男に集中することなく、兄弟間で分担するのがむしろ慣例となっている。

(11)　彊衢大神（カングテシン 강구대신）は道の神であり、胡南大別星（ホナムテピョルソン 호남대별성）は天然痘の神でシドゥソンニム（시도손님）ともいう。思悼世子は歴史上実在した思悼世子を指すというよりは、民間信仰の神霊化した存在であり、村では、「昔ある王さまが、自分の子を綿の穂の袋に入れて殺してしまった。その子を憐れんでテーポルムの晩に供物を供えて祀るのだ」と言い伝えている。

(12)　水利契関連の資料として、郡守および他機関宛ての「報告書」（昭和五年一月一三日）、「臨淮面上萬里貯水池契決議録」（昭和四年一一月二六日）、「敷地買収証書綴」（昭和五年起）、「臨淮面上萬里貯水池契蒙利タプ明細簿」（昭和五年一月　日）、「蒙利タプ等級査定簿」（昭和五年二月二七日）、「水利費予算綴　上萬里水利契」（昭和七年起）、「水利契歳入出予算費」（昭和七年度）、「管理費収納簿」（丁亥）、「貯水池会計簿　臨淮面上萬部落」（昭和弐拾年度以降）、「管理費収納簿」（丁亥一九四七年）、東洋拓殖株式会社宛ての「保証書」（日付無し）、債権者曺秉洙宛ての「融資確認書」、「工事契約書」（小山忠次郎宛て）、工事場人夫出役状況、水利監督に関する「契約書」（昭和一五年五月一三日）、水利費納入督促状、水利侵用をめぐる処理に関する書類などが保管されている。

(13)　曺秉洙による保証書

　借用金額　四千円

　借用金使途ノ概要

本里区域一帯ノ水田ハ灌漑ノ便少ナク従来ハ只天水ノミニ依リ耕作シ来リシ所ナルガ最近数年以来未曽有ナル旱害ヲ蒙リ里民漸ク貯水池ノ必要ナルヲ感ジルニ至レリ茲ニ於イテ里民有志ノ間ニ数次ニ亘リ協議ヲナシタル結果里民

全部ノ賛成スル所トナリ今般本里ニ貯水池ヲ築造スル事ト相成タル本資金ノ借入ノ上右敷地買入費及工事費ニ充当セントスルモノナリ

償還資源

本貯水池ノ蒙利面積ハ約二十五町三反歩ニシテ蒙利者ヨリ毎年水税トシテ約九百円（一反歩三円六十銭内外ヲ徴収ノ計画）ハ徴収シ得ル見込ナレバ其ノ一部ヲ以テ年賦金（十ヶ年年賦償還トシテ）ノ償還ニ充当テ其ノ残額ヲ本貯水池ノ維持費ニ充当セントスルモノナリ

保証人　　臨淮面龍虎里九一八番地

農業　曺秉洙　　三十八歳

東洋拓殖株式会社御中

なお曺秉洙（一八九四―一九七一）は島内の五大地主の一人として新安郡や霊巖郡にも土地を有し、また木浦―済州島間の運輸（龍海丸）および江原道の金鉱山経営にも関与し、一九三五年に全羅道議員に選出されている。子の一人は日本で事業に成功し、一九九〇年代に試みられた珍島と長崎県鷹島および五島福江との民間交流にも支援を惜しまなかった。

(14)　一九七七年に建立された「仁山先生朴沚浚功徳碑」の碑文は次のとおりである。

先生之譜名沚浚号仁山貫密陽也。天資聡明博通経史、区域及官界在任中有許多功労、故墲其大槩以下略陳、数年間書堂訓蒙成功出世者衆多、又道内示範部落自作農創定時、為当里先得策定其功亦大、且振興会職務無報酬執掌多年会資暫富利用更生、又井金開雍両貯水池無報酬多年管理中反対組合編入又反対郡農地改良契而陳情於青瓦台結果条例廃止故蒙利作人負担軽減而其功績至大、門生為之立碑云耳（最小限の句読点は筆者が付す）

なお、碑の右面と左面には門人録として各三二名の名が刻まれている。

(15)　表彰状には「右ハ克ク　社會教化　地方改良ノ趣旨ヲ體シ　民衆ノ教導感化ニ盡瘁シ成績顕著ナリ　仍テ　金壱封ヲ授與シ　茲ニ之ヲ表彰ス、昭和一七年二月一一日　朝鮮総督府全羅南道知事　正五位勲四等　武末憲樹　印」とある。

# 第8章　儒教と教育

本章で取り上げる儒教は、東アジア社会における漢文明の大伝統として、日本人にとっても馴染み深いものである。しかし、韓国社会における儒教の伝統は、日本で考えるような単なる思想・観念に留まるものではなく、日常生活を規定する生きた行動実践・生活規範であり、教化・教育の過程と機関を具え、儒礼と総称される儀礼を整え、また、儒林と呼ぶにふさわしい同門・同学による組織も成立していたのである。つまり、観念、行動実践、教化過程、儀礼、組織のすべてにわたって、具体的に観察記述できる点で眞に儒教社会を実感できるものであった。それは、遠い過去のことではなく、私が現地調査に着手した一九七〇年代には、その概要を把握できるものであった。韓国の中でも辺境に位置した珍島の農村においても、東アジアの大伝統である儒教世界の一隅に位置することを実感したものである。

一九七〇年代の初め、現地調査のため初めて珍島を訪れた時、いたる所で私の目を惹いたのは、村の入口近くの路傍に立つ石碑であった。日本の板碑などとは違って見上げるように立派で、碑文も明瞭である。中央に大きく刻まれた人名は、広く住民から追慕されている人物であり、社会的な記念碑として無視できない存在となっている。碑石ばかりではない。これを納めるため建てられた碑閣は、小さな建物にしては立派な瓦葺き屋根が一見不釣り合いだが、どれも左右対称をなし、しかも正面に立派な門を構えているので、一般の家屋とは異なる記念建造物であることは遠くからも一目瞭然である。これら碑石や碑閣のうち、道路から少し奥まって石垣に囲まれ、建物も門も石垣も皆古びて、蔦が絡まるようにひっそりと場所を占めているのは、まず例外なく孝子や烈女の記念碑を納めた旌閭である。一方路傍に碑だけむき出しに立っているものには、学行碑や善行碑、功績永慕碑といったものが多く、これらは長らく書堂の先生を勤めて、村人の教育に尽くした文人儒者の存在を示すものである。前者が儒教の徳目を実践した者を対象とするのに対して、後者は儒教の教化に尽くした指導者を追慕するものである。どちらも、個人を顕彰するモニュメントとして、韓国社会における個人の存在感と属人的な性格を示すものである。

研究のため訪れた者に対しても同様であって、村に滞在するのであれば、研究者である以前に儒教の普遍的な社会理念に適う行動が求められたといってよい。当時の調査地上萬では、年長世代の者はほとんど例外なく、幼いころ書堂教育の薫陶を受けており、自ら儒教社会の一員であることを自覚しているようであった。中年層の中にも、儒教世界の周辺ともいうべき列島社会からやってきた日本人に対して、挨拶代わりのように「東方礼儀之国」の誼を口にする者まであった。

容貌も似ていて言葉も通じると、自分たち同様に漢文の教養を身につけているはずで、儒教的な礼節を踏まえて行動すべきものと考えているようにさえ思われた。文人を尊重して研究生活に敬意を払ってくれるのは大変ありがたいが、日本人にも彼らとまったく同様の生活と行動を期待するかのようだ。つまり儒教社会の一員として受け入れられたのであり、その点で、異邦からの客人として扱われがちな欧米の研究者との差は大きかったように思われる。

一九七〇年代初頭の韓国農村における生活は、戦後世代の日本人にとって新鮮な異文化体験であった。私は実情もよく分からないまま、韓国の中でも儒教の社会規範に余り拘束されることのない地方を調査地として選んだはずであったが、儒教の伝統は日本で考える以上に実生活に深く根を下ろしていたといえる。後に訪れた慶尚北道安東の名門両班の村に比べればさほどではないにせよ、私にとっては儒教の伝統は快いカルチャーショックでもあった。

この儒教の伝統をどのように位置づけ、社会生活・文化伝統の観察と記述に反映するかが、人類学においても大きな課題であると考えた。南ヨーロッパや中米農村におけるカトリックの伝統、東南アジア農村における上坐部佛教、あるいはイスラム社会の場合と同様に、東アジア社会の人類学的研究においても、儒教社会にふさわしい人生像と社会像を探る構想が求められるのである。

朝鮮王朝時代以来の文人エリートに焦点を置くならば、儒教伝統の位置づけは誰も疑いをはさむ余地がない。しかし、現代の韓国社会における儒教伝統の位置づけと評価となると必ずしも容易ではない。同じ韓国人の間でも出身地や出身階層にともなう社会背景の差、世代間の生活経験と感覚の差、都市と農村の格差、受けた教育や異文化経験の差も大きいし、急速に根を下ろしてきたキリスト教の影響、そして日本以上に欧米的な教育を志向してきた国際派インテリたちの儒教観も無視できない。

## 一　儒教による教化

儒教の伝統を、先ず思想・観念と行動実践とに分けて考えよう。前者は、漢籍の古典をはじめとして、かつて自他ともに任じていた儒者たちの著作を通して、漢文の抽象概念によって文章化されたものである。これに対して後者は、実際の生活において求められる行動様式であって、社会的地位や関係にふさわしい具体的な行動として意識され、互いに観察され評価されてきたものである。そうした行動の拠りどころとなってきたのは、古典に基づき具体的な状況に即して解説した啓蒙的な書であり、その基礎となるのはあくまで漢文の素養であった。またこうした行動規範は、冠婚喪祭の人生儀礼や日常生活における礼法に関する教養と実践を通して身に付くとされる。

朱子学を主流として社会規範とその実践を重視してきたこの社会において、儒教による民衆教化は地方行政の基礎とされ、教学と教化の公的機関として中央には国の大学としての成均館が、地方では地方行政の一環として郡県に郷校が設置されていた。郷校は二〇世紀に入って教育機関としての機能を停止した後は、孔子および先賢たちの位牌を奉安する施設（大成殿）として、地方儒林たちによって春秋に釈奠の儀礼が執り行われている。郷校の中心である大成殿の中央には孔子の位牌（大成至聖文宣王）を祀り、その前には四聖（顔子、曾子、子思、孟子）の、その東西両側には宋朝六賢の程顥と朱熹および東国十八賢[1]の位牌が配置されている。現在、韓国内に一三一の郷校が維持されており、全羅南道には珍島郷校をふくめ二八の郷校が存続している[2]。一方、儒林の組織としては、ソウルの成均館を中心に「韓国儒道会」が組織されており、珍島の郷校運営には韓国儒道会珍島支部があ

写真 8-1　珍島郷校の全景

写真 8-2　珍島郷校の門。儒道会珍島支部の看板が見える

たり、支部総会で典校、掌議、監事を選出し、典校と掌議については成均館の儒林総会から承認を得ることになっている。

民間では、地方の門閥氏族による子弟教育のために書院が開設され、さらに農村では儒教の初等・中等教育を担う自治的な教育のため書堂が設けられていた。韓国の農村社会において、こうした儒教伝統を把握しようとするならば、先ずは村落における書堂の実態に焦点をおき、その上で村を超えた儒教的な社会関係を手掛かりに対

写真 8-3　珍島郷校内部の孔子の神位

写真 8-4　珍島郷校内部の四聖ほかの神位

写真 8-5　郷校の講堂。釈奠の日に講堂で講演が行われている

写真 8-6　韓国儒道会主催により珍島邑で開催された「道義宣揚및忠孝思想昂揚講演会」

象を広げてゆくという戦略をとるよりほかない。

珍島における郷校は、朝鮮王朝の一四三七年に郡行政が復活した際に、郡衙とともに邑内に設置されており、郡行政と連携して地方住民に対する儒教教育と教化事業の拠点となってきた。しかし、王朝時代の珍島における儒教教化の実態を知るには、資料が十分ではない。『珍島郡郷校誌』〔珍島郡郷校誌編纂委員会編　一九八八〕には、珍島郷校に保存されている壬辰・丁酉の戦乱以後の文書として、(一) 儒案、(二) 校宮節目、が収録されている。そのうち、(一) の儒案とは儒生の名簿であり、英祖一七年（一七四一年）に謄書された「萬暦旧案」には、萬暦三四年（一六〇一）から康熙五年（一七〇〇年）までの儒生および童蒙の名簿を、「郷案」には一七一五年の儒生の身分と名簿を、「青衿儒案」には一七三五年の儒林二二〇人の名簿が収録されているにすぎない。(二) の校宮節目は一八八五年に成冊されたもので、郷校運営全般にわたる内容とされているが、実質的には釈奠および社稷祭・厲祭に関する祭需、用具、経費に関する細かな規定である。このほか、斎任案（一九〇七年までの年代未詳の郷校任員名簿）、一九一四年の行公案、一九二三年の同窓会案、一九五七年の儒道会名簿、一九二一年―一九七七年までの釈奠祭官案の存在が示されているが、その内容は紹介されていない。文書以外には、郷校に掲げられていた縣板一三点が転載されている。

『朝鮮王朝実録』中宗三三年（一五三八年）には、全羅道観察使が珍島の郷校学生が一〇人に過ぎないと言及したことを引用しているが〔珍島郡『珍島郡誌』二〇〇七年下巻、三三二頁〕、一七世紀にははるかに多くの儒生および童蒙を擁していたことが上記の名簿類から明らかである。また、光武三年（一八九九年）の官撰『珎島郡邑誌全』には、郷校の儒生八〇名、鳳巖書院の院生六〇名とある〔珍島文化院編　一九八七：五六〕。珍島においても儒教による教化の拡充を読み取ることができよう。

珍島における書院としては、流配者盧守慎（一五一五―一五九〇年、珍島配流一五四七―一五六五年）を師と仰ぐ地元の弟子たちが中心となって一六〇〇年代中半（一六〇三年）に鳳岩書院が設立され、これが珍島における唯一の書院であった。盧守慎を追慕する祭祀に加えて、一六八四年には配流者三名（南二星一六二五―一六八三年、申命圭一六一八―一六八八年、李敏迪一六二五―一六七三年）を配享したのを始め、珍島に流配されて民衆教化に功績を残した文人を多数追享してきた。しかし一八七一年、大院君によって全国の書院六五〇カ所のうち四七カ所を残して書院撤廃が断行された時に、鳳岩書院もその対象とされた。また鳳岩書院の傘下に、年少者（童蒙）に対する初等の教育機関として養士斎が一七一五年に設置された。その実態については記録が散逸したため詳らかでないが、流配された文人を教師に迎えて一九三〇年代まで存続した。前掲の『珎島郡邑誌』の記載も鳳岩書院を受け継いだ養子斎を指したものと考えられる。書院に続いて高宗三一年（一八九四年）には郷校における教育も廃止され、一五歳までの子弟に対する在来の漢学教育はもっぱら書堂が中心となり、書堂を修了した者に対する上級教育は、余力のある村で農閑期の夜学によって行われたにすぎない。

一方、一九一一年には植民地行政のもとで朝鮮教育令による学校教育として、一郡一校制による公立普通学校が順次設立され、後に一面一校に拡充され、さらにこれらに付設して二年制の簡易学校も設置された。

## 二　書堂教育

書堂は、私塾、学堂、書齋、学房などとも呼ばれ、もともとは家計に余裕のある家庭で子供の教育のために先生を頼んで近所の子供たちも数人集めて無料で一緒に勉学させたもの、先生自身が教育に熱意をもっていたりあるいは暇つぶしのために設けたり、近所や友人に請われて学童を引き受けたりする場合、村の何人かの有志や村全体が子弟に教育を受けさせるために先生を招聘して設ける場合、さらに先生自身が自分の生計のために設立する場合などさまざまであった。学童の数も四―五名の小規模のものから数十名の大規模のものまであった［李丙燾外監修 一九七二］。公的な郷校や有力家門が中心の書院とは異なり、書堂は農村で運営されていたものであるため、その実態を把握するには現地調査が欠かせない。

珍島では漢学の古典教育に特に熱心で教養水準の高い村を「文献坊」と呼んでいる。調査地である臨淮面上萬は、郡内面松山、義新面七田や古郡面細燈などと共に文献坊として定評があり、その中でも松山と上萬は双璧とされていた。書堂教育が盛んであった一九二〇年代に、上萬が位置する臨淮面南部では八カ村（上萬、中萬、松亭、鳳翔、屈浦、南仙、南桃、白洞）で書堂が開かれ、一九二七年の『珍島郡勢要覧』によれば、当時珍島郡内に書堂が二四カ所、改良書堂が七カ所とある。改良書堂は、新式学校に倣って昭和一〇年ごろから算数や日本語などをとりいれるようになった書堂である。上萬の書堂に対する評価は特に高く、当時臨淮面では面役人を採用するに当たって上萬書堂からの推薦を受け入れたという。郡内で書堂のほとんどが廃止された一九四〇年代以後も、上萬では改良書堂や夜学形式による女児を対象としたものも含めて、一九五一年まで続けられ、夜学も振興会の支援を受けて一九六四年まで続けられていた。

郡内面松山では、一八〇三年に村人二〇余名によって書堂が設立されたことが『大同學禊案』で確認され、一八九〇年前後からは古郡面・郡内面の他村の学童にも開放されていた。植民地行政のもとで近くに学校（珍島邑内に公立初等学校一九〇九年、古城初等学校一九二三年、郡内初等学校一九三一年）が次々と開設され、学校への就学生が増えるにともない書堂は衰退し、松山では一九三四年に書堂が廃止され、漢学教育はその後、新たに建てら

写真 8-7　義新面七田の書堂「露岩斎」。左側の建物が祭閣「裕後閣」

れた公会堂で夜学の形で受け継がれていた。

義新面七田は密陽朴氏の同姓村として知られ、一七一四年に建てられた「學稧鉄碑」の記録に拠れば、一六八〇年代に村内朴氏の子弟一一名のために書堂「露岩斎」が発足し、書堂維持のための学契を組織して財産（学田）を準備している。一九二二年には義新改良書堂となり、翌一九二三年に義新公立普通学校の創立と共に生徒数が減少し、一九三七年に閉鎖に追い込まれた。書堂の閉鎖にともない、その財産は邑内の養士斎、珍島初等学校、義新初等学校等に寄付され、その後は契員九名によって「露岩斎」の保存と學稧鉄碑を納めた「裕後閣」における祭祀を主たる活動としている［珍島郡・全南大学校・韓国語文学研究所編　二〇〇九：三七―四三］。

## 三　上萬の書堂

上萬における書堂は、第7章三の3「学契と冊契」の項で紹介したように、一八四二年（道光二二年）に村内の朴氏、李氏、金氏からなる有志一四名によって設立された。書堂の運営のために「學稧」を組織して共同資産を設け、二名の脱退者を出した後は、長男が相続しながら今日まで一二人の子孫によって維持されてきた。またこの学契の外にも、一八九〇年には村民五三名の喜捨によってもう一つの学契が発足し、一九四〇年に解散するまで村内に大小二つの書堂が開設されていた。旧来の学契を「大きな学契（큰학계）」あるいは「旧学契（구학계）」と呼ぶのに対して、後者を「小さい学契（チャグンハクケー 작은학계）」あるいは「新学契（신학계）」と呼んで区別した。チャグン学契では、書堂の解散後も先生（朴国培）とその門人の名を記録した懸板を掲げて冬至日に祭祀を行っていたが、一九四〇年代に解散した。

これら専用の建物を設けた書堂のほか、民家の離れの棟（行廊チェ）を利用した書堂も開かれ、一時は村内で三つの書堂が同時に開かれていた。また、学校に行けない者のための夜学も書堂の建物を借りて開かれ、嫁ぐ前の女子を主な対象として、学費も取らずに先生の無料奉仕によって一九六〇年代まで続けられ、他村からも生徒が通っていた。毎日二時間ずつ国文（ハングル）と算数を教え、国文の出来る者には漢文も教えた。

このほか一九三二年には、書堂で用いる教科書を一括購入して貧しい人に貸し出す「冊契」も組織され、書堂の廃止後も維持されていたが、管理が行き届かなくなり一九六四年に解散し、当時の教科書類は契員に頒けられ散逸してしまった。

「大きな学契（큰학계）」は正式の名を冠萬齋と称し、道光二二年（一八四二年）の『學禊簿』によれば、この学契も一般の契と同様に、契員が拠出した資金を積み立て、それを年利三分程度で貸し付けて利殖を繰り返しながら共同資産を拡充する方式を採っていた。こうして得た資金でさらに田畑を購入し、契員に交代で小作させて得た小作料も加えて資産を増やしてきた。この契の資産は一時水田と畑を合わせて五〇斗落にも及び、また山林も保有して村一番の資金潤沢な契となっていた。クン学契はこうして得た資産によって書堂専用の建物を所有し、

写真 8–8　旧学契の「學稧簿」（道光貳拾貳年壬寅）

写真 8–9　明治 44 年 2 月の「学禊簿」（喪布禊禊案）

契員の子弟だけでなく他の子供たちにも書堂を開放してきた。クン学契は代々契員の長子によって受け継がれ、資産が増すにつれて契員への配当を行う利殖の契としての性格も併せ持つようになった。この『學禊簿』(道光二二年)は明治四四年に新たな禊案に引き継がれる際に、植民地行政の干渉を避けるため表紙を「喪布契」に偽装している。

一九八三年当時の契所有水田は、臨淮面鳳翔里に二三四坪、二二七坪、六八九坪、四一一坪、三六九坪、上萬に五五四坪あり、これを契員の中から五人ずつ三年輪番制で小作し、配分は七三で小作者が七割を取り、契に三割を納める。普通の小作料の相場が四割であるから契員にとって有利な小作となっている。

クン書堂は、村の主道に沿ってゆるやかな坂を上り詰めた所に位置している。すぐ近くには共同井戸と洗濯場が作られており、その脇の石垣で築かれた広場の中央には天然記念物に指定されている榧の大木が枝を張っている。この榧の根本でかつては村の祭りが行われたといわれ、今でもこのすぐ脇の家に住む者は、名節にはこの老樹の根本と井戸に供え物を置いてコサ(告祀)を行うことになっている。書堂はその背後にあって村を見渡せる一番高い場所に位置していた。書堂は村の重要な集会の場ともなり、かつて村で不孝などの道義上の問題が生じた場合に、洞長が有志(ユージ)を招集して会議を開き、その前庭は「簾巻き笞打ちの刑」(トクソンモリ 덕석머리)を実施する場所ともなっていた。

義新面七田に保存されている「露岩斎」は今も書堂の構えをそのまま残しているが、上萬の書堂はその後一般の民家に転用されていたが、板張りの部分に書堂の面影を残していた。その後廃屋となっていたが二〇〇〇年に取り壊された。かつて書堂の脇には付属の小さな建物があって、村人の貧しい者の中から書堂の管理を任された「齋直」がここに住んで、クン学契が所有する水田の中から二―三斗落の小作を任されていた。一般の書堂では、先生の食事は生徒の家庭で順番に接待することになっていたが、クン学契の財政が潤沢であった上萬では、齋直

写真 8–10　1980 年代に修築された祭閣「報恩祠」。右側の建物がかつての書堂「冠萬斎」

写真 8–11　旧学契の祭閣「報恩祠」。1972 年当時

が食事を準備し接待していた。この建物は、他の村から先生を招いたときにはその宿舎となり、また筆や硯や墨を売る行商人「筆商」が村に来た時にもここを利用した。チャグン書堂もそのすぐ脇に建てられていた。

書堂での授業は、毎年農閑期に当たる陰暦の一〇月から一二月まで三カ月間の「冬書堂」と、正月から三月までの「春書堂」の六カ月間開かれ、このほかに少し経済的余裕のある者に対しては「夏書堂」も三カ月間開かれた。書堂に通ったのはこの村の子供たちばかりではなく、一五歳位になると数キロ先の五カ村や義新面の村からも弁当を持って通ってきたという。また少し余裕のある家庭では、この村の親戚の許に食料を届けて食事を頼む者もあった。島内ばかりでなく、海南郡の右水営や新安郡の長山島からも親戚の家に寄留して書堂に通う者があり、故金大中大統領も子供の時分、母親の郷里（袈沙島）から祖母の実家のあるこの村の書堂に通ったことがあるという。大統領にこの点を尋ねたところ、大統領は否定も肯定もしなかったという。それほど上萬書堂の評判は鳴り響いていたという。

授業は朝七時から始まり、昼休みをはさんで夕方六時まで行い、この村の子供の中には、少し年長に達すれば晩にも授業を受ける者があった。毎朝二時間ぐらいは「習字」を行い、その後で昨日の分を暗唱してから、一二時ごろ一人ずつ先生の前で昨日学んだ分を暗誦させられ、昼食のあと新しい分を学ぶ。夜に学ぶ者は、夕食後少し習字をしてから前に学んだ分と新しい分を読んだ。

クン書堂では、生徒は八歳から一五歳までの三〇名を一五名ずつ東班と西班に分けて一緒に授業を受け、一六歳から二〇歳までの者は別個に夜に授業を受けたという。細長い部屋の一方の壁を背に先生（訓長）が座り、その前にはチャントゥルという棒を渡して仕切り、生徒は東班と西班に向かい合わせに並び、一四歳までは膝を折って座るが、一五歳になると立て膝で座ることが許された。学童の中でもっとも歳上の者、あるいはもっとも良く学んだものを「冠者」と呼び、冠者になるとチャグン書堂では補助役も果たした。部屋を出入りするときには許可を得て「出入牌」という長さ六寸位の木製の札を受け取ることになっており、その受渡し役を「次知」（チャジ）といった。一つの教室で一人の先生が教科書を用いて教えたという点では学校形式に近く、個人別に指導した日本の寺子屋とは異なる。

まず八歳から通い始めて、冬書堂で『千字文』の半分を済ませ、九歳までには残りの半分を終える。一〇歳から一二歳までに『童蒙先習』を、一三歳から一四歳までに『小学』を、一五歳に『論語』と『孟子』を習う。一八歳から二〇歳までに夜間に『詩伝』、『書伝』、『中庸』を学んだという。

書堂で用いた教科書には、これらの外に『大学』、『史略』、『通鑑』、『春秋』、『左伝』や『明心寶鑑』などがあり、さらに『外家書』、『綱倫寶鑑』といったものも用いられたという。『外家書』は、「過去・現在・未来のあらゆることを説いたもの」というだけで現物を見てないため判断はできないが、儒学というよりは「秘訣」のようなものではないかと思われる。これに対して『綱倫寶鑑』は、ハングル混りの筆写本で、経文のように詠まれたと思われる胎教歌、保子歌、教子歌、教女歌、立学君政歌、清白歌、節制歌、儀始歌、異端歌、志定歌、治平歌、郷約歌、勧善歌などが収められており、すべて儒教の徳目を分かりやすく説いたものである。

授業は、月を前半と後半に分けて、一四日の夜と三〇日の夜の二回は「講」と称する試験日に充てられ、先生が生徒一人ずつ「何処からどこまで」という具合に問題を五問出し、先ず暗唱させてからその意味を問うた。先生はその結果を、紙に全員の名前を書いて一問ずつ成績をつけ、優秀であれば「通」、良くなければ「略」と書いて張り出す。左に示すように、成績がすべて通ならば魁の字を、筆先を延ばして大きく書いた。

甲子閏年一〇月一五日上萬冠萬齋講案紙
東班

朴南圭　通　通　通　通　通　魁
李采洙　通　通　通　略　略
朴哲圭　通　通　略　略　通
金萬容　通　通　通　略　略
・・・・・・・・・・・・・・・・・・
・・・・・・・・・・・・・・・・・・

西班

李芳洙　通　通　通　通　略
朴永鐘　通　通　略　通　略
朴明鎮　通　通　通　略　通
金完容　通　通　略　略　通
・・・・・・・・・・・・・・・・・・
・・・・・・・・・・・・・・・・・・

成績のもっとも優れた者を壮元といい、その家庭では餅を作り、大豆も炒って書堂に持ってゆき、生徒全員に配った。裕福な家庭では鶏も潰して先生に酒の接待を行い、煙草も提供した。講の翌日（望日、朔日）は休みで、子供たちは田圃で「チャンチギ（장치기）」や凧あげ（鳶紙）などで遊んだ。チャンチギとは、一メートル位の棒の先に草で丸く巻き付けたものを手に、木を削って作った球をホッケーのように打ち合って遊ぶゲームで、全羅南道で広く行われたという。

冬書堂の三カ月のうち一カ月間は、「輪飯」といって生徒の家で順番に一日三食を用意し、書堂で先生に感謝を込めて接待した。冬至月（一一月）にすることが多かった。余裕のある家庭では魚や鶏も用意し、先生はそれを少しだけ食べてから残りを生徒に持たせて、村の最年長者に贈るのが習わしとなっており、これを「輪饌」といった。

先生への謝礼（書面では学糧、一般にはトリャン 도량という）は学童の父兄が相談して決め、その一部（三分の一程度）は「学契」が出し、残りを父兄が負担した。また、灯油やオンドルの薪が尽きた時や、敷物（チャリ 자리）が傷んだりした時には、村の自治的機関としての性格を担った振興会（農村振興会）の修契日に合わせて、先生が「単子」にその事情を文章で書いて生徒二人に持たせて、契の長老の許に陳情する。振興会では年寄り（オルン 어른）たちがその文章を読んで相談して補助額を決めた。それを大体決まった形式の「題辞」に認め、お金を添えてその生徒に持たせ、熱心に勉学に励むよう訓戒すると、二人の生徒は深々と礼（クンチョル 큰절）を二回する。先生は補助に対するお礼として「輪饌」を届ける。「題辞」の形式は、例えば灯油代五〇銭であれば、「観此単子辞甚可矜然契力不足故灯油代五拾銭許給事」といった具合に漢文で書かれた。

この学契では、資産の中から書堂および付属の建物の補修、屋根の葺き替え、石垣の補修の外、習字用の紙（窓紙）、灯油代、その他の雑費、先生の俸給（學糧）などを支出したほか、隣村の書堂や夜学からも支援を求めて「単子」が寄せられれば、補助を出していた。また契員の子弟が書堂以外にも学校に通うようになれば学費も補助した。この他、一九三六年には七六〇円三四銭の資金によって、発足当時の一二名の遺徳を偲ぶため碑石「學禊碑」と、これを納める碑閣「報恩祠」が建てられ、それ以来毎年三月三日に創立時の有志一二名および歴代訓長（先生）の位牌も併せて奉安して、祭祀を行ってきた。一九五一年に書堂が閉鎖されてからも、この学契では元金の貸付利殖と農地の小作料によって利殖が続けられ、また祭閣にも幾度か補修の手を加えながら、親睦も兼ねた祭祀を毎年とり行っている。一九八二年の修契日における収入は、元金一〇〇万ウォンとその利子が二五万ウォン、水田の小作料が一八叺三斗（四七万九八八〇ウォン相当）合計一七二万九八八〇ウォンで、修契日の飲食代や諸雑費などを支出した残額一四九万八四三〇ウォンを繰り越している。これを元にして翌一九八三年には祭閣の大規模な修復を行った。一九八四年当時の所有農地は、水田六筆合計二四七四坪であった（『喪布契案』明治四四年二月二〇日）。

また、上萬では農村振興会が費用を出して、書堂とは別に、学校に行けない人のために夜学も開かれ、永く続いていたという。生徒には女性が多く、他の村からも通って来た。場所はクン書堂の部屋を借り、毎日二時間ずつ国文と算数を教え、国文ができる人には漢文を教えた。先生には礼金もなく、黒板に先生が書いて生徒はノートをとる形式で、生徒には机も無く床の上で書いていたという。

## 四　書堂と師弟関係

この村で今世紀以降書堂の訓長（先生）を勤めた者は、この村出身者だけでも朴漢益、李東承（一八四一年生）、李東茂（一八五七年生）、朴国培、朴正彬、李謹容（一八七六年生）、朴亨俊（一八七七年生）、李承仁、李賢容、李基表（一八九四年生）、朱日文（一八九六年生）、朴沚浚（智俊一八九七年生）、李完容（一八九七年生）、李基昊（一八九九年生）、李基必、金大允（一九一二年生）、朱天泰、李信日、朴仁俊、朴秉珠の二〇名に及び、その中六名は他の村（智山面素浦、古郡面蓮洞、臨淮面白洞、同塔立、同龍山、鳥島面孟骨、同巨次島）の書堂にも招かれて教えた経歴を持つ。また他村からも著名な先生が数多くこの村に招かれ、郡内面細燈の郭必星、義新面敦地の朴正源（鍾元）、同枕渓の朴乙培、朴雲培、同昌浦の朴炫俊、郡内面松山の李長兼、臨淮面では三幕の河洛春、松亭里の金弼根、中萬の呉圭炫、同金太俊などほとんど珍島全域に及んでいた。

これら先生の師弟関係を順次辿ってゆくと、李東茂（一八五七―一九一四年）から松亭里の金弼根（一八四五年生、字晦元、号松塢）、上萬の李東承（一八四一年生）、朴漢翼と遡り、記録さえあれば、さらに師弟関係を辿ることができるはずである。この中、金弼根は近隣村落の松亭里の出身であるが、上萬の書堂を中心に活動し、全羅南道でも有数の巨儒と評されていた。それは、珍島郷校に保存されている縣板「校宮修繕掲板文」（一八八四年）および「繍衣沈公修葺校宮掲板文」（一八八五年）に幼学として撰者を務めていることからも明らかである［珍島郡郷校誌編纂委員会一九八八：七九六―七九七］。金弼根の門徒数は島内で一五〇名に、上萬だけでも六〇名に達する。これら門下生によって門徒契が組織されており、松亭に一九五八年に建てられた学行碑の前で、毎年三月一

写真 8–12　默齋李先生実績記念碑

写真 8–13　益庵先生朱尤旭学行追慕碑

写真 8-14　壽山朴先生仁浚学行碑（1971 年）

二日に門徒たちによる追慕祭が執り行われてきた。金弼根は全羅北道南原府でも訓導を勤め、南原の楓山祠にも配享されている。このほかにも、上萬の書堂で教鞭をとった先生の中には、門徒たちの呼びかけで、上萬以外の地にも学行碑が建てられた先生が少なくない。臨淮面三幕の河洛春学行碑（一九五六年立碑）、同九分実の朴仁俊学行碑（一九七一年立碑）、朱日文学行碑（一九六二年立碑）などである。

　上萬の書堂で教鞭をとった先生のうち、門下生たちによって門徒契が組織され、学行碑が建てられている先生は次のとおり一〇名である。『珍島郡誌』〔珍島郡誌編纂委員会編　一九七六：六九五〕には珍島郡内に学行碑が七〇基と報告されている。上萬だけでその一割を占めていることになる。上萬書堂の訓長(先生)を務めた者のうち学行碑に追慕され門徒契が組織されているのは次のとおりである。

朴漢益　一八四〇年代の大学契創立時の有志、上萬の報恩祠に配享。

李東承　「黙齋李先生実績記念碑」（一九二六年）上萬。
「黙齋先生門徒契」己亥（一九五九年）再組織、丁巳（一九七七年）再修。
門徒は上萬に七〇人、隣接する中萬、貴星に三五人、他村に四二人。

金弼根　「松塢先生金弼根学行碑」一九五八年松亭に建碑。
「松塢先生門徒契」門徒一五〇人、陰暦三月一二日に追慕祭、享祀田六〇〇坪。

朴宗彬　「廷史先生記念碑」一九七〇年。
「廷史先生門徒契」一九六五年起　門徒五四名。

朴仁浚　「壽山朴先生仁浚学行碑」一九七一年、臨淮面九分実に碑、門人録に五三名。
「壽山先生門徒契案」一九六九年己酉起。

李完容　「松渓先生李完容学行碑」檀紀四三〇八年（一九七五年）建碑。
「松渓先生門徒契」一九七五乙卯春正月起、門徒は上萬、中萬、塔立、貴星、竹林、上蓮洞、白洞など合計九〇名。

朴沚浚　「仁山先生朴沚浚功徳碑」檀紀四三一〇年（一九七七年）、門下録に六四名。
「仁山朴沚浚先生門徒契」己未（一九七九年）、門徒六四名、契資産として畑三一〇坪・二七〇坪を二年交代で小作し、小作料として裸麦三叺半相当の共販価格（二等級）代金を納める。
「仁山先生朴沚浚先生簿」一九六四年創設、上萬、水田一六八坪。

朱日文　「益庵先生朱尤旭記念碑」一九六二年、臨淮面九分実に碑（朴沚浚撰、金太俊書）。
「益庵先生朱尤旭学行追慕碑」一九七八年、上萬。
「益庵朱先生門徒契」一九六四年創設、門下生一八名。

李基昊　「竹史先生李基昊行積碑」一九七九年、門人四九名。
「竹史李先生門徒契」一九七九年創立、門徒五六名。
呉圭炫　「白湖呉先生学行追慕碑」一九七九年、隣村中萬に建碑、門人録四四名。
李謹容　「橘軒李謹容先生頌徳碑」一九八二年、上萬に建碑。
「橘軒全州李公英慕契簿」一九八二年壬戌六月起。

写真 8–15　「益庵朱先生門徒契案」1964 年 4 月創設

上萬における門徒契は、一九七四年当時は四つ、一九八四年当時には八つが組織されており、門徒は重複している。門徒契の中には、先生の生前から始めて、恩師を囲んで親睦をはかりながら資金を準備するものもあり、先生自身あるいはその子が初めに少し纏まった額を資金として提供することもある。いずれも、契方式によって契員による資金拠出、積立てと利殖を行い、位土（水田）を購入して資金を作り、「学行碑」を建てて碑の前で追慕の祭祀を行っている。また同門の誼が次の世代にまで保たれることを願って、子の代に継承しながら契を続けて行き、先生のほか弟子の物故者も併せて祭るものもある。弟子の数が多い門徒契では資金も潤沢になり、師の追慕祭祀ばかりでなく孝子・烈女の表彰を行うものもある。村内で最大の默齋先生門徒契の場合、契員数九一名（内訳は上萬七〇名、中萬二一名、貴星一四名、その他臨淮面内一〇村、他面七村、本土の木浦、霊巌に及んでいる）によって発足し、広い碑壇を設けその周囲の敷地一七八坪を公園のように整備したほか、位土として水田一九九一坪を所有している。また

写真 8-16　上萬碑ト。正面奥に位置するのが黙齋李先生実績記念碑、手前に上萬出身国会議員（李南俊）の記念碑

この門徒契による表彰対象者は珍島本島全域のほか鳥島面の離島にも及んでいた。

書堂教育を通して成り立つ人間関係の網の目は、住民の移住に伴う父系親族関係の網の目とはまた別に、村から面さらに郡へと広がっており、交通事情が悪かったにも関わらず昔の村人は意外に遠くの村にも恩師や先輩などの知人を多数持っていたようである。

またこうした師弟関係を辿るならば、中央での政治抗争のたびに流配されて珍島にやって来た著名な文人にまで辿ることが出来たようである。二百数十人に上る流配者の中には、古くは私塾に近い養士齋を開き、後に弟子たちによって鳳巖書院に祀られた盧守愼（一五一五―一五九〇年、一五四六年から一九年間珍島に謫居）を始め、また王朝末の代表的な人物としては鄭萬朝（一八五八―一九三六年、一八九六年から一二年間珍島流配）が邑内東外里に私塾「稷下齋」を開き、これが後に新式の「光新学校」として認可を受けた。これ以外にも王

写真 8-17　「默齋先生門徒契」による智山面古野里の孝子朱天柱に対する表彰碑

朝末期に流刑されて珍島に来た者の中には、安国善（一八七八―一九二六年、一九〇四年流配）のように東京府立中学と早稲田大学に留学した改革派も含まれる。彼を迎えた珍島の有志たちは邑内に私塾を設けて数学や日本語、英語まで学んだといい、玄斎采の『越南亡国史』なども教科書に用いて愛国精神の教育を行ったという。これが学生数の増加に対応して拡張されて新式の「進明学校」として認可を受け、一九〇九年には一郡一校体制における最初の公立学校珍島国民学校となり、一九二〇年にこれが珍島公立普通学校に改編された。安国善の「進明学校」と鄭萬朝の「光進学校」の関係については両者を同一のものと見る者もあって、郡誌などの記載も明確ではない。安国善が流配され珍島に滞在した時期（一九〇四年）は鄭萬朝の流配最後の時期と重なっており、地元の歴史家鄭承漢（解放後の初代郡守）によれば、両者は緊密な関係にあったというが、二つの学校は別個の可能性もある。改革派の配流者を迎えて地元の有志たちが設けた私塾は、在来の書堂教育というよりは、すでに改良書堂の性格を具え、更に愛国教育まで担っていた点で特筆されよう。辺境の地に在りながら地元の人々の中には、配流者を通して近代化・国際化の新しい流れに触れようとする積極性が見られ、そこに書堂教育と新式の学校教育の連続性を見てとることもできる。『越南亡国史』を採用して愛国教育に力を入れた点には独自性が明らかである。安国善は東京留学を通し

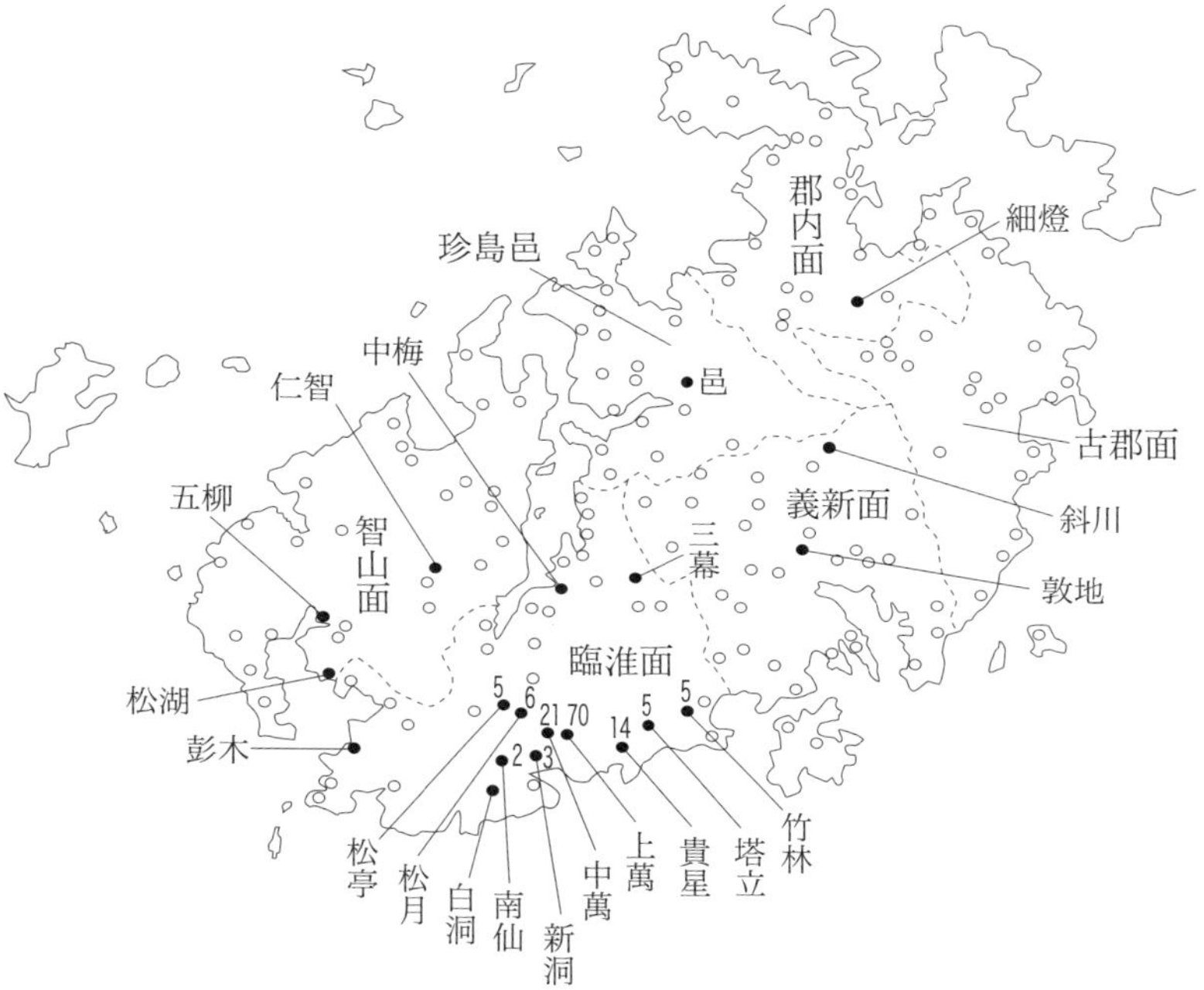


図 8-1　黙齋先生門徒契の契員の分布（数字は契員数を示す）

て当時最新の教育と知的経歴を有した人物で、帰国後愛国啓蒙活動で知られ、朴泳孝に連座して流刑されたと言われる。また韓国文学史においても新小説の先駆者として著名である。しかし妙なことに、安国善については珍島郡が編纂した『珍島郡誌』（一九七六年刊行）の配流者のリストの中にも見えず、また学校の沿革に関しても何ら言及がなかった。私が安国善の存在を知ったのは、私を上萬まで訪ねて来られた解放後初代の珍島郡守鄭承漢による教示と、一九八〇年代末になって上萬の古老朴秉旻（一九一四年生）からの聞き取りを通してであった。当然ながら本人たちは安国善から直接教えを受けたのではなく、書堂の師弟関係・門徒関係を通して間接的に知っていたにちがいない。私がそれを邑内で郷土史家や資料で確認しようとしても、当時は誰も関心を

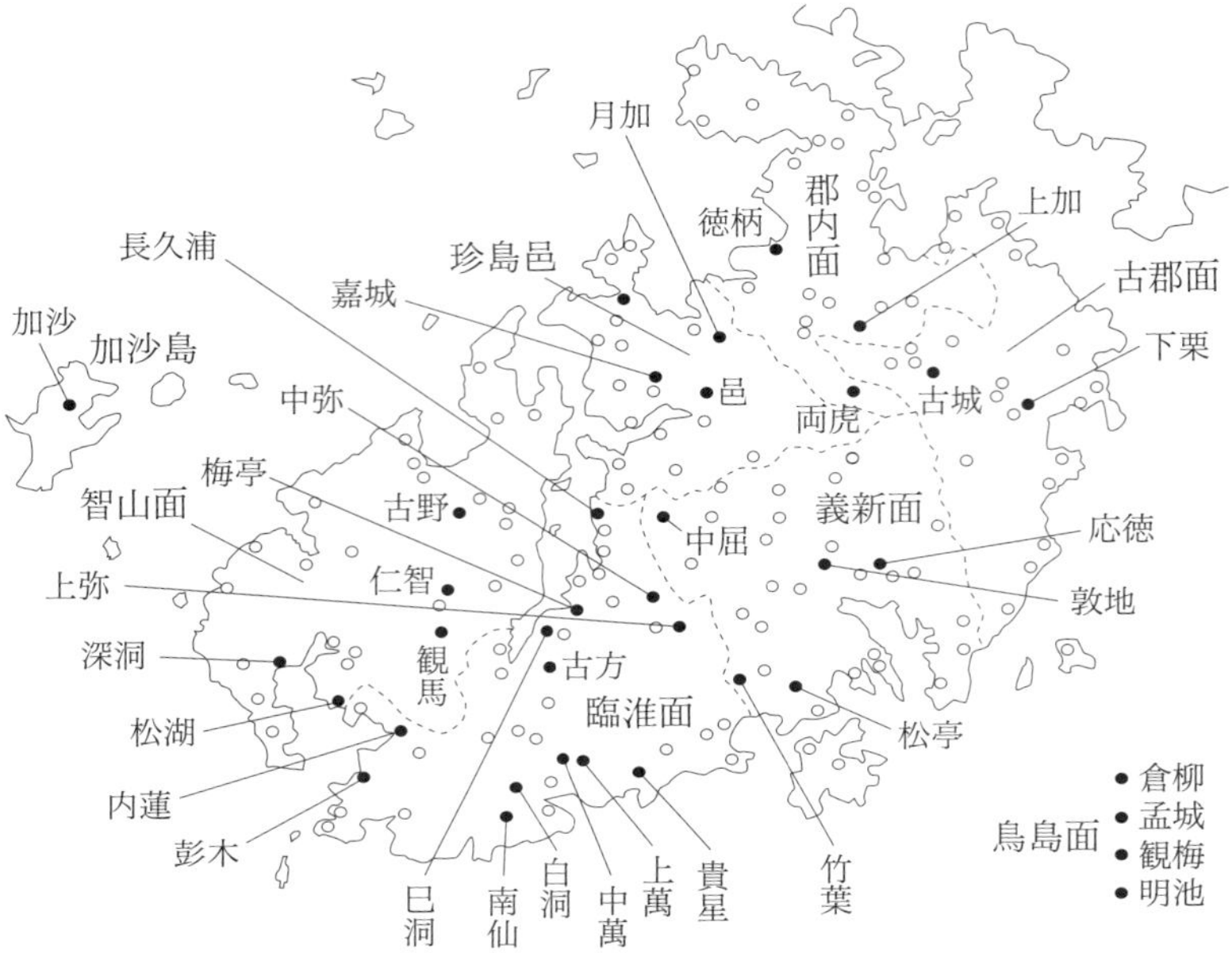


図8-2　黙齋先生門徒契による孝子、烈女、賢夫人、社会功績に対する表彰者の分布

払わず配流者リストの中にも存在しなかったのである。郷土史家たちの関心が、配流者の及ぼした影響の中でも儒学に偏重していた可能性があったためかもしれない。当時安国善を迎えた珍島住民の関心は儒学よりもはるかに広く進取的だったと考えるべきであろう。配流者がもたらしたのは儒学ばかりではなかった。辺境の島でも日韓併合前にすでに数学、日本語、英語の教育まで受けていたのである。

住民の自治的な書堂から発展した改良書堂が、新式の学校として認可され昇格した例は、珍島邑内ばかりでなく島内各地にみられた。臨淮面の石橋に設置された石橋公立普通学校も、朴亨俊ら地元の有志によって一九〇八年に設立された「私立学校」が前身で、漢文を松亭の金弼根、三幕の河洛春、上萬の朴秉洙、松月の李明容（速習国語読本も担当）、上萬の朴錫文（速習国語読本も担当）、日本語を三幕の河南植、石橋の朴乙培、そのほか算数も教えていた。これが一九一九年

写真 8-18　上萬の生徒が石橋公立普通学校で用いた第三学年用『朝鮮語及漢文讀本』大正年版教科書

に認可されて石橋公立普通学校に昇格し、上萬からも生徒が通った。同様にして義新面では一九二二年に敦地の改良書堂が認可を受け、翌年に義新公立普通学校に昇格した。

また離島の鳥島面でも一九〇八年倉柳に朴泰樹によって「営遷学校」が創立され、一九二五年に鳥島公立普通学校に昇格している［珍島郡・全南大学校・韓国語文学研究所編　一九七六：五二一—五二九、鳥島面誌編纂委員会編　二〇一〇：一五五—一五六］。因みに、公立普通学校は、一九三八年に公立尋常小学校となり、一九四一年には、公立国民学校に、一九五〇年に国民学校に、一九九六年には初等学校に改称されている。上萬では、住民が期成会を組織して、一九六六年に石橋国民学校の分校の設置にこぎつけ、一九六七年に上萬国民学校に昇格した。児童数の減少により一九九二年三月に廃校となった。

## 五　郷校と郷約

儒教教化の拠点として邑に設置された郷校で、儒生として名簿に名を連ねた人々の中に、果たして上萬のよう

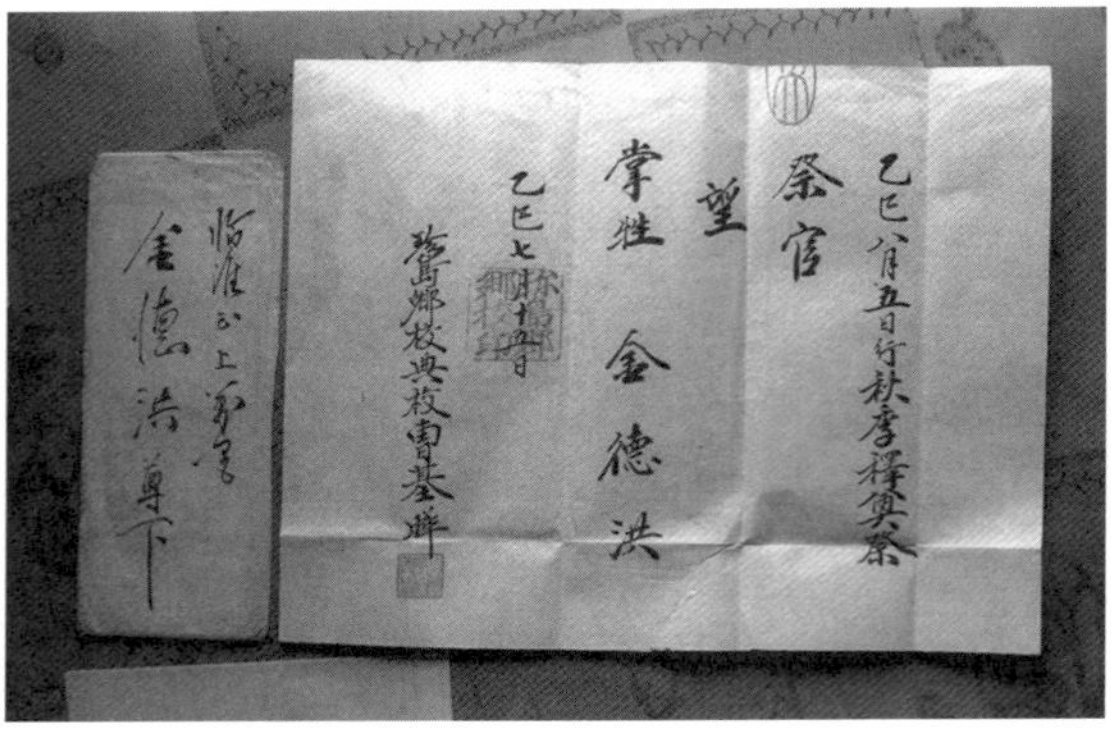

写真 8-19　郷校から上萬の金徳洪に宛てた 1965 年秋の釈奠祭官任命状

に辺鄙な村の出身者がどれほど含まれていたか分からない。古老から聞く限りでは、上萬では書堂が完備していたため郷校で教育を受けることは無かったようである。一方、上萬の書堂に遠方から通う生徒がいたように、邑の郷校にも郡内各地から生徒が集まっていたと考えられる。また、書堂の訓長（先生）を務めたような人物は、郷校と緊密な関係を有したことは明らかで、先述したように、縣板に撰者として名を残している金弼根は上萬および松亭の書堂ばかりでなく、郡内有数の儒者として知られた。上萬における聞き取り調査では、このほかにも上萬からは、朴漢益（一九世紀中葉）、李東承（黙齋先生、一九一〇年代）が郷校の最高責任者である典校を務めており、また、朱日文は一九歳から六三歳まで何度も上萬の書堂で訓長を務めたほか、その間二九歳から二年間郡庁に勤務し、三四歳から郷校の講師、三七歳から八期一六年間郷校の掌議、色掌を務め、その後一九六〇年代に典校を務めている。その他にも上萬に居住しながら郷校釈奠の祭官を務めた者は多い。釈奠は儒者として孔子をはじめ先賢の学徳を追慕する祭祀であり、郡全域の儒者を萬偏なく結集し、祭官の名誉を分かち合う儀礼である。

郷校の「三綱碑」とこれに関連する民間の親睦契である「綱献契」、そして郡行政や郷校とも連携して全郡規模で組織されていた郷約についても触れておこう。

三綱碑は、郷校が郡民教化の事業の一環として一九三一年に郷校の前庭に建てた表彰記念碑である。孝子部の二一名、烈女部の二三名、忠臣部の七名を対象としている。孝子部の筆頭に掲げられたのは、珍島における朝廷から認定された旌閭の嚆矢とされる一六世紀（中宗代）の朴大炯（一五三二―一五九〇年、慶州朴氏）であり、また忠臣に名を連ねているのは壬辰・丁酉倭乱期の功臣として郷賢祠に配享された人たちである。これに対して烈女部には一九三一年当時生存した撰者の妻が例外的に含まれており、これに対して疑念が表明されている。

綱献契は、郡内全域の有志たちによって、祖先の忠、孝、烈、学、友愛の徳目を追慕し親睦を深めるため、一〇六名の契員によって一九一八年に組織された。契員の拠出資金をもとに利殖によって設けた共同資産により、一九二三年に「綱献碑」とその碑閣「綱献閣」を珍島邑内に建立した。共同資産として一九四〇年当時水田二二斗落余りを保有した。綱献碑は二基の碑からなり、左側の孝子碑には孝子五一名、忠臣四名、学行八名、友愛三名を、右側の烈女碑には烈女三九名、孝婦一〇名の名が刻まれている［朴柱彦　二〇〇九a：四九―五四、二〇〇九b：二二四―二二五］。この契は、珍島においてもっとも影響力のある有力者を網羅した契として、会員間の通婚が多いことでも知られる。上萬からもかつて書堂の訓長も勤めた李基表（一八九四―一九六六年）が綱献契の契長を務めている。長子相続によって運営され、毎年碑の前で追慕祭祀を行っていたが、一九八五年の修契日を最後に解散した。

写真 8-20　郷校前の三綱碑（1931 年）

写真 8-21　臨二面郷約文書類

邑内から遠く離れた農村においては、書堂こそが日常的な教育や村民教化の場となっていたと見るべきであろう。こうした碑閣における追慕祭祀の機会としては、上萬においては学契の祭祀のほか、門徒契による師の学恩に対する追慕祭があり、著名な先生の追慕祭には広く他村からも門徒が参加して親睦の機会となってきた。郷校の釈奠の際に祭官として名を連ね、郷校の運営に関わっていた儒林たちの中には、郷校よりむしろ農村の書堂を教育基盤とした者が少なくなかったのである。また今ではすっかり名目化したとはいえ、朝鮮時代から続いている郷約や、今日の儒道会支部を支えてきたのも、こうした書堂教育と郷校を拠点とした彼らの師弟関係と同門意識であったといえる。

郷約契は地方在住の儒林たちによって組織された親睦団体で、全国各地に広く見られたものである。珍島郡における郷約についてはその成立時期を明確にできる資料はないが、上萬を含む臨淮面南部（かつての臨二面）では、成員は老齢化のため数を減じながら一九七〇年代にも郷約は存続し、稧講会を毎年開いていた。伝わる文書は、『臨二面　郷約稧簿』（戊申一九〇八年）、『臨淮二面　郷約稧案』（辛酉一九二一年）、『元臨二面　郷約稧簿』（辛酉一九二一年）、『郷約契役員名簿』（昭和一一年起）である。そのうち辛酉一九二一年の『臨淮二面　郷約稧案』には、壬寅（一九〇二年）九月の金根弼による「臨淮面郷約稧序」が転載されており、その中に収録された同年の「本郡保民郷約稧序」によって郡全体の郷約稧についても概要を知ることができる。

これらの文書に見るかぎり珍島の郷約は、一九〇二年に当時の珍島観察使が一〇〇両を、郡守が五〇両を捐金し、郷校の都正が二〇両、掌議二名と色掌三名が各六両、計三〇両の補助金を出し、以上合計二〇〇両に、約員二三七名による各二両の拠出分を合わせ、総計六七四両を共同資金として発足している。これを各面ごとに半年ずつ利殖を図り、毎年春秋の二回、全体の講約を開くと定めている。條約には資金運用の手続きと役割を簡略に記すだけで、目的と趣旨、賻儀の給付については何も触れていない。郷約の楔規については別個に原本が存在したはずである。郡全体の郷約の傘下に面別の郷約の会合と運営がなされ、一九〇二年の時点で臨淮面郷約の約員は四三名であり、上萬からは最年長六二歳から最年少の朴亨俊（当時二四歳）まで九名が参加している。臨淮面の約員四三名の中、九名を占めていることからも上萬の中心性は明らかである。その中でも年長者に混じって弱冠二四歳で参加した朴亨俊の存在が注目される。一九〇四年には郡全体の約員総数は二三九名で、この年、古郡面八名、臨淮面四名、義新面四名、郡内面一名の合計八名に対して各二両の賻儀を提供している。次いで、一九〇八年の『臨二面郷約楔簿』を見ると、一九〇七年に臨淮面の郷約楔講会が上萬の任司朴亨俊宅で開かれており、この時をもって臨一面（一道）と臨二面（二道）の二つの郷約に分かれたことが分かる。上萬の属する臨二面郷約は翌年から臨淮面南部の二三カ村で順番に講会を開くようになり、新入楔員を受け入れてきた。その後一九二一年からは『元臨二面　郷約楔簿』（辛酉四月）に引き継がれ、今日まで記録が続いている。一九二一年当時の楔員数は一〇五名であった。解放後は新入者の補充が少なく、契員数の減少と老齢化が進むとともに活動も停滞しており、楔簿の記載も資金の引継ぎ程度の簡素なものとなっている。講会も村を順番で開催することはなくなり、主要な役員の家で行われることが多く、中でも上萬で開かれる機会が多くなった。郷約の性格についても門徒契のようなものに改組する案が出されたが合意を見るに至らなかった。邑に近い臨淮面北部の旧臨淮一面と南部の旧臨淮二面は、住民の生活気風に差があって相性が合わなかったため、郷約も二つに分かれたのだという。その分裂が決議された楔講会が一九〇七年に上萬で開催され、しかも当時まだ二九歳の朴亨俊宅で開かれたことからも、同氏の信望と指導性が抜き出ていたことを窺い知ることができよう。彼はその三年後には臨淮面の初代面長に抜擢されている。

注

(1) 薛聰(新羅七世紀)、崔致遠(八五八―?)、安裕(一二四三―一三〇六)、鄭夢周(一三三七―一三九二)、金宏弼(一四五四―一五〇四)、鄭汝昌(一四五〇―一五〇四)、趙光祖(一四八二―一五一九)、李彦迪(一四九一―一五五三)、李滉(一五〇一―一五七〇)、金麟厚(一五一〇―一五六〇)、李珥(一五三六―一五八四)、成渾(一五三五―一五九八)、金長生(一五四八―一六三一)、趙憲(一五四四―一五九二)、金集(一五七四―一六五六)、宋時烈(一六〇七―一六八九)、宋浚吉(一六〇六―一六七二)、朴世采(一六三一―一六九五)の一八名。

(2) 郷校財産維持のため、郷校財産法の規定により道別に財団法人が設立されており、珍島郷校は「全羅南道郷校財団」に属している。

# 第9章　セマウル運動

本章では、一九七〇年から政府の主導によって始められた「セマウル運動」を取り上げ、この運動が韓国社会においてどのような背景のもと、どのように推進されたのか、地方社会の中でも農村でどのように受け止められ、村の生活にどのような成果と変化をもたらしたのか、調査地での観察を通して振り返ってみたい。

一九七一年に済州島の農村を尋ねた時には、セマウル運動らしい動きは何も感じ取ることはできなかった。しかし済州市内やソウルの映画館では、映画の合間に文化公報部による報道映画が上映され、セマウル運動推進のためヘリコプターで現地訪問する朴正熙大統領の姿と、模範的農村における村の人たちの活動、そしてセマウル指導者などが紹介されていた。珍島でも邑内では、郡庁前にはセマウル運動を推進するスローガンが反共スローガンと共に掲げられていたが、運動そのものに接することはできなかった。しかし一足農村に踏み込むと、村の会館前のポールにはセマウル旗がなびき、村の拡声器からは早朝からセマウル歌が流れ、里長が朝から住民に連絡事項や注意事項を伝える声が響きわたり、運動が展開しているのを身近に感じることができた。当初、セマウル運動の標的はあくまでも農村であった。村の様相もさまざまであるから一般化するには慎重を要するが、どこまでも調査地上萬の実状を踏まえることにしたい。したがって、中央主導で進められ、文化公報部によって喧伝されてきたセマウル運動像とはかなりの隔たりがあるとしてもやむを得ない。しかし、外部者による観察に限界が有るとはいえ、具体的な一つの村落について、さまざまな脈絡を踏まえながらセマウル運動を記述した例は無かったのではないかと思われる。当時都市の住民にとって、官製メディア以外には情報はきわめて限られており、農村研究に関わっていた人類学者の中でも、セマウル運動について言及したのはブラント以外にはなかった［ブラント　一九七三］。

セマウル運動については運動開始当初からさまざまな紹介がなされており、一般には農村開発の成功例として国際的に喧伝されてきた。しかし、それらの評価はかならずしも具体的な事例に即したものとはいえず、今日に至るまで実証的な評価は充分になされたとはいえない。それにはさまざまな背景が考えられ、また多くの制約があったことを指摘できる。

この時期は、韓国社会全体が経済成長政策のもとで大きな変貌を遂げた時期に当たるため、社会全般にわたる変化の中で「セマウル運動」の成果をどの様に特定できるか、判断が難しいという点があろう。セマウル運動の成果を文字どおりの農村振興あるいは農村開発という点から検討するには、韓国の農村社会そのものの実態に対する理解が求められる。従来の諸報告に見られるような、統計資料を拠り所とする一般的評価ではなく、具体的な村落における事例を通時的に追いながら、その成果とはいかなるものか検討しなければならない。統計調査も、何が課題であるかという「課題の特定」なしには具体的な調査計画も本来成り立つはずがない。運動の推移展開とともに運動自体の方向も変化して行く中で、評価の基準をどこに置くかが問題となるし、それは時間軸をどのように設定するか、関連をどこまで広げるかという点とも関連してくる。

筆者の観察も、珍島の上萬という限られた村落の事例に拠るものであるが、その事例を通してこの運動が韓国農村に及ぼした変化を捉え直す視点を示し、それを韓国農村一般に適応してみるとどのような評価が下されるかが課題となる。

はじめに「セマウル運動」研究の問題点とその置かれた状況について触れた後、この政策の時代的・政治経済的背景と開始時の経緯、実施過程において顕在化した韓国社会の様相、農村におけるこの運動への取り組みと行政への対応、そして、セマウル運動の展開にともなう農村社会における葛藤についても触れる必要がある。すでに取り上げた通り、調査地上萬では一九二〇年代から村の有志による指導の下で、振興会や水利契のように住民の自治的かつ積極的な活動が見られた。セマウル運動への対応も、住民のそうした経験と無縁ではないと考えられる。村落社会における指導性のあり方、協同のありかた、社会変化への対応について見ながら、この村にとってセマウル運動がいかなるものであったのかふり返ることにしよう。

## 一　セマウル運動研究の難点

セマウル運動は、政府が掲げた農民の自主性という運動理念とは逆に、中央の政治指導のもとで行政を動員して推進された。しかも朴正熙軍事政権による開発独裁体制のもとで、七〇年代以降の内政の根幹と位置づけられたため、この運動ないし政策を客観的・学術的な観点から研究することにも評論することにも大きな制約があったと言わざるを得ない。今日では信じられないことのように思われるが、当時の独裁体制の下では、人々は政策に触れる言動には大変慎重であり、委縮しているようにさえ見えたものである。政策への異議が封じられる中、一方では、他人に先駆けて積極的な対応を見せることで、政府の歓心を買おうとする傾向もあったように見受けられた。

運動開始とともに大学や研究機関内にもセマウル研究の部署が設けられたが、それらの多くは研究を掲げながらも実はこの運動の一翼を担うものであって、実証的な姿勢の乏しい翼賛的な性格を帯びていたように思われる。運動が発足して間もない時期から数々の報告書が出され統計資料も紹介されているが、そのすべてが広報的な性格のものであったといってもよい。農村の現場に即した報告や評価はほとんど無く、間接的な資料に基づいた報告・評価ばかりで、内容も行政の意向に沿うような無難なものであった。当時は、さまざまな団体や機関が、政府に対して忠誠を誓う証として、競い合うように政策支持の声明を新聞の広告欄に掲げたりする時代であった。続々と名乗りを上げたセマウル運動研究所も、そうした独裁体制における適応の姿と見えた。その当時の報告類の中で有用といえるのは、新聞社が特集として編纂した読本に収められた模範的な村の事例紹介［ソウル新聞社編輯局　一九七三］や写真集である。それは、各地から模範例として推薦され、中央の運動本部から認定された事例について紹介したものであって、新聞記者によるルポ風のものであった。しかし、運動が提案されてまだ二年余りの間に、実質的に果たしてどれだけ住民の間に主体的な参加態勢が整っていたのか、また、既存の村落社会にどれほど根差したものか、村の社会的脈絡についてほとんど言及していないため、これらの事例についても評価が難しい。こうした模範例が、中期・長期にわたってどのような経過を辿ったのか、地域社会にいかなる成果をもたらしたかという点については、その後の追跡も行われていない。行政や研究者ばかりでなく地元の人々ですら、そうした長期的な展望に立った持続的な蓄積や発展に対して、どれほど関心を寄せていたのか疑問である。事例調査がほとんど行われていないため余り知られていないことだが、こうした模範村すらも、特別有利な立地条件にあった事例を除けば、そのほとんどが持続しておらず、一部関係者だけが遠い過去の思い出として語るにすぎない。

次に、セマウㇽ運動自体が、その時間的経過にともない大きな変貌を遂げていったことを指摘しておこう。セマウㇽ運動は、農村ばかりでなく地方の町（邑）あるいは都市の市街地や住宅地や職場にも適用されるようになり、文字通り全国民的な運動として展開することになった。その結果、当初の農村特有の問題に根ざした運動という本来の性格は曖昧となり、農村の事例もその全体の中に飲み込まれてしまい、農村における成果を見極めることが難しくなったといえる。つまり、農村の意識改革と生活改善を掲げた運動であったものが、全国民的運動に拡大され、国民統合ないし国民形成を担う運動と化したため、農村についても全国的な国民形成・国民化の大波の中に位置づけられるようになり、農村開発という評価基準が軽視されることになった。その点を踏まえ、先ず何より当初の課題であった農村開発ないし農村振興という点に立ち返って、セマウㇽ運動が韓国農村に何をもたらしたかを見るべきであろう。

また、さほど広くない国土の中でも農村の置かれた状況には地域差が大きく、その多様性を視野に入れるのも容易ではない。中央集権の強固な伝統に加えて開発独裁体制のもとでは、住民生活のあらゆる面で中央との政治的社会的な距離が大きな規定要因となってきた。中央との緊密な関係のもとで推進されたインフラ整備により、鉄道や高速道路などの交通・流通手段に恵まれた地方では、農村地区であっても比較的早くから、都市を中心とする経済発展の波及効果により、市場向けの園芸作物の導入などの点で有利な状況が生まれた。こうした国民経済の発展に伴う地理的・物理的な波及効果までもが、セマウㇽ運動による発展という印象を与えてしまいかねない。

また、農村社会の発展に対する基本的認識にも、当初の政策モデルと実際の展開過程には大きな隔たりがあったように思われる。当初セマウㇽ運動が農民の意識改革を重視して掲げた「協同による農村の自律」という農村発展モデルとは異なり、現場においては組織よりも個人を重視する在来の社会像に基づき、農村社会・農村生活の発展においても、野心的な個人による起業家的な活動に負うものと考えられた。つまり、そもそも社会発展の在り方に対する評価基準に問題が潜んでいたように思われるのである。

以上のような難点を考慮の上、セマウㇽ運動当初の文字通りの成果を考察するには、都市の近郊農村や交通の幹線から隔たった農村を見る必要があると思われる。その点で、調査地上萬は全羅南道の島嶼地方に位置し、韓国全体からすればかなり辺鄙な立地条件にある。幹線道路や鉄道沿線の農村とは大きく異なり、都市経済の直接の波及効果を期待できない条件にあったといえる。しかし、この村はこの地方の農村としては規模も平均よりも大きい方で、また農地や水利施設の点でも恵まれ、またすでに第7章で見てきたとおり、かつて一九二〇年代末から村人の主導によって農村振興に取り組み、模範的な成功例として評価された村でもある。この村については筆者自身が七〇年代初頭から四〇年にわたって継続的に行ってきた観察を通して、セマウㇽ運動の社会的脈絡を踏まえることができるという利点がある。

## 二　セマウㇽ運動の背景と経緯

この運動の背景としては、七〇年代初頭の政治・経済面での一般的な要請のほか、時の大統領であった朴正熙大統領自身の強い信念と個人的な経験が無視できない。

政治・経済的には、先ず第一に都市部と農村部の間の経済的格差を是正することが課題となっていた点が挙げられる。第一次経済開発五カ年計画（一九六二―六六年）、第二次経済開発五カ年計画（一九六七―七一年）の一〇年間に韓国は年平均九・九パーセントの経済成長を遂げたが、当時、独裁体制のもとで推進されてきた経済開発がもっぱら都市部を中心としてきたため、農村部との間の所得格差が加速されてきた。とりわけ輸出依存度の高い製造業を重視した基幹産業育成を進めたため、中央と地方、都市と農村間の経済格差が社会問題化し、また経済の安定を計るうえでも国内における内需の立ち遅れが指摘され、地方の所得水準の向上が現実的な課題として浮上しはじめていた。一方、クーデターによって実権を掌握した正統性の脆弱な軍事政権にとって、人権抑圧と独裁体制に対する世論の批判をかわす上で、農村人口の支持を取りつけるというきわめて政治的な要請がはたらいたことも確かであった。

一方、この運動は、どこまでも朴正熙大統領個人の特異な関心と熱意を背景としたものであり、そうした経緯を軽視することはできない。もともと貧しい農家の出身であった朴大統領は、農村の生活向上に対して特別な関心と展望をもっていたと伝えられている。日本の統治下における農村開発事業であった「農村振興運動」当時も、当時小学校の教師であった朴正熙はこの運動の中堅指導者育成のため特別に指定された慶尚北道聞慶公立普通学校に配属された経歴をもつ(1)。

セマウル運動は一九七〇年の四月二二日の地方長官会議における朴正熙大統領の諭示が発端となって企画されたとされており、多くの文献に諭示の内容が紹介されている。その諭示文には、農民自身が自助意欲をもって生活改善に取り組む農村に対して、各道、市、郡が率先して支援すべきこと、これを「新しい村（セマウル）作り運動（새마을가꾸기 운동）」と呼び、政府は財政面で支援するため各道に年間三〇億ウォンを支出することなどが盛られていた［文化公報部　一九七三：二三六―二四二］。

政府はそれ以前にも農村の経済開発のために投資を行っており、一九六八年には「農漁民所得増大特別事業」、「農業用水開発事業」に合計九〇〇億ウォンを支出している。また、セマウル運動の開始から二年次に当たる一九七二年に始まった「第三次経済開発五カ年計画」は、農業部門に重点を置いて、食料の自給、農業生産基盤の近代化、農漁村環境近代化、農家所得の増大を目標に掲げている。こうした政策のもとで、セマウル運動では開発の主体として農民を位置づけ、その自発性と啓発を主要目標とした運動の形態を採った点で基本的に新しい施策といえる。

その後の経過は、大統領周辺で企画された運動路線のもとに推進され、とりわけ一九七二年一〇月に戒厳令を下して独裁体制を固めた「一〇月維新体制」のもとで、大統領は特別宣言においてセマウル運動を国家施策の最優先課題として推進することを宣言し、内務部の官僚を総動員してこの運動が全国に展開された。中央および地方の行政官は、この政策への積極的な参与をもって中央への忠誠度を計る指標と見なされ、具体的な成果を挙げることを誓約して白紙辞表の提出を求めるといったことも行われ、中央集権の忠誠体制が総動員されたのである。大統領はしばしば予告も無しに自分の判断でヘリコプターによって地方の現場視察を行い、その度に地方行政担当者の間に人事異動の嵐が吹いた。

セマウル運動の指針とも言うべき中央政府による刊行物としては、一九七三年六月に文化公報部から出された『セマウル運動』がもっとも早く、次いでようやく七五年以降になって内務部による『セマウル運動』が刊行されている。それ以外にも七〇年代には定期刊行物である『地方行政』や農協による『農協調査月報』、韓国農村文化研究会の『農民文化』などにセマウル運動関係の紹介記事が見られるが、(2) 中央政府による正式の運動指針を示したものではない。

文化公報部によって一九七三年六月に刊行された『セマウル運動』は、広く国民向けに運動の概要を示し運動の指針書として用いられるように配付されたもので、ハードカバーの三〇〇頁程度のものである。その内容は、大統領の意思と運動の意義と時代的背景、立案の経緯と初期の展開、運動の目標と基本的な事業方針、具体的な事業紹介を行い、付録として大統領の語録集と主要な談話文が八〇頁にわたって掲載されている。

その冒頭にセマウル運動の基本性格として、（a）農民の覚醒と自信を基礎として下から起こった国民運動、（b）村の伝統的協同の美風に基づいて起こった協同運動であり住民の統合運動、（c）村人の討議によって決定し推進する民主主義運動、（d）国民経済と国民精神の近代化を目指した五・一九精神を継承し、国力の培養と組織化による祖国統一を目指す国民運動であるとし（七―九頁）、その上で「セマウル（新しい村）」においては、住み良さ（生活環境の改善）と豊かさ（所得と生産向上）を重視し、不正、不条理、不合理、奢侈、浪費、頽廃からの脱皮を説いている（九―一〇頁）。次いでこの運動の内容としては、（一）精神啓発として勤勉・自助・協同の三点（二九―五二頁）、（二）生活環境改善として家庭・村・国土について具体的な改善点を挙げ、（三）所得増大としては科学的農業による生産向上と副業の開発を挙げている（五一―六四頁）。また運動の段階として、物的な刺激による介入的な段階から主体的・持続的な発展へと進む二つの段階が想定されていた［文化公報部　一九七三］。

## 三　精神啓発と農村の旧態

セマウル運動が当初掲げた方針は、精神啓発と生活環境改善、所得増大であった。このうち、精神啓発は内面的な意識改革をめざすものだが、生活環境改善はこれとは対照的に外形的・物質的なものであった。それに対して所得増大は、農民からどれほど実質的な事業として受け入れられたか、どれほどの成果を生んだか検討を要する。

精神啓発を必要とされる農村の現状について、政府の認識と評価は文化公報部『セマウル運動』に見るかぎり大変厳しいものであった。それをそのまま紹介すると、これまでの韓国の農村では上下の秩序関係が優先され、過去への執着が強く、同等な自己や独立した自己が成立せず、他人への依存心が強く、某の後孫に当たるというように家族・血縁関係がものをいい、同窓関係による学縁がものをいい、湖南と嶺南の出身や党派が重視され、公と私の区別が無く、排他的で協同を拒み、職業の貴賤が問題とされ、権威意識と派閥意識が強いとまで指摘しており、農村の現状に対してたいへん否定的な認識が見られる［文化公報部　一九七三：三四―三六］。こうした現状批判的な視点は、伝統的な価値観を背景とした従来の指導層の認識から掛け離れたもので、ほとんど自己否定に近い厳しい認識に立っていたことに驚かされる。これは、クーデターという非常手段によって政権を奪取し、革命軍事評議会を主宰して大胆な社会改革に取り組んでいた朴正熙大統領個人の、韓国伝統社会に対する批判的認識が強く反映された結果とみることができよう。こうした厳しい現状認識は、とりわけセマウル運動の当初強く打ち出され、また政権周辺で顕著に見られたようであるが、運動の展開とともに次第に穏健な内容になり、また運動が中央から地方に波及するにしたがい、現地の実情に見合った形で伝統との融和が計られた。つまり農村の伝統的な生活気風については、当初の政府刊行物では大統領の意向を強く反映してその弊害面が強く指摘されていたのに対して、そうした危機意識は時間が経つにつれ、また地方に行くにしたがい薄れ、「良風美俗」との調整が計られ、伝統的な礼節が盛り込まれる結果となった。

精神啓発の指針として「勤勉」、「自助」、「協同」の三つが掲げられたが、特に「勤勉」、「自助」を掲げた背景については、事大思想と慕華思想の伝統にまで触れた上で、人々の政府に対する依存心が強いことを指摘し［文化公報部　一九七三：三九―四四］、一方で、韓国の農村社会における「協同」の伝統としては、地域の相互扶助と自治の組織としての「郷約」と「契」、「洞会」や協同耕作慣行「トゥレー」や労働交換方式「プマシ」など、在来の慣習にみられた協同精神を生かすことが提唱されている［文化公報部　一九七三：四五―四八］。

儒教の伝統が日常の生活規範として深く根を下ろしていた韓国社会において、セマウル運動は当初から儒教の伝統と微妙な関係を帯びていた。朴大統領の出身地である慶尚北道は、こうした儒教の生活規範を日常の生活においても体現していた名門両班が地域に地盤を有しており、朴大統領はそうした旧両班僧とは異なるいわゆる常民層の農家出身であったことが、農村の旧態に対する批判的視点の背景となっていたと言われる。朴大統領はすでに一九三〇年代の農村振興運動当時から農民教育に関わり、伝えられるところでは、儒教の伝統についても近代化を妨げるものとして否定的な見解をもち、儒教的な行動規範からの脱皮こそが農村の近代化に不可欠なものという信念をもっていたといわれる。セマウル運動のスローガンとして全国の村々に掲げられた「勤勉・自助・協同」の標語は、儒教の理念を生活の中で実践に努めてきた両班たちの行動様式に対する批判を念頭においたものであった。『セマウル運動』［文化公報部　一九七三：五〇］の中でも、過去の両班階級を名指して、その不労所得がもたらした奢侈・浪費・頽廃風潮が無くなり、勤労精神を蝕む不正・腐敗・不条理が消えることを目標に掲げている。肉体労働を蔑視し、読書生活を通した内面的な人格の完成を理想としてきた両班たちにとって、勤勉は何ら積極的な価値を持たなかった。目先の仕事や労働に忙殺されるのは内面の修養には妨げになると見做され、逆に、内面が貧困であることの証と見做され、勤勉で地道に働くことは賞賛されるどころか、時には無能で愚かな者のすることと見做されることとすらあったのである。むしろ自らは何もせず、自分のすべきことすらも他人にやらせるような者がむしろ社会的威信を得ていたのであるから、自助精神とは正反対のものであった［崔在錫　一九七五］。こうした生活気風と行動様式は決して遠い過去のことではなく、七〇年代初めの韓国農村にはまだ見られたところである。

また「協同」が特に課題とされた背景には韓国独特の親族体系を基調とした人間関係との関連がある。すなわち、父系出自に基づく親族体系を理念として重視してきた韓国社会では、父系の親族であればウリ（우리）という接頭辞を付けて無条件に信頼し頼り合うことが当然とされるのに対して、親族でない者に対してはナム（남）つまり他人と見なして遠ざけ軽視するばかりでなく、時には潜在的な不信や対抗意識があるため協同関係には限界が見られたのである。例えば田植えの際に人手を確保するためにプマシという労働交換が慣習となってきたが、苗を植える作業一つを取ってみても、親族なら我がことのようにきちんと植えるのに対して、非親族は相手をよく選ばないと、植え方が不十分なため、風が吹いて田んぼが波立つと苗が抜けてしまったりすることを村の人たちはよく分かっていた。このため、プマシの相手にも親族が優先されるのである。このような親族と非親族間の相反する性格は、韓国社会において生活の中に深く根を下ろしており、とりわけ意識されることも無かったように思われる。親族集団どうしの潜在的な対抗意識が時には緊張や対立となって顕在化することがありえたことは、第一章でも触れたとおりである。地域社会においては当然視されてきたためであろうか、協同と親族伝統との関連についてはセマウル運動の指針（一九七三年）においても深くは触れていない。

これに加えて、儒教的な名分意識や序列意識が、些細なきっかけによって村人の間に威信をめぐる対立を巻き起こし、それが協同を困難にしてきたことも指摘できる。とりわけ、両班常民間の身分的な関係が尾を引いてきたような村では、両者の協同が容易ではなかった。しかし一九七〇年当時、地方の行政官がどの程度までこうした社会文化的脈絡について問題意識を共有していたかどうか疑問である。儒教に基づく行動規範は、韓国社会の人間像と社会観そして行動と社会規範の根幹を支えてきたものであり、これを対象化し自覚することは容易ではなかったのである。

# 四　生活環境改善

セマウル運動の展開過程については、一九七三年に入ってセマウル運動中央推進委員会によって整理されており、一九七〇年から一九七三年までを基礎環境事業と所得事業を通した基盤造成段階と位置づけている［セマウル運動中央協議会　一九七三：一一六―一一八］。しかし、こうした段階と位置づけられる以前の運動初期については、具体的な施策によって把握するべきであろう。

政府は一九七〇年から全国の農村三万三二六七を対象として、各村に一律セメント三三五袋を支給して、その用途については農民が主体的に選定する事業に任せ、その成果を見て農民の主体性と意思を評価する方針を採った。翌一九七一年までを実験期間として、その成果を見て事業実績と住民の団結と意欲、指導者の指導力などの点で優れた村一万六六〇〇カ所を「対象マウル」に選んで、一九七二年から重点的な支援として、各村に更にセメント五〇〇袋、鉄筋一トンを支給し、約二〇種の指定標準事業の中から各村が事業を選ぶという方式が採られた。この指定から漏れた村の中にも、支援を受けずに運動に参加した村が六一〇八カ所みられ、これら「自進マウル」も含めて七二年度に運動に参加した村は全国総数の三分の二に当たる二万二七〇八カ所に及んでいる(3)。

村における生活環境の改善事業として七三年の文化公報部の指針に示されたのは、家庭における藁葺屋根のスレート化、便所や下水道の改善、厨房の改善、食生活改善、韓服の改善、冠婚喪祭の簡素化（『家庭儀礼準則』の遵守）、奢侈・迷信の打破、また村の環境改善としては、村内の路の拡張、農路の拡張、共同洗濯場、共同井戸、下水道の改修、セマウル会館の建設、郷土文化財の保護などであり、これに加えて政府による行政的な支援事業

写真 9-1　1977 年当時の上萬。スレート屋根が白くまばゆい

写真 9-2　1984 年当時の上萬。藁葺きの母屋はたった一つとなった

写真 9-3　2002 年の上萬

としては、農村の電化、農村標準住宅の建設、簡易給水施設、メタンガス発生施設、造林事業などであった。

これらの事業のうち、「藁葺屋根のスレート化」と「村内の路の拡張」は「セマウル歌」（朴正熙大統領の作詩作曲による）の歌詞にもあるように、セマウル運動の象徴的な事業として位置づけられていた。

藁葺屋根は、都会の一部の人々には田園的で郷愁を誘うもののように見なされることもあったが、一般的に韓国では藁葺屋根のくすんだ色となだらかな屋根は農村の貧困を象徴するもののように見なされ、瓦葺屋根と対比されてきた。藁葺屋根は、毎年収穫を終えた後に稲藁をマラム（마람）に編んで用意しておき、これを屋根の上に庇の部分から渦巻き状に被せてゆく簡単な手法で葺き替えられる。しかし、毎年このマラムを編むために大量の藁とかなりの時間を要することから、スレート屋根に葺き代えることでその労力を軽減し、同時にその分の藁で縄を綯ったり叺《かます》に編むならば、七二年当時、叺一つ当たり九三

写真 9–4　整備される前の村内の路

ウォンで農協が買い取ることで副収入が得られ、あるいは籾を入れる容器（メッコリ 맷고리）や農作業用の莫蓙に編んだり、堆肥に充てることによって所得増大に繋がるという計算がされていた。しかし、叺はその数年後にはビニール袋にとって代わられ、買い上げ制度も廃された。藁葺き屋根を無くすことは運動への積極的な参加を評価する指標のように看做され、上萬でもこれに応じた村人の間で屋根改良契が組織され、他村に劣らず二年間に数軒がスレート屋根に葺き替えられた。

村内の路（マウルキル 마을길）は両側が屋敷の石垣となっており、以前は牛が荷を背負って通れる程度の狭いもので、すれ違う時にはどちらかが石垣の入口（サリプ）に避けなければならなかった。この路を拡大することはリヤカーや耕運機の導入にとって欠かせないものであった。路幅拡張には、両側の石垣を後退させて積み直さなければならないため村全体の協調が不可欠であった。後には村の外部の凸凹路も耕運機のために均され拡張されていった。

共同洗濯場は村の中を流れる小さな川の縁に水が溜ま

るように作られており、石段を降りると洗濯し易いように石を四角く組んで作られていた。セマウル事業では、セメントを用いて周囲を清潔にし、また洗濯の用途別に水を使い分けるように整備された。また共同井戸も同様に周囲をセメントで平らに塗り固めて清潔にし、井戸に塵などが入らないように風除けを作ったりして整備された。石垣沿いの溝も村路の拡張の際に改修され、また、村の背後から流れ下る堰も、増水時に水が溢れないように岩とセメントで改修され、縁や路肩もセメントで補強された。

写真 9-5　拡張され側溝が整備された村内の路

写真 9-6　共同井戸

新たに建設されたセマウル会館は、村の集会場を中央に小さな洞事務所の部屋を兼ね備えたもので、脇の火の見櫓には鐘（上萬では一九三〇年代末に振興会によって購入された）と拡声器が設置され、セマウル会館の前には国旗掲揚塔も設けられた。村の事務所には、机と椅子、ロッカーには電池式のアンプが置かれ、政府の広報関係の刊行物などを並べた形ばかりの書籍コーナー「セマウル文庫」も設けられていたが、ほとんど利用されていなかった。

これに対して、家庭における便所や厨房の改善、食生活改善、韓服の改善、冠婚喪祭の簡素化（『家庭儀礼準則』の遵守）、奢侈・迷信の打破などの実施状況は、地方差ばかりでなく村による差も大きい。上萬では、便所についてはセメントを用いて多少改善を試みた家庭が現れ、一九八〇年代になると便所の建物部分を見栄え良く白セメントで改造した家が増えたが、厨房は今日に至るまで、母屋をまったく新しく建て替えた家庭を除けば、ほとんど手が加えられていない。食生活改善と韓服の改善などは、セマウル運動としては見るべきものは何もなかったと言ってよい。特に食生活は、基本的に村の田畑で採れたものを食べるというのが基本であって、それ以外には、時折定期市場で購入したカルチ（太刀魚）などの魚が加わるにすぎなかった。むしろ食生活に潤いと栄養のバランスをもたらしたのは祭祀などの儀礼にともなう食べ物であった。政府が指定した『家庭儀礼準則』に拠って冠婚喪祭の簡素化がそれなりの成果を挙げたのは町や都市部に限られ、上

写真9-7　セマウル会館

萬ではまったく無視されたといってよい。祭祀の祭壇を設けるに当たっては儒教儀礼の型式を強調する意見がある一方で、村人の間には、祭祀は実情に合わせて（현편에 따라）行えば良いという現実重視の意見も説得力があって、過疎化と老齢化にともなって祭祀の規模が縮小したにすぎない。セマウル運動で特に儀礼の簡素化を取り上げた政府の目論見は、こうした儀礼にともなう供物や接待の消費を抑制し、また儀礼にともなう遊興や休息を規制しようとする点にあった。しかし、こうした儀礼は村の単調な生活において貴少な社交の場となり、また何よりも肉や魚などの栄養を摂取する上で農村の文化生態学的な循環を支えていることは、行政や経済関係の近代論者は理解していなかったようである。

一方「迷信打破」は、郡庁からの上部指示（サンブチジ）を受けると村の側でもこれを無視することはできず、行政に対する忠誠を表明するため、村の神木の根本で行われる伝統的な洞祭（コリジェ）が一九七五年には廃止に追い込まれ、同時に綱引きも取り止めとなった。その一方で、都市部で代表的な迷信として真っ先に槍玉に挙げられたムーダンによる巫俗儀礼は、地方社会では家庭の病気治癒や死者の供養といった要請に応えるものであり、上萬ではタンゴル巫が健在なかぎりは続けられていた。それは、若い世代にキリスト教信者が増えた珍島の邑でも同様であった。巫俗儀礼の中でも死者の霊を洗い清めてあの世に送る趣旨で行われるシッキムクッが無形文化財に指定されたこともあって、珍島の誇る伝統文化を迷信として抑制する動きは行政側にも無かったように記憶する。

死者の霊を慰める巫俗儀礼が衰退する契機となったのは、むしろ家庭内で宗教上の理由で合意が得られない状況が生まれたことを指摘できよう。とりわけ、キリスト教に入信する者が出ると兄弟間でも意見が分かれる場合が目を引いた。巫俗儀礼を迷信としてもっとも嫌ってきたのはキリスト教徒たちであった。(4)

有形の郷土文化財の保護も掛け声ばかりであって、調査地上萬では高麗末の五重石塔やミロク像（浮彫）につ

写真 9-8　シッキムクッ。死者の霊を洗い浄めてあの世に送る巫俗儀礼

写真 9-9　ミロク石像

写真 9-10　メタンガス発生施設

いて村人の関心は低く、これをセマウル事業で保存しようという動きも見られなかった(5)。天然記念物の大榧につ いても、一部が枯れ始めるまで村人はほとんど関心を払わず、後に行政の支援によって保存が講じられたにすぎない。

政府の支援事業として掲げられたものでも、中央政府との政治的距離に応じて実施過程には地方差が大きかった。一般に全羅南道地方は「全南不待接」と表現されたように中央政府から疎外されていたため、全般に遅れがちであった。電化事業もこの村では一九七六年にようやく実現した。また、簡易給水施設は技術的にも難点があり、セマウル運動とは関係なく九〇年代に入ってようやく実現した。

メタンガス発生施設は一九七二年に何軒かの家庭で行われていたが、それは郡庁の指導のもとで試験的な試みが各村に割り当てられた際に、里長などが役柄上受け入れて庭の片隅で試みたにすぎない。家庭から出る生ごみの量や気温などの条件面から見ても、とうてい実用的なものではなかった。農村標準住宅の建設は、セマウルにふさわしい新しい家屋として提示されたものである。高速道路沿いの村などで人目を引いたものであるが、調査地上萬では耳にしたこともない。

造林事業は、セマウル運動以前から全国で治山・治水のため政府事業として行われていたが、セマウル運動とともに上部指示によって村に持ち込まれ、「絶対緑化」や「入山禁止」などのスローガンや案内板が調査地上萬でも眼を引くようになった。その実質は、有用な木材を育てるような長期的な造林を目指すものではなく、とりあえず山にある樹木ならどんな樹木であれ伐採せずに守ることを優先するものであった。そのためには農家の燃料問題も考慮に入れる必要があり、木の枝を必要以上刈らないように、その代替燃料として田の畔や周辺に植える草の種が配られたこともある。緑化は効果を挙げ、ほとんど禿げ山同然だった山が徐々に緑で覆われてきた。やがて人の手が入らない山は藪が茂って、かき分けて登るのも難しくなった。緑化については、村の人が積極的に参与したというよりは、国家的なセマウル運動のもとで、乱伐に対する厳しい規制を受け入れる体制が生まれた結果というべきであろう。造林緑化事業については、年長者の間では総督府統治下の厳しい治山管理と指導を想起する者も少なくなかった。当時は上萬の裏山にも樹木が茂り、見上げると空も見えないほどであったとか、猪(メッテジ 멧돼지)やノロ鹿(노루)も沢山棲息していたという。造林には歳月がかかったが、解放後に規制が緩み、村の人たちの中にも薪を売って生活する者が現れると、村では伐採を制することはできなくなり、瞬く間に山は禿げ山になってしまったのだという。

指針に掲げられたこうした事業以外に村で建設されたものにセマウル倉庫がある。セマウル事業に必要な肥料やセメントなどの物資を収納するためのものであり、その建設用地として、一九三〇年代に上萬振興会によって建てられた村の公会堂が取り壊された。この公会堂にはかつては共同作業所と集会場と共同販売店が備えられ、この村の農村振興活動の拠点となっていたものであるが、七二年当時はほとんど廃屋同然となっていた。

## 五　行政とセマウル指導者

村落の行政職としては王朝時代の「尊位（チョヌー 존우）」を受け継いで一九一七年に区長制となり、区長の下には愛国班が置かれていた。地方行政として面には面長と面評議会がおかれ、初代臨淮面長に上萬の朴亨俊が任命されている。区長は、終戦解放後の一九四七年に制定公布された地方自治法により任期二年の選挙による里長制となり、面には面議会が置かれ面議員選挙が導入された。里長は一九五八年に改正され面長による任命制になり、一九六〇年には再び改正され任期二年の選挙制に復帰するなど曲折を経た。

五・一六軍事革命後は、臨時措置法により地方議会も解散され、市、郡、面、里長すべて任命制となり、一九六五年には地方行政育成施策が下達され、村には開発委員会が設けられ、里長は開発委員会の推薦を受けて面長が任命することとなった。里長にも一定額の報酬が支給されるようになり、各村から里政税として年に二回穀物を徴収した［臨淮面誌編纂委員会編　二〇一〇：六二一―六二二］。

セマウル運動ではその基本理念として農民の自発性が強調されているが、実際には大統領を頂点とする中央集権行政の求心的な忠誠関係を活用して推進されたものである。各行政レヴェルにセマウル担当の部署が新設され、行政の統制の及ぶ各機関も行政への忠誠の証としてセマウル運動への積極的な参画を促され、セマウル担当者を指定していた。こうした官主導の運動の末端行政として、郡庁の下位単位である面行政がその実務取次ぎの業務を担い、面内の各村落の里長と緊密な連絡を取って行政の指示を徹底させる態勢をとっていた。里長は、行政一般の末端任務に当たるだけでなく、セマウル事業の推進においても実質的な行動力を求められ、比較的若い三〇代後半ないし四〇代前半の者が村の集会で選ばれた。一九七二年当時の上萬では、村に数少ない高校卒業の学歴を有する者が里長に選ばれていた。

こうした里長とは別に、一九七〇年代まで村には伝統的な儒教の素養を具えた道徳的な指導者として洞長の制度が存続しており、洞長をとりまく有志（ユージ）と目される長老たちが、主として社会風紀上の問題や紛争などの調停役を果たしていた。六〇年代までは、村で目に余る親不孝者があれば、有志たちの合議のもとで書堂の前庭で在来の裁判が行われ、トクソンモリ（독석머리）と呼ばれる簾巻き笞打ちの刑も行われていた。上萬で一九六〇年代に有志たちが招集された時には、本人が詫びて誓約書を出したため簾巻きの刑には至らなかったことが振興会会議録に記されている。村の自治的な懲罰慣行は国家の公的な司法と葛藤をきたし、新たな紛糾をもたらすこともあった。臨淮面の別の村では、一九六〇年代に最後の裁判が行われた際、親不幸を咎められた若者は最後まで抵抗して裏山に逃げ込んだためトクソンモリに至らなかったばかりか、彼はその足で警察に人権蹂躙を訴えたため、村の長老たちが逆に警察から集団暴行として審問されたという。

こうした在来の制度とは別に、セマウル運動を専任として行政とのチャンネル役をはたし、運動の周知と指導役を担う者として「セマウル指導者」の制度が設けられた。こうした指導者の重要性は朴大統領の諭示や談話の中でもすでに強調されており、それも朴大統領自身がかつて身をもって経験した農村振興運動における「中堅指導者育成」政策と通じるものであった。

セマウル指導者には、地域の発展に熱意があり献身的な人物が、当初は郡行政から任命されたが、後には村民集会において選出された者を郡が認定する手続きを経るようになった。それなりに経済的にもゆとりがある者が選ばれ、特別な公的報酬は無かったが、それ以上に郡や道など行政との対応や、指導者研修などの機会に水原のセマウル指導者研修所などに派遣される機会を通して、新たな人脈を得ることによってさまざまな可能性に富むポストであった。

セマウㇽ指導者の役割は、本来は村における運動の推進と指導とされていたが、行政の側から彼らに期待した現実的な役割とは、行政の意向を的確に村人に伝えると同時に、村人のインセンティヴを高めて運動の成果を高めることにあり、それが行政担当者にとって自身の手柄として評価されることにもなった。一方、村人の側では、行政との交渉を通して村への利益誘導を計ることを期待したといってもよい。

セマウㇽ運動の方針は、大統領を頂点としてとその意向を受けたセマウㇽ推進中央本部からの指示として、道、郡を経て面事務所に下され、村のセマウㇽ指導者を中継して村人に伝えられた。一方で村のセマウㇽ運動の成果は、セマウㇽ指導者を介して面に報告され、これが郡庁で取りまとめられて道に報告され、さらに中央にもたらされた。各村は互いに成果を競い合うように面に報告し、面も成果を競い合って郡に報告し、郡も同様に互いに成果を競い合いながら道に報告する。その際に成果は数字で示され、添えられた作業光景の写真が視覚的な効果を発揮した。良い成果を挙げれば、それは指導者の手柄として面や郡の担当官から評価されると同時に、それは面や郡の担当官にとっても自身の業績に結びつき、都市部に栄転する手掛かりともなる。このため村から面へ、面から郡へ、郡から道へと報告には水増しもされたようだ。

一方、成績の優れた村や面・郡に対しては、有形・無形のさまざまな恩恵が与えられた。作業に要するセメントやブロック、トタンなどの資材が配付されたり、セマウㇽに相応しい公共施設の設置が優先的に割り当てられたりした。村人の側では、これに便乗して資材の一部を家の修繕などに流用しようと考える者もあり、そうした可能性も村民を積極的に参加させる誘因の一つになったようである。

従来は、村の指導的な人物といえば、第8章で見たとおり、書堂教育に基づく教養と信望を具えて村人の調整者の役を果たす存在であった。セマウㇽ運動においても、模範的なセマウㇽ指導者として大統領から表彰を受け、さまざまな刊行物に紹介されていた人物は、その紹介に見るかぎり、実直で献身的な人物像がうかがわれる。しかし、そうした模範とは異なり、大多数の普通の農村でセマウル指導者に選ばれた人物像は、かならずしもそうした人物ばかりとはいえないようである。それは、一般の村人とは異なる少し特異な経歴の持ち主であり、豊富な人脈を通して外部のさまざまな事情に明るい反面、村の中では従来の道徳的な中心人物というよりは、どちらかといえば野心的な性格も併せ持つような人物であった。村人の側でもそうしたことを十分知り尽くした上で、行政との新たな仲介的役割に期待したようである。もっと端的に言えば、人徳という点では必ずしも評価されなくとも、行政を向こうに回して上手く立ち回るような交渉能力を具えている人物がセマウル指導者に選ばれることもあったようである。

セマウル指導者は、村レヴェルの運動の普及者として監督行政官に業績をもたらし、自身も村内の人的資源を動員して実績を積み、逆に村人の中には彼を通して利益に与かれるのではないかと考える者もあったようである。セマウル指導者が果たした行政との仲介機能は、単なる上意下達といった単純なものではない。彼が村と外部の境界に位置し続けることによって、多少の私的な利益を得る位のことはあっても、村人はそれも承知の上でこうした人物の能力と行動力に期待したといえる。両資源を仲介することによって、一定限度内で村の効率的な振興・開発に貢献したのも事実である。しかし、時には自らの特権的な地位が脅かされないように、かえって村の自発的な発展に結びつかない不可解な行動を採ることにもなりかねない。村人の間には、指導者の人脈と能力と行動力に期待する反面で、彼の利己的な行動に対して警戒する向きもみられ、村によっては、そうした猜疑心が表面化して、多少の曲折を経過をへてセマウル指導者の交代劇がおこることもあったようである。

一方、彼らセマウル指導者を中継して外部からもたらされる資源の魅力を梃子として、村人の関心と意欲を引き起こそうとするこの運動の方針に対して、村の長老の中には道徳的にみて不健全だという批判も聞かれた。セマウル運動の推進過程において顕在化するこうした野心的行動と利害依存は、この社会における中央集権体制にともなう伝統的・構造的なものであり、その点でもセマウル運動は韓国的な社会関係の活性化を促したと評価することが適切であろう。しかし、そうした韓国的な政策環境のもとで上萬が村全体として十分な対応を図ることができたとは言えない。

## 六　良風美俗との融合

セマウル運動の当初にうたわれた意識改革・精神啓発の面については、地方の現場では必ずしも意図どおりに実施されたとはいえない。セマウル運動の普及にあたっては、すでに述べたとおり官民挙げて参画が協調され、それは国民ぐるみの「セマウル教育」という形でも展開された。

国家による学校教育がもともと国民形成を担うものであったのに加えて、「国民教育憲章」の制定に続いて全国的に推進されたセマウル教育は、また新たな国民像を理念として掲げたものである。その教育内容が全国津々浦々まで画一的なものであったかどうか分からないが、小学校から大学まで全国の学校教育において、教師の中からセマウル教育担当者が割り当てられ、教科の中にもセマウル教育が正式に組み入れられた。しかし当初の大統領側近の現状に対する批判的・危機意識とは異なり、行政の末端にゆくにしたがい現場の社会状況との融和が優先されるようになり、セマウル教育の指導者も在来の人材の中から採用されたため、その展開も時には奇妙な様相を呈した。

上萬の国民学校におけるセマウル教育では、儒教的な行動規範に対する否定的な評価は見られず、むしろ儒教

的な徳目が強調されていた。「親に孝行、国に忠誠」という標語がセマウル教育とともに全国の学校に掲げられるようになったのは、セマウル運動を通して強調された政府への忠誠がそのまま旧来の儒教的な表現によって復活したものである。こうした標語のほかにも、地方で推進されたセマウル教育の「礼節三運動（예절三운동）」の中には、「コウンマルスギ（綺麗な言葉遣い）」や「挨拶する運動（인사 하기 운동）」があった。上萬の国民学校に掲げられていたポスターには、先生と思われる大人に子供がお辞儀をしている姿や、子供たちがバスに向かって手を振っている姿が描かれていた。挨拶や言葉遣いが新たな近代化の出発点のように見做すことは、植民地時代にもあったことかも知れないが、セマウル運動においては明らかに教師や年長者や官を上に、年少者や生徒や民を下に位置づける旧来の秩序意識がそのまま強調されていたのである。ここでいう礼節とは、下の者が上の者に対して一方的に踏まえるべきものであり、「綺麗な言葉遣い」も実は年長者に対する言葉遣いにほかならなかった。また、「ソンフンドゥルギ運動」として、バスや官公庁の車が通るときには子供たちに手を振るように指導することさえ行われていた。これも子供たちが手を振ってくれれば大人も気分が良かろうというもので、年長者に対する一方的な礼節を求めるものであった。バスの便も少なかったその当時、田舎の道を偶に走る車といえば黒塗りの公用車であり、セマウル運動で忙し

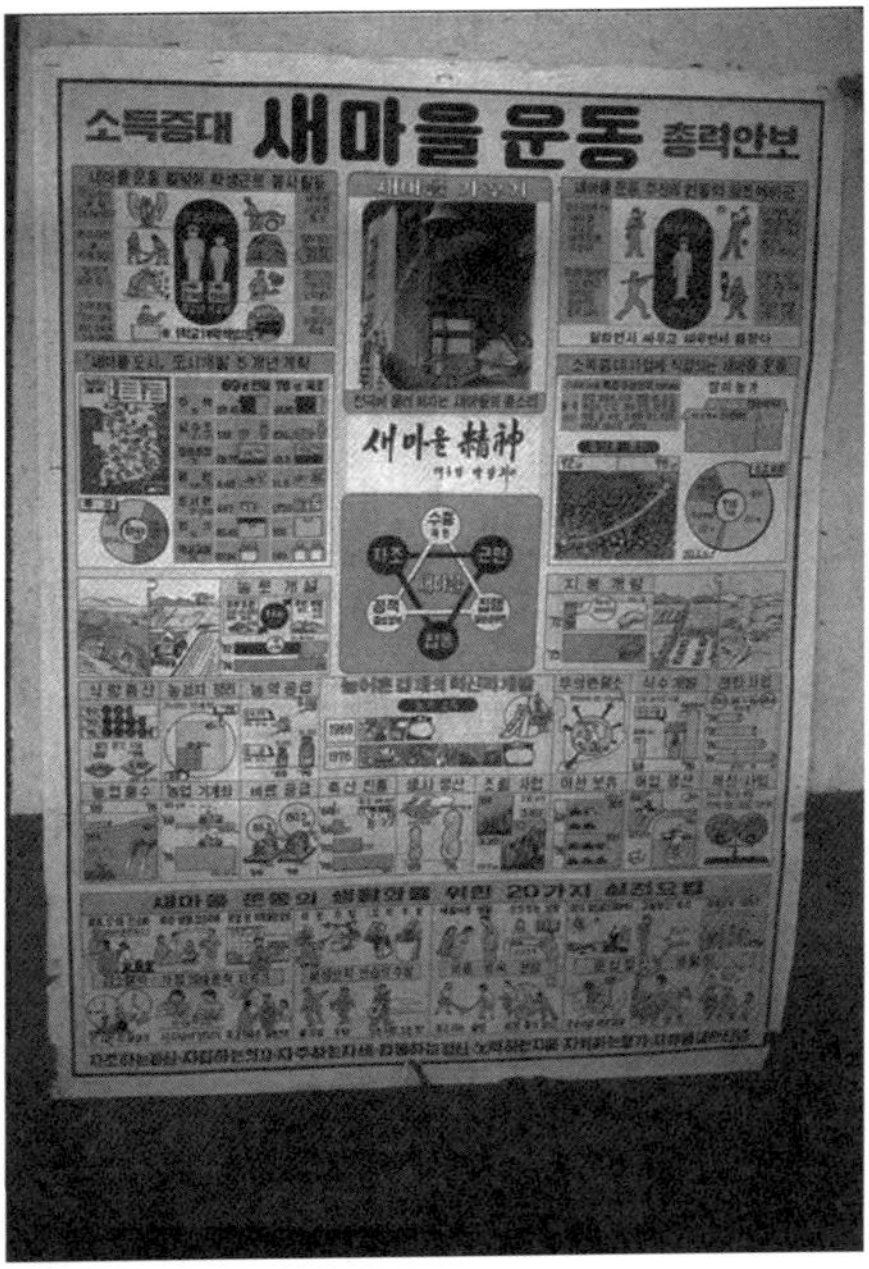

写真 9-11　セマウル運動のポスター

写真 9-12　セマウル運動の早起き掃除

く走り回っていたのは郡庁公報室の車であった。

また「郷土教育三運動」として、「国旗を掲げる運動(국기 달기)」では、子供たちが旗竿に国旗を掲げている姿が、「果実の木を植える運動(과일나무 심기)」では、リンゴの木の下で男の子が万歳している姿が、「畑作り(밭만들기)」では男の子がシャベルを手に耕している姿がポスターとなっていた。

「新しい生活運動(새생활 운동)」としては、「明るい歌を歌う運動(명랑한 노래부르기)」、「貯蓄する子供(저축하는 어린이)」では子供たちが貯金箱にお金を入れる場面、「健全な遊び(건전한 놀이)」では、中学生か高校生ぐらいの男女二人が後ろ向きに描かれ、男子が左手を女子の腕のあたりに差し伸べて、夕方家に帰る様子が描かれていた。また奉仕活動として、「姉妹部落助け(자매부락 돕기)」では、子供たちが荷物の如きものを降ろして相手に手渡している様子、「人手助け(일손 도와주기)」としては、女性が頭に物を乗せて歩いており、女の子が子供を背負ってその前を歩く農村風景が描かれ、「日曜日早起き掃除(일요일 조기 청소)」では、電柱の見える町で男の

子が路掃除をしている光景が描かれていた。

当時、学校の廊下には「セマウル美談板」なるものが掲げられていたが、そこに紹介されていたのはいずれも親孝行などの儒教的な内容の美談ばかりであった。学校におけるセマウル教育の中で新鮮なものとしては「イウットプキ（隣人を助ける 이웃돕기）運動」があった。この場合の「イウッ（隣人）이웃」とは、父系の親族でない非親族を指していることは言うまでもない。

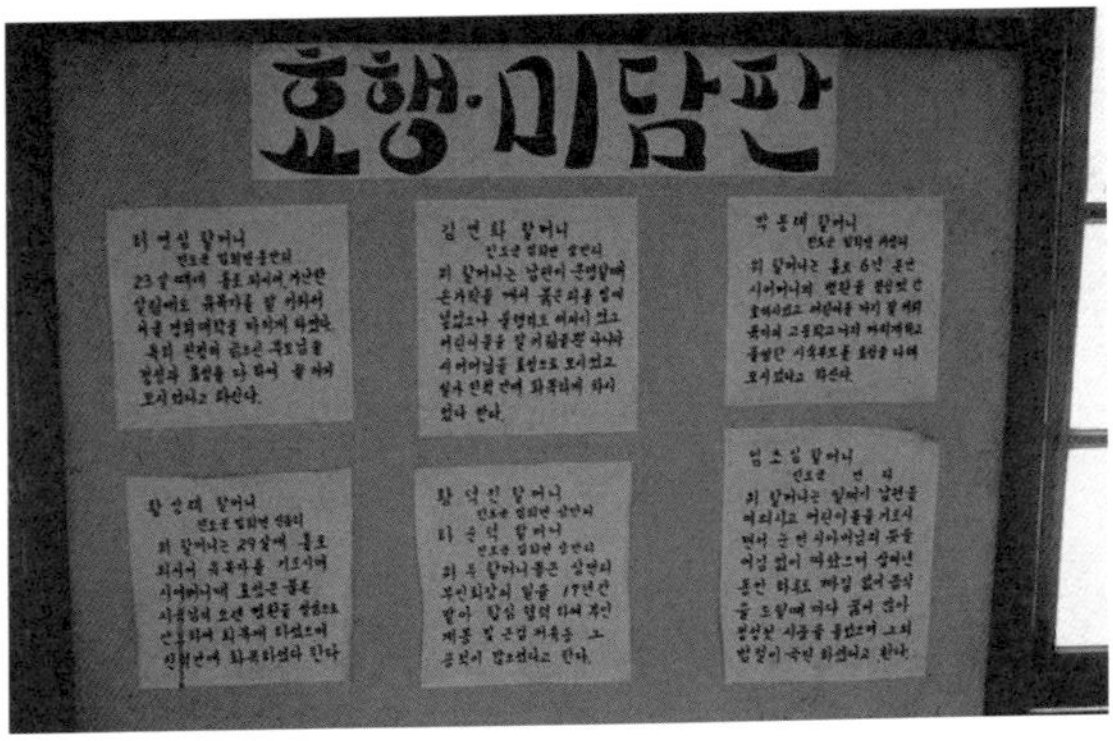


写真 9–13　上萬国民学校の廊下に掲げられていた「セマウル美談板」

セマウル運動が目指した新しい村のイメージは、セマウル運動のテーマソングや村人が掲げた「セマウル規約」などを通してより具体的に描く事ができる。「セマウル規約」の内容は、どの村も大差が無いのを見ると、郡庁公報室から模範となる案が示されていたと思われる。「セマウル規約」はどこまでも行政が描いた新しい村のイメージにすぎず、現実とは隔たりがあったといわざるをえない。上萬の「セマウル規約」は次のとおりである。

セマウル規約

我らは自助と自立、協同と勤勉、創意と開拓のセマウル精神で誠実と責任と和信を尽して次のとおりセマウル運動を展開し、信義のマウル、発展するマウルを達成することを確約する。

一　我らの村は我らの力で守る。

二　遊ぶ人を無くし、副業で所得を上げる。

写真 9–14　1972 年、上萬のセマウル会館に掲げられたセマウル規約。右の扉上には「上萬里セマウル教室」とある

三　家庭ごとに貯蓄通帳を持ち、豊かな暮らしを達成する。
四　ユンノリ、スルノリを根絶し、働く村を達成する。
五　有実樹を育て、コクス村を達成する。
六　草家屋根を改良し、マウル環場を改善する。
七　農路を改善し、チゲー（背負子）を無くす。
八　文庫を設置し、研究して農事する気風を造成する。
九　家庭儀礼準則を実践し、分数に合った生活をする。
一〇　毎月一日をセマウルの日と称して、すべての住民がセマウル農村建設団となってセマウル作りの先頭に立つ。

一九七一年一月一日
臨淮面上萬里開発委員会

ここに掲げた一〇項目のうち確かに実現できたと言えるのは六と七にすぎない。

ユンノリ（윷놀이）とは双六のような盤の上で駒を進めて競うもので、村では男たちが金を賭けて楽しむ伝統的な遊び（ノリ）である。秋の運動会の日や、田植え前の休日、喪礼の晩などには茣蓙を囲んでユンノリの歓声が上がり、時には里長まで熱中していたものである。スルノリ（술놀이）とは酒（スル）を飲んで騒ぐことを指す。コクス村（곡수촌）が何を指すか不明であり、曲水村のハングル表記かもしれない。

朴大統領の作詞作曲によるという「セマウル歌」には、古い村を象徴するものとして真先に草葺屋根と狭い村

の路をあげている。大統領自身も若い時分には小学校の教師を経験しており、自身も農村振興運動当時に中堅人物育成の指導経験をもったことが、セマウル運動においても教育的な側面を重視する結果となったといえようか。セマウル運動の初期において特に歌が重視されていた。とりわけ子供たちにとってセマウル運動とは歌がすべてだったかも知れない。朴大統領作詞作曲になる全国版セマウル歌のみならず、上萬の子供たちの間では別のセマウル歌（「대대로 오손 도손・・・」）も歌われ、これと一緒に大統領を賛美する数え歌「我らの大統領（우리 대통령）」や、国民団結を訴える歌（「救国の隊列に（구국 대열로）」、「大韓の歌（대한의 노래）」）なども歌われていた。

## 七　儀礼に対する否定的姿勢

セマウル運動の指針として政府が指示したものの中に虚礼の廃止と儀礼の簡素化がある。特に儒教が規定する冠婚喪祭がその対象となり、婚礼では広告や書面によってむやみに沢山の人に案内を出すことにも規制が及びかねなかった。冠婚喪祭の簡素化は、上萬ではすでに一九二八年に発足した振興会でも取り上げられ、飲酒を慎むこと、経費節減についても行政の定めた準則に従うことを決議している（『上萬里振興会議事録』一九二八年）。セマウル運動においても、儀礼にともなう浪費を規制することに主眼がおかれた。これら儀礼の際には祝賀や弔問に訪れる客に振る舞う食事には豚肉や鶏肉が欠かせず、どちらも本来は数少ない現金収入源として市場に売りに出すため家庭で飼育されていたものである。これを儀礼で消費するのは浪費であるときめつけたのである。また来客に対して振る舞われる酒や、普段は口にすることの少ない魚や果物を儀礼の度に市場で大量に購入するのも、すべて浪費と見做された。

こうした儀礼的な消費のための支出をできるだけ抑制して、それを他の経済活動に振り向けようというのがセマウル論者の基本的な方針であった。これは儀礼による消費というものを余りに狭く捉えた経済学徒達の安易な発想に拠るものといえよう。祖先祭祀についてみると、当時九〇余世帯のこの村で、死者の命日に行われる祭祀が年間一五〇回近く行われていたのである。つまり、平均すれば毎週三度ぐらいの頻度で何処かの家庭で祭祀が行われていたことになる。祭祀の規模はその家庭の家計に応じて差があるが、祭祀を受け持っている家庭ならば、家族や身内の「飲福」だけでなく、翌朝にも近隣の家族や老人や親しい者を多数招いて「飲福」を行い、ふだんは口にしない豚肉や魚などを食べて団欒する貴重な社交の機会となっていた。また病人のいる家庭や貧しい家庭や老人の元にも食べ物が届けられる。「飲福」における食物の分配は、全員に公平に分配される点に特徴があり、儀礼の後の飲食が、村人にとっては動物性蛋白源を摂取する貴重な機会となっていた。また休息と娯楽、情報交換と信頼の維持にとって欠かせないものとなっていたことを忘れてはならない。その点は、村人の間でも充分認識していたようで、飲福に出かける時には、冗談交じりに「栄養補給に行こう」と私を誘うこともあった。結婚式、還暦などの祝いも、回数こそ少ないが同様に社交の機会となっていた。もともと豚は、どの家庭でも主婦の手によって野菜屑や残飯やフスマなどで育てられ、市場に出して農家の数少ない現金収入源となっていた。こうした儀礼の機会以外には豚肉を村で消費することは無かったのである。つまり、村において豚の消費を秩序づけていたのが、実はこうした儀礼だったという点では、人類学が報告してきたメラネシアや東南アジアの事例と基本的に変わらなかったのである。

当時の行政官やエリートたちから、迷信という概念について次のような説明を聞かされたことがある。「佛教やキリスト教は世界的に認められた「宗教」である。儒教による冠婚喪祭などの人生儀礼も、簡素化が求められるにせよ、ともかく生活の中にすっかり根を下ろした「慣習」である。また、村の境界に位置する峠などに石を積んだり木の枝に布を結んだりして旅の安全を祈ったソナンダンの信仰や、子供が生まれたときのしめ縄などは、何ら害を及ぼさない懐かしい「民俗」である。一方、これ以外の信仰や儀礼は、ほとんど例外なく弊害をもたらし近代化を妨げる迷信である。」

当時よく耳にした「科学主義」という標語も、「迷信打破」の標語と表裏関係にあった。迷信の中でも農村部において行政が真先に規制の対象としたのは、伝統的な村の祭りであった。調査地の上萬では、一九七三年まで村の祭り（コリジェ）をしきたりどおり行っていたが、これを最後に七四年以降は廃止されてしまった。公式には村人の自発的な意思によって廃止を決めたことになっているが、実際には郡庁からの「上部指示」に従わざるをえなかったのである。村の祭りを廃止するように指導することも、セマウㇽ運動における行政指導の重要課題と見なされ、それに応じることも村の成績としてカウントされていたようである。

村の祭りは、厳格な基準によって予め選ばれた祭官が、斎戒沐浴のうえ供物として豚一頭を調理して準備し、正月一五日の名節テーボルムの未明に村の神木の根本で行うもので、その年の村全体の平安を祈るため大変厳粛に行われていた。明くる朝はその祭官の家で村の世帯主全員による「飲福」があり、その後で村の総会が開かれ、前年度の経理報告と次年度の事業予定とともにその年の農賃金の額など重要な決定が行われていた。神聖な祭りの一環として行われる儀礼的な会食の機会を失うことは、村の総会にとっても何か重要な根拠が薄れてゆくことを、村の人たちも悟っていたようである。復活させようという声もあったが実現しなかった。

このほか、巫俗によるクッ（굿）やメーギ（맥이）などの家庭儀礼は、珍島では廃止されるに至らなかったものの、都市部では行政や警察の指導や干渉を受けることがあった。しかし巫俗儀礼の多くは、病気や打ち続く不運に悩まされている家庭で、多くは医師による療法と並行して行われるもので、占いによって病気や災いの原因

と診断された死者の霊を慰めたり、あるいは病魔や厄や災いを追い払うために行われるものである。

その中でも規模の大きなクッ儀礼は、医師をはじめあらゆる治療も効果が無かった時に最後の手段として行われるものである。西洋医学やキリスト教信者たちはこれを迷信として忌み嫌うが、病人を抱えて藁にも縋りたい家族にとって、医学でも確認できない原因が占いによって特定できるのであれば、しかるべき手段さえ講じれば回復する可能性が提示されることを意味し、不安に脅える病人本人だけでなく、その家族にとっても精神的な効果は大きいのである。

またクッの儀礼は、社会的に公的な場から疎外されがちな女性たちの協力によって行われるもので、その準備から一連の過程そのものが女性たちにとって精神療養的（psycho-therapeutic）な性格を具えているように思われる。また死者の冥福を祈るシッキムクッ儀礼では、女性たちは集まった村人の前で思う存分泣くことで、死者との最後の情緒的な交流の機会ともなっており、遺族や友人たちが悲しみを克服する上でも、村人にとって無くてはならないものである。このため上萬の村でも村のタンゴルが健在な間は、タンゴル巫による伝統的な管轄制度（パン）と報酬制度（トリャン）が維持され、セマウル運動の中でもそれが揺らぐ気配はなかった。

## 八　「良い暮らし」と国民形成

セマウル運動が直接に農村の生活にもたらした変化は、地方によってまた村ごとに差が見られた。セマウル模範部落の指定を受けることによってさまざまな恵澤を受け、村の様相が一変したような例もあれば、一方ではさほど直接の恩恵を受けなかった村もある。その差は一目瞭然で、セマウル指導者の果たした役割がきわめて大きかったのも確かである。

七〇年代は、大都市や工業団地を中心に政府による産業振興が進められ、農村部から都市部への大量の人口流入が始まった時期である。セマウル運動以外にも、都市生活の影響は都市移住者やメディアを通して、農村にさまざまな面で影響を及ぼした。その中でもセマウル運動は、政府が一定の政策目標を掲げて、直接に農村の生活にまで介入した点で、村の生活に及ぼした影響は大きい。

セマウル運動のうたい文句の一つは、「良い暮らし運動（チャルサルギウンドン 잘 살기 운동）」であった。これからは都会ばかりでなく、農村も「良い暮らしができる（チャルサルスイッタ 잘 살을 수 있다）」、「良い暮らしをしなければならない（チャルサラヤハンダ 잘 살아야 한다）」と説かれた。しかし、村の旧弊については当初から具体的に提示されていたのに対して、「良い暮らし」とは何かについては、何も示されなかったと言ってよい。

『セマウル運動』の中では、農村の旧弊として不正、不条理、不合理、浪費、頽廃などが指摘され、新しい村の生活理念として道義、社会紀綱、福祉社会、合理的、自我意識、主体意識、自主、自立、自衛、良風美俗、そして勤勉、自助、協同といった用語が溢れていた。しかしどれも抽象的な概念である。書堂教育を受け漢文の素養のある世代の男性なら理解できようが、十代のハングル世代の若者や女性たちにとっては、ハングルで表記されているにせよ、どこまで理解できたか分からない。

「セマウル歌」に次いで村人の目に直接訴えたのはセメント袋と鉄筋であった。それを活用して生活環境を改善することが求められ、セメントによって可能な改善が少しずつ進んだころ、はじめてセマウルの具体的な生活像が村人に示されたのは、色刷りのパンフレット状のものであった。そこには蛍光灯の下でテレビや冷蔵庫などに囲まれた電化生活が示されていた。それは総べて都会から持ち込まなければならない新しい消費生活であった。一方で、村の晴れの機会ともいえる伝統的な儀礼の際の消費は、非近代的な浪費として否定される傾向にあった。

これと前後して、国の電化事業によって一九七六年に上萬にも電灯が灯った。早速何軒かの家庭にソウルの身内から中古のテレビが送られてきた。一九七七年に訪れると老人の部屋に置かれたテレビに子供たちが遠巻きに群がっていた。しかし意外なことに、子供たち以外は村人の反応は予想したほど目覚ましいものではなかった。電灯が灯れば部屋もさぞかし明るくなるだろうと思っていたが、これも意外なことに家庭差が大きく、蛍光灯が煌々と照らす家庭も現れたが、ランプとあまり変わらない小さな電灯しか灯さない家庭もあった。

上萬ではすでに述べたとおり、かつて振興会や水利契などを組織して、村落振興ないし生活改善のため村ぐるみで活動した経験がある。それらは、この村における書堂教育で培われた師弟関係による信頼関係と指導性が確かな基盤となっていた。書堂の先生を勤めた人すべてが農村振興に積極的に指導性を発揮したとは言えまいが、少なくとも郡内でも有数の指導性を発揮した朴亨俊をはじめ、農村振興において重要な拠点と位置づけられた面の行政において、面書記や面長として行政の末端で指導性を発揮した人物は、いずれも書堂教育を基盤とした伝統的な指導層であった。しかしどう見ても、書堂における教育内容が農村振興に直接活かされる実践的なものであったはずがない。古典の教養を身につけ、先生として多くの師弟を育て、学徳で慕われた者の中でも、同時に農家経営においても農村経済の直接の担い手として、村人の模範たるべき期待に応えてきた人物が、面の行政実務においても新たな人材として採用されたのであり、農村振興に積極的に貢献するにいたったといえる。こうした指導者として先駆的な役割を果たした朴亨俊が、どのような経緯で行政に関与するに至ったか、証言も資料も欠いているため具体的に知るすべはない。しかし、書堂が人材輩出と信頼の人脈形成において重要な拠点となっていたことは明らかである。狭義の教育内容ではなく、仁徳の涵養と統率力養成といった広義の教化過程が、人材形成の基盤になったのである。農村振興に求められる実際的な指導力は、いわば農村をめぐる時代的な変革状況の中で、自ずと自覚され確立されたものと見るべきであろう。それに比べると、セマウル運動期における指導者とは、こうした在来の信望や指導性とは異なり、行政との仲介機能が優先された結果、農村の伝統的な指導者像とは相容れない存在であったといえる［Ito 1998］。

セマウㇽ運動は、その対象を農村から都市部や工場などの職場に広げるとともに、国民的な運動として全国に展開された。マウㇽという概念も、本来の村落から人々が参画するあらゆる場に適用されるようになった。運動の農村離れが進むとともに、運動の標語である「勤勉、自助、協同」は国民的な生活理念のように位置づけられてきた。こうして、セマウㇽ運動は韓国における国民形成を担う運動に発展するとともに、やがて朴大統領の死、民主化の進展、国民経済の発展とともに、運動の求心力・推進力を失いながらも、その使命を果たしたといえる。

セマウㇽ運動自体が実質的な国民的運動に変貌する過程で、村の住民にも国民生活という生活像、「豊かな」生活像が提示された。セマウㇽ運動の評価は、こうした国民形成・国民意識の高揚に大きく寄与した点が強調されるに至った。セマウㇽ運動が、韓国において最初の本格的な国民形成の契機になったことは疑う余地がない。その結果、まさに都市と農村の格差を解消する方向で農村に大きな影響を及ぼし、それは一面で農村の在来の生活を否定するものでもあった。村におけるさまざまな慣習や制度や組織、あるいは行事や儀礼など、農村の生活像を構成してきたものが、結果的にはあたかも国民形成を阻害する要因のように見なされ、軽視され否定される結果となったことは否めない。当初セマウㇽ運動が掲げた目標がどのようなものであったのか、ほとんど関心も払われなくなった。意識改革・精神啓発として掲げられた「勤勉、自助、協同」は、新しい村づくりを目標として掲げられたはずであり、生産向上や副業の振興も村の自律性を目標としたはずである。ところが、運動の中で提示された国民生活像は、都市の電化生活をはじめすべて外部の生活像にほかならない。それを手に入れるには、協同によって新しい村（セマウㇽ）を実現するよりは、個人の判断で　都市に転出する方が手早く合理的な判断であったことは明らかである。村人は具体的に見える形で提示されないセマウㇽよりも、都市生活を選択して村から出て行くことになった。年老いた両親を放置できない人を除けば、村に残る積極的な理由は見当たらなくなった。祖先の墓があり祭祀の役目があっても、また何とか生活できる程度の農地があっても、それ以上の魅力と可能性のある都市生活を選ぶ者が少なくなかった。その点で、セマウㇽ運動は、地域実体としての農村の活性化よりも、個人を活性化したといえよう。

セマウㇽ運動の目標の一つであった副業による所得増大も、珍島では何ら成果がなかったと言ってよい。本土との間に架橋がなり、道路も整備され、本土からもたらされる商品が溢れているにも拘わらず、農村における副業といえるものは今も皆無である。海浜の集落では養殖漁業が盛んになり、観光客相手の民宿や飲食店が登場したが、それも多くは外部からの移住者によるものである。勤勉・自助・協同は新しい村づくりにはたしてどのような成果をもたらしたのだろうか。道路や建物など外見は確かに新しくなったが、過疎化と老齢化は村の生産性を低下させると同時に、老齢化と人口の減少は村の消費も縮小させてきた。今後も老齢化が進むと、村の現状を維持できるかどうか将来像も描きにくくなっているのが現状である。

セマウㇽ運動の受け皿となった一九七〇年代の上萬で、住みよい生活の場として新しい村落像を描くことのできた村人がはたしてどれだけ居たか疑問である。セマウㇽ運動当初の目標を額面通りに取り上げ、農村として存続できる生活像にどれほど寄与したのか問うかぎり、セマウㇽ運動がもたらした成果は見えてこない。しかし、ふり返って見ると、農村の自立とか農村の生活像とか農村振興といったことについて、つまり地域社会の実体としてのセマウㇽについて、韓国社会がどれだけ実質的な関心を払ってきたのか、疑問を抱かずにいられない。

韓国社会は、個人の主体的な判断と選択そして対人的関係を優先して目標を達成しようとする点では、日本よりも個人を社会の基点として重視する社会である。一方日本では、利己的な動機や合理性よりも、組織や制度にリアリティーを置く社会観と個人像を基本とし、村落や地域の共同性と実践の蓄積を重視しており、それが日本的な地域振興にも反映されていたといえる。植民地期における農村振興も、それ自体が日本社会における認識と経験に基づいたものであり、実体として村落の共同性を想定した点で、日本的な社会伝統に根ざした日本的な植民地近代像による介入であったといえるかもしれない。

## 注

(1) 朴正熙大統領は一九一七年慶尚北道善山郡亀尾邑に生まれ、農村振興運動が始まった一九三二年に亀尾公立普通学校を卒業した。一九三七年に大邱師範学校を卒業後、聞慶公立普通学校に教師として赴任し、付設の身北簡易学校および身北更生農園において農村振興運動の中堅人物育成の教師として勤務した［崔吉城　一九九七］。

(2) 「새마을운동에 거는 기대（セマウル運動にかける期待）」『農民文化』三号、一九七二年、五〇―五一頁、金日柱「새마을 운동을 전개하자（セマウル運動を展開しよう）」『同』四号八―九頁、金奉旭「새마을의 육성（セマウルの育成）」『同』四号七〇―七四頁、李相基「새마을 운동과 소득증대（セマウル運動と所得増大）」『同』六号四八―四九頁など。

(3) 七一年度に運動に参加した村の数については、七三年の文化公報部の『セマウル運動』と一九八〇年に内務部から出された『セマウル運動一〇年史』とでは差が見られ、さらに政府の投資額にもかなりの差が見られる。後者によれば政府による投資額は、七一年は四一億ウォン、七二年三三億ウォン、七三年二一五億ウォン、七四年三〇八億ウォン、七五年一六五三億ウォン、七七年二四六〇億ウォン、八〇年三三四二億ウォンというように増加推移しているが、村の事業に対する投資はセメント、鉄骨などの物資によって支給されている。これに対して村民は基本的に労働力を負担したほか、農民が捻出した資金についても言及があるがその根拠は不明確である。

(4) 巫俗儀礼を担ってきたのが女性たちであると同時に、これを迷信として厳しく非難するのも女性たちであったし、佛教信者も女性が主体となってきた。キリスト教の中でも新教の聖霊主義的な教会に集まる女性信者は、霊的な力を頼って祈祷会に参集しており、その熱気は巫俗以上である。キリスト教徒の宗教的不寛容と偶像否定は、時に集団的なキャンペーンの形をとってきた［伊藤　二〇〇五］。

（5）　上萬の廃寺跡に残されていた五重石塔が正統な佛塔であることは誰の目にも明らかであったが、倒壊の危機に瀕した一九七〇年代後半になってようやく珍島の文化財として保護が講じられた。一方、ミロクの石像とそれを覆うため村人が建てた小さな法堂の壁には山神や七星、竜王、神将、独聖ニムなどさまざまな神像が懸けられており、村人の生活に根差した民間佛教の凝縮されたものであった。しかしこうしたお堂やミロク像は、曹渓宗に代表される正統な佛教から軽視されていたためか、文化財とは見なされず、この寺を再興するため曹渓宗本部から派遣されてきた僧によって村人の目が届かぬ間に取り壊されてしまい、ミロクの石像も一時行方不明となってしまった。

# 第10章　結論

本書が目標として掲げたのは、韓国の地方社会の中でも一つの農村に焦点を絞って、一九七二年代以降の生活実態を中心に民族誌として具体的に記述することであった。

対象としたのは、韓国の中でも西南島嶼部に位置する全羅南道珍島の上萬という村である。人類学における民族誌というものが本来そうであるように、筆者の狙いはどこまでも、上萬という一つの村を取り上げることによって、現代の東アジアにおける韓国社会の研究に寄与することにある。事例は一般化のための基礎であるとともに、一般化を視野に入れなければ事例として意味をなさない。事例としての村の特異性・個性を尊重すると同時に、その具体的な記述を通して韓国農村の生活像、さらには韓国の地方社会における生活現実に迫ろうとするものである。

農村を取り上げることについては、東アジア社会および韓国社会研究に対する私なりの認識と展望に基づき、人類学における農民社会（peasant society）研究および複雑社会（complex society）研究をめぐる課題の設定と論点が手掛かりとなった。私の個人的な関心の背景には、日本における農村社会研究と民俗学そして宗教に対する関心もあった。また、物質文化や生態学的な関心あるいは社会経済史的側面や社会変化については、瀬戸内海や九州における漁民社会、とりわけ専業漁民の移動や定着に関する学生当時からの関心と調査経験、また九州五島における農業と社会変化に関する事例研究などが、いずれも何らかの形で韓国の農村研究にも活かされてきたと考える。

人類学が農民社会を研究対象とした当初から、その基本的位置づけにおいて国家および都市社会との関係がたえず重要なテーマとなってきた。また、農村と都市を取り巻く地域社会のリアリティーが問われ、その複雑な実態について人間関係や組織に注目した記述・分析の方法が問われてきた。現地調査と並行して大学でのゼミなどの機会を生かして進めてきたそうした方法論的な準備も、韓国の地方社会を観察・記述する上で役立った。

先ず、本書の内容について章だてに沿って総括しておこう。

農村生活・社会の記述において、私は大きく分けて五つの領域に焦点を置いた。その一つは、世帯（チプ）とその拡大したチバンにおける日常生活の実態およびその儀礼的側面であり、次いで、父系親族の系譜関係に基づく門中組織、チプ相互間の非親族的な協力領域としての契と、村落規模の共同的活動と組織、さらに国家規模の行政との関係であった。

その中でも私が先ず重視したのは日常生活の実態であり、民族誌として記述の中心に位置づけたのが世帯（チプ household）であった。その比較対象として日本の「家」が常に脳裏にあった点で、少なからず日本的な視点に立つものであることも自覚していた。チプに照準を当てたのは、これまでの韓国社会においてその社会像を提示してきた知的指導層の間で、一般に人間関係に関する観念的・体系的な関心が優先される半面、生活実態に対しては関心が低く、人類学においてもその具体的記述が軽視されてきたことを念頭に置いたことによる。人間関係に対する観念・体系志向の関心とは、儒教が抽象的概念で提示してきた人間像・社会像を反映したものといってよい。したがって、チプの観察と記述を重視した私の接近法は、一言でいえば儒教社会における非儒教的な生活現実に焦点を置いたものである。チプにおける生活のうちでも、生活空間としてのチプと日常の衣食住など、家庭生活の物的側面に留意することで、物を媒介として維持され保障される生活の様式性と持続性を提示したものである。衣食住の中でもとりわけ食生活に重点を置き、物質文化としてどの家庭でも数多く保有している甕器に注目した。これまで顧みられることの無かった甕器という物質文化に注目したのも、常に物に即して具体的な観察記述を通して現実に迫ろうとする日本的な視点に立つものである。また、物質文化という次元の観察記述を通して、人間関係、役割と地位、組織、人々の情感の次元に迫ろうとする方法論こそ人類学的なものと考えるからである。甕器は穀物の備蓄と発酵食品に欠かせないもので、家庭の食生活と健康を支えるものである。また、甕器に備蓄された穀物は農村市場での日常品の購入にも充てられており、甕の穀物の管理が家計を預かる家庭婦人の技量と見なされている。チプの自律性とともに軽視されがちであった主婦の社会的地位を具体的に把握する上でも、甕器をめぐる仕事と技量を記述することが有効である。こうした甕器に注目した私の調査に対して、マレーや厨房の甕に手を触れることすら避ける男性たちは、半ばあきれ顔であったが、ソウルからは「日本人でなければ絶対に成しえない研究」という声も届いた。同様に、一九九一年に国立民族学博物館で開催されたシンポジウムでも予想外の反響があり、地元でもようやく甕器に対する認識が高まって、甕器博物館の構想まで持ち上がっている。

日常生活におけるチプの自律的側面と女性の役割と地位については、これを象徴的に表象する儀礼にも注目して、その多彩な実態について記述した。とりわけ、ソンジュなどの家庭の守護霊をめぐる信仰とさまざまな状況で行われる儀礼、民間佛教的な信仰とコン儀礼、道教的な経文による読経儀礼、災厄を避けるためのメーギ儀礼などの社会的脈絡を記述し、これらの儀礼が全体として家庭生活のさまざまな要請に応える多元的な選択肢を構成していることを示した。こうした家庭の儀礼に対しても、儒教的な観念世界を唯一正式なものとする男性たちからは、無識な人々の採るに足らないものだという声が聞こえる。

次いで、その儒教儀礼の祭祀については、先ず初めに身近な故人に対する個別の忌祭祀を取り上げた。儀礼の主宰と協力、生前の親子関係との連続性、チプ間の依存関係と自立過程、クンチプ―チャグンチプ間における忌祭祀の分担、儀礼終了後の会食（飲福）、翌朝に非親族まで招いて行われる会食（飲福）、農作業におけるチプ間の労働力交換（プマシ）など、忌祭祀をめぐる社会的脈絡について検討した。その結果、忌祭祀が単なる親に対する「孝」の儀礼に留まるものではなく、日常生活の単位であるチプの多機能的な実態を反映した儀礼であることを示した。それは、他の地方では一般に名節が忌祭祀の対象者を祀る儀礼と位置づけられるのに対して、珍島ではむしろ家庭の守護霊ソンジュを主体とすることにも反映している。

一方で、より上位の祖先に対する祭祀である時享は、親や身近な故人に対する孝や敬意の延長上にありながらも、日常生活の単位であるチプとは異なる次元の、父系の系譜関係に基づく共同儀礼として位置づけられ、共同の財政基盤を具えた門中組織と不可分なものである。その事例として、上萬に居住する密陽朴氏と全州李氏の事例をとりあげ、世代の進行にともなう門中組織の分節化と再統合の過程を具体的に見た。祖先の墓と位牌そして儀礼は、系譜関係を可視化して親族の組織化を促し、親族集団を実体化する基礎となる。系譜関係が人々の生活を直接規定するものではなく、こうした装置および儀礼を契機として組織化され実体化されることによって、親族集団の潜在的な利害と紐帯が具体的に表出される。墓域の整備と位牌を安置し儀礼を執り行う施設として祭閣の存在は、親族集団の勢力と存在感を誇示する一面をもつ。とりわけ日常生活の場である村における帰属対象である親族集団の勢力を示す上で、村を範囲とする門中の組織化が重視される。その共同時享のため祭閣の建立をめざす状況と協力過程を示した。

契は、韓国社会において父系親族組織と共にもっとも一般的な在来の相互扶助組織として注目され、その実態を把握する上で集約的な現地調査が求められていた。行政による制度的な生活保障が行き届く以前の伝統社会において、契はパトロンに代わる生活の共同防衛的な慣行であり、上萬の例が具体的に示すとおり、農村におけるさまざまな目的のために契が組織されていた。

その契の中でも、農村においてチプを単位とした日常生活の要請に直結していたのが、私がもっとも注目した任意参加の契である。その多彩な目的、とりわけ人生儀礼の支出と貯蓄、親睦のために、世代別、性別に分担しながら、チプごとに多くの契に参加している実態が明らかとなった。契をめぐる人間関係としては、生活保障のための計画性・契約性・合理性とともに、他方ではこれとは対照的な親睦的性格を併せ具える組織運営に注目した。契の発足を可能とする「親しい」関係が成立する条件については、親族関係の規範および「長幼の序」との関連に分析の焦点を置いて、数多くの契組織が更新されながら重層する状況を示した。こうした契の集積が、村落において親族の枠を超えた意思疎通と自治的な共同活動を支えてきたと考えられる。また、農村の社会経済的・地理的な状況として、行政や邑などの中心からは捉え難い周縁に置かれてきた農家の生活自衛的・自律的な側面、自己資金の循環による融資制度としての有効性、氏族間の潜在的な競合や緊張を避ける意思疎通と協力基盤となっている点、財力や影響力を平準化して固定的なパトロンの成立を妨げる点などを指摘し、村の集団的指導と自治体制を支えてきたことを提示した。

村の公共的な目的のため契方式を採用した組織としては、洞契、洞喪契、学契、振興会、水利契などをとりあげ、組織形態と事業、それらの連関を見た。洞契は在来の村落生活におけるもっとも基本的な共同組織であるのに対して、学契は一二人の指導層によって発足し、この村における書堂教育の基礎となったものである。一方、振興会と水利契はともに一人の傑出した指導者によって発議され、これに村人が呼応して発足し、植民地行政のもとで農村振興を担う自治組織として目覚ましい成果を上げたものである。

農村における在来の教育制度である書堂教育は、近代的学校教育の導入以後も併用されてきたもので、孝道や祖先祭祀あるいは親族などの社会規範とは異なる、いわば普遍的な徳目の涵養による人格形成を目指す教育であった。上萬は書堂教育に特に力を入れた郡内でも有数の村として知られ、その水準の高さと影響力でも知られていた。書堂の設立も運営も親族紐帯とは無関係の契方式に拠っており、村内で教育を受けた者の中で優れた者が次代の先生を務めることにより、村内で氏族の壁を超えた師弟関係が再生産され、血縁の連続性や紐帯とはまったく異なる信義関係が世代を超えて維持されていた。上萬の書堂には、面内の他村からも生徒が通い、また上萬書堂の先生の中には他村の書堂に招かれたものも少なくない。その結果、師弟関係は村を超えて広がり、郡における郷校や郷約にも人材を送り出すことになった。さらに親族や村落の枠を超えて、植民地行政の領域にも人材を送り出す基盤となった。また、こうした経験と業績に基づく指導性が村内における振興会および水利契成立の契機ともなり、これら村落の共同性を担った自治的活動を支える上で、書堂教育に拠る信頼関係が基盤となっていたことが明らかである。

最後に取り上げたセマウル運動は、振興会や水利契とは異なり、一九七〇年代に筆者が直接観察したもので、大統領を頂点に地方行政を動員して、調査地の村にまで介入する実態を検証した。この運動の推進過程における啓蒙的・教育的な側面、行政と村民の関係におけるセマウル指導者の性格について検討し、また、セマウル運動の目標が当初の農村自立から国民運動へ展開するとともに、農村社会にどのような変化をもたらしたか論じた。

それは、かつての書堂教育を基盤とした振興会や水利契に見られた内発的・自治的な振興運動とは対照的ともいえるものであり、村の人口流出を加速化し自律性の喪失を促したという点で、むしろ否定的な評価につながることを示した。

以上が本書の各章で私が提示した概要である。

総体的な民族誌記述を目指して、各章の記述においても相互の関連に配慮したつもりであるが、あらためて上萬および珍島におけるチプとチバン、父系親族門中、契と労働交換、書堂教育と師弟関係、村の共同組織、農村振興と行政など、それら社会領域の相互連関に留意して、珍島という地方社会における村落生活の全体像を概観することにしよう。

日常生活の場であるチプにおいては、衣食住の消費のほか、穀物の備蓄、甕器、主婦による家事、家庭の多彩な儀礼にみられるとおり、その生活共同体としての自律性が先ず注目される。その上で、兄弟関係の延長上にチバンを範囲とした日常的な依存と協力の関係が、生活全般にわたって見られ、これに対応する儀礼としては忌祭祀が位置づけられる。

村内にはチバンを超える父系親族の関係が幾重にも広がっており、村内婚が行われないため、これら父系親族間には姻戚関係による紐帯を期待できない。父系の系譜は村を超えて広がり、信頼と協力そして威信と帰属意識を背景として門中が組織され、時享儀礼や墓所の管理を通してその実体化が図られ更新されている。個人は、系譜を通して村を超える連携網の中に自身を位置づけながらも、日常の生活空間である村規模の親族紐帯を重視していることは、村規模の門中再統合と祭閣建立に見てとることができる。

父系親族の紐帯と帰属が系譜原理に基づき、成員の補充により永続するのに対して、契は個人の任意によって組織され消滅する組織であり、非親族の関係あるいは親族規範に縛られない関係において成立し、親族間の親睦と意思疎通の回路をもたらす。親族の紐帯と契による契約的な相互扶助は補完的な関係にあり、親族が揺るぎなく永続的な紐帯を保障する半面、排他的な利害と潜在的不信と緊張を構造的にはらむのに対して、契の集積はプマシの労働交換網とともに調整と合意形成の基盤となって村落の共同性に寄与している。

一方、儒教による人格涵養を理念とする書堂教育も、村において共通の価値観と信義の関係をはぐくみ、親族の枠を超えて同門と師弟関係が張り巡らされ、これが村の振興や水利などの自治的かつ共同的な活動を担う基盤となっていた。その師弟と同門関係の人脈は村外にも広がり、面や郡規模の郷約や郷校における儒林の交友を支え、さらに郡や面の行政にも人材を送り出した。

書堂教育は、儒学ないし漢学という東アジアにおける普遍的な人間観・世界観の共有を目指すものでありながら、運営面では村の自治により地元の人によって担われた点では、きわめて在地的（ローカル）なものであった。儒学・漢学の古典を重視しつつも、それが同時に上萬という農村の現実に立脚していたことは、早くから改良書堂として数学や日本語教育にも力を入れ、また夜学を併設して文盲根絶に努めていたことにも表れている。また書堂教育は、規模こそ小さく教育内容も在来のものが主体となったが、形式的には教室と教師と教科書そして厳格な規律とカリキュラムを具えた点で、基本的に近代的学校教育と変わらなかった。その点で日本の寺子屋とは異なる。当時植民地行政が推進した学校教育と併存しながら、書堂は村および地域における師弟循環型の教育を担っており、それが地域に有用な人材の育成に寄与したといえよう。

上萬における振興会と水利契そして婦人会や青年会が、村人による自治的・共同的活動を担う組織であったのとは対照的に、一九七〇年に始まったセマウル運動はこうした在来の社会基盤とは関係なく、行政主導によって推進されたもので、政府に対する忠誠と物資供与の恩顧関係を軸として、農村社会に介入した点に特色があった。また、国民的運動として展開されるにともない、当初掲げた農村振興の理念からも乖離する結果となった。村人は村（マウル）の振興よりも個人の利益を優先する行動が目を引いた。人口の都市流出が加速する中で、家族・親族の紐帯が空間を超えて新たな機能を担うようになり、また社会環境の変化に対応する上で、同郷・同窓による親睦契・同郷会が村出身者の互助と親睦に寄与し、同時に過疎化と老齢化が進む故郷との連携や支援を担ってきた。

伝統的な男女の社会文化的な領域区分については、特に章立てすることなく各章で個別に触れてきたが、それは当然ながら研究者の活動にとっても無縁ではなかった。上萬で観察した状況について明確なものを整理しておこう。

チプにおける居住は、上萬では一部の年長者を除いて基本的に夫婦を単位としており、その点で本土内陸地方の両班旧家に明瞭に見られたような男女の空間区分はみられない。チプにおける日常の活動空間のうちでは、成人男性が厨房に踏み入るのは見苦しいとして一般に避ける。筆者も制止された記憶がある。食べ物の調理や保管、衣類、洗濯も女性の管轄である。同様に成人男性は、マレーや醤トク台にも敢えて関わろうとせず、甕器には手を触れようともしなかった。竹の籠や籐製のサンテミなども男性は避ける。飲食について明確な区分といえるものは無いが、タバコを吸うのは女性は年配者に限られ、酒については年長者に限らず中年でも飲むことがある。豚の世話、水汲み、小便甕やおまる（ヨガン）の処理も女性の役割であった。農作業も、田植えの際に苗を植えるモクンは女性に限られ、この点は本土の中部地方以北とは正反対である。畑の草取りなどしゃがんで行う作業は女性が行い、男性は立って行う作業という区分が見られる。市場に穀物などをもって売り買いするのも女性であり、頭上運搬は女性に限られる。一方、チゲ（背負子）は男性にほぼ限られる。家庭における儀礼は、忌祭祀以外はすべて年長女性の管轄であり、正月秋夕など名節の祖先に対する儀礼も女性が行い、男性は祭壇の前に現れもしない。読経儀礼は漢文テキストを用いる男性（読経師、僧侶）が行うが祭壇の準備などはすべて女性の役割である。忌祭祀でも祭壇の準備には男性も関わる。儀礼の後の会食（飲福）は男女老若を問わず平等である。任意の契は男女それぞれ分担するが、門中契は男性の管轄であり、男妹契は男女区別なく夫婦そろって参加する。村の祭り（コリジェ）の祭官は男性に限られるが、祭官の妻にも斎戒沐浴が義務付けられる。伝統的な楽器の演奏は男性に限られるが、民謡は女性も唄う。ただし、伝統的な舞踊であるカンガンスウォルレーは女性に限られる。これらの男女間の区分は四〇年経った今日もほとんど変わっていない。

一九七〇年代以降の韓国は、目覚ましい経済発展と国民意識の浸透とともに、農村人口の流出と大都市への人口集中が急速に進んだ。辺境に位置する上萬のような村でも人口流出が目を引き、あれほど老若男女で賑わっていた農閑期にも人影が年々薄れて行くのを感じた。社会のあらゆる分野で、中央への一極集中と競争の激化、情報化が進むにともない、居住をはじめ社会の流動性は加速され、地域と結びついた生活像が見えにくくなっている。そうした現代韓国における社会の潮流は、上萬のような農村の生活とも明らかに連動してきた。日常生活の場であるチプにおける仕事・役割と地位や評価、農村生活の多彩な要請に応えてきた契、さまざまな相互扶助と親睦の機会、普遍世界の中に自らを位置づける生活理念、自治と共同の気風など、本書で提示してきた珍島における農村の生活像は、過疎化・老齢化の進んだ今日の韓国農村では顧みられなくなりつつある。

しかし、ここに提示してきた生活実態は、他ならぬ韓国社会がその生態学的状況のもとで、時間をかけて培ってきたものである。それは、東アジアにおける大陸部と列島という立地条件の差を踏まえつつ、少し抽象度を上げて考察するならば、日本の農村社会の特質を捉え直す上でも参照できる点があると考える。また、王朝国家や植民地体制、解放後の韓国社会における諸状況、間接的ながら国際関係やグローバルな状況のもとで、韓国の地域社会が直面してきた現実と課題を浮き彫りにするものであり、韓国のみならず現代の農村生活に通底する生活現実を読み取る手掛かりともなろう。

東アジアの文明的な蓄積を考えれば、相互脈絡を踏まえて総体的な民族誌を目指すのは、言うは容易いが実践するのは無謀に近いかもしれない。実際、韓国社会の複雑な状況と歴史的な経験を反映して、農村生活のさまざまな側面と現実が視野に入り、そのいずれも無視できないものであった。村落の民族誌として総体的な記述を目指してきたとはいえ、ふり返って見ると、取り上げたテーマのいずれも不十分な点が少なくない。手掛けながら手に余って中断したままのテーマもある。また、上萬という特定の村落のみならず郡全体に視野を広げざるを得ないテーマについては、村落の民族誌には収まり難いものが多い。

一方、今となって悔やまれるのは、何と言っても、村および地域社会の歴史について古老の話をもっとしっかり聞いておくべきだったという点である。植民地期について、韓国では年長世代も若い世代もともに触れずに避けてきた点が少なくない。地域社会を持続的な過程として捉える上で「日帝時代」は空白期のようになってきた。当時の住民の経験、見聞、その社会状況についても、記録として残らないまま今となっては確認することもできない。私自身も、過去の事よりも目の前の村の生活を観察し記述することを優先せざるを得なかったし、それだけでもすべてが異文化として新鮮に感じられた。日本との比較も含めて、村の人たちとの対話も知的な刺激に満ちたものだった。さらに、目の前で進行する社会変化にも目が奪われた結果、気がつくと古老は世を去り、すでに手遅れとなっていた。

農作業の労働力交換であるプマシについては、一九七七年の田植えの時期に村の人たちの協力も得て、ほぼすべての農家について集中的な実態調査を試みたが、十分な整理がつかずに中断したままである。そうしているうちに田植えも機械化し、プマシも姿を消してしまった。住民の大都市移住にともなう諸問題にも関心を引かれた。村に在住する以上の多くの村出身者がソウルに住み、郡、面、学校、村単位でさまざまな親睦契や郷友会が組織されているのである。こうした都市における同郷者の存在も村の生活と不可分なものとなっていた。移転先での生活環境は予想以上に厳しいもののようだった。そうした困難を克服する上で、家族・親族および同郷者の人脈と相互扶助組織が大きな役割を担っていたが、その実態についても村の民族誌に盛り込むには無理がある。また近年、現地の友人朴柱彦氏が中心となって取り組んできた地域祝祭による地域活性化も、中央集権の伝統の根強い韓国社会における地域社会の新しい動向として注目される。私自身も日本での経験を基に間接的に参画しながら研究テーマとしてきたが、やはり村落民族誌には収まらないものである。

筆者が、初めて村に住み込んだ一九七二年の秋に受けた印象は、まさに書物で読んだ自律性の高い農民の生活像であり、農民研究（peasant studies）の現場に居合わせているという実感があった。村に住み込んで間もないころ、ある村人は私に向かって、「西にずっと行けばインドやローマまで、農民の生活はどこでもこんな風に貧しいものなのだ」と言い放った。大陸の壮大な空間に身を置くそのスケールの大きさに驚かされたものである。また、東アジアの中でも列島に位置する日本社会とは異なり、中華の体系的な世界における位置づけを問われてきた韓国朝鮮社会ならではの特質も多々実感させられる。

朝鮮王朝における実在の王の子孫が、政治的な経緯によって珍島のような辺境の農村にも居住しており、今なお王朝との関係に一族の威信と出自の正統性を求めて、族譜を刊行し祠堂の建立に力を注いでいるのである。日韓では親族体系が基本的に異なるため、系譜によって出自の正統性を主張することは、日本ではごく一部に限られている。族譜や祭閣内の位牌ばかりでなく、書堂で用いた漢籍にせよ、先生の学徳を讃える学行碑や孝子烈女を讃える石碑にせよ、韓国社会における正統性と威信に対する関心の在り方は、日本とは大きく異なる。

日本では朱子学の受容も武家社会をはじめとする一部に留まったのとは異なり、韓国では朝鮮王朝以来、朱子学による民衆教化を国家の基本とし、地方行政がこれを担ってきた。地方の民衆も儒教による教化を受け入れ、上萬の書堂教育にみたとおり、千字文から始めて四書五経などによる教育を村人自身が自治的に実施してきたのである。それも決して遠い昔のことではなく、書堂の建物は一九九〇年代まで残っていたし、一九七〇年代まで先生たちも何名か健在であった。村の人たちは書堂の教育を通して、具体的に辿ることはできなくとも、師弟関係を村から郡を経て中央の文人にまで溯り、最終的には中国の曲阜にまで辿れる儒教世界の一端に自らを位置づけていたと言ってよい。

上萬で書堂の先生を三〇年も勤め、郡庁にも勤務し、珍島郷校の典校を四期も勤めた朱日文氏は、かつて大東斯文会の参事を勤めた経歴を有するが、そもそも彼自身が南宋朱熹の三五世孫に当たるのである。空間と時間を超えて中心的な権威と系譜的な関係を有するという点では、王族の全州李氏も朱氏も同様であり、程度の差こそあれ誰もが系譜に拠って自身の威信を確保しようとする点では変わりない。壮大な東アジアの中に自身を位置づけて、普遍性のある世界観と歴史観を共有しようと努めてきた点で、日本社会との間にかなり根本的な差を実感せざるを得ない。

書堂の先生を務めた後、振興会や水利契を引き継ぎ、一九七〇年代まで洞長をつとめていた朴沚涘翁は、頭に髷を結ってカッを被りトゥルマギを着用した姿で、ある日私に向かって「アメリカのカーター大統領は博愛による道徳政治を掲げており、我が国の朴大統領は忠孝と愛国を掲げている。ところで日本の総理の政治理念はどのようなものか」と尋ねた。書堂教育で培った普遍的な人間像と世界に対する関心と洞察力の一端に触れる思いがした。この社会は、組織や実践や経験よりも普遍的な価値や理念・精神性によって統合されているのだという実感は、今も基本的に変わっていない。

その一方で私自身も、採るべくして採った日常生活の具体的記述に追われながら、東アジアの文人たちが描いてきた地域を超えた大きな社会システムや人間生活の普遍性という課題について、人類学の立場から常に問われてきた。それは、立場の違いこそあれ村人にとっても、植民地行政に実践的な対応を迫られた当時も、またセマウル運動の呼びかけに応じた時も、そして情報化とともに流動性を増す現代の韓国社会においても、状況に共通する点があったにちがいない。日々の家庭生活における微視的・実践的な活動に追われながら、書堂で四書五経を読んでいた村の人たちにも、通じるものがあったと思われる。

研究者としても、こうした具体的・微視的な水準と理念的・普遍的な水準とを座標軸のように想定しながら、たえず自分の立ち位置を意識せざるを得なかった。その一方で現地調査は、できることから着手し、試みながら考え、考えながら進めてゆくよりほかないのも現実であった。プロジェクトという方式に馴染みにくいこうした研究スタイルと長期的な方針とが、果たしてどのように活かされたか、読者皆様の評価に任ねることにしたい。

# 参考文献


## 邦文献・韓文献

秋葉隆　一九五四　『朝鮮民俗誌』東京：六三書房。

秋葉隆・赤松智城編　一九三七　『朝鮮巫俗の研究』上・下、京城：大阪屋號書店。

浅川巧　一九三一　『朝鮮陶磁名攷』京城：朝鮮工藝刊行會。

荒木博之　一九七九　「盲僧の伝承文芸」『講座日本の民俗宗教』七、東京：弘文堂。

猪谷善一　一九二四　「朝鮮における契の研究」『商学研究』四二。

板垣竜太　二〇〇八　『朝鮮近代の歴史民族誌―慶尚北道尚州の植民地経験―』東京：明石書店。

伊藤亜人　一九七七a　「契システムに見られるchinhan-saiの分析―韓国全羅南道珍島における村落構造の一考察―」『民族学研究』四一（四）、二八一―二九九頁。

伊藤亜人　一九七七b　「韓国農村社会における契―全羅南道珍島農村の事例―」『東京大学東洋文化研究所紀要』七一、一六七―二三〇頁。

伊藤亜人　一九八〇　「両班の伝統と常民―韓国社会の文化人類学的考察―」『中央公論』四、三一二―三一九頁。

伊藤亜人　一九八二　「甕と主婦」『季刊民族学』二四、国立民族学博物館、二六―三五頁。
伊藤亜人　一九八三　「儒礼祭祀の社会的脈絡―韓国全羅南道珍島農村の一事例を通して―」江淵一公・伊藤亜人編『儀礼と象徴―文化人類学的考察―』福岡：九州大学出版会、四一五―四四二頁。
伊藤亜人　一九八五　「甕器と主婦―物質文化　社会人類学的研究―」『韓国文化人類学』一七、二三五―二四四頁。
伊藤亜人　一九八六　「韓国の伝統社会における女性」聖心女子大学キリスト教文化研究所編『女性と文明』東京：春秋社、一三四―一五八頁。
伊藤亜人　一九八八　「秋葉隆―朝鮮の社会と民俗研究―」綾部恒雄編『文化人類学群像』三、京都：アカデミア出版、二一一―二二三頁。
伊藤亜人　一九九〇　「韓国における祖先と歴史認識」阿部年晴・伊藤亜人・荻原眞子編『民族文化の世界』下、東京：小学館、一九六―二一七頁。
伊藤亜人　一九九五　「韓国農村における土器使用」吉田集而編『生活技術の人類学』東京：平凡社、一六八―一八四頁。
伊藤亜人　一九九七　「韓国の空間認識における中心性と周縁性」末成道男編『東アジアの現在―人類学的研究の試み―』東京：風響社、五五―七三。
伊藤亜人　一九九九　『韓国珍島の民俗紀行』東京：青丘文化社。
伊藤亜人　二〇〇三a　「山と海に見る韓国の世界観」『地理』四八―三、八―一三頁。
伊藤亜人　二〇〇三b　「セマウル運動は韓国の農村に何をもたらしたか？」菊地靖編『アジアにおける政府開発援助の評価』（文部省科学研究費補助金、代表菊地靖、平成一二―一四年度）。
伊藤亜人　二〇〇五　「第二節　韓国」文化庁『海外の宗教事情に関する調査報告書』文化庁、一一―四七頁。
伊藤亜人　二〇〇六a　「歴史の多声性―歴史観の人類学的考察―」甚野尚志編『歴史をどう書くか』東京：講談社、二二〇―二四五頁。
伊藤亜人　二〇〇六b　『韓国夢幻』東京：新宿書房。
伊藤亜人　二〇〇七　『文化人類学で読む　日本の民俗社会』東京：有斐閣。

伊藤亜人　二〇〇八　「韓国人の移動に対する文化論的アプローチ」『韓国朝鮮の文化と社会』七、韓国・朝鮮文化研究会、九二―一一三頁。

伊藤亜人　二〇一〇a　「湖南地方の中心性―周縁性の座標軸―」『韓国朝鮮の文化と社会』九、韓国・朝鮮文化研究会、四七―七二頁。

伊藤亜人　二〇一〇b　「韓国の「近さ」と「遠さ」」『ワセダ・アジアレビュー』七、早稲田大学アジア研究機構、三六―四〇頁。

伊藤亜人　二〇一一a　「韓国農村の経済をふり返る」『ワセダ・アジアレビュー』九、早稲田大学アジア研究機構、七八―八三頁。

伊藤亜人　二〇一一b　「セマウル運動をふり返る」『ワセダ・アジアレビュー』一〇、早稲田大学アジア研究機構、七八―八三頁。

今村鞆編　一九四四　『李朝各種文献　風俗関係資料撮要』京城：朝鮮総督府中枢院。

金井浩　二〇〇九　「진도 유학의 산실、향교・서원・서당（珍島儒学の産室、郷校・書院・書堂）」珍島郡・全南大学校・韓国語文学研究所編『진도의 유학과 기록문화유산（珍島の儒学と記録文化遺産）』光州：신미안（審美眼）二二一―四六頁。

簡野道明　一九五五　『増補　字源』東京：角川書店。

キムドンス（김동수）　二〇〇七　「歴史時代」珍島郡誌編纂委員会編『珍島郡誌』上、二〇六―二三一頁。

金榮振編（忠北郷土巫歌保存会編）　一九八二　『忠清道巫歌』ソウル：螢光出版社。

金元龍・任孝宰　一九六八　『西南島嶼考古学』ソウル：ソウル大学校東亜文化研究所。

金三守　一九六九　『韓国社会経済史研究―契의研究―』ソウル：博英社。

金宅圭　一九六四　『同族部落生活構造研究―班村文化調査報告―』青丘大学校新羅伽耶文化研究院（邦訳、『韓国同族村落の研究―両班の文化と生活―』伊藤亜人・嶋陸奥彦訳、東京：学生社、一九八一年）。

金斗憲　一九六九　『韓国家族制度研究』ソウル：ソウル大学校出版部。

金柄夏　一九五七ａ　「協同組合과契」ソウル：中央大学校『経済学報』六、六一―七〇頁。
金柄夏　一九五七ｂ　「契의史的考察」ソウル：中央大学校『経済学報』七、五七―一一九頁。
光山李氏大同宗会珍島支部編　一九八五　『光山李氏世譜珍島派譜』全一巻、光山李氏大同宗会珍島支部。
崔鶴根　一九六二　『全羅南道方言研究』韓国研究叢書一七、ソウル：韓国研究院。
崔吉城　一九九七　「セマウル運動と農村振興運動」『国立歴史民俗博物館研究報告』七〇、一六一―一八三頁）。
崔在錫　一九六九　「契集団研究의成果와課題―ユ集団的性格과機能을中心으로―」『金載元博士回甲記念論叢』ソウル：乙酉文化社、五八三―五八九頁。
崔在錫　一九七五　『韓国農村社会研究』ソウル：一志社（邦訳、『韓国農村社会研究』伊藤亜人・嶋陸奥彦訳、東京：学生社、一九七九年）。
崔在錫　一九七六　『韓国人의社会的性格』ソウル：出版社不明（邦訳、『韓国人の社会的性格』伊藤亜人・嶋陸奥彦訳、東京：学生社、一九七七年）。
崔夢龍　一九七九　「珍島의先史遺跡」『湖南文化研究』一〇・一一、全南大学校、一―三六頁。
四方博　一九四四　「李朝時代における契規約の研究」『調査月報』一五（七）、京城：朝鮮総督府、一―六四頁。
嶋陸奥彦　二〇一〇　『韓国社会の歴史人類学』東京：風響社。
鈴木栄太郎　一九五八　「朝鮮の契とプマシ」『民族学研究』二七（三）。
セマウル運動中央協議会　一九七三　『새마을 학교 교본（セマウル学校教本）』ソウル：文教部。
全州李氏石保君派大同譜所編　一九八一　『全州李氏石保君派大同譜』全六巻、珍島：全州李氏石保君派大同譜所。
善生永助　一九二六　『朝鮮の契』調査資料第一七輯、京城：朝鮮総督府。
善生永助　一九三三　『朝鮮の聚落』前・中・後、京城：朝鮮総督府。
善生永助　一九三七　『農山村における契』朝鮮総督府農村振興課、朝鮮総督府行政資料。
善生永助　一九五七　「朝鮮における契の普及」『朝鮮学報』七、九一―一一五頁。
宋正玄　一九七九　「珍島의歴史」『湖南文化』一〇・一一、全南大学校湖南文化研究所、三七―五九頁。

ソウル新聞社編輯局　一九七三『새마울운동（セマウル運動）』ソウル：ソウル新聞社出版局。
朝鮮総督府編　一九二九『朝鮮の鬼神―民間信仰第一部』調査資料二五、京城：朝鮮総督府。
珍島郡編　一九七二『一九七一年統計年報』。
珍島郡編　一九七四『一九七三年統計年報』。
珍島郡編　二〇一一『二〇一〇年統計年報』。
珍島郡編　二〇一二『二〇一一年統計年報』。
珍島郡郷校誌編纂委員会編　一九八八『珍島郡郷校誌』大田：瑞進出版社。
珍島郡誌編纂委員会編　一九七六『珍島郡誌』光州：全南毎日出版局。
珍島郡志編纂委員会編　二〇〇七『珍島郡志』上・下、珍島郡志編纂委員会。
珍島郡・全南大学校・韓国語文学研究所編　二〇〇九『진도의 유학과 기록문화유산（珍島の儒学と記録文化遺産）』光州：신미안（審美眼）。
珍島文化院編　一九八七『珍島郡邑誌』光州：湖南文化社。
珍島密陽朴氏宗親会編　一九八五『密陽朴氏清齋公派珍島派譜』珍島密陽朴氏宗親会。
鳥島面誌編纂委員会編　二〇一〇『珍島鳥島面誌』珍島文化院。
藤戸計太　一九三二『朝鮮金融経済研究叢書』京城：大東學會。
ブラント、ヴィンセント　一九七三「외국인이 본 새마을 운동（外国人が見たセマウル運動）」『새마을 운동（セマウル運動）』ソウル：ソウル新聞社、三三六―三四〇頁。
文化公報部　一九七三『새마을運動（セマウル運動）』ソウル：文化公報部。
朴柱彦　一九八五「진도의 무속（三）：진도의 당골 판（珍島の巫俗（三）―珍島のタンゴルパン）」『예향진도（芸郷珍島）』七、二〇―二一頁。
朴柱彦　二〇〇九a「綱献閣・三綱碑調査報告書」『珍島郡郷土遺跡調査報告書』珍島文化院、四九―五九頁。
朴柱彦　二〇〇九b「진도의 금석문（珍島の金石文）」珍島郡・全南大学校・韓国語文学研究所編『진도의 유학과 기록

문화유산（珍島の儒学と記録文化遺産）』光州：신미안（審美眼）、一八九―二三〇頁。
朴柱彦・鄭鍾秀　一九八八　「단골의 生活과 巫系（タンゴルの生活と巫系）」国立民俗博物館編『珍島巫俗現地調査』ソウル：国立民俗博物館・全羅南道、一三七―一六九頁。
本田洋　一九九九　「韓国の地方邑における「郷紳」集団と文化伝統―植民地期南原地域における都市化と在地勢力の動向―」『アジア・アフリカ言語文化研究』五八、一一九―二〇二頁。
本田洋　二〇〇四　「吏族と身分伝統の形成―南原地域の事例から―」『韓国朝鮮の文化と社会』三、韓国・朝鮮文化研究会、二三―七二頁。
牧野巽　一九四九　「東亜における氏族外婚制」東京大学社会学会編『現代社会学の諸問題―戸田貞三博士還暦祝賀記念論文集―』東京：弘文堂、二六七―二九三頁。
李覚鐘　一九二三　「朝鮮民政資料　契に関する調査」『朝鮮』一〇〇、京城：朝鮮総督府、七九―九二頁。
李能和　一九五九　『朝鮮道教史』ソウル：東国大学校。
李丙燾外監修　一九七二　『韓国学大百科事典』一、ソウル：乙酉文化社。
李萬甲　一九六〇　『韓国農村의村落構造―京畿道六個村의社会学的研究―』韓国研究叢書五、ソウル：韓国研究図書館。
梁会水　一九六七　『韓国農村의社会構造』ソウル：高麗大学出版部。
臨淮面誌編纂委員会編　二〇一〇　『珍島臨淮面誌』珍島文化院。

## 欧文献

Anderson, R.T.　1966　“Rotating Credit Assocation in India”, *Economic Development and Social Change* 14:334-39.
Ardener, Shirley　1964　“The Comparative Study of Rotating Credit Associations”, *Journal of the Anthropological Institute* 94:201-229.
Banton, Michael ed.　1966　*The Social Anthropology of Complex Society,* Tavistock Publications.
Barnes, John A.　1954　“Class and Committees in a Norwegian Island Parish”, *Human Relations* 7(1):39-58.

Bascom, W. 1952 "The Esusu: A Credit Institution of the Yoruba", *J.R.A.I.* 82, part 1:63-70.

Boissevain, Jeremy 1964 "Factions, Parties and Politics in a Maltese Village", *American Anthropologist* 66(6): 1275-87.

Boissevain, Jeremy 1966 "The Place of Non-Groups in the Social Sciences", *Man: Journal of the Royal Anthropological Institute of Great Britain and Ireland* 3(4): 542-56.

Brandt, Vincent S.R. 1971 *A Korean Village :Between Farm and Sea,* Harvard University Press.

Bush, S.B. 1986 "Basic and Applied Research in Farming Systems : An Anthropologist's Appraisal", *Human Organization* 45(1): 220-228.

Campbrill, Colin D. & Chang-Sick Ahn, 1957 "Kyes and Mujins: Financial Intermediaries in South Korea", *Economic Development and Cultural Change* 6(3):55-68.

Chayanov, A.V. 1966 *The Theory of the Peasant Economy,* (taranslated by D.Thorner, et.al.), Irwin, Glencoe, Illinois.

Chayanov, A.V. 1977 "On the Theory of Non-Capitalist Economic Systems", in Rhoda Halperin and James Dow, eds., Peasant *Livelihood : Studies in Economic Anthropology and Cultural Ecology,* Martin's Press :257-268.

Coleman, J.S. 1953 "The Social and Economic Significance of The Contribution Club among a Section of the Southern Ibo", *Annual Conference, West African Institute of Social and Economic Research,* Ibadan:128-142.

DeWalt, B. 1985 "Farming System Research", *Human Organization* 44(2): 106-114.

Dotson, Floyd 1951 "Patterns of Voluntary Association among Urban Working- class Families", *American Sociological Review* 16:687-93.

Embree, John F. 1939 *Suye Mura, a Japanese Village,* Chicago University Press.

Fei, Hsiao-t'ung 1939 *Peasant Life in China : A Field Study of Country Life in the Yangtze Valley.* London : Kegan Paul.

Foster, George M. 1964a "Peasant Society and the Image of Limited Good", *American Anthropologist* 67(2): 293-315.

Foster, George M. 1964b "Treasure Tales, and the Image of the Static Economy in a Mexican Peasant Community", *Journal of American Folklore* 7: 39-44.

Foster, George M. 1967 *Tzintzuntzan: Mexican Peasants in a Changing World,* Boston: Little Brown &. Co.

Gamble, S.D. 1944 "A Chinese Mutual Savings Society", *Far Eastern Quarterly* 4:41-52.

Gatter, Philip 1993 "Anthropology in Farming System Research", in Johan Pottier ed., *Practising Development: Social Science Perspectives,* London : Routledge, 153-186.

Geertz, Cliford 1962 "The Rotating Credit Association: A 'Middle Rung' in Development", *Economic Development and Cultural Change* 10:241-263.

Gulick, John 1973 "Urban Anthropology", in John Honigmann ed., *Handbook of Social and Cultural Anthropology,* Chicago, Rand McNally & Co., 979-1029.

Halperin, Rhoda & James Dow eds. 1977 *Peasant Livelihood: Studies in Economic Anthropology and Cultural Ecology,* As. Martin's Press.

Harrison, Mark 1982 "Chayanov's Theory of Peasant Economy", in John Harriss ed., *Rural Development: Theories of Peasant Economy and Agrarian Change,* Routledge, 246-257.

Ishino, Iwao 1953 "The Oyabun-kobun: A Japanese Ritual Kinship Institution", *American Anthropologist* 55:695-707.

Ito Abito 1998 "Coordination and Brokerage: Leadership in Community Development in Rural Korea", in M.Shima & R.Janelli eds., *The Anthropology of Korea: East Asian Perspectives* (Senri Ethnological Studies 49), National Museum of Ethnology, 157-169.

Ito Abito 2008 "The Distinctiveness and Marginality of Japanese Culture", in Hans Dieter Olschleger ed., *Theories and Methods in Japanese Studies: Current State and Future Developments,* Bonn: V&R Unipress, Bonn University Press, 43-62.

Jacques, E.W. 1931 "A Chinese Loan Society", *Man* 216.

Katzin, M.F. 1958 "Partners: An Informal Saving Institution in Jamaica", *Social and Economic Studies* 8:436-440.

Knez, Eugene I. 1961 "Ke Mutual Aid Groups: Persistance and Change", *Korean Report* 1:17-20.

Kurtz, D.V. 1973 "The Rotating Credit Assocation: An Adaptation to Poverty", *Human Organization* 32:49-58.

Kurtz, D.V. & M.Showman　1978　"The Tanda:A Rotating Credit Association in Mexico", *Ethnology* 17:65-74.

Little, Kenneth　1957　"The Role of Voluntary Associations in West African Urbanization", *American Anthropologist* 59(4): 579-596.

Little, Kenneth　1973　"Urbanization and Regional Associations: Their Paradoxical Function", in Aidan Southall ed., Urban anthropology: *Cross-cultural Studies of Urbanization,* New York : Oxford University Press.

Lomnitz, Larissa A.　1977　*Networks and Marginality : Life in a Mexican Shantytown,* New York :Academic Press Inc..

Mangin, William　1959　"The Role of Regional Associations in the Adaptation of Rural Migrants in Peru", *Sociologus* 9:23-36.

Mangin, William　1967　"Latin American Squatter Settlements: A Problem and a Solution", *Latin American Research Review* 2: 65-98.

Messerschmidt, Donald A.　1973　"Dhikur: Rotating Credit Associations in Nepal", in Fischer, James ed., *The Himalayan Interface,* The Hague: Mouton.

Miner, Horace　1953　*The Primitive City of Timbuctoo,* Princeton University Press.（邦訳、Ｈ・マイナー『未開都市トンブクツ』赤坂賢訳、東京：弘文堂、一九八八年）

Nguyen,Van Vinh　1949　"Saving and Mutual Lending Societies (Ho). *Yale Southeast Asian Studies,* Mimeographed.

Ottenberg, S.　1968　"The Development of Credit Associations in the Changing Economy of the Afikbo Ibo", *Africa* 38:237-52. 25, 1:1-28.

Paine, Robert　1970　"Lappish Decisions, Partnership, Information Management, and Sanctions: A Nomadic Pastoral Adaptation", *Ethnology,* 9(1) : 52-67.

Pitt-Rivers, Julian　1967　*The People of the Sierra,* London: Weidenfeld & Nicolson.（邦訳、Ｊ・Ａ・ピット＝リバース『シエラの人びと―スペイン・アンダルシア民俗誌―』野村雅一訳、東京：弘文堂、一九八〇年）

Potter, Jack M., May N. Diaz & George M. Foster ed.　1967　*Peasant Society : A Reader,* Boston: Little, Brown and Company.

Redfield, Robert　1941　*The Folk Culture of Yucatan,* Chicago ; University of Chicago Press.

Schwab, William 1965 "Oshogbo: An Urban Community", in Hilda Kuper ed., *Urbanization and Migration in West Africa,* Berkeley: University of California Press, 85-109.

Shin, Susan S. 1967 "The Kye: A Study of Social Change in Korean Village", *Papers on Japan from Seminar at Harvard University* 4: 177-214.

Sjoberg, Gideon 1955 "The Pre-industrial City", *The American Journal of Sociology* 60(5):438-445.

Smith, M.G. 1974 *Corporations and Society: The Social Anthropology of Collective Action,* Aldine Publishing Company.

Smith, Robert 1967 "The Japanese Rural Community: Norm, Sanction and Ostracism", in Jack M. Potter, May N. Diaz and George M. Foster eds., *Peasant Society: A Reader,* Boston: Little, Brown & Co., 246-255.

Wolf, Eric R. 1957 "Closed Corporate Peasant Communities in Mesoamerica and Central Java", *Southwestern Journal of Anthropology* 13(1):1-18.

Wolf, Eric R. 1966a *Peasants,* Englewood Cliffs, New Jersey: Prentice-Hall.

Wolf, Eric R. 1966b "Kinship, Friendship, and Patron-Client Relations in Complex Societies", in Michael Banton ed., *The Social Anthropology of Complex Societies,* Tavistock Publications, 1-22.

Wu, David Yen-Ho 1974 "To Kill Three Birds with One Stone: The Rotating Credit Associations of Papua New Guinea Chinese", *American Ethnologist* 1(3):565-83.

# あとがき

一九七二年に珍島農村で現地調査に着手してから、すでに四〇年が経ってしまった。一九七二年の秋といえば、朴正熙大統領が戒厳令を宣言し、今は観光客であふれる仁寺洞の入り口に戦車が並んでいた時代である。それから四〇年を経て、昨年の暮れ大統領選挙当日の凍える夜、私はソウル光化門広場に立っていた。そして昨日、その朴槿恵大統領が就任した。不思議なめぐり合わせを感じざるを得ない。これまで、農村研究の個別テーマについて論文で取り上げることはあったが、農村生活の全体像を民族誌として提示するには、息の長い取り組みが求められてきた。しかし、私もようやく自分の研究に一つの区切りをつけることができた。ここに至るまで、私は現地の人びとの協力ばかりでなく、大学における研究環境においても大変恵まれてきたことを、あらためて気づかされた。

本書の出版にあたって直接の契機となったのは早稲田大学アジア研究機構による出版助成である。その有り難い配慮が無ければ、私の性分では研究を纏めようとしても何時までたっても進まなかったにちがいない。それに先立ち、私のぶしつけな希望に応えて、早稲田大学アジア研究機構で研究を継続できる機会を与えてくださった、当時の奥島孝康機構長と李成市教授、そしてこのたび出版を勧めてくださった小口彦太現機構長には心から感謝している。

韓国における現地調査に取り組む以前に、私が籍を置いた東京大学の文化人類学研究室では、故泉靖一先生のもとで客員としてみえた李杜鉉教授（ソウル大学）、張籌根教授（文化財管理局・京畿大学）、玄容駿教授（済州大学）から韓国研究の手ほどきを受ける機会に恵まれ、その後も今日に至るまで現地調査について親身の指導をいただいた。泉先生の亡き後は、助手の職に在るにも拘わらず、韓国での現地調査のため長期にわたる出張を快く認めてくださった教室の先生方にお礼を申し上げたい。とりわけ中根千枝先生には、大学院における社会人類学のセミナーで、宗教・儀礼や経済の社会的脈絡や、あるいは現地調査における観察記述の在り方について、多くの示唆に富んだ指導を受けることができた。また、東洋文化研究所に移ってからも、広い視点から絶えず適切な助言をいただき、それは今日に至るまで続いている。また、韓国研究が軌道に乗り始めたころから、一年後輩の嶋陸奥彦氏（現東北大学名誉教授）は私の研究にとって数少ない同学の士であり、いつも遠慮気味に、しかし常に要点をついたコメントで私の研究を鍛えてくれた。ここにあらためて感謝したい。同様に本田洋氏（現東京大学准教授）も、私の弱点を良く見据えて、時には歯に衣を着せぬ批評を寄せてくれる貴重な存在である。吉田光男放送大学教授は、歴史学の視点から広く話題を共有でき、何を尋ねても、私が求める以上の具体的かつ詳細な教示を惜しまない心強い友人である。

現地で私の研究を支えてくれた友人にも触れておこう。その中でも珍島在住の友人朴柱彦氏は有り難い存在である。七二年の七月に初めて珍島を訪れた時に出会って以来、今日に至るまで四〇年に亘って、私はほとんどあらゆる面で彼から助言を仰いで来た。彼はすでにその当時から、珍島の歴史・社会・文化伝統に驚くほど詳しく、地域社会全体を捉えようとする思考は人類学顔負けの柔軟なものであった。彼は人類学の理念や展望を初めから

すっかり理解していたようで、おかげで私は珍島の邑に滞在中はいつも夜の更けるまで、彼から特別セミナーか個人指導を受けていたようなものである。研究についてほぼ完全に理解してもらえる友人を現地で得ることほど恵まれたことはない。地元の人たちも私たち二人を評して「二人はうまく出会った（トゥリヌン チャル マンナッタ 둘이는 잘 만났다）」という。彼も今では現地人類学者と評される存在となったが、地元のまた別の人は、私に向かって逆に「お前に出会ったため彼は苦労したのだ」ともいう。どちらにせよ、それは日本と韓国の絶妙な関係によるものと考えている。

上萬での現地調査に仲介の労を採ってくださった李時鎮さんと家族の皆さん、その本家の故李安鎮氏とその家族の皆さん、宿を提供して受け入れてくれた里長の故朴秉栓氏と家族の皆さん、その後今日に至るまで宿を提供してくれた故李基旭・李隠鎮父子とその家族の皆さん、最長老で洞長の故朴沚浚翁、故朴秉昊翁、毎日のように大阪の夢を見ると言っていた故金徳洪氏、北海道の炭鉱から雪の中決死の脱走をして来た故李基赫氏、故朴恒洙氏ほか、上萬すべての方々にお礼を申しあげたい。その中でも李隠鎮氏は、村における最大の理解者として私を擁護してくれると同時に、いつも知的かつ刺激的な対話で私を窮地に追い詰める論客として、私の研究を鍛えてくれた。私は今も何かあれば、東京に居ながらも時折電話で彼の意見を求めることにしている。

ソウルでは、ソウル大学校人類学科の金光億、王翰碩、全京秀らの教授たちとは、大学院生時分から今日まで親しく交わり、とりわけ全京秀教授は人類学科の研修旅行の一環として同僚教授および学生たちを引率して上萬まで三度も訪れてくれた。

また、韓国社会を広く視野に入れる上で、中根千枝先生により李杜鉉教授・金宅圭教授との共同研究「安東ダム水没地区調査」に参加する機会を与えられたのも幸いであった。両班旧家の中でも別格ともいうべき李退渓宗家に文人墨客のごとく逗留しながら、名門士族の生活を観察できたのは、韓国の研究者にも無い幸運であった。

私が、大学では理系に入学しながらも文化人類学に転向し、民俗学や漁民研究を経て韓国研究に取り組むようになったのには、いくつかの背景と契機があった。

私的なことになるが、先ず何より恵まれたのは、大変リベラルな両親のもとでアジアについて偏見無しに関心をはぐくむことができた点である。後で気がつくと、その環境は実はかなり特殊なものだったかもしれない。「アジアの人（亜人）」と名づけられた私は、幼いころから何のためらいも無く、「アジア」と聞けば我がことのように思ってきたのである。「アジアの人類学」を志すことに躊躇は無かった。何より今は亡き両親に感謝したい。

理科系を目指していた私が、民俗学と人類学に関心を向ける契機となったのは、二年間の浪人時代から毎年のように夏を過ごした石巻と牡鹿半島荻の浜での生活である。津波に遭ってすべて流されてしまったが、石巻の故佐藤清佶・芳子とその家族の皆さんにたいへんお世話になった。

ふり返ると一九六〇年代から七〇年代まで、日本の人類学界では韓国研究を正面から取り組もうとする者はほとんど無かった。そして、国際化が進んだという日本だが、明治以来の脱亜入欧の観念は今日なお根強いように思われてならない。何か事あるごとに、ややこしい韓国には関わるまいとする姿勢が見え隠れする。異文化に対してもっともリベラルと思われる人類学においても、国家の呪縛から逃れることは難しかったようである。大学でも「韓国研究なんてよくやるね」と、労うでもなく本音を吐く同僚さえいたものである。

それに比べれば、韓流ブームによる新たな交流の広がりには目覚ましいものがある。韓国のイメージが格段に改善されてきたのは確かである。しかし、国家の枠をこえた市民的でリベラルな交流がどこまで定着しているかといえば、楽観は許されない。韓流ドラマの映像ばかりでなく、自分の実生活の延長上で隣国の異文化を自分の目で直接観察し、自分の素直な感性でもって直かに体験し、異文化に親しんでほしいと思う。日本の大学でも、学生たちが海外研修の一環として珍島の上萬まで訪ねてきたことが何度かあった。日本の大学生一行とともに、韓国の日本専攻の学生たちも一緒に訪れたことがある。本書を新たな手掛かりとして、読者の皆様も珍島まで是非足を延ばしてほしい。そして願わくば上萬も訪ねて、民族誌の現場に触れてほしい。

出版に際して、弘文堂の三徳洋一さんには特にお世話になった。三徳さんとは私が珍島で現地調査を始めて間もないころから面識が有り、三徳さんは出版人という立場から、日本における人類学関連の研究動向とともに、私の研究についても息長く見守って来られた。現地と研究者と読者とを橋渡しする上で、誠にふさわしく心強い存在でもある。ここに深く謝意を表したい。

妻の雅子には現地調査の最中から今日まで多大の苦労をかけた。日本における韓国研究の市民権の弱さを嘆きながらも、一貫して私の研究を支えてくれたことにあらためて感謝したい。また幼い頃上萬の村にも足を延ばし、分野こそ異なれ研究者の道を歩むこととなった二人の息子にも読んでほしいと思っている。

平成二五年二月　東京にて

伊藤亜人

## ラ行



## ワ

## ヤ行

## マ行

## ハ行

## ナ行

## タ行

## サ行

## カ行

# 索　引

## ア行

## 著者

**伊藤亜人**（いとう あびと）

1943年東京生まれ。東京大学教養学部卒業（1968年）、大学院社会学研究科修士（1970年）、東京大学助手（1970—79）、助教授（1979—1990）、教授（1990—2006）、琉球大学教授（2006—09）、早稲田大学アジア研究機構上級研究員・教授（2009—2013年3月）、その間ハーヴァード大学客員研究員（1977—79）、ロンドン大学SOAS上級研究員（1996.9—97.3）、韓国ソウル大学校招聘教授（2002.3—12）、東京大学名誉教授。

第11回渋沢賞（1977年度）、大韓民国文化勲章（玉冠　2003年）。

日本民俗学・民族学の関心から東アジア社会の人類学研究に広げ、中でも韓国社会の研究に取り組み、1971年から韓国の農村を中心に社会組織、契、宗教・信仰と儀礼、儒教と教育、歴史観、物質文化、移動と都市化、祝祭と地域振興などに関する現地調査をおこなう。並行して日本では都市の祝祭「よさこい祭り」の研究・活動にも関わってきた。現在は主として北朝鮮社会における民衆の生活実態について調査研究に取り組んでいる。

著作には、『韓国』(1996年、河出書房新社)、『韓国珍島の民俗紀行』(1999年、青丘文化社)、『韓国夢幻』(2006年、新宿書房)、『文化人類学で読む　日本の民俗社会』(2007年、有斐閣) ほか、編著・共編著には『儀礼と象徴—文化人類学的考察』(1983年、九州大学出版会)、『もっと知りたい韓国』(1985年、弘文堂)『もっと知りたい韓国〈第2版〉(1・2)』(1997年、弘文堂)、『現代の社会人類学(1・2・3)』(1987年、東京大学出版会)、『民族文化の世界（上・下）』(1990年、小学館)、『韓日の社会組織研究』(2001年、慶応義塾大学出版会）などがある。

**珍島—韓国農村社会の民族誌**

---

2013（平成25）年4月15日　初版1刷発行

著　者　伊藤　亜人

発行者　鯉渕　友南

発行所　株式会社　弘文堂　101-0062 東京都千代田区神田駿河台1の7
TEL 03(3294)4801　振替 00120-6-53909
http://www.koubundou.co.jp

装　丁　松村大輔
組　版　堀江制作
印　刷　三報社印刷
製　本　牧製本印刷

---



ISBN 978-4-335-56119-1

~2012年の上萬~